Genehmigte Lizenzausgabe für Verlagsgruppe Weltbild GmbH,
Steinerne Furt, 86167 Augsburg

Umschlaggestaltung: Peter Hofstätter – Angewandte Grafik, www.angewandte-grafik.de
Umschlagmotiv: Archiv des Autors
Gesamtherstellung: Clausen & Bosse GmbH, Birkstraße 10, 25917 Leck

Printed in Germany

ISBN 3-8289-4908-8

2006 2005 2004 2003
Die letzte Jahreszahl gibt die aktuelle Lizenzausgabe an.

Das Fatima-Geheimnis

MICHAEL HESEMANN

Das Fatima-Geheimnis

Marienerscheinungen, der Papst und die Zukunft der Menschheit

Mit einem Vorwort von
Joachim Kardinal Meisner

Weltbild

S.H. Johannes Paul II.,
dem Fatima-Papst,
gewidmet

Inhalt

Vorwort

Von Joachim Kardinal Meisner
Erzbischof von Köln

Seine Eminenz Joachim Kardinal Meisner hielt diese Predigt auf seiner ersten Wallfahrt nach Fatima am 13. Mai 1990. Sie spiegelt wie kein anderer Text wider, welche Bedeutung er, nachdem er als ehemaliger Bischof von Berlin und Erzbischof von Köln zum Zeugen der Teilung und Wiedervereinigung Deutschlands und Europas wurde, dem Wirken Gottes und Mariens in diesem Prozess beimisst. Am 22. Juni 2001 übersandte er mir den Text als Vorwort zu diesem Buch, wofür ich ihm zu tiefem Dank verpflichtet bin.

Predigt zur Wallfahrt in Fatima am 13. Mai 1990

1. Gott hat den Menschen am Schöpfungsmorgen erschaffen, ohne ihn zu fragen. Am Erlösungsmorgen ist er in Jesus Christus Mensch geworden, aber diesmal nicht, ohne den Menschen eigens zu fragen. Er schickte den Engel zu Maria, damit sie ihre Einwilligung gebe, dass sein Sohn aus ihr Mensch werden könne.

Maria ermöglicht mit ihrem »fiat«, mit ihrem Ja-Wort, Gottes Menschwerdung. Er kam in sein Eigentum, und die Seinige – Maria – nahm ihn wirklich auf. Maria ist die Platzhalterin Gottes in der Welt geworden und geblieben.

Nun gibt aber auch Christus Maria in seiner Kirche Raum, indem er vom Kreuz herab zu Maria im Hinblick auf Johannes sagt: »Frau, siehe deinen Sohn!« Und von Johannes heißt es dann in der Hl. Schrift: »Er nahm Maria in das Seinige auf.« Wie Maria Christus in das Ihrige aufgenommen und ihm Raum gegeben hat, so hat die Kirche Maria in das Ihrige aufgenommen und ihr Raum gegeben. Maria bringt immer Christus mit in die Kirche und damit in die Welt.

2. In unserem alten Europa, das einmal die Heimat des Christentums war, kommt Jesus Christus in der Öffentlichkeit kaum noch vor. Maria – und damit die Kirche – ist an den Rand der europäischen Gesellschaften gedrängt. Portugal aber nahm vor 73 Jahren Maria – wie Johannes unter

dem Kreuz – in das Seinige auf. In Fatima hat diese berühmte Nation Maria Raum und Heimat gegeben. Von Fatima aus konnte Maria ihren Weg beginnen, um Christus wieder nach Europa zu tragen. In Russland und den übrigen osteuropäischen Staaten war der Christusglaube fast verboten. Die Völker Osteuropas, die Maria hoch verehren, konnten ihr wenig Raum geben, da der Atheismus alle Lebensräume besetzt hatte. Deshalb kam Maria von Fatima aus den bedrängten Jüngern ihres Sohnes in den kommunistischen Staaten Osteuropas zu Hilfe. Fatima ist gleichsam der Brückenkopf Mariens, von dem aus Maria die osteuropäischen Völker unterwandert hat, um ihnen Christus zu bringen, der die Menschen wirklich frei macht. Das darf Europa Portugal nie vergessen, dass dieses Land Maria die Tore geöffnet hat, so dass sie von hier aus die gottlosen Staaten im Osten unseres Kontinents bekehren konnte.

3. Zum ersten Mal bin ich heute in Fatima. Als Erzbischof von Köln, der vorher Bischof von Berlin war und selbst vierzig Jahre in einem sozialistischen Land lebte, bewegt mich dieser Tag in Fatima zutiefst. Bis 1989 war der staatlich verordnete Atheismus in der Deutschen Demokratischen Republik der dunkle Schatten, unter dem wir leben mussten. Wir wussten uns dabei mit den Christen in den anderen atheistischen Ländern Osteuropas aufs Engste verbunden und verwandt.

Ich möchte heute, gleichsam im Namen aller katholischen Christen in dieser Region Europas, Maria danken, dass sie von Fatima aus den einstigen christlichen Osten unter ihren besonderen Schutz genommen hat. Und ich bin gekommen, um den Portugiesen zu danken, dass sie Maria für dieses Bekehrungswerk in Fatima Aufnahme gewährt haben.

Die Journalisten registrieren meistens nur das äußere Tun der Politiker und der Menschen, die auf die Straßen und Plätze der osteuropäischen Hauptstädte gegangen sind, um gegen die gottlosen und damit unmenschlichen Systeme zu protestieren. Sie nehmen aber kaum wahr, aus welchen verborgenen Quellen sich dieser Protest und dieser Widerstand gespeist haben – und zwar trotz aller marxistischen Vertröstungen, Versprechungen und Bedrohungen. Von außen nimmt man nicht wahr, wo die verborgenen Kraftreserven lagen, aus denen die Menschen über vierzig Jahre – ja in Russland über siebzig Jahre – in dieser gottlosen und unmenschlichen Wüste gelebt haben.

Maria war in diesen Jahren die unauffälligste, aber überall gegenwärtige Leidensgefährtin und Helferin der Bedrängten. Wie bei der Hochzeit zu

Kana war und ist sie bei den Menschen als die Mutter mit den guten Augen, die den Mangel entdeckte und die den Sohn darauf aufmerksam machte und den Menschen heute wie damals den guten Rat gab: »Was er euch sagt, das tut!«

So sind die Menschen nicht Karl Marx gefolgt, sondern Jesus Christus. Sie haben nicht dem kommunistischen Manifest geglaubt, sondern eher ihrem Magnifikat. Nicht Marx hat den Menschen Größe und Würde gebracht, wohl aber Maria. Sie bezeugt es in ihrem Magnifikat, indem sie sagt: »Großes hat an mir getan der Mächtige.«

Dass die äußerlich errungene Freiheit auch die Menschen innerlich frei machen möge, ist heute unsere Bitte an Maria. Denn wenn der Mensch vom Ausbeuter frei geworden ist, dann ist er noch lange nicht von sich selbst frei. Erst, indem der Mensch von sich selbst frei wird, findet er Christus und seine Berufung in Kirche und Welt. Den Herrn zu suchen und zu finden ist die gemeinsame Aufgabe in West- und Osteuropa. Maria suchte damals Christus bei der Wallfahrt nach Jerusalem und fand ihn im Tempel. Maria möge die Europäer auf der Suche nach Christus heute begleiten, und dabei werden sie mit ihr in die Kirche ihres Sohnes gelangen.

Deshalb beten wir zu Maria:

»Und zeige uns nach diesem Elende Jesus, die gebenedeite Frucht deines Leibes. O gütige, o milde, o süße Jungfrau Maria.« Amen.

Joachim Kardinal Meisner

Einführung

Die Offenbarung

»Die Botschaft von Fatima ist das stärkste Eingreifen Gottes durch Maria in der Geschichte der Kirche und Menschheit seit dem Tod der Apostel.«
Papst Pius XII.

Fatima, Portugal, 12. Mai 2000. Die Strassen rund um den portugiesischen Wallfahrtsort waren verstopft wie nie zuvor. Nichts ging mehr. Über 600.000 Menschen waren unterwegs, um Zeugen eines historischen Ereignisses zu werden. Der Papst kam zum dritten Mal nach Fatima. Der offizielle Anlass war die Seligsprechung der beiden 1919 und 1920 verstorbenen Seherkinder Francisco und Jacinta de Marto. Ihnen und ihrer heute 93-jährigen Cousine Lucia war zwischen dem 13. Mai 1917 und dem 13. Oktober 1917 sechsmal die Gottesmutter erschienen, ihnen hatte sie am 13. Juli eine dreiteilige Botschaft verkündet, deren letzter Teil, das so genannte »Dritte Geheimnis«, beim Vatikan noch immer unter Verschluss lag. Als über 70.000 Zeugen am Tag der letzten Erscheinung einen »Tanz der Sonne« am Himmel erlebten, war selbst für Skeptiker klar, dass sich in Fatima etwas Übernatürliches ereignet hatte. 13 Jahre später wurden die Erscheinungen offiziell von der Kirche anerkannt. Das Leben der Seherkinder war in ihren letzten Jahren von Buße und Gebet geprägt. Doch ausschlaggebend für die Seligsprechung war ein Wunder, das von der vatikanischen »Kongregation für die Causa der Heiligen« dokumentiert wurde. Die 69-jährige Portugiesin Maria Emilia Santos, die 22 Jahre lang bettlägerig und gelähmt war, konnte wieder gehen, nachdem sie zu den beiden im Alter von neun bzw. zehn Jahren verstorbenen Kindern gebetet hatte. Der Fall wurde durch eine medizinische Kommission unter Leitung von Prof. Raffaello Cortesini untersucht. Die Ärzte hatten dafür keine Erklärung, für die Kirche war die Heilung übernatürlich, ein Zeichen des Himmels. Damit war der Weg zur Seligsprechung frei. Im Dezember 1998 wurde die Akte dem Papst vorgelegt, der sofort (am 19.12.) sein »nihil obstat«, seine Zustimmung, erteilte. Am 16. April 1999 gab Msgr. Paolo Molinari, der Postulator der Kongregation, die bevorstehende Seligsprechung offiziell bekannt, ohne einen Zeitpunkt oder Ort für die feierliche Zeremonie zu nennen. In den meisten Fällen finden Seligsprechungen in Rom auf dem Petersplatz statt, allemal im dichten Terminkalender des »Heiligen Jahres« 2000. So hieß es dann auch noch im Oktober 1999, sie sei für den 9. April in Rom geplant. Dass Johannes Paul II. stattdessen dann doch eigens nach Portugal reiste, musste ganz besondere Gründe haben. Darin zeigte sich die große Bedeutung, die der Papst den Ereignissen von Fatima zubilligt, seit er das Attentat durch den Türken Ali Agca am 13. Mai 1981, dem Jahrestag der ersten Erscheinung, überlebte. Das war für den Wojtyla-Papst kein Zufall. »Eine Hand hat den Schuss abgefeuert, und eine andere Hand hat das Geschoss gelenkt«, erklärte er später. Nach seiner Überzeugung war diese »andere Hand« die der Gottesmutter selbst. Sie wollte ihm ein Zeichen geben, ihm, der schon bei seiner überraschenden Wahl im Oktober 1978 den Wahlspruch »Totus Tuus«, »Ganz Dein«, annahm und das »M« Mariens unter dem Kreuz auf sein Wappen schreiben ließ. Er war davon überzeugt, dass sie ihm sagen wollte, dass es an ihm ist, ihre Forderungen und Wünsche aus der Botschaft von Fatima zu erfüllen, damit auch ihr Versprechen an die Menschheit wahr würde. Das machte ihn zum »Fatima-Papst«, zum Protagonisten der Prophezeiungen Mariens.

Und so erfüllte sich eine andere Voraussage. »Du wirst die Kirche in das 3. Jahrtausend führen«, hatte ihm sein langjähriger Freund, der Primas von Polen, Kardinal Wyszynski, nach dem Konklave im Oktober 1978 erklärt. Das »Heilige Jahr 2000«, das große Jubiläum, war in den letzten Jahren des 20. Jahrhunderts das große Ziel des Papstes. Er wollte Zeichen setzen, aber auch Ballast abwerfen, für die Fehler der Vergangenheit um Vergebung bitten und einen neuen Anfang wagen. Dazu bedurfte es des Segens der Gottesmutter, der »Mutter der Kirche«. So kristallisierte sich immer mehr heraus, dass Fatima im »Heiligen Jahr« eine zentrale Rolle spielen würde. Als die portugiesischen Bischöfe im November 1999 zu einem »ad limina«-Besuch nach Rom kamen, verabschiedete sich der Papst von ihnen mit den Worten »Arrividerci a Fatima«, »Auf Wiedersehen in Fatima!« Das jedenfalls hatte Serafim da Silva, Bischof von Leiria und Fatima, der Presse am 26. November 1999 mitgeteilt. Doch offiziell hüllte sich der Vatikan damals noch in Schweigen. Zu Besorgnis erregend erschien der Gesundheitszustand des 79-jährigen Pontifex, zu dicht gedrängt der Terminkalender im »Heiligen Jahr«. Erst nach der historischen Pilgerreise in das Heilige Land im März 2000 wurde es offiziell bekannt gegeben: Der Papst reist wieder nach Fatima! Es war sein Herzenswunsch, dort, vor Ort, die Gottesmutter um ihren Schutz für die Christenheit im 3. Jahrtausend anzurufen. Und schließlich wollte er, nur fünf Tage vor seinem 80. Geburtstag, der Madonna danken, dass sie ihm neunzehn Jahre geschenkt hatte. Würde er dort auch das lang gehütete »Dritte Geheimnis« enthüllen? »Der Papst wird der Welt in Fatima etwas Wichtiges verkünden«, deutete der Bischof von Leiria und Fatima kurz darauf an, gefolgt vom Dementi des Patriarchen von Lissabon: Das Geheimnis sei damit natürlich nicht gemeint. Oder vielleicht doch? Die Gerüchteküche kochte, doch nichts war sicher. »Der Papst ist immer für eine Überraschung gut«, orakelte Kardinal Joseph Ratzinger nur wenige Tage zuvor. Er hatte die Veröffentlichung der Marienoffenbarung bislang abgelehnt, weil er Sensationsmacherei befürchtete.

So lagen die Erwartungen in der Luft, als der Papst am Abend des 12. Mai 2000 in dem Erscheinungsort eintraf. Sichtlich erschöpft von dem Flug, stieg er aus dem Militärhubschrauber, der ihn von Lissabon nach Fatima gebracht hatte. Am Flughafen von Lissabon war er zuvor mit dem portugiesischen Staatspräsidenten Jorge Sampaio zusammengetroffen. Etwa hundert Kinder, einige davon aus dem Krankenhaus, in dem Jacinta 80 Jahre zuvor gestorben war, hatten ihn mit »Viva«-Rufen empfangen und Fähnchen im Weißgelb des Vatikans geschwenkt. Müde winkend passierte er jetzt in dem gepanzerten »Papamobil« die Massen, die sich auf dem großen Platz des Heiligtums von Fatima versammelt hatten. Dabei passierte er auch ein Fragment der Berliner Mauer, das auf dem weiträumigen Gelände vor der Basilika aufgestellt wurde, als sichtbares Zeichen der Überzeugung, dass von hier der Impuls ausging, der schließlich zur Wiedervereinigung Deutschlands und Europas führte. Der Platz, der dreimal so groß ist wie der Petersplatz in Rom, war bis zum Bersten gefüllt. Eine halbe Million Menschen, jubelnd, Fähnchen oder weiße Taschentücher schwenkend, beobachtete, wie er langsam aus dem Fahrzeug stieg, die wenigen Treppen hinauf, die zu der Kapelle führen, die am Ort der Erscheinungen auf Anweisung der Madonna errichtet worden war und vor der das Gnadenbild, die Statue Mariens, steht. Dann, von einem Augenblick auf den anderen, ergriffenes Schweigen. Der Papst kniete nieder, minutenlang versunken in tiefes Gebet, um schließlich der Gottesmutter ein ganz besonderes Geschenk zu überreichen: den Ring, den ihm Kardinal Wyszynski bei seiner Wahl zum Papst geschenkt hatte. »Es ist das wertvollste persönliche Eigentum, das der Papst besitzt«, erklärte später der Vatikansprecher Dr. Joaquin Navarro-Valls: Symbol für das erfüllte Versprechen, die Kirche in das 3. Jahrtausend zu führen, der Weihe seines Pontifikats an die Madonna und vielleicht auch eine Geste des Abschieds, ist doch unwahrscheinlich, dass er ein viertes Mal nach Fatima reist. Auf jeden Fall zeugte dieses Geschenk mehr als alles andere davon, wie sehr das Pontifikat von Johannes Paul II. im Zeichen der Erscheinungen von Fatima steht. Dann, nach einer kurzen Segnung der Menge, verließ er die Erscheinungsstätte wieder. Die nachfolgende feierliche Messe mit einer anschließenden Lichterprozession fand ohne ihn statt. Der Papst musste Kraft schöpfen, denn einer der Höhepunkte des »Heiligen Jahres«, die Krönung seines Pontifikats, lag vor ihm …

Auch ich stand in der Menge, war nach Fatima gekommen, um teilzunehmen an einem Ereignis, das, so spürte ich, historisch sein würde.

Denn in der Geschichte der Kirche nimmt Fatima spätestens durch Johannes Paul II. eine Sonderrolle ein. Gewiss, Marienerscheinungen gab es zu allen Zeiten, andere Erscheinungsorte wie Lourdes in Frankreich und Guadalupe in Mexiko ziehen zahlenmäßig sogar noch mehr Pilger an als das Dorf in den Bergen von Portugal (in das immerhin jedes Jahr rund fünf Millionen Gläubige kommen). Doch keine andere Erscheinung hat so tiefe Nachwirkungen gehabt, keiner himmlischen Manifestation der Neuzeit fühlten sich die Päpste seit Pius XII. so eng verbunden, keine andere Marienbotschaft hat sich so stark in die Geschichte eines Jahrhunderts eingeprägt und diese beeinflusst. »Fatima war der beste Ort, den der Papst wählen konnte, ein symbolischer Ort in dem Augenblick, in dem ein Jahrtausend, speziell ein Jahrhundert so voller Leiden, endet«, erklärte Kardinalstaatssekretär Angelo Sodano, der »Außenminister« des Vatikans. Durch Fatima war das große Wunder des 20. Jahrhunderts, die friedliche Öffnung des Eisernen Vorhangs, das Ende des Kalten Krieges, der Fall des atheistischen Kommunismus, erst möglich. Davon jedenfalls ist Papst Johannes Paul II. fest überzeugt.

Schon deshalb, weil sie der Schlüssel zum Verständnis seines Handelns sind, lohnt es sich, die Ereignisse von Fatima deutlicher unter die Lupe zu nehmen. So habe ich mich seit Jahren intensiv mit den Ereignissen von Fatima befasst. Was ereignete sich tatsächlich 1917 in der Serra de Aire, dem Bergland Portugals? Ist es tatsächlich möglich, dass eine höhere, spirituelle Macht, ja Gott selbst durch Maria, intervenierte, in diesem Schicksalsjahr der Menschheit in die Geschichte eingriff? Wie erklärt sich, mit welcher Präzision simple, des Lesens und Schreibens unkundige Hirtenkinder geschichtliche Ereignisse voraussahen, die sich, als würden sie einem göttlichen Drehbuch folgen, in den folgenden acht Jahrzehnten entfalteten? Diesen Fragen versuche ich in diesem Buch auf den Grund zu gehen.

Das Faszinierende an den Ereignissen von Fatima ist nicht nur, dass sie nach Meinung vieler Christen einen höheren Plan zu offenbaren scheinen, sondern auch, dass dies im Kontext einer fast zweitausendjährigen Prophezeiung geschieht. Wir finden diese heute als »Offenbarung des Johannes« in jeder Bibel. Der Tradition nach ist ihr Autor der Lieblingsjünger Jesu, jener Johannes, der unter dem Kreuz stand und dem der sterbende Messias seine Mutter anvertraute (Joh. 19, 26–27). »Von jener Stunde an nahm sie der Jünger zu sich«, fährt der Verfasser des vierten Evangeliums fort. Er berichtete ihr persönlich, als Petrus und er das Grab Christi leer vorfanden. Als zwölf Jahre später König Herodes Agrippa die Christen in Jerusalem verfolgte, floh er, zusammen mit ihr, nach Ephesus in Kleinasien. Im Jahre 49 kamen beide zu dem großen Apostelkonzil noch einmal nach Jerusalem, als Maria, von den Strapazen der langen Reise erschöpft, im Kreise der Jünger verschied. Sie wurde in einer Grabhöhle am Hange des Ölbergs, unweit des Gartens Gethsemane, beigesetzt. Als drei Tage später die Jünger das Grab besuchten, war es leer, ganz wie einst das des Herrn. Noch am selben Tag, so die Legende, erschien ihnen die Gottesmutter in strahlendem Lichtglanz und versprach: »Ich werde immer bei euch bleiben.« Erschüttert und gleichermaßen beglückt kehrte Johannes allein nach Kleinasien zurück, um schließlich, während der Verfolgung der Christen durch Kaiser Domitian (81–96 n.Chr.), auf die Insel Patmos verbannt zu werden. Dort lebte er, hochbetagt, als Einsiedler, dort hatte er seine große Vision von der Endzeit:

> »Ein großes Zeichen erschien am Himmel:
> Eine Frau, mit der Sonne bekleidet, der Mond unter ihren Füßen und auf ihrem Haupt ein Kranz von zwölf Sternen.
> Sie war gesegneten Leibes und schrie in Wehen und Schmerzen des Gebärens.
> Und ein anderes Zeichen erschien am Himmel: Siehe, ein großer, roter Drache mit sieben Köpfen und zehn Hörnern und sieben Diademen auf seinen Köpfen. Sein Schwanz fegte den dritten Teil der Sterne des Himmels hinweg und warf sie auf die Erde.
> Der Drache stellte sich vor die Frau, die daran war, zu gebären, damit er ihr Kind verschlinge, wenn sie gebären würde. Und sie gebar ein Kind, einen Knaben, der alle Völker lenken wird mit eher-

> nem Zepter. Doch es wurde ihr Kind entrückt zu Gott und zu seinem Thron.
> Die Frau aber floh in die Wüste, wo sie einen Platz erhielt, der von Gott da bereitet war, damit man ihr dort Unterhalt gebe zwölfhundertsechzig Tage.
> Da entbrannte ein Kampf im Himmel: Michael und seine Engel kämpften gegen den Drachen, und auch der Drache und seine Engel kämpften. Doch sie richteten nichts aus, und es blieb kein Platz mehr für sie im Himmel. Gestürzt wurde der große Drache, die alte Schlange, die den Namen Teufel und Satan trägt, der den ganzen Erdkreis verführt; er wurde hinabgestürzt auf die Erde, und seine Engel wurden mit ihm gestürzt.« (Offb. 12, 1–9)

Johannes wusste, dass diese Frau Maria war. Schon einmal hatte ihr »fiat« das göttliche Wirken auf Erden erlaubt, war durch sie der Sohn Gottes geboren worden. Sie war gewiss die außergewöhnlichste Frau der Geschichte. Der Tradition nach, wie sie uns das apokryphe »Protoevangelium des Jakobus« überliefert, entstammte sie durch ihre Eltern Anna und Joachim gleichermaßen der Nachkommenschaft des legendären Königs David und des ersten Hohepriesters Aaron. Es heißt, sie sei unter mysteriösen Umständen zur Welt gekommen. Ihre Mutter galt als unfruchtbar, doch ihrem Vater war ihre Geburt durch einen Engel verkündet worden. Aus Dankbarkeit beschlossen die Eltern, ihre Tochter Miriam (von »Meri-Yam«, »Geliebt von Jahwe«) schon als junges Mädchen dem Tempel zu weihen. Wahrscheinlich hatte sie damals ein lebenslanges Keuschheitsgelübde abgelegt. Als sie mit 13 Jahren aus dem Tempeldienst entlassen wurde, suchte ihr Vater für sie einen älteren Mann aus der Davidensippe, dem er seine Tochter anvertrauen könnte. Er fand ihn in Gestalt des Witwers Joseph aus Nazareth in Galiläa, einem Bergdorf der »Nazoräer« (von »nezer« = Spross), wie sich der Davidsclan auch nannte. Joseph wird gemeinhin als »Zimmermann« bezeichnet, doch nach dem griechischen Evangelienoriginaltext war er ein »Tekton«, ein Baumeister, einer, der die verschiedenen Materialien bearbeitete, die zum Bau verwendet wurden. Joseph erklärte sich einverstanden, Miriam zur Frau zu nehmen und ihr Gelübde zu schützen. Es kam zur Verlobung. Kurz darauf, so berichtet uns die Legende, erhielt Miriam von den Hohepriestern den Auftrag, an dem Vorhang für den neuen Tempel des Herodes zu spinnen, der das Allerheiligste vor allen Blicken verbergen sollte. Während dieser Spinnarbeiten, als sie gerade Wasser vom Brunnen geholt hatte, erschien ihr eine leuchtende Gestalt, ein Engel: »Sei gegrüßt, Begnadete, der Herr ist mit dir … du hast Gnade gefunden bei Gott! Siehe, du wirst empfangen und einen Sohn gebären und seinen Namen Jesus nennen. Dieser wird groß sein und Sohn des Allerhöchsten genannt werden.« (Luk. 1, 28–32) Da sprach Miriam, damals gerade 15 Jahre alt, die Worte, die sie unsterblich werden ließen und zur Mutter Gottes und der Christenheit machten: »Siehe, ich bin die Magd des Herrn; mir geschehe nach deinem Wort!« (Luk. 1, 38) So jedenfalls berichten es uns der Evangelist Lukas und der Verfasser des apokryphen »Protoevangeliums«.

Kurz darauf reiste Miriam zu ihrer Tante Elisabeth, die, verheiratet mit dem Priester Zecharis, in Ein Karem bei Jerusalem, im Bergland von Juda, lebte. Auch Elisabeth war, obwohl schon in hohem Alter, schwanger, auch ihrem Mann war die Geburt eines Sohnes von einem Engel angekündigt worden; er sollte später als Johannes der Täufer zum Vorboten Jesu werden. Als Miriam ihre Tante begrüßte, hüpfte das Kind in ihrem Leib vor Freude, und es entfuhr ihr: »Gebenedeit bist du unter den Frauen und gebenedeit ist die Frucht deines Leibes!« (Luk. 1, 42) Die schwangere Jungfrau antwortete mit dem Magnifikat, das später zu einem der schönsten Gebete der Kirche wurde: »Hoch preiset meine Seele den Herrn, und mein Geist frohlockt über Gott, meinen Heiland; er schaut gnädig herab auf die Niedrigkeit seiner Magd; denn siehe, von nun an werden mich selig preisen die Geschlechter …« (Luk. 1, 46–48)

Die Theologie der christlichen Kirche machte sie später zur »Neuen Eva«, zur »Mutter des Neuen Bundes«. Auf dem Konzil von Ephesus im Jahre 431 wurde ihr offiziell der Titel »Theotokos«, »Gottesgebärerin« (woraus später »Gottesmutter« wurde) verliehen, das erste marianische Dogma entstand. Miriam, deren Name zu »Maria« latinisiert wurde, galt als Modell für den bedingungslosen Glauben und die selbstlose Aufopferung. Der Kirchenvater Augustinus war überzeugt, dass Gott die Mutter seines Sohnes rein von aller Sünde gehalten hatte und verglich ihren Körper mit der Bundeslade des Alten Testamentes, dem Gnadenthron Gottes auf Erden. Auf dem 3. Konzil von Konstantinopel im Jahre 681 wurde sie zur »immerwährenden Jungfrau« erklärt. Der Glaube an ihre »Unbefleckte Empfängnis« (Immaculata Conceptio) fand erst in der Ostkirche, dann auch im Westen seine Anhänger. Doch erst durch Papst Pius IX. wurde die Lehre, dass Maria »vom ersten Augenblick ihrer Empfängnis an wegen ihrer Erwählung zur Mutter des Gottessohnes vor der Erbsünde bewahrt geblieben ist«, 1854 zum Dogma. Auch die »Leibliche Aufnahme Mariens in den Himmel« wurde als »Mariä Himmelfahrt« (am 15. August) seit dem 7. Jahrhundert gefeiert, aber erst 1950 von Papst Pius XII. als Dogma definiert.

Marienerscheinungen gab es die gesamte Geschichte der Christenheit hindurch. Im August 363, so die Legende, erschien die Gottesmutter einem wohlhabenden Ehepaar in Rom und bat um den Bau einer Kirche dort, wo man am nächsten Morgen Schnee finden würde – in der Hitze des italienischen Sommers wahrlich ein Wunder. Der Schnee wurde gefunden, die Kirche, heute »Santa Maria Maggiore«, zu einem der bedeutendsten Heiligtümern der Ewigen Stadt. Im Jahre 1026 erschien Maria dem hl. Fulbert, dem späteren Erbauer der berühmten Kathedrale von Chartres/Frankreich. 1465 lehrte eine Marienerscheinung Alanus de Rupe in Paris den Rosenkranz, 1531 führten die Erscheinungen auf dem Tepeyac-Hügel in Mexiko zu Massenbekehrungen der Indios. Doch das eigentliche Zeitalter der Madonna begann in der Mitte des 19. Jahrhunderts. Dieser Zeitpunkt ist äußerst relevant und scheint in unmittelbarer Beziehung zu der Offenbarung des Johannes zu stehen. Denn seit der Französischen Revolution von 1789, durch die die Lehren des Rationalismus und Materialismus, der »Vernunft«, in alle Welt verbreitet wurden, war die Kirche in ihre ärgste Bedrängnis seit der Zeit der römischen Christenverfolgungen geraten. 1799 verschleppte Kaiser Napoleon I., der glorreichste Sohn des revolutionären Frankreich, Papst Pius VI. nach Valence, wo er im Exil verstarb. Auch sein Nachfolger Pius VII. wurde 1812 festgenommen und nach Fontainebleau in Frankreich gebracht, konnte aber zwei Jahre später wieder in die Ewige Stadt zurückkehren. Doch die Welt, die er nach dem Wiener Kongress vorfand, war nicht mehr dieselbe. Die Staaten des neuen Europas waren allesamt säkularisiert, die Kirche an allen Fronten auf dem Rückzug. Alles befand sich im Umbruch. Die Industrialisierung veränderte tief greifend die sozialen Strukturen, der Materialismus ließ die Wissenschaft als einzig legitime Methode der Wahrheitsfindung an die Stelle der Religion treten. Für die Kirche wurde der neue Geist zum Feindbild, zur letzten Versuchung Luzifers, des »Herren der Welt«. Doch bald, so schien es, trat ihm die »Frau, mit der Sonne bekleidet« entgegen. Eine Reihe von Erscheinungen in ganz Europa begründete eine neue Form der alten marianischen Volksfrömmigkeit, die sich jetzt als Gegenrevolution verstand.

Ausgerechnet in Paris, jener Stadt, in der die Revolution der »Vernunft« ihren Ausgang genommen hatte, soll die Madonna im Jahre 1830 erschienen sein. Eine Novizin des Ordens der Vinzentinerinnen, Catherine Laboure, erklärte, sie hätte ihr den Auftrag erteilt, eine Medaille zu prägen. Ihr Motiv war Programm für die folgenden 170 Jahre. Sie zeigte die Heilige Jungfrau in ihrer ganzen Pracht, wie sie auf einer weißen Kugel stand, der Erde, um die sich eine grüne Schlange gewunden hatte. Aus ihren Händen strömte Licht, während um das Bild herum die Schrift erschien: »O Maria, ohne Sünde empfangen, bete für uns, die wir in dir Zuflucht nehmen.« 16 Jahre später, im Jahre 1846, wollen die beiden Hirtenkinder Melanie und Maximin aus dem französischen Alpendorf La Salette von der Madonna eine große apokalyptische Botschaft empfangen haben. 1858 kam es zu einer Reihe von Erscheinungen in dem Pyrenäendorf Lourdes. Als Beweis für die Zweifler, so hieß es, ließ die »weiße Dame« eine Quelle entspringen. Seitdem strömen die Kranken der Welt an die heilige Stätte, kam es zu über 5.000 spektakulären Heilungen.

Doch all das war nur der Auftakt, ganz wie das 19. Jahrhundert nur die Weichen stellte für die Zeit der Wirren, die das 20. Jahrhundert zum blutigsten der Geschichte werden ließen. Mit der Zeit nahm die Zahl der Marienerscheinungen zu. Waren es im 18. Jahrhundert nur 31, so wurden es 105 im 19. Jahrhundert und sogar an die 500 im 20. Jahrhundert. Beides, die Schrecken der Kriege und Revolutionen und die himmlischen Botschaften, kulminierten in einem Jahr, das zum Schicksalsjahr der Menschheit im diesem letzten Jahrhundert des 2. Jahrtausends werden sollte, dem Jahre 1917. Die Schauplätze des Geschehens hätten verschiedener kaum sein können. Hier die Metropole des Ostens, die Zarenstadt Sankt Petersburg, in der die Zeichen auf Sturm standen, eine gottlose Diktatur des Schreckens nach der Macht griff. Dort ein friedliches Dorf in den Bergen Portugals, das zu diesem Zeitpunkt noch kaum jemand kannte, eine kleine, heile Welt fernab aller Zeit. Hier lebten drei Kinder, Hirten wie so viele in ihrem Dorf, die langsam darauf vorbereitet wurden, zu Sprachrohren einer Offenbarung zu werden. Durch ihr selbstloses Opfer, durch ihren bedingungslosen Dienst, konnte vielleicht die Prophezeiung des Johannes erfüllt werden, die Frau den Drachen besiegen.

Kapitel 1

Der Engel von Portugal

Lucia war ein Kind wie jedes andere in dieser dörflichen Einöde im Bergland von Portugal, ein derbes Bauernmädchen, das gerne tanzte, spielte, Unfug trieb. Sie war eitel, liebte es, sich aufzuputzen mit vergoldeten Ketten aus der Schmuckschatulle ihrer Mutter, großen Ohrringen und bunten Schals. Sie prahlte damit, dass sie auf Volksfesten die farbenprächtigste Erscheinung war, immer im Mittelpunkt, immer im Zentrum des Klatsches, zu dem sie, von Natur her mit einem nicht zu stoppenden Mundwerk ausgestattet, den ihren und nicht unbeträchtlichen Teil dazutat. Dabei war sie kein hübsches Mädchen, im Gegenteil. Ihr Körperbau war robust und stämmig und ging schon früh in die Breite, ihre Züge waren derb, die Nase flach, die Lippen wülstig und der Mund zu groß, alles inmitten von schweren, dicken schwarzen Haaren, die, in der Mitte gescheitelt, ihre dichten Augenbrauen und großen, tiefschwarzen Augen umrahmten.

Lucia wurde am 22. März 1907 geboren, als letztes der sieben Kinder von Antonio und Maria Rosa dos Santos aus Aljustrel, einem Weiler aus vielleicht 18 Häusern, der wie eine grüne Oase inmitten des kargen Felslandes der Serra de Aire liegt.

Ihre Eltern, einfache Bauern, waren ehrbare und tiefgläubige Leute. Sie lehrten ihre Tochter, den Rosenkranz und das Tischgebet zu beten, und als der Ortspfarrer in einer Predigt das Tanzen zum »teuflischen Vergnügen« erklärte, durfte Lucia von heute auf morgen keine Tanzveranstaltungen und Feste mehr besuchen.

Ihr Cousin Francesco, das sechste Kind von Manuel Pedro Ti Marto und seiner Frau Olimpia, war ein kräftiger Junge mit einem runden, plumpen Bauerngesicht, gelblicher Haut und schmalen Lippen. Er war ein eher ruhiges, gutmütiges, ja duldsames Kind mit einem ausgeprägten Gerechtigkeitssinn und stets einem Lächeln auf den Lippen. War er alleine, entwickelte er ein überraschendes Temperament und spielte gerne Streiche, doch in Gegenwart seiner abgöttisch geliebten Cousine Lucia erschien er still und willensschwach. »Er ist ein Träumer wie sein Vater«, pflegte man im Dorf zu sagen. Auch Francisco, der am 11. Juni 1908 geboren wurde, genoss eine intensive religiöse Erziehung, die er sehr ernst nahm und die er sich tief verinnerlichte. Stundenlang konnte er in den Nachthimmel starren und die Schönheit des Mondes und der Sterne bestaunen, die für ihn »die Lampe unserer lieben Frau« und »die Engel« waren. Und wenn es Tag wurde und sich die Sonne in abertausenden Tautropfen widerspiegelte, pflegte er entzückt zu sagen: »Kein Lämpchen ist so schön wie die Lampe unseres Herrn«, wie er unser Zentralgestirn nannte.

Seine Schwester Jacinta wurde exakt einundzwanzig Monate später, am 11. März 1910, geboren. Die Leute im Dorf nannten sie »den kleinen Engel«, für ihren Vater war sie »von Natur aus gut und das süßeste unter unseren Kindern«. Sie hatte ein feines, kleines, rundes Gesicht, war schmal und zierlich und hoch sensibel. Sie war immer ordentlich frisiert, trug meist eine kleine Jacke und einen Baumwollrock. Sie liebte und pflückte oft Blumen, steckte sie in ihr Haar oder wand Girlanden für ihre Cousine Lucia. Als Naturkind bestaunte sie die Pflanzen und Berge und verbrachte Nächte damit, mit ihrem Bruder gemeinsam den Sternenhimmel zu studieren. Wenn die Schafe ihrer Eltern Lämmer bekamen, pflegte Jacinta sie stundenlang zu liebkosen und gab ihnen spezielle Namen wie »Taube«, »Stern«, »Schönheit«, »Schnee« – die schönsten Worte ihres Vokabulars. Wenn sie im Religionsunterricht oder durch die Erzählungen ihrer Eltern vom Leiden Christi hörte, musste sie vor Mitleid weinen. »Unser armer Heiland«, meinte sie, »ich werde nie mehr eine Sünde begehen, denn ich möchte nicht, dass unser Heiland leidet.« Trotzdem war sie keine kleine Frömmlerin. Sie liebte Spiele und das Tanzen, sie war selbstsüchtig und schnell beleidigt. Als sie alt genug war, schickten ihre Eltern sie und ihren Bruder Francisco oft genug zu ihrer Cousine Lucia, die die Schafe ihrer Eltern hütete. Lucia sollte auf die Kinder aufpassen, mit ihnen spielen und sie in ihre zukünftigen Aufgaben im Landleben einweisen. Als sie etwas reifer waren, übertrugen ihre Eltern den Kindern auch die Verantwortung für die eigene Herde, und gemeinsam ließen die drei Kinder die beiden Herden grasen, meist auf den Grundstükken der Familien bei Fatima und Moita.

Es ist oft darüber spekuliert worden, was diese drei Hirtenkinder auszeichnete, weshalb sie dazu auserwählt waren, Zeugen des Übernatürlichen, eines Wunders, zu werden. Die Antwort mag enttäuschen: Es war rein gar nichts Besonderes an diesen Dreien. Sie waren ganz bestimmt nicht mehr und nicht weniger religiös als andere portugiesische Bauernkinder ihrer Zeit in ihrem Alter. Sie folgten zwar den Anweisungen ihrer Eltern, täglich den Rosenkranz zu beten, aber sie leierten ihn eher herunter, ließen die Perlen durch die Finger gleiten und beließen es bei den Worten »Ave Maria« und »Vater unser«, ohne zu Ende zu beten, so dass sie schneller wieder mit dem Spielen beginnen konnten. »Kinder in diesem Alter ermüden schnell beim Beten«, pflegte ihre Mutter diese Nachlässigkeit zu entschuldigen.

Der Tag von Francisco und Jacinta begann frühmorgens noch vor Sonnenaufgang, als sie von ihrer Mutter Olimpia geweckt wurden und das Morgengebet murmelten. Zum Frühstück gab es Gemüse oder Reissuppe mit etwas Olivenöl und hausgemachtem Brot. Ihre Mutter band dann die Schafe los, versorgte die Kinder mit Vesperpaketen – meist Brot, Oliven, Sardinen oder getrocknetem Fisch. Dann trieben sie die Herde aus dem Stall auf die Weide, wo sie sich mit Lucia oder anderen Hirtenkindern trafen, die ebenfalls die Herden ihrer Eltern weideten. Während die Schafe grasten, tanzten und spielten sie und waren fröhlich, unterbrochen nur durch das Mittagessen und den Rosenkranz, bis die Sonne hinter den Bergen versank. Dann trieb jeder seine Herde zusammen und machte sich auf den Heimweg, wo das Abendessen wartete. Nach einem letzten gemurmelten Rosenkranz legten sich die Kinder müde, aber glücklich schlafen auf Matratzen aus Maisstroh, in dem festen Glauben, dass ihr Schutzengel über sie wacht.

In dieser heilen Welt ahnten sie nicht, was um sie herum geschah, dass in Europa einer der längsten und blutigsten Kriege der Geschichte tobte und dass ihr eigenes Land, Portugal, politische Wirren und Chaos erlebte.

Als das 20. Jahrhundert seinen Anfang nahm, war die jahrhundertealte portugiesische Monarchie bereits durch ein Jahrhundert politischer Wirren und republikanischer Ambitionen geschwächt. Die katholischen Monarchisten zersplitterten sich in verschiedene Interessengruppen, während die Republikaner sich zu einer geballten Kraft formierten, unterstützt durch die Humanisten, Freidenker und Freimaurer, die nur darauf warteten, ein neues Portugal zu begründen und der Übermacht der Aristokratie und des mit ihr verbündeten Klerus ein Ende zu machen. 1907 errichtete Ministerpräsident Joao Fernando Pinto Franco zur Stützung der Krone eine Diktatur, was die Spannungen nur verstärkte und die Opposition in die Enge – und Radikalität – drängte. Es kam zur Katastrophe: Am 1. Februar 1908 ermordeten zwei Terroristen aus dem radikaldemokratischen Lager, Buica und Costa, König Karl I. und seinen Sohn und Thronfolger Ludwig Philipp auf dem Lissaboner Marktplatz durch Karabinerschüsse. Sein Nachfolger wurde der 18-jährige Emanuel, der sich um eine Verständigung mit den Republikanern bemühte und schließlich Joao Franco und seine Regierung entmachtete. Die Nachgiebigkeit des jungen Königs führte zum Ende der Monarchie. In der Nacht des 3. Oktober 1910 stürmten zwanzig Mitglieder der republikanischen »Carbonari« die Baracken des 16. Infanterieregimentes, ein Überraschungsangriff, in dessen Verlauf das gesamte Waffenlager der Elitetruppe in die Hände der Revolutionäre fiel. Nach einer blutigen Nacht wurde am 5. Oktober im Rathaus von Lissabon die Republik ausgerufen. Eine provisorische Regierung, bestehend aus kirchenfeindlichen Freimaurern, übernahm die Macht, während die königliche Familie nach Gibraltar floh. Das erste Ziel der Republikaner war die völlige Entmachtung des Klerus.

Schon nach drei Tagen, am 8. Oktober, erließ die Revolutionsregierung die »Gesetze von Pombal«, deren Ziel die Unterdrückung der religiösen Orden und die Ausweisung der Jesuiten war. Am 18. Oktober wurde der religiöse Eid vor Gericht abgeschafft, am 25. Oktober der traditionelle Eid für Professoren und Studenten, der sie verpflichtete, das Dogma der unbefleckten Empfängnis zu verteidigen. Drei Tage später wurden sämtliche kirchlichen Feiertage aufgehoben. Zu Weihnachten wurde die Ehe zu einem rein zivilen Vertrag erklärt, und am letzten Tag des Jahres wurde den Priestern unter Androhung von Gefängnisstrafe untersagt, Religionsunterricht zu erteilen oder in der Öffentlichkeit Priesterkleidung zu tragen. Mit dem »Gesetz zur Trennung von Kirche und Staat« vom 20. April 1911 hatte die antiklerikale Revolution ihr Endziel erreicht: Der Kirche wurden Unsummen Geldes abgefordert und Kirchen und Klöster in Kasernen und Ställe, Regierungsgebäude und Parteiinstitutionen umgewandelt. Die Tage des portugiesischen Katholizismus waren gezählt, frohlockte man in Kreisen der Revolutionsregierung und ihrer Verbündeten, den Freimaurern und Humanistenverbänden. »In einigen wenigen Jahren wird es in Portugal keinen einzigen Menschen mehr geben, der den Wunsch hat, Priester zu werden«, erklärte triumphierend der Großmeister der portugiesischen Logen, Magalhaes Lima, und Justizminister Alfonso Costa glaubte sogar, dass »die katholische Religion, die Hauptursache für die miserable Lage des Volkes, innerhalb von zwei Generationen in Portugal ausgemerzt sein wird«.

Der Heilige Stuhl protestierte, Papst Pius X. verdammte öffentlich und ausgerechnet am 24. Mai 1911, dem Festtag Mariens, der Patronin Portugals, »das unmenschliche Gesetz« und »seine monströse Absurdität« und erklärte es »für null und nichtig, da es im Widerspruch zu dem unverletzlichen Recht der Kirche« stünde. Die Reaktion der portugiesischen Revolutionsregierung war die Ausweisung der meisten katholischen Bischöfe und die Inhaftierung aller Priester, die sich öffentlich dem vatikanischen Protest anschlossen.

Doch die Geschehnisse in Portugal waren nur die Ouvertüre zu einem Jahrzehnt, das ganz Europa in den Krieg stürzen und das Ende für drei der größten europäischen Monarchien bringen sollte.

Als am 28. Juni 1914 der österreichisch-ungarische Thronfolger Erzherzog Franz Ferdinand in Sarajevo von einem neunzehnjährigen Gymnasiasten erschossen wurde, ahnte noch niemand, dass diese Bluttat, als »Racheakt für die Unterdrückung der Serben« gedacht, das Angesicht der Alten Welt so völlig verändern sollte. Sie war der Funke, der das Pulverfass Europa zur Explosion brachte. Imperialismus und Nationalismus bestimmten den Zeitgeist, Jahrzehnte des Wettrüstens hatten die Staatsfinanzen der großen europäischen Mächte ruiniert, misstrauisch vor den Nachbarn, wurden Bündnisse und Achsen gebildet, die jetzt eine Kettenreaktion auslösten. Als Österreich, gedrängt durch den deutschen Kaiser Wilhelm II., den Serben am 28. Juli den Krieg erklärte, konnte Russland, Serbiens Verbündeter, nicht schweigend zusehen. Der Zar befahl die Mobilmachung, ein Schritt, auf den das Deutsche Reich nur wartete, das argwöhnisch die Aufrüstung der Zarenmacht beobachtet und längst einen Präventivschlag erwogen hatte. Russland wiederum war mit Frankreich und Großbritannien verbündet, und zu den politischen Zielen Frankreichs gehörte die Rückgewinnung von Elsass-Lothringen, das die Deutschen seit 1870 besetzt hielten. Am 31. Juli 1914 informierte der bayerische Gesandte Hugo Graf von Lerchenfeld die Regierung in München:

> »Es laufen zur Zeit zwei Ultimata: Petersburg 12 Stunden; Paris 18 Stunden. Petersburg: Anfrage nach Grund der Mobilmachung; Paris: Anfrage, ob es neutral bleibt. Beide werden selbstverständlich ablehnend beantwortet werden. Also Mobilmachung spätestens Sonntag, den 1. August, um Mitternacht. Preußischer Generalstab sieht Krieg mit Frankreich mit großer Zuversicht entgegen, rechnet damit, Frankreich in vier Wochen niederzuwerfen.«

Noch am selben Tag verkündeten die Abendzeitungen im Reich den »allgemeinen Kriegszustand«.

Als deutsche Truppen durch das neutrale Belgien gegen Frankreich zogen, erklärte England dem Reich den Krieg. Den alliierten Truppen Frankreichs und Englands gelang es, den deutschen Vormarsch nach vier Wochen zu stoppen, während die riesige russische Narew-Armee von Generaloberst Paul von Hindenburg bei Tannenberg vernichtend geschlagen wurde. Erst 1916 gelang den Russen nach einer Reihe von Niederlagen ein erster Sieg gegen die ebenfalls geschwächte österreichische Armee. Die Verdun-Offensive und eine monatelange Materialschlacht an der Somme schwächten die deutsche Westfront entscheidend, 335.000 Soldaten verloren auf deutscher Seite ihr Leben, 360.000 auf Seiten der Franzosen. Nach dem Tod des österreichischen Kaisers am 21. November 1916 erwog Österreich-Ungarn eine Sonderfriedenspolitik, am 12. Dezember erklärte das Deutsche Reich, dass es zu Friedensverhandlungen bereit sei. Die Kriegsgegner lehnten ab. Ihr Ziel war jetzt die Ausmerzung des Preußischen Militarismus, der so viel Unheil über Europa gebracht hatte. Den Briten gelang es, die USA zum Kriegseintritt zu bewegen, die am 6. April 1917 dem Deutschen Reich offiziell den Krieg erklärten. Nur einen Monat zuvor, am 8. März 1917, war Russland durch innere Unruhen in seinen Grundfesten erschüttert worden.

Auch das kam keineswegs überraschend. Seit der Niederschlagung einer friedlichen Demonstration vor dem Winterpalais in St. Petersburg an jenem 22. Januar 1905, der als »Blutiger Sonntag« in die Geschichte eingehen sollte, brodelte es in Russland. In dem ganzen Riesenreich, das von Polen bis zum Pazifik reichte, war es immer wieder zu Streiks, Kundgebungen und Attentaten der verschiedensten revolutionären Gruppen gekommen, unter denen sich eine immer deutlicher als die radikalste herauskristallisierte, die Bolschewiki, deren Anführer der im Schweizer Exil lebende Vladimir Iljitsch Lenin war, und die eine »Diktatur des Proletariats« auf ihre roten Fahnen geschrieben hatten. Der Eintritt Russlands in den Ersten Weltkrieg hatte das Schicksal des Zarenreiches besiegelt. Eine Reihe militärischer Niederlagen, die schlechte Versorgung der Truppen, die zunehmende Lebensmittelknappheit im Lande selbst erschütterten das Vertrauen in den Zaren und führten den lautstarken Parolen der Bolschewisten immer breitere Bevölkerungsgruppen zu. Als Zar Nikolaus II. schließlich den Befehl erteilte, auf sich erhebende Truppenteile zu schießen, unterschrieb er, ohne es zu wissen, sein eigenes Todesurteil. Am 8. März 1917 kam es zu Streiks und Unruhen in St. Petersburg. Statt dem Befehl des Zaren zu folgen, verbündete sich die St. Petersburger Garnison mit den Arbeitern zur »Februarrevolution«, die am 12. März eine »provisorische Regierung« an die Macht brachte und den Zaren am 15. März zur Abdankung zwang. Zusammen mit seiner Familie wurde Nikolaus II. gefangen genommen. Am 16. April kehrte Lenin aus dem Exil zurück – unter tatkräftiger Hilfe der Deutschen, ganz nach dem Motto »der Feind meines Feindes ist mein Freund« –, und durch flammende Reden gelang es ihm, genügend Unterstützung für den entscheidenden Schritt zur Macht zu gewinnen. Am 6./7. November 1917 putschten die Bolschewisten mit dem Militär auf ihrer Seite in St. Petersburg, ihre Arbeiter- und Soldatenräte (Sowjets) übernahmen die Macht. Ihr erster Schritt: Abschluss des Waffenstillstandes zwischen dem Deutschen Reich und Russland. An der Westfront tobte zwischenzeitlich nach wie vor ein zermürbender Stellungskrieg, den keine Seite gewinnen konnte. Während die deutsche Reichsregierung versuchte, einen Waffenstillstand mit US-Präsident Wilson auszuhandeln, kam es am 28. Oktober 1918 zu einer Meuterei der deutschen Hochseeflotte, gefolgt von einem Matrosenaufstand in Kiel, der bald auch auf andere Städte übergriff. Eine Woche später tobte die Revolution in München und Berlin: Kaiser Wilhelm II. war gezwungen, abzudanken, der Sozialdemokrat Philipp Scheidemann rief die Republik aus. Am 11. November 1918 wurde der Waffenstillstand von der neuen deutschen Regierung unterzeichnet. Der Krieg, der acht Millionen Todesopfer gefordert hatte, war zu Ende.

In Portugal herrschte währenddessen auch weiterhin politisches Chaos. Zwischen 1911 und 1926 erlebte es acht Präsidenten, 44 Regierungen sowie 20 Revolutionen und Staatsstreiche. 1916 trat das Land, das zuerst neutral bleiben wollte, auf Drängen seines Verbündeten Großbritanniens – dessen Unterstützung die republikanischen Freimaurer erst an die Macht gebracht hatte – in den Ersten Weltkrieg ein. Nach einem Militäraufstand übernahm Sidonio Pais 1917 die Regierung, um ein Jahr später ermordet zu werden.

Von all dem bekamen die einfachen Menschen in der Serra de Aire nur wenig mit. Sie wussten, dass in Europa ein grausamer Krieg wütete, sie fürchteten um das Leben ihrer Söhne, die in die Armee einberufen wurden, und sie erhofften sich nichts sehnlicher als den Frieden. Die Kinder spürten zwar die Sorgen und Ängste ihrer Eltern, doch für sie war die Bedrohung des Krieges zu fern, zu abstrakt, um ihren Alltag zu trüben. Ihr Leben bestand aus den Freuden des Spielens und den Pflichten, die ihre Familien ihnen auferlegt hatten, den kleinen Arbeiten, die sie übernehmen mussten, dem Hüten der Schafe und den regelmäßigen Gebeten und Kirchgängen, ein Leben in Harmonie mit der Natur, das vom Wechsel der Jahreszeiten geprägt war und von den religiösen Festen, die ihre einzigen Fixpunkte in einem sonst fließenden Dasein waren.

Es war ein heißer Sommertag des Jahres 1915, die Sonne stand hoch am Himmel, als Lucia und drei kleine Mädchen in ihrem Alter, Maria und Teresa Matias und Maria Justino, ihren mittäglichen Rosenkranz an den Hängen des Cabeco-Berges beteten. Es war das erste Jahr, in dem ihre Eltern Lucia die Schafe anvertrauten, eine Aufgabe, der das Mädchen stolz und gewissenhaft nachging und die ihr die Gelegenheit gab, sich täglich mit Gleichaltrigen und ihren Herden zu treffen.

Während des Gebetes streifte Lucias Blick über die Landschaft und erfüllte sie mit einem Gefühl der Ehrfurcht vor der Schöpfung Gottes, der Natur. Vor ihr lag das Tal mit seinen blassgrünen Bäumen, darüber eine weiße Wolke, die – Lucia stockte – weißer als Schnee und durchsichtig – die Gestalt eines Menschen anzunehmen schien, bevor sie sich buchstäblich wieder in Luft auflöste. »Habt ihr das auch gesehen?«, fragte sie ihre Gefährtinnen. Sie hatten. »Was war das?«, wollte sie wissen. Niemand wusste eine Antwort. Als die Mädchen abends ihren Eltern davon erzählten, nahm niemand sie ernst. »Vielleicht ist irgendwo Rauch aufgestiegen« – oder die Mädchen hatten sich alles nur eingebildet. Doch das Phänomen wiederholte sich noch zweimal an den folgenden Tagen, jedes Mal beim Mittagsgebet. »Seltsam«, dachten die Kinder, »warum hat die Wolke jedes Mal Menschenform?« Doch sie erzählten niemandem mehr davon – der Spott der Verwandten und Dorfbewohner hatte sie zu tief verletzt.

Mit Sicherheit hätte Lucia das Phänomen vergessen, wenn es nicht der Auftakt zu einer Reihe von Erscheinungen gewesen wäre, die ihr ganzes Leben verändern und letztendlich Weltgeschichte machen sollten. Ein gutes Dreivierteljahr später, irgendwann im Frühling des Jahres 1916, zog Lucia – nicht zum ersten Mal, aber nur kurze Zeit, nachdem ihre Eltern ihnen die Schafe anvertraut hatten – mit Francisco und Jacinta auf das Grundstück »Chousa Velha« ihrer Eltern am Osthang der Loca do Cabeso. Es war ein kühler, feuchter Morgen, es nieselte, und so stiegen die Kinder den Berghang hinauf, auf der Suche nach einem Felsen, der ihnen und den Schafen Schutz bieten konnte. Sie wussten von einer Höhle, die sich inmitten eines Olivenhaines befand, der Lucias Patenonkel Anastacui gehörte. Von dort aus hatte man einen guten Blick auf Aljustrel, den Weiler, in dem die Geburtshäuser der Kinder standen. Irgendwie gefiel es ihnen in der Höhle, und so entschieden sie, dort zu bleiben, auch als der Nieselregen längst aufgehört hatte. Es kam sogar die Sonne durch, die hell und kräftig wie eh und je leuchtete, als die Kinder ihr Mittagessen einnahmen, schnell den Rosenkranz herunterbeteten und sich wieder ihrer eigentlichen Leidenschaft, dem Spiel mit Steinen, widmeten. Was dann geschah, schilderte Lucia später wie folgt:

> »Wir hatten schon ein Weilchen gespielt, als plötzlich, obwohl es sonst ein ruhiger Tag war, ein starker Wind die Bäume schüttelte. Wir blickten nach oben und sahen dann jene Gestalt: (…) Ein Jüngling von 14 bis 15 Jahren, weißer als der Schnee. Die Sonne machte ihn durchsichtig, als wäre er aus Kristall. Er war von großer Schönheit. (…) Je näher er kam, umso besser konnten wir seine Gesichtszüge erkennen. Wir waren sehr überrascht und ganz hingerissen. Wir sagten kein Wort. Als er bei uns anlangte, sagte er: ›Habt keine Angst, ich bin der Engel des Friedens! Betet mit mir.‹
> Er kniete sich auf die Erde und beugte seine Stirn bis zum Boden. Durch einen übernatürlichen Zwang mitgerissen, taten wir das Gleiche und wiederholten die Worte, die wir ihn sprechen hörten:
> ›Mein Gott, ich glaube an dich, ich bete dich an, ich hoffe auf dich und ich liebe dich. Ich bitte dich um Verzeihung für jene, die an dich nicht glauben, dich nicht anbeten, auf dich nicht hoffen und dich nicht lieben.‹
> Nachdem wir das dreimal wiederholt hatten, erhob er sich und sagte: ›So sollt ihr beten. Die Herzen Jesu und Mariens erwarten eure flehentlichen Bitten.‹ Und er verschwand.«

Etwas Übernatürliches, Numinoses lag in der Luft, lange nachdem die leuchtende Gestalt verschwunden war. Minutenlang verharrten die Kinder in andächtigem Staunen, als seien sie selbst in eine andere Welt entrückt worden, in eine Welt, in der weder Zeit noch Raum existieren. Erst langsam wurden sie sich wieder ihrer Existenz in dieser materiellen Daseinsform bewusst, während ihre Gedanken noch immer um die Worte des Engels kreisten, die sie unaufhörlich wiederholten, um sicherzugehen, ja kein Wort zu vergessen. »Wir fühlten die Gegenwart Gottes so gewaltig und innerlich, dass wir nicht einmal miteinander zu sprechen wagten«, sollte Lucia später schreiben. Auch als sie am nächsten Tag an die Stelle zurückkehrten, lag immer noch ein Zauber über ihr, als hätte die Erscheinung ein Tor geöffnet zu einer anderen Dimension, zur Welt des Göttlichen. Und noch etwas wussten die Kinder tief in ihrem Innersten: Was sie erlebt hatten, musste ihr süßes Geheimnis bleiben, durfte nicht profanisiert werden durch Klatsch und Tratsch und Misstrauen, jene üblen Gewohnheiten, die auch einige ihrer Spielkameraden bereits aus der Welt der Erwachsenen übernommen hatten. Doch alles, jede noch so schöne Erinnerung, verliert einmal ihren Zauber, und bald kehrte der Alltag in das Leben der vom Himmel berührten Kinder zurück. Wieder spielten und lärmten sie, tanzten und lachten, unbekümmert, als sei nichts geschehen.

Der Sommer kam, immer heißer und trockener wurde es in der Serra, man stand noch früher auf, damit die Schafe das vom Tau benetzte Gras fressen konnten, um in der Mittagssonne Schutz zu finden unter dem dichten Schatten der Feigenbäume oder der lichteren Oliven- und Mandelbäume. Wieder suchten Lucia, Jacinta und Francisco den Olivenhain ihres Onkels auf, weil er kühlenden Schatten bot und weil er sie doch an ihre so geheimnisvolle Begegnung erinnerte.

Es war zur Zeit der Siesta, die sengende Sonne stand hoch am Himmel, als er ihnen wieder erschien:

> »Plötzlich sahen wir denselben Engel vor uns«, erinnert sich Lucia, »Er sagte: ›Was tut ihr? Betet! Betet viel! Die Herzen Jesu und Mariens haben mit euch Pläne der Barmherzigkeit vor. Bringt dem Allerhöchsten unaufhörlich Gebete und Opfer dar.‹
> ›Wie sollen wir Opfer bringen?‹, fragte ich (Lucia).
> ›Macht aus allem, was ihr könnt, ein Opfer zur Sühne für die Sünden, durch die Er beleidigt wird, und als Bitte für die Bekehrung der Sünder. So werdet ihr den Frieden für euer Vaterland herabziehen. Ich bin sein Schutzengel, der Schutzengel Portugals. Vor allem nehmt die Leiden, die euch der Herr schicken wird, in Ergebung an und tragt sie geduldig.‹«

Nur Lucia und Jacinta hörten diese Worte, nicht aber Francisco, der bloß die Erscheinung sah. Doch die Kinder waren so gebannt, dass er es erst am nächsten Tag wagte, Lucia zu fragen. Sie konnte nicht darüber sprechen, schickte ihn zu Jacinta, die ebenso wenig in der Lage war, etwas zu sagen. Erst am übernächsten Tag schilderte Lucia dem Jungen die Botschaft, die er aber nicht verstand.

»Wer ist der Allerhöchste?«, fragte er, »Und was soll das heißen: Die Herzen Jesu und Mariä werden auf eure Bitten hören?« Lucia fiel es schwer, Francisco diese und viele andere Fragen zu beantworten, und irgendwann wies sie ihn zurecht: »Hör zu!, von diesen Dingen spricht man nur wenig.«

Stattdessen prägten sich die Worte des Engels tief in die Herzen und Köpfe der Kinder ein. »Gott liebt uns und will von uns wiedergeliebt werden«, das war für sie der Kern der Botschaft. Ihre Realisierung war hart. Sie versuchten es mit Abtötungen und Bußübungen, verzichteten auf Dinge, die ihnen zuvor Freude gemacht haben, und beteten stattdessen stundenlang, auf die Erde niedergeworfen, das »Gebet des Engels«. Es wurde Herbst, die Weinlese in der Serra war bereits beendet, als sich der Engel zum dritten (beziehungsweise sechsten, rechnet man die »Wolkenmanifestationen« mit) Mal zeigte. Die Kinder gingen vom Preguiera zur Lapa de Cabeco, den Berghang entlang auf der Seite von Aljustrel und Casa Velha, wo sie, weil es Mittag war, wieder einmal den Rosenkranz – mittlerweile andächtig – und das Gebet des Engels beteten. »Während wir dort beteten, erschien der Engel zum dritten Mal«, schreibt Lucia, »er hielt einen Kelch in der Hand, darüber eine Hostie, aus der Blutstropfen in den Kelch fielen. Er ließ den Kelch und die Hostie in der Luft schweben, kniete sich auf die Erde nieder und wiederholte dreimal das Gebet:

»›Heiligste Dreifaltigkeit, Vater, Sohn und Heiliger Geist, in tiefer Ehrfurcht bete ich dich an, und opfere dir den kostbaren Leib und das Blut, die Seele und die Gottheit Jesu Christi, gegenwärtig in allen Tabernakeln der Erde, zur Wiedergutmachung für alle Schmähungen, Sakrilegien und Gleichgültigkeiten, durch die Er selbst beleidigt wird. Durch die unendlichen Verdienste Seines Heiligen Herzens und des Unbefleckten Herzens Mariens bitte ich dich um die Bekehrung der armen Sünder.‹
Dann erhob er sich und ergriff wieder Kelch und Hostie. Die Hostie reichte er mir, den Inhalt des Kelches gab er Jacinta und Francisco zu trinken mit den Worten: ›Empfangt den Leib und trinkt das Blut Jesu Christi, der durch die undankbaren Menschen so furchtbar beleidigt wird. Sühnt ihre Sünden, tröstet euren Gott. Dann kniete er sich erneut auf den Boden und sprach mit uns dreimal dasselbe Gebet: Allerheiligste Dreifaltigkeit usw., und verschwand.«

Auch diesmal dauerte es einige Zeit, bis sich die Kinder ihrer physischen Sinne langsam wieder bewusst wurden. Eine starke Müdigkeit und Erschöpfung breitete sich in ihnen aus, verbunden mit einem tiefen Gefühl der inneren Erfüllung, ja Glückseligkeit. Es war, als seien Lucia, Jacinta und Francisco aus einer mystischen Ekstase, einem Zustand geistiger Entrücktheit und Gottesnähe, zurückgekehrt. Auch wenn die Erscheinung des Engels ihren Anfang ganz in der Realität ihres Wachbewusstseins nahm, so führte sie doch die drei Hirtenkinder in ganz andere Bereiche des Bewusstseins, in die Welt der Mystik, der Visionen und Offenbarungen.

Es ist viel spekuliert worden, was »wirklich« hinter den Erscheinungen von Fatima stehen könnte. War es Hysterie, waren es schizoide Schübe? Dagegen sprechen die tiefe innere Erfülltheit der Kinder nach der Erscheinung, die Übereinstimmung ihrer Beschreibungen, die tiefe Aussagekraft ihrer Symbolik. War es religiös motiviertes Wunschdenken? Was man so gerne mystisch veranlagten Mönchen und Nonnen nachsagt, trifft ganz gewiss nicht auf unsere drei bodenständigen Hirtenkinder zu, die viel lieber spielten, als den Rosenkranz zu rezitieren, und die auch die erste Erscheinung eigentlich eher vergessen wollten. Waren es, wie besonders fantasiebegabte Autoren mutmaßen, holografische Bilder, projiziert von einer außerirdischen Intelligenz? Auch das ist auszuschließen, denn diese Hypothese erklärt weder die Bewusstseinsveränderung noch die tiefe geistige Erfüllung der Visionäre oder die Unterschiede in der Wahrnehmung der Erscheinung (Francisco sah sie nur reden, hörte aber ihre Stimme nicht). Es gibt nur eine plausible Erklärung für das, was die Kinder erlebt haben: Sie hatten eine genuine Vision. »Etwas« manifestierte sich in ihrem Bewusstsein, »etwas«, dessen Heimat eine andere Welt jenseits des Irdischen ist.

Bald zog der Winter über das Land, und wieder kehrte der Alltag im Leben der Kinder von Aljustrel ein. Immer verschwommener wurde das Bild des Engels und seine Empfehlungen in ihrer Erinnerung, immer weniger dachten sie darüber nach, was er ihnen gesagt hatte, mehr und mehr verhallten seine Empfehlungen in der Weite eines einfachen, sorgenfreien und erlebnisreichen Kinderlebens. Dann kam der Frühling. Die kalten Winterstürme wichen dem warmen Aprilregen, der unzählige junge Pflanzen aus der regenerierten Erde sprießen ließ, sattgrüne Gräser und farbenprächtige Blumen und Blüten und frischgrüne Blätter an den knorrigen Ästen der grauen, winterkahlen Bäume. Die felsigen Hänge der Serra erfüllten sich mit Leben, und wieder war es an der Zeit, die Schafe in die Natur zu treiben, wo sie Lämmer zur Welt brachten, die vorsichtig und neugierig zugleich auf ihren staksigen, dünnen Hufen die frische, feuchte Weide erkundeten. Wie neugeboren fühlten sich auch Lucia, Francisco und Jacinta. Endlich, der Winter war vorbei, sie konnten wieder in die geliebte Natur, sich wieder ihren Spielen und Kinderfreuden widmen. Sie sollten nicht ahnen, dass dieses Jahr, das Jahr 1917, zu ihrem Schicksalsjahr werden sollte – und durch sie zum Schicksalsjahr der Menschheit in diesem von Wirren und Irrungen gekennzeichneten Jahrhundert. Denn während im fernen Russland Vladimir Iljitsch Lenin die Machtergreifung der Proletarier und eine atheistisch-materialistisch orientierte Sowjetherrschaft vorbereitete, manifestierte sich im ländlichen Hochland Portugals eine ganz andere, ganz und gar nicht materielle Macht, die zur Gegenrevolution aufrief. Es war die Macht des Glaubens, der Hoffnung und der Liebe.

Kapitel 2

Eine Frau, mit der Sonne bekleidet

Der Weiler Aljustrel, in dem Lucia, Jacinta und Francisco lebten, gehört zu der Gemeinde des Dorfes Fatima, das seinen Namen einer Legende verdankt. Im 8. Jahrhundert eroberten die Araber die Iberische Halbinsel, um in den folgenden sechs Jahrhunderten schrittweise von den christlichen Heeren zurückgedrängt zu werden.

Im 11. Jahrhundert war der Norden Portugals bereits in christlicher Hand, während das Land südlich des Flusses Tagus zum Kalifat gehörte. Das Grenzland war unsicher, immer wieder attackierten christliche Untergrundkämpfer in bester Guerillataktik die verhassten Moslems. Einer der Widerständler war Goncalo Hermingues, der »Schrecken der Mauren«, der eine Horde christlicher Ritter anführte.

Am 24. Juni 1158, dem Fest des heiligen Johannes, zog eine Gruppe von arabischen Rittern aus der Provinzhauptstadt Al-Kasar (heute: Alcacer do Sal) mit ihren Damen zu einer kleinen, privaten Feier an die Ufer des Flusses Sado. Sie vergnügten sich gerade, genossen ihr Picknick, als sie von der Horde des Hermingues überfallen wurden. Die meisten Araber wurden bei dem Überraschungsangriff getötet, die Überlebenden und die Frauen von dem »Maurenschrecken« nach Santarem gebracht, die Stadt, in der Afonso Henriques, der erste portugiesische König, residierte. Der König beglückwünschte Don Goncalo zu der »kühnen Tat« und fragte ihn, welche Belohnung er dafür wünsche. Hermingues zögerte nicht lange. Er erbat sich die Hand von Fatima, der schönsten der gefangen genommenen Maurinnen und Tochter des Fürsten von Al-Kasar, die nach der Lieblingstochter des Propheten Mohammed benannt war. Sie hatte sich, so will es die Legende, bereits in den mutigen und gut aussehenden Ritter verliebt und war auch bereit, sich christlich taufen zu lassen und den Namen Oureana anzunehmen. Als Hochzeitsgeschenk erhielt das junge Paar das Dorf Abdegas, das Don Goncalo in »Oureana« umbenannte. Unglücklicherweise starb die schöne Maurentochter jung. Ihr Ehemann suchte Trost im Kloster St. Bernard in Alcobaca, 30 km westlich von Oureana, und der Abt erlaubte ihm, seine Frau in einer nahe gelegenen kleinen Kirche beizusetzen. Fortan erhielt das Dorf, in dem die Kirche stand, den Namen Fatima. Es war ein unbedeutendes Dorf, jahrhundertelang zu klein, um überhaupt auf einer Landkarte zu erscheinen, und nur einmal, ein einziges Mal, sollte es für einen kurzen Augenblick, ein Gebet lang, zum Schauplatz der Geschichte werden. Im 14. Jahrhundert befand sich Portugal unter zunehmender Bedrohung durch Kastilien, dessen Übermacht das kleine Land zu erdrücken drohte – nur durch einen Militär- und Freundschaftspakt mit England konnte seine Unabhängigkeit gewahrt werden. Nach dem Tod König Ferdinands wurde 1383 sein unehelicher Halbbruder Don Johann, der Großmeister des Avis-Ordens, zum neuen König und »Verteidiger des Reiches« gekrönt. Johann I. wurde unterstützt durch Dom Nuno Alvares Pereira, einen Ritter und Mystiker, dessen Rolle später mit der von Jean d'Arc bei der Befreiung Frankreichs verglichen wurde: Dom Nuno war überzeugt, in göttlichem Auftrag zu handeln, und war ein glühender Verehrer der Gottesmutter, die schon 1142 von König Alfonso zur »Beschützerin und Mutter aller Portugiesen« ernannt wurde, eine Landesweihe, die 1646 von König Johann IV. nach der Wiederherstellung der nationalen Unabhängigkeit feierlich wiederholt wurde. Portugal stand unter dem besonderen Schutz der Heiligen Jungfrau, davon war Dom Nuno überzeugt, als er sein Heer gegen die zahlenmäßig weit überlegene kastilische Armee führte. Der König zögerte noch. Erst in letzter Minute, als Dom Nunos Männer bereits auf dem Plateau von Fatima Stellung bezogen mit dem Bild der Gottesmutter auf ihren Standarten und dem Schlachtruf »Im Namen Gottes und der Jungfrau Maria«, schloss sich Johann I. ihm an. Feierlich riefen die vereinten portugiesischen Truppen, die sich vor ihrem Bild versammelt hatten, die Heilige Jungfrau um ihren Schutz und Segen an. Der König gelobte, ein Kloster zu ihren Ehren zu bauen und zu ihrem Heiligtum in Oliveira zu pilgern, sollte sie ihm den Sieg gewähren. Es war der 13. August 1385. In den frühen Morgenstunden des 14. August führten Johann I. und Don Nuno ihr Heer von Fatima aus in die Schlacht von Aljubarrota und errangen einen der glorreichsten Siege in der portugiesischen Geschichte, einen Sieg, der für die nächsten zwei Jahrhunderte die Unabhängigkeit des Landes sicherte und den Papst Bonifaz IX. aufgrund der gewaltigen Übermacht der Spanier in seiner Bulle vom Februar 1391 als »ein Wunder« bezeichnete. Doch trotzdem geriet Fatima fünf Jahrhunderte lang in Vergessenheit und konnte erst zu Ende des 19. Jahrhunderts einen allmählichen Bevölkerungszuwachs verzeichnen. Anfang des 20. Jahrhunderts hatte das Bergdorf, alle umliegenden Weiler mitgerechnet, etwa 2.000 Einwohner.

Ist es Zufall, dass ein Ort, der den Namen der Lieblingstochter des

Propheten Mohammed trägt, zur Schicksalsstätte Portugals und der christlichen Welt werden sollte? »Nichts kommt vom Himmel, das nicht einen Sinn hätte«, meint der Theologe Monsignore Fulton Sheen dazu. »Dem Rationalismus gegenüber ist Fatima einer der Altäre der Welt, auf dem die Gottesmutter die beiden religiösen Gemeinschaften zusammenruft: Christentum und Islam«, glaubt der Franzose Charles Barzel. Tatsächlich verehrt der Islam Maria und erkennt ihre Unbeflecktheit an. Von ihr heißt es in der 21. Sure des Korans, Vers 91–92:

> »Erinnere dich auch derjenigen, welche ihre Jungfräulichkeit bewahrt hatte, die wir mit unserem Geist angeweht hatten und die ihren Sohn als ein Wunderzeichen für alle Welt machte.«

Etwa drei Kilometer außerhalb von Fatima befindet sich ein Landstück, die Cova da Iria, das Lucias Eltern gehörte. Sein Name bedeutet »Mulde der Irene«, benannt nach der portugiesischen heiligen Irene oder Iria. Es war ein natürliches Amphitheater von vielleicht 500 Metern im Durchmesser, eine Mulde, von Hängen umgeben. Hierher trieb Lucia ihre Herde, zusammen mit der Herde von Jacinta und Francisco, an jenem 13. Mai 1917, dem Sonntag vor Christi Himmelfahrt, nachdem die Kinder, wie jeden Sonntag, die heilige Messe in der Dorfkirche besucht hatten. Sie hatten keine Eile, schlenderten über die steinigen Feldpfade, ließen die Schafe schon am Wegrand grasen, und so stand die Sonne bereits hoch am Himmel, als sie ihr Ziel erreichten. Als die Mittagsglocken im Dorf läuteten, packten sie, ohne Zeit zu verlieren, ihre Vesperpakete aus, die am Sonntag immer einen ganz besonderen Leckerbissen enthielten, machten das Kreuzzeichen, beteten das »Vaterunser« und begannen zu essen. Als sie damit fertig waren, trieben sie die Schafe den Hang höher hinauf zu einem frischen Futterplatz, um »Häuserbauen« zu spielen: Francisco war der Architekt und Maurer, die Mädchen seine Gehilfinnen.

Ein grell aufleuchtendes Licht, einem Blitz ähnlich, unterbrach ganz plötzlich ihr Spiel. Zog ein Gewitter auf, mussten sie sich unverzüglich auf den Heimweg machen. Doch am stahlblauen Himmel war kein Wölkchen zu sehen. Kein Lüftchen bewegte sich, strahlendes Sonnenlicht flimmerte in der klaren, sauberen Luft. Lucia traute dem Frieden nicht. »Gehen wir lieber nach Hause. Es hat geblitzt, es könnte ein Gewitter geben.« Wie immer waren die anderen bereit, ihr zu folgen. Doch kaum wollten sie aufbrechen, blitzte ein zweiter Lichtstrahl auf. Instinktiv machten die Kinder ein paar Schritte nach vorn, dann blickten sie alle wie automatisch nach rechts. Was sie dann sahen, verschlug ihnen den Atem.

»Über einer Steineiche schwebte eine Dame, ganz in Weiß gekleidet, strahlender als die Sonne«, erklärte Lucia später, »Sie verbreitete ein noch helleres Licht als die hellsten Sonnenstrahlen, die durch ein mit Wasser gefülltes Kristallglas scheinen. Überrascht durch diese Erscheinung, blieben wir stehen. Wir standen so nahe, dass wir innerhalb des Lichtes blieben, welches sie umgab oder das sie ausstrahlte. Der Abstand betrug etwa anderthalb Meter.« Die wundersame Frau schien 15 bis 18 Jahre alt zu sein. Sie war nur 1,20 Meter groß und hatte schwarze Augen. Ihr Kleid war weiß wie Schnee, am Hals mit einer goldenen Schnur geschlossen und bis zu den Füßen reichend, die die Blätter der Steineiche kaum berührten. Ein weißer, goldumsäumter Mantel umhüllte den Kopf und die ganze Gestalt. Von den Händen, die sie vor der Brust gefaltet hielt, hing ein Rosenkranz aus weiß leuchtenden Perlen mit einem kleinen, silbernen Kreuz herab. Um den Hals trug sie eine Kette, an der, in Höhe ihrer Taille, eine strahlende Kugel hing. Ein heller Lichtschein umstrahlte ihr Antlitz, doch ihre reinen, unendlich zarten Züge schienen von Traurigkeit überschattet.

»Habt keine Angst, ich tue euch nichts zuleide«, sprach sie mit einer sanften Stimme, die Lucia tief in ihrem Innersten vernahm.

»Woher kommst du?«, fragte das Hirtenmädchen.

»Ich komme vom Himmel.«

»Und was willst du hier in der Welt?«

»Ich bin gekommen, euch zu bitten, daß ihr in den folgenden sechs Monaten, jeweils am Dreizehnten, zur selben Stunde hierher kommt. Dann werde ich euch sagen, wer ich bin und was ich will. Ich werde danach noch ein siebtes Mal hierher zurückkehren.«

»Komme ich auch in den Himmel?«

»Jawohl!«

»Und Jacinta?«

»Auch!«

»Und Francisco?«

»Auch, aber er muss noch viele Rosenkränze beten.«

Lucia fragte in gleicher kindlicher Einfalt noch nach dem Schicksal zweier verstorbener Mädchen aus dem Dorf: »Ist Maria das Neves schon im Himmel?«

»Jawohl.«

»Und Amelia?«

»Sie bleibt bis zum Ende der Welt im Fegefeuer.«

Lucias Augen füllten sich mit Tränen, die langsam ihre Wangen herunterrollten.

»Kannst du mir sagen, ob der Krieg noch lange dauern oder bald zu Ende sein wird?«

»Das kann ich dir noch nicht sagen, ebenso wenig wie ich dir jetzt schon sagen kann, was ich wünsche.« Lucia schluckte betroffen.

»Wollt ihr euch Gott anbieten, um alle Leiden zu ertragen, die Er euch schicken wird, zur Sühne für alle Sünden, durch die Er beleidigt wird und als Bitte um die Bekehrung der Sünder?«, fragte die strahlend leuchtende Frau.

»Ja, wir wollen das!«, antwortete Lucia stellvertretend für die beiden anderen Kinder.

»Ihr werdet also viel leiden müssen, aber die Gnade Gottes wird eure Stärke sein.«

Mit diesen Worten öffnete sie zum ersten Mal die Hände. Ein starkes Licht, noch heller als das, das sie umgab, ging von ihnen aus, drang in die Brust und ins tiefste Innerste der Kinder ein – »und wir erkannten uns selber in Gott, der dieses Licht war, viel klarer, als wir uns im besten Spiegel sehen konnten«, schrieb Lucia später. Instinktiv fielen die drei Kinder auf die Knie, begannen inbrünstig zu beten: »O heiligste Dreifaltigkeit, ich bete dich an. Mein Gott, mein Gott, ich liebe dich im heiligsten Sakrament.«

»Betet täglich den Rosenkranz, um den Frieden der Welt und das Ende des Krieges zu erlangen«, forderte die Lichtgestalt sie noch auf, um sich anschließend langsam zu erheben und in östlicher Richtung aufzusteigen, bis sie in der Unendlichkeit der Ferne verschwand. »Das Licht, das sie umgab, schien einen Weg durch die Himmelswölbung zu öffnen«, meinte Lucia.

Noch minutenlang starrten die Kinder wie gebannt in die Richtung, in der sie verschwunden war. Erst langsam kehrte ihr Bewusstsein wieder in die Wirklichkeit zurück. Alles war ruhig, die Sonne brannte vom Himmel, kein Wind wehte. »Und die Schafe?«, schoss es allen Dreien zugleich durch den Kopf. Lucia lief schnell zum Nachbarfeld, in das die Herde eingedrungen war, um beruhigt festzustellen, dass der Besitzer des Grundstückes sie schon gesammelt und wieder zurückgetrieben hatte, ohne dass sie einen Schaden anrichten konnten.

Noch eine Zeit lang schwiegen die Kinder, dann begannen sie langsam, das Geschaute zu reflektieren. »Was für eine schöne, schöne Dame«, musste Jacinta immer wieder ausrufen. Als jeder sein Erlebnis aus seiner Perspektive schilderte, stellte sich heraus, dass tatsächlich nur Lucia mit der Dame gesprochen hatte, während Jacinta gebannt das Zwiegespräch verfolgte und Francisco nur Lucias Fragen und die Lippenbewegungen der Erscheinung gesehen, aber nichts gehört hatte. Alles hatte vielleicht zehn Minuten lang gedauert, »fast so lange Zeit, wie man für einen Rosenkranz braucht«, wie Jacinta anmerkte. In Lucias Herz dagegen blieb eine leichte Bitterkeit zurück. Hatte die Dame nicht angekündigt, dass sie viel zu leiden hatten? Und musste nicht ihre Freundin Amelia bis ans Ende aller Tage im Fegefeuer bleiben?

Die Kinder beschlossen, niemandem etwas von der Erscheinung zu erzählen. Zu deutlich war Lucia noch der Spott ihrer Familie in Erinnerung, als sie von ihrer ersten Vision des Engels gesprochen hatte. »O wie schön war doch die Dame, wie schön!«, schwärmte Jacinta. »Ich wette, dass du es bald ausplauderst«, befürchtete Lucia. »Nein, nein, du brauchst keine Angst zu haben, ich sage nichts.« Francisco dagegen sagte am wenigsten. Es bohrte in ihm, dass die Dame nicht zu ihm gesprochen, dass er sie nicht einmal gehört hatte. Und ihr leicht tadelnder Blick in seine Richtung (als sie verlangte, daß er noch viele Rosenkränze beten müsse) war ihm durch Mark und Bein gegangen.

Die Sonne stand schon tief am Himmel, als sich die Kinder aufrafften, nach Hause zu gehen. Hastig trieben sie die Herde zusammen, dann kehrten sie nach Aljustrel zurück. Bevor sich Lucia von ihren Gefährten trennte, schärfte sie ihnen noch einmal ein, ja nichts zu sagen. »Nein, nein, wir werden schweigen«, versprachen beide.

Doch kaum war Jacinta zu Hause angekommen, war das Versprechen vergessen. Hatte sie nicht sonst immer alles ihrer Mutter erzählt? Sie saß wie auf glühenden Kohlen, dann konnte sie sich nicht mehr halten. Sie lief zu ihrer Mutter, umfasste ihre Knie und rief ganz aufgeregt: »Mama, ich sah heute Unsere Liebe Frau in der Cova da Iria.« Senhora Marto hatte nur ein Lachen für ihre Tochter übrig. »Ganz bestimmt hast du das«, meinte sie ironisch, »ich glaube, du bist jetzt eine Heilige, daß du die Muttergottes siehst«. Jacinta war wie niedergeschmettert. Ihre Mutter glaubte ihr nicht! Beschämt senkte sie den Kopf, bereute zutiefst, dass sie ihr Versprechen gebrochen hatte, den Mund nicht halten konnte. »Aber ich habe sie wirklich gesehen, Mama«, meinte sie kleinlaut. Und nach einer Weile: »Mama, ich bete jetzt mit Francisco den Rosenkranz. Die Muttergottes hat uns das aufgetragen. Wir müssen alle Tage den Rosenkranz beten. Das will die Madonna.«

Später, beim Abendessen in Gegenwart der ganzen Familie, wollte Senhora Marto ihre Tochter zur Rede stellen. »Jacinta, erzähle uns doch mal deine Geschichte von Unserer Lieben Frau in der Cova da Iria!« Da sprudelte es aus dem Mädchen heraus. Sie erzählte von dem Blitz, von ihrer Angst, von dem Licht, das so blendend war, dass es in den Augen schmerzte, von der wunderschönen Frau, ganz in Weiß gekleidet, weißer als Milch, und der goldenen Kordel, die von ihrem Hals bis zur Taille herunterhing, mit der strahlenden Kugel an ihrem Ende. Als sie erwähnte, dass die Hände der »wunderschönen Frau« gefaltet waren, stand Jacinta vom Stuhl auf und faltete ihre Hände in Höhe der Brust, in Nachahmung der Erscheinung.

Francisco bestätigte ihre Beschreibung. Ihre Geschwister begannen, Jacinta zu necken, doch schließlich erhob Ti Marto, der Denker in der Familie, seine Stimme:

> »Seit Bestehen der Welt ist die Gottesmutter zu verschiedenen Zeiten und auf verschiedene Weise erschienen. Das waren wichtige Ereignisse. Hätten diese Ereignisse nicht stattgefunden, wäre die Welt noch schlechter, als sie schon ist. Gottes Macht ist groß. Wir verstehen nicht alles, aber lasst Gottes Wille geschehen.«

Betroffen schweigend löffelte die restliche Familie ihre Kartoffelsuppe.

Am nächsten Morgen sorgte die geschwätzige Olimpia Marto dafür, dass das ganze Dorf von der Sache erfuhr. Bald war das Gerücht auch zu Lucias Mutter vorgedrungen, die ihre Tochter zur Rede stellte. Zögernd und traurig, weil Jacinta ihren Mund nicht halten konnte, bestätigte Lucia, dass auch sie die Gottesmutter gesehen hatte. Maria Rosa konnte ihr nicht glauben. Für sie war ihre jüngste Tochter zur Lügnerin geworden.

Beklommenheit machte sich im Herzen der Kinder breit, wann immer sie an den folgenden Tagen über die Erscheinung sprachen. Ihre kindliche Unbekümmertheit, die Freude am Spiel, war wie verflogen. Für Lucia begann buchstäblich ein Martyrium. Für ihren Vater war die ganze Sache nur »Weiberunsinn«, ihre Mutter versuchte, sie auf jede nur erdenkliche Weise zu bewegen, alles zurückzunehmen und ihr endlich zu gestehen, dass sie sich das alles nur ausgedacht hätte. Immer wieder machte sie Lucia schwere Vorhaltungen, bis das kleine Mädchen sie auf den Knien und mit gefalteten Händen weinend um Vergebung bat. Als Maria Rosa weder mit Prügel noch mit Engelszungen ein Geständnis aus ihrer Tochter herausbekam, zerrte sie Lucia zum Ortspfarrer. »Wenn wir dort angekommen sind, knie nieder, sage, dass du gelogen hast und bitte um Verzeihung – oder ich werde dich Zeit deines Lebens in ein dunkles Loch sperren, in das kein Sonnenstrahl kommt.« Doch auch Pfarrer Ferreira konnte nichts bewirken. Lucia blieb dabei: Was sie gesehen hatte, hatte sie gesehen.

Als der 13. Juni immer näher heranrückte, hatte sich die Geschichte der Kinder längst in der ganzen Gegend herumgesprochen. Über 50 Personen warteten dort bereits seit den Morgenstunden, als Lucia, Jacinta und Francisco gegen 11.00 Uhr an der Steineiche eintrafen, zu der die Himmelskönigin sie bestellt hatte. Ihre Eltern hatten sich geweigert mitzukommen. Sie fürchteten die Schande, die über sie käme, sollte sich die Sache doch als Betrug erweisen. Der 13. Juni 1917 war der Festtag des heiligen Antonius, der in der Pfarrei von Fatima groß gefeiert wurde mit einer prächtigen Prozession, Glockengeläut und der kostenlosen Bewirtung von 500 Menschen. Familienväter kamen mit ihren Ochsenkarren, die mit Zweigen und Blumen, Fahnen und Tüchern reich geschmückt waren und auf denen ihre ganze Familie Platz genommen hatte. Sie verteilten Almosen und Nahrungsmittel, während die Wagen einige Male die Kirche umrundeten und vor der Veranda hielten, von der aus der Priester ihnen den Segen erteilte. Lucia liebte diese Festa, und insgeheim hatte ihre Mutter gehofft, dass sie darüber die ganze Sache mit der Cova da Iria vergessen würde. Doch ganz wie Jacinta und Francisco hatte auch Lucia beschlossen, die Festa des heiligen Antonius der schönen Dame zu opfern.

»Zur festgesetzten Stunde kamen die Kinder bei der Cova da Iria an«, beschrieb eine Zeugin später die Ereignisse an diesem Tag,

> »Unter der großen Steineiche (die etwa 50 Schritte vom Ort der Erscheinung entfernt ist) knieten sie nieder und beteten den glorreichen Rosenkranz. Als sie ihn beendet hatten, erhob sich Lucia, richtete Umhang und Kopftuch zurecht, als ob sie in die Kirche gehen wollte, und wendete den Blick nach Osten, von wo sie die Erscheinung erwartete. Die Umstehenden fragten, ob man wohl lange warten müsste. ›Oh nein‹, antwortete das Mädchen. Die beiden anderen Kinder meinten, es wäre noch Zeit, einen zweiten Rosenkranz zu beten. Doch Lucia sagte: ›Es hat doch schon geblitzt. Jetzt kommt die Dame.‹ Und eilends lief sie zu der kleinen Steineiche; die Gefährten folgten ihr.«

Eine weitere Zeugin war Senhora Maria dos Santos Carreira aus Fatima, die vielleicht zehn Minuten von der Cova da Iria entfernt wohnt und mit ihrem 17-jährigen behinderten Sohn gekommen war. Sie war an diesem Tag schon früh aufgestanden und hatte als Erste die Cova da Iria erreicht.

»Bald kamen noch mehr Menschen, und etwa um 11.00 Uhr trafen auch die Kinder ein, denen Unsere Liebe Frau erschienen war. Sie kamen zusammen mit kleinen Freunden und Menschen von weit her, wie Torres Novas oder Outeiro … wir gingen alle zu der Steineiche. Lucia blieb etwa drei Meter vor dem Baum stehen und schaute in die östliche Richtung. Es war alles ruhig, und ich fragte sie: »Welches ist der Baum, an dem Unsere Liebe Frau erschien?« – »Dieser hier«, sagte sie und legte ihre Hand darauf. Er war etwa einen Meter hoch, ein hübscher, junger Baum, schön gewachsen mit regelmäßigen Ästen. Lucia entfernte sich ein Stückchen und schaute wieder in Richtung Fatima, um sich dann im Schatten eines Feigenbaumes niederzulassen. Es war sehr ruhig und still. Lucia setzte sich in der Nähe des Stammes nieder, und Jacinta und Frncisco nahmen rechts und links von ihr Platz.«

Was dann geschah, schilderte Lucia wie folgt:

»Nachdem ich mit Jacinta und Francisco und noch einigen Anwesenden den Rosenkranz gebetet hatte, sahen wir von neuem den Lichtschein, der sich näherte (den wir Blitz nannten), und dann Unsere Liebe Frau über der Steineiche, genau wie im Mai.
›Was wünschen Sie von mir‹, fragte ich.
›Ich möchte, dass ihr alle Tage den Rosenkranz betet und lesen lernt. Später sage ich euch, was ich möchte.‹
Ich bat um die Heilung eines Kranken.
›Wenn er sich bekehrt, wird er innerhalb eines Jahres gesund werden.‹
›Ich möchte Sie bitten, uns in den Himmel mitzunehmen.‹
›Ja! Jacinta und Francisco werde ich bald holen. Du aber bleibst noch einige Zeit hier. Jesus möchte sich deiner bedienen, damit die Menschen mich erkennen und lieben. Er möchte auf Erden die Verehrung meines Unbefleckten Herzens begründen. Wer sie annimmt, dem verspreche ich das Heil, und diese Seelen werden von Gott geliebt wie Blumen, die von mir hingestellt sind, um Seinen Thron zu schmücken.‹«

Lucia konnte sich nur schwer auf dieses poetische Versprechen konzentrieren, zu schockiert war sie von der Ankündigung des baldigen Todes ihrer geliebten Gefährten.

»Bleibe ich allein hier?«, fragte sie traurig.

»Nein, mein Kind! Leidest du sehr? Lass dich nicht entmutigen. Niemals werde ich dich verlassen, mein Unbeflecktes Herz wird deine Zuflucht sein und der Weg, der dich zu Gott führen wird.«

Lucia weiter:

> »In dem Augenblick, als sie diese letzten Worte sagte, öffnete sie die Hände und übermittelte uns zum zweiten Male den Widerschein dieses unermesslichen Lichtes. Darin sahen wir uns in Gott versenkt. Jacinta und Francisco schienen in dem Teil des Lichtes zu stehen, der sich zum Himmel erhob, und ich in dem Teil, der sich über die Erde ergoss. Vor der rechten Handfläche Unserer Lieben Frau befand sich ein Herz, umgeben von Dornen, die es zu durchbohren schienen. Wir verstanden, dass dies das Unbefleckte Herz Mariens war, verletzt durch die Sünden der Menschheit, das Sühne wünscht.«

Eine ganze Reihe von Zeugen beschrieb später, wie sie nicht nur Lucias Stimme, sondern auch dazwischen ein geheimnisvolles »Murmeln« hörten. Maria dos Santos Carreira beschrieb es als »wie der Ton einer weit entfernten Stimme. Wir konnten nicht verstehen, was sie sagte; es war wie das Summen einer Biene.«

Als sich die Erscheinung zu entfernen begann, hörten die Anwesenden einen dumpfen Knall, den einige »als ob in der Ferne eine Rakete platzte« und andere als »einen unterirdischen Donner, der von der Steineiche herkam« beschrieben. In diesem Augenblick raffte sich Lucia schnell auf und zeigte mit ausgestreckten Armen nach Osten. »Schaut, da geht sie. Da geht sie dahin!«

Maria Carreira:

> »Wir sahen nichts als eine kleine Wolke etwas oberhalb des Baumes, die sich langsam erhob und sich in östlicher Richtung bewegte, bis wir sie nicht mehr sehen konnten. Einige Leute sagten: ›Ich kann sie noch sehen, sie ist noch dort ...‹, bis zuletzt niemand mehr etwas sehen konnte. Die Kinder standen schweigend, die Augen in

jene Richtung gewandt, bis Lucia sagte: ›Jetzt können wir sie nicht mehr sehen. Sie ist zurück in den Himmel gegangen, die Tore haben sich geschlossen.‹
Wir wandten uns wieder dem wunderbaren Baum zu, und zu unserer größten Überraschung sahen wir, dass sich die Triebe an der Spitze, die vorher aufrecht standen, alle in östlicher Richtung geneigt hatten, so als hätte jemand darauf gestanden.«

Die oben zitierte Zeugin bestätigte das Phänomen:

»Die Steineiche war mit langen, jungen Blättern bedeckt. Die zarten Äste des Baumes bogen sich während der Erscheinung, als ob das Gewicht der Dame wirklich auf ihnen gelastet hätte. Nach der Vision erklärte Lucia, die Dame sei gegen Osten verschwunden. Und alle Äste und Blätter der Steineiche waren nach Osten gerichtet, als ob sie vom Mantelsaum der Dame gestreift worden wären.«

Maria dos Santos weiter:

»Wir begannen, Zweige abzubrechen, aber Lucia sagte, wir sollten sie von unten nehmen, solche, die Unsere Liebe Frau nicht berührt hatte. Ich bemerkte einen schönen blühenden Rosmarinzweig in der Nähe und pflückte mir zum Andenken etwas davon ab. Jemand schlug vor, den Rosenkranz zu beten, ehe wir den Heimweg antraten, andere jedoch, die von weither gekommen waren, meinten, wir sollten jetzt die (lauretanische) Litanei und auf dem Heimweg nach Fatima den Rosenkranz beten …
Nachdem wir die Litanei gebetet hatten, gingen wir mit den Kindern alle zurück nach Fatima, auf dem Weg den Rosenkranz betend. Wir kamen an, als sich die Prozession gerade formierte. Die Leute sahen uns ankommen und wollten wissen, woher wir kämen. Wir antworteten: ›Von der Cova da Iria‹, und wir erzählten, ›dass wir sehr glücklich seien, dort gewesen zu sein.‹ Manche waren traurig, dass sie etwas versäumt hatten, aber es war zu spät.«

Die Erscheinung der Kinder hatte ihre erste Bewährungsprobe bestanden, und die Kunde von den mysteriösen Phänomenen, die die Anwesenden gesehen haben, ging wie ein Lauffeuer in der ganzen Serra de Aire umher.

Kapitel 3

Die drei Geheimnisse

Aus den 50 Neugierigen wurden 2.000 bis 3.000 Pilger, die sich am 13. Juli 1917 in der Cova da Iria versammelten. Einige waren von weither gekommen, hatten sich, teils zu Fuss, teils auf Eselskarren, am Vorabend auf den Weg gemacht und, in Wolldecken gehüllt, unter dem klaren Sternenhimmel übernachtet. Einige der Zeugen der zweiten Erscheinung aus dem Ort, die zu Gläubigen geworden waren, hatten einen Holzbogen mit einem Kreuz auf der Spitze errichtet, um den Erscheinungsort zu kennzeichnen. Den Rosenkranz betend oder die jüngsten Gerüchte über die Seherkinder austauschend, fieberten sie der Mittagsstunde entgegen, wenn, wie sie es versprochen hatte, die Gottesmutter wieder erscheinen würde. Sie ahnten nicht, unter welchen Anfeindungen und Schwierigkeiten die Seherkinder zuvor gelitten hatten und dass Lucia beinahe nicht zur Steineiche gekommen wäre.

Gleich am Tag nach der Erscheinung vom 13. Juni hatte Lucias Mutter ihre Tochter zu Pfarrer Ferreira ins Pfarrhaus von Fatima gebracht, denn der Geistliche wollte persönlich mit dem Mädchen sprechen, und Jacinta und Francisco gingen mit. Skeptisch hörte sich der alte Pfarrer die Geschichte der Kinder an, argwöhnisch nahm er zur Kenntnis, dass es Dinge gab, die sie ihm nicht sagen konnten oder wollten, um schließlich, nach eindringlichem Verhör, zu dem Schluss zu kommen: »Es könnte ein Trick des Teufels sein, wir werden sehen.«

Seine Worte erschütterten Lucia tief in ihrem Innersten, schienen alles, woran sie geglaubt und worauf sie vertraut hatte, wie ein Kartenhaus zusammenfallen zu lassen, erfüllten sie mit tiefen, nagenden Zweifeln. Der Herr Pfarrer war für die Leute im Dorf die höchste Autorität, eine Art Statthalter Gottes, und sein Wort war Gebot. Er musste Recht haben, dachte sich Lucia, während ihr Herz ihr sagte, dass es doch die Gottesmutter war. »Das war ganz bestimmt nicht der Teufel«, meinten ihre Gefährten, »der Teufel ist hässlich und lebt unter der Erde. Die Frau war wunderschön und ist zum Himmel aufgefahren.« Doch Lucia nahm ihre Worte kaum mehr zur Kenntnis. Sie verfiel in eine tiefe Lethargie, in Selbstzweifel, in Seelennöte. Sie hatte Alpträume, ihr gingen alle nur denkbaren Szenarien durch den Kopf, sie war dicht daran, einfach zu sagen, sie habe gelogen, um der Geschichte ein Ende zu machen. »Tu das nicht«, meinte Jacinta, »du weißt, das wäre gelogen. Und Lügen ist eine Sünde.« Lucias Mutter dagegen tat alles, um sie in ihren Zweifeln zu bestärken, und je näher der 13. Juli rückte, je öfter prophezeite sie, dass »der Teufel mit Sicherheit dort sein« werde. Es kam, wie es kommen musste: Am Abend des 12. Juli ging Lucia zu Jacinta und Francisco, um ihnen mitzuteilen, dass sie nicht mehr in die Cova da Iria gehen würde. »Wir gehen! Die Dame befahl uns hinzugehen«, erwiderten die beiden Kinder trotzig.

Doch je näher die verabredete Stunde rückte, je weniger war es Lucia möglich, zu Hause zu bleiben. Irgendetwas, eine unsichtbare Macht, trieb sie geradezu auf die Straße, auf den Weg zu Jacinta und Francisco. Als sie das Haus ihrer kleinen Freunde betrat, sah sie, wie beide vor ihren Betten knieten und weinten. »Geht ihr nicht hin?«, fragte sie. »Ohne dich haben wir nicht den Mut, zu gehen. Komm, geh mit!«

»Ja, ich gehe«, quoll es aus Lucia hervor. In diesem Augenblick war ihr, als sei ihr ein Stein vom Herzen gefallen.

Kurz darauf bemerkten Olimpia und Maria Rosa, dass ihre Kinder das Haus verlassen hatten. Sie wussten, wo sie nach ihnen suchen müssten, und zusammen mit Ti Marto machten auch sie sich auf in die Cova da Iria, wo sie Lucia, Jacinta und Francisco von Hunderten Schaulustigen belagert fanden. »Es herrschte solch ein Gedränge«, erinnerte sich Ti Marto später, »doch dann bauten zwei Männer, einer aus Ramila und der andere von hier, eine Barriere um die Kinder, um sie zu schützen. Als die Männer mich erblickten, zogen sie mich am Arm und riefen: ›Hier ist der Vater! Lasst ihn durch!‹ Und so konnte ich zu meiner Jacinta vordringen.

Lucia kniete ein wenig entfernter auf der Erde. Sie betete den Rosenkranz vor, und das Volk antwortete. Als er beendet war, sprang sie so schnell auf, als würde sie emporgerissen. Sie schaute gen Osten und rief: ›Schließt eure Schirme‹ – sie waren zum Schutz gegen die Sonne geöffnet – ›Unsere Liebe Frau kommt!‹ Ich schaute angestrengt, konnte aber im Augenblick nichts sehen. Und dann sah ich etwas, das aussah wie eine kleine, graue Wolke über der Steineiche. Die Hitze hatte nachgelassen, und es wehte eine angenehme, erfrischende Brise – gar nicht hochsommerlich.

Die Menschen waren so ruhig, dass man eine Stecknadel hätte fallen hören. Dann hörte ich ein kleines, summendes Geräusch. Ich konnte jedoch nichts verstehen. Ich glaube, am Telefon muss sich das so anhören, obgleich ich in meinem Leben noch nie telefoniert habe. Was ist es?, fragte ich mich. Ist es nahe oder ganz weit weg? Alles dies war für mich ein Beweis des ›Wunders‹.«

Als Lucia die leuchtende Gestalt sah, die wieder über der kleinen Steineiche vom Himmel herabstieg, waren alle Zweifel der letzten Wochen verflogen. Gebannt, ihre Schönheit bestaunend, starrte sie sie an, minutenlang, ohne auch nur ein Wort sagen zu können. Jacinta wurde ungeduldig. »Lucia, nun sag doch was«, flüsterte sie ihrer Cousine zu, »siehst du nicht, dass die Dame schon hier ist und mit dir sprechen will?«

Endlich raffte sich Lucia auf: »Was wünschen Sie von mir?«

»Ich möchte, dass ihr am 13. des kommenden Monats wieder hierher kommt, dass ihr weiterhin jeden Tag den Rosenkranz zu Ehren Unserer Lieben Frau vom Rosenkranz betet, um den Frieden für die Welt und das Ende des Krieges zu erlangen, denn nur sie allein kann es erreichen.«

»Ich möchte Sie bitten, uns zu sagen, wer Sie sind, und ein Wunder zu tun, damit alle glauben, dass Sie uns erscheinen«, meinte Lucia.

»Kommt weiterhin jeden Monat hierher! Im Oktober werde ich euch sagen, wer ich bin und was ich wünsche, und werde ein Wunder tun, damit alle glauben«, erwiderte die Dame.

Jetzt erinnerte sich Lucia, dass ihr von einigen Pilgern aufgetragen wurde, die Gottesmutter um Hilfe oder Heilung zu bitten. »Betet den Rosenkranz, um diese Gnaden im Laufe des Jahres zu erlangen«, antwortete sie, »opfert euch auf für die Sünder und sagt oft, besonders wenn ihr ein Opfer bringt: O Jesus, das tue ich aus Liebe zu dir, für die Bekehrung der Sünder und zur Sühne für die Sünder gegen das Unbefleckte Herz Mariens.« Und dann gewährte sie den Kindern eine Vision, die später als der erste Teil des Geheimnisses von Fatima bezeichnet würde.

»Bei diesen letzten Worten«, so erinnerte sich Lucia, »öffnete sie aufs Neue die Hände wie in den zwei vorhergegangenen Monaten. Der Strahl schien die Erde zu durchdringen, und wir sahen gleichsam ein Feuermeer und, eingetaucht in dieses Feuer, die Teufel und die Seelen, als ob sie durchscheinend, schwarz und bronzefarbig glühende Kohlen in menschlicher Gestalt waren, die in diesem Feuer schwammen, emporgeschleudert von den Flammen, die mit Rauchwolken aus ihnen selbst hervorschlugen. Sie fielen nach allen Seiten wie Funken bei gewaltigen Bränden ohne Schwere und Gleichgewicht unter Schreien und Heulen vor Schmerz und Verzweiflung, was uns erbeben und erstarren ließ.«

In diesem Augenblick, in der ihr der innere Zustand der von Gott getrennten Seelen mit so eindrucksvoller Symbolik offenbart wurde, schrie Lucia laut auf, als würde sie selbst die Schmerzen der Seelen ertragen.

»Die Teufel unterschieden sich durch die schreckliche und scheußliche Gestalt widerlicher, unbekannter Tiere. Sie waren aber durchscheinend wie schwarze, glühende Kohle.

Erschrocken und wie um Hilfe bittend, erhoben wir den Blick zu Unserer Lieben Frau, die voll Güte und Traurigkeit zu uns sprach …« und den zweiten Teil des Geheimnisses offenbarte:

»›Ihr habt die Hölle gesehen, wohin die Seelen der armen Sünder kommen. Um sie zu retten, will Gott die Andacht zu meinem Unbefleckten Herzen in der Welt begründen. Wenn man tut, was ich euch sage, werden viele Seelen gerettet werden, und es wird Friede sein. Der Krieg geht seinem Ende entgegen. Wenn man aber nicht aufhört, Gott zu beleidigen, wird unter Pius XI. ein anderer, schlimmerer Krieg beginnen. Wenn ihr eine Nacht erhellt seht durch ein unbekanntes Licht, dann wisset, dass dies das große Zeichen ist, das Gott euch gibt, um das Strafgericht anzukündigen, das über die Welt kommen wird wegen ihrer Sünden: Krieg, Hungersnot, Verfolgung der Kirche und des Heiligen Vaters‹.

Um das zu verhüten werde ich kommen und um die Weihe Russlands an mein Unbeflecktes Herz und die Sühnekommunion an den ersten Samstagen bitten. Wenn man auf meine Wünsche hört, wird Russland sich bekehren, und es wird Friede sein; wenn nicht, dann wird es seine Irrlehren über die ganze Welt verbreiten, wird Kriege und Verfolgungen der Kirche heraufbeschwören. Die Guten werden gemartert werden, und der Heilige Vater wird viel zu leiden haben, verschiedene Nationen werden ausgelöscht. Am Ende aber wird mein Unbeflecktes Herz triumphieren. Der Heilige Vater wird mir Russland weihen, das sich bekehren wird, und eine Zeit des Friedens wird der Welt geschenkt werden. In Portugal wird sich immer das Dogma des Glaubens erhalten …«

Was die Himmelskönigin danach Lucia und Jacinta offenbarte, der dritte Teil des Geheimnisses (auch »Das Dritte Geheimnis von Fatima« genannt), war bis vor kurzem unter Verschluss und vielleicht das bestgehütete Geheimnis der Kirche. Lucia hat es nie veröffentlicht (wir werden in einem späteren Kapitel untersuchen, wovon es gehandelt hat). Sie folgte damit dem Wunsch der Madonna:

»Davon sagt niemandem etwas; Francisco könnt ihr es mitteilen. Wenn ihr den Rosenkranz betet, dann sagt nach jedem Gesetz:

> O mein Jesus, verzeihe uns unsere Sünden, bewahre uns vor dem Feuer der Hölle, führe alle Seelen in den Himmel, besonders jene, die deiner Barmherzigkeit am meisten bedürfen.«

Es folgten Minuten beklommenen, überwältigten Schweigens, in denen sich die Kinder wie ein Gefäß fühlten, das zu klein, zu zerbrechlich, zu zart für das war, was es fassen sollte. Schließlich fragte Lucia, eher schüchtern, mit schwacher, hoher Stimme: »Wünschen Sie sonst nichts mehr von mir?«

»Nein, heute will ich nichts mehr von dir«, antwortete die Dame, bevor sie sich langsam wieder in Richtung Osten erhob, bis sie in der unendlichen Ferne des stahlblauen Horizontes verschwand.

Ti Marto beschrieb später, was in diesem Augenblick alle Anwesenden erlebten:

> »Wir hörten einen heftigen Donnerschlag, und der kleine Bogen, an dem zwei Laternen hingen, erzitterte wie bei einem Erdbeben. Lucia, die noch kniete, sprang so schnell auf, dass sich ihre Röcke um sie aufbauschten. Sie zeigte zum Himmel und rief: ›Dort geht sie, dort geht sie!‹ Und nach ein oder zwei Augenblicken sagte sie: ›Jetzt kann man sie nicht mehr sehen.‹ Das alles war für mich ein sicherer Beweis.«

Als sich nach einigen Minuten respektvollen Schweigens die Menge um die Kinder drängte und sie mit Fragen überhäufte, wirkten diese wie abwesend, ja verstört und zutiefst erschüttert. Sie wussten jetzt, welches Unheil über der Menschheit herandämmerte, aber sie mussten es für sich behalten. »Es ist ein Geheimnis«, beantwortete Lucia alle Fragen nach dem Inhalt der Botschaft. »Ein schönes Geheimnis?«, wollten die Leute wissen. »Für einige Menschen ist es gut, für andere schlecht« – mehr wollte, konnte, durfte sie nicht sagen. Ein Foto, das Mario Godinho unmittelbar nach der Erscheinung aufnahm, zeigt die tiefe innere Aufgewühltheit und Verstörtheit der Kinder, die gerade die Hölle gesehen hatten – die symbolische Hölle, den Zustand der sündigen Menschen nach dem Tod, und die physische, ganz reale Hölle der Schrecken des 20. Jahrhunderts, der Hölle der Oktoberrevolution und des Spanischen Bürgerkrieges, des Naziterrors und des Archipel Gulag, des Zweiten Weltkriegs und des Kalten Krieges, des Wettrüstens und der atomaren Bedrohung, der Schüsse auf den Endzeitpapst und des zunehmenden Atheismus.

Diese Vision der Hölle beendete schlagartig die Kindheit von Lucia, Jacinta und Francisco. Endgültig vorbei war die Zeit ihrer unbekümmerten Spiele, ihrer unschuldigen Freuden, ihres Lachens und Singens und Tanzens. Eine tiefe Ernsthaftigkeit, ja Traurigkeit ersetzte die Sorglosigkeit ihres Daseins, und ihre Gedanken kreisten nur noch um das eine Thema: die Botschaft der Dame, deren Schönheit jetzt durch einen Anflug von Bitterkeit getrübt war. Immer wieder kamen ihnen die Bilder der Hölle in Erinnerung, mussten sie, vor Angst und Schrecken zitternd, niederknien, ihre kleinen Hände falten und beten: »O mein Jesus, verzeih uns unsere Sünden, bewahre uns vor dem Feuer der Hölle; führe alle Seelen in den Himmel, besonders jene, die deiner Barmherzigkeit am meisten bedürfen.« Immer wieder versuchten sie, durch Abtötungen Buße zu tun, ob sie ihren Proviant an Bedürftige verschenkten und den ganzen langen Tag lang hungerten oder ob sie trotz der drückenden Sommerhitze auf ihr Wasser verzichteten, bis ihre ausgetrockneten Lippen aufsprangen, um »ein Opfer für die Sünder zu bringen«. Und einmal, als sie am Brunnen saß, hatte Jacinta eine Vision. Sie sah einen zukünftigen Papst. »In einem sehr großen Haus kniete er vor einem Tisch, verbarg das Gesicht in den Händen und weinte. Draußen standen viele Leute, und einige warfen Steine nach ihm, andere beschimpften ihn und riefen hässliche Worte. Armer Heiliger Vater, wir müssen sehr viel für ihn beten.« Ein anderes Mal hatte Jacinta eine Vision von der prophezeiten Hungersnot: »Siehst du nicht die vielen Straßen, die Wege und Felder voller Menschen, die vor Hunger weinen, weil sie nichts zu essen haben, und den Heiligen Vater in einer Kirche vor dem Unbefleckten Herzen Mariens im Gebet? Und so viele Leute, die mit ihm beten?«

Später fragte sie Lucia: »Darf ich sagen, dass ich den Heiligen Vater und die vielen Leute gesehen habe?« – »Nein!«, antwortete die Cousine. »Merkst du nicht, dass dies zum Geheimnis gehört, dass dadurch alles gleich enthüllt wird?«

»Ist gut, dann sage ich nichts.«

Ein anderes Mal saß Jacinta nachdenklich auf ihrem Bett, als Lucia sie besuchte. »Woran denkst du?«

»An den Krieg, der kommen wird. Es werden so viele Menschen sterben, und fast alle kommen in die Hölle. Es werden viele Häuser dem Boden gleichgemacht und viele Priester getötet werden. Schau, ich komme in den Himmel, und wenn du dann in der Nacht das Licht siehst, von dem die Dame sprach, verschwinde lieber, fliehe auch dorthin.«

»Merkst du nicht, dass man nicht zum Himmel fliehen kann.«

»Es ist wahr, das kann man nicht. Aber habe keine Angst, ich werde im Himmel sehr viel für dich bitten, für den Heiligen Vater, für Portugal, damit der Krieg nicht ausbricht, und für den Heiligen Vater.«

Und noch etwas machte den Kindern zu schaffen. Immer mehr Schaulustige kamen ins Dorf, um sie zu sehen, zu berühren, ihnen Fragen zu stellen. Die kleinen Felder, die die einfachen Bauern von Aljustrel hatten, wurden von den Besuchern und ihren Eseln niedergetrampelt, die Ernten vernichtet. Hinzu kam, dass es ihnen bald nicht mehr möglich war, die Schafe ihrer Familien zu hüten, weil sie ständig von den Neugierigen heimgesucht wurden. Lucias Familie musste ihre Herde zu einem viel zu niedrigen Preis verkaufen, weshalb ihr ihre Mutter noch heftigere Vorhaltungen machte, sie fast täglich prügelte, beschimpfte, verspottete und bestrafte. Hinzu kamen die Anfeindungen der Nachbarn, speziell der Frauen im Dorf. Die Situation für sie wurde fast unerträglich. Schließlich schien es, als sei ganz Portugal gegen Lucia und ihre Gefährten.

Die Zeitungen hatten über die Ereignisse in der Cova da Iria berichtet, und die liberale Presse, Stimme der Revolutionsregierung, behauptete, das alles sei ein großer Betrug, inszeniert von den Priestern und insbesondere den verhassten Jesuiten, die die unwissende Masse um ihr Geld bringen und dem »katholischen Aberglauben« neuen Anhang verschaffen wollten. Zum erbittertsten Gegner der Erscheinungen aber sollte Artur Santos werden, der Administrator der Provinz Vila Nova de Ourem, zu der Fatima gehört. Santos, gerade mal 30 Jahre alt, hatte eigentlich den Beruf des Kesselflickers erlernt, aber sein abgrundtiefer Hass auf Monarchie und Kirche führte ihn in die Redaktion des lokalen republikanischen Propagandablättchens »Ouriense« und in die örtliche Freimaurerloge. Als die »neue Republik« nach zuverlässigen Vertretern der neuen, revolutionären Staatsgewalt suchte, war Santos »ihr Mann« für Ourem, der Mann mit »der richtigen Gesinnung«. Bald wurde er zum Präsidenten der Kreisverwaltung, zum Bürgermeister und Laienrichter von Comarca, zur prominentesten Persönlichkeit und zum einflussreichsten und am meisten gefürchteten Mann der Provinz. Für Santos war Fatima ein Angriff gegen das materialistische Weltbild, gegen die Republik und gegen alles, was er repräsentierte. Er nahm die Sache sehr persönlich. In seiner Provinz hatte er für Ordnung zu sorgen, dafür, dass sich die Werte der Revolution durchsetzen und der »katholische Aberglaube« ausgemerzt wird. Das Letzte, was er gebrauchen konnte, war ein Wunder, das die Cova da Iria zum Brennpunkt einer reaktionären Bewegung gegen die neue Republik, gegen die Werte der Humanisten und Freidenker, werden lassen könnte. Er musste den Aberglauben von Fatima im Keim ersticken, allein schon, um der Regierung in Lissabon und den Brüdern in der Loge zu beweisen, wer in seiner Provinz das Sagen hat.

Drei Tage vor der angekündigten vierten Erscheinung der Gottesmutter, am 10. August 1917, traf die gerichtliche Vorladung ein: Die Väter von Lucia, Jacinta und Francisco hatten am nächsten Tag um 11.00 Uhr im Rathaus von Ourem vorstellig zu werden. Lucia und ihr Vater machten sich auf den Weg, Ti Marto entschied sich, seine Kinder zu Hause zu lassen und allein in die Provinzhauptstadt zu gehen. »Wo ist das Kind?«, brüllte Santos den Vater von Jacinta und Francisco an, offenbar nicht wissend, dass es sich um drei Seherkinder handelt. Dann wandte er sich Lucia zu. »Und du, du sollst doch dieses Geheimnis kennen. Na, was ist es? Los, verrate es mir.« Doch weder mit wüsten Drohungen noch mit Versprechungen konnte er etwas bewirken. Auch das Versprechen, nie mehr in die Cova da Iria zurückzukehren, konnte er ihr nicht abringen. Entnervt schickte er das Mädchen und die beiden Väter nach Hause, wo Jacinta und Francisco längst glaubten, Lucia sei umgebracht worden. Sie waren überglücklich, als sie ihre Cousine wohlbehalten zurückkehren sahen.

In den frühen Morgenstunden des 13. August wurde Fatima geradezu überflutet von Menschenmassen. Mindestens 15.000, vielleicht 20.000 Pilger waren gekommen, auf Eseln oder in Ochsenkarren, auf Fahrrädern oder in Automobilen, wie man sie in dieser Menge noch nie zuvor in der ländlichen Serra de Aire gesehen hatte. In Aljustrel wurden die Häuser der Seherkinder regelrecht belagert. Hunderte wollten ihnen Petitionen übergeben, mit der Bitte, ihr Anliegen der Gottesmutter vorzutragen, wollten ihnen Fragen stellen, ohne dass ihnen auch nur die Chance gegeben wurde zu antworten oder sie nur berühren. Wie ein Spielball der Massen wurden Lucia, Jacinta und Francisco weitergereicht durch das Gedränge, in dem sie erdrückt zu werden drohten, zerrten Unbekannte an ihnen, gierig danach, etwas von der ihnen gewährten Gnade zu erheischen.

Plötzlich wurden die Kinder von ihren Eltern gerufen. Als es Lucia gelang, durch die Reihen der Schaulustigen ins Haus zurückzukehren, saßen dort bereits Jacinta und Francisco – und Artur Santos. Wieder bedrängte er die Kinder, ihm das Geheimnis zu verraten oder zumindest zu versprechen, nicht mehr zur Cova de Iria zu gehen, und wieder war er erfolglos. »Nun gut, dann zeigt mir euer Wunder«, sagte er plötzlich, in einem sehr viel freundlicheren Ton, »ich muss es sehen, um zu glauben ganz wie der heilige Thomas. Also, gehen wir. Nehmen wir meinen Wagen, dann sind wir schneller da und niemand wird uns belästigen.« Die Kinder trauten dem plötzlichen Frieden nicht, wollten lieber zu Fuß gehen. »Ich muss sie noch schnell beim Pfarrer in Fatima vorbeibringen«, erklärte er den Eltern, die schließlich die drei Seher aufforderten, mit dem Administrator zu fahren – der Pfarrer und der Provinzvorsteher, vor so viel geballter Autorität mussten sie sich beugen.

Sie fuhren tatsächlich zum Pfarrhaus. Santos schickte Lucia vor, wartete draußen mit Jacinta, Francisco und den beiden Vätern.

»Wer lehrte dich, die Dinge zu sagen, von denen du sprichst«, fragte Pfarrer Ferreira.

»Die Dame, die ich in der Cova da Iria sah.«

»Jene, die derartige Lügen verbreiten, wie du es tust, werden gerichtet werden und in die Hölle kommen. Mehr und mehr Menschen werden von euch getäuscht.«

»Wenn Menschen, die lügen, in die Hölle kommen, werde ich nicht in die Hölle kommen, denn ich lüge nicht. Ich sage nur das, was ich sah und das, was die Dame mir gesagt hat. Und wenn die Leute hingehen, gehen sie hin, weil sie es so wollen, wir bitten sie nicht hinzugehen.«

»Stimmt es, dass die Dame Euch ein Geheimnis anvertraut hat?« »Ja, aber ich kann es Ihnen nicht sagen. Wenn Sie das Geheimnis wissen wollen, werde ich die Dame fragen, ob ich es Ihnen sagen kann, und wenn sie mir die Erlaubnis gibt, werde ich es Ihnen sagen.«

Als Jacinta und Francisco gerufen werden sollten, schritt Santos ein. »Es ist nicht mehr notwendig, sie können gehen, oder besser, wir gehen zusammen, sonst wird es zu spät.« Die Kinder stiegen in seinen Wagen, die Väter fuhren hinterher.

»Das Pferd zog an und verfiel in Trott in Richtung Cova da Iria«, erinnerte sich Ti Marto, »Ich fühlte schon eine gewisse Erleichterung, aber an der Hauptstraße angekommen, machte der Wagen eine plötzliche Wendung, dem Pferd wurde die Peitsche gegeben und es sauste davon wie der Blitz. Es war sehr raffiniert organisiert!«

Santos hatte die Kinder entführt!

»Das ist nicht der Weg in die Cova da Iria«, meinte Lucia im Wagen. »Nein, wir fahren zuerst nach Ourem, um den dortigen Priester zu besuchen«, beruhigte sie der Administrator, »wenn wir schnell machen, sind wir pünktlich um 12.00 Uhr wieder zurück.« Nach anderthalbstündiger Fahrt erreichte der triumphierende Exkesselflicker sein Haus, führte die drei Delinquenten in einen kleinen Raum, in dem sie warten sollten. Darin schloss er sie ein. Er werde sie erst wieder freilassen, drohte er, wenn sie ihm das Geheimnis enthüllt hätten.

»Wenn Sie uns töten, macht das nichts«, meinte Jacinta trotzig, »wir werden dann geradewegs in den Himmel kommen.« Verzweifelt bereiteten sich die drei Kinder darauf vor, ihr letztes Opfer zu bringen – das Opfer ihres Lebens.

»Der Administrator hat die Kinder entführt«, verkündete ein Zeuge der Ereignisse der schon ungeduldig wartenden Masse in der Cova da Iria. Ein Raunen ging um, das immer lauter, immer erregter wurde. »Dann lasst uns nach Ourem gehen und protestieren«, rief einer. »Wir werden alle verprügeln!«, brüllte ein anderer. »Wir müssen mit dem Pfarrer anfangen, er ist auch schuld«, schrie ein Dritter, »mit dem Kreisvorsteher rechnen wir danach ab!«

In diesem Augenblick unterbrach ein dumpfer Donnerschlag den aufkommenden Tumult. Erschreckt zuckten die Menschen zusammen, einige schrien vor Schreck. »Alles drängte vom Baum zurück«, schrieb Maria Carreira später,

> »auf den Donnerschlag folgte der Blitzstrahl, dann sahen wir eine kleine Wolke, sehr zart, sehr weiß, die einige Augenblicke über dem Baum stehen blieb, sich dann erhob und verschwand. Als wir um uns blickten, hatten wir das gleiche eigenartige Erlebnis, das wir schon einmal (bei der Erscheinung) am 13. Juli hatten und das sich in den folgenden Monaten wiederholen sollte. Unsere Gesichter reflektierten die Farben des Regenbogens, rosa, rot, blau … die Bäume schienen keine Blätter, sondern Blüten zu haben. Sie waren wie mit Blüten übersät. Jedes Blatt schien eine Blume zu sein. Die Erde leuchtete in allen Farben und ebenso unsere Kleider. Die Laternen an dem Bogen sahen aus wie pures Gold. Unsere Liebe Frau war gekommen, das stand fest, auch wenn sie die Kinder nicht vorgefunden hatte.
>
> Sobald die Zeichen verschwunden waren, machten sich alle Leute auf nach Fatima. Sie tobten gegen den Bürgermeister und den Pfarrer, gegen jeden, von dem sie glaubten, dass er irgendetwas mit der Entführung zu tun haben könne.«

Der Volkszorn ging so weit, dass Pfarrer Manuel Marques Ferreira am nächsten Tag eine Erklärung öffentlich aushängte, in der er sich gegen den Vorwurf verwehrte, an der Entführung in irgendeiner Form beteiligt gewesen zu sein:

»Ich bestreite diese infame, heimtückische Verleumdung. Ich erkläre vor der ganzen Welt, dass ich mit dieser respektlosen und frevlerischen Tat weder direkt noch indirekt etwas zu tun habe. Der Kreisvorsteher unterrichtete mich nicht von seinen Absichten … Dass der Teufel hier nicht den Sieg davontrug, haben wir der seligen Jungfrau zu verdanken … Tausende von Anwesenden können bezeugen, dass die Gegenwart der Kinder für die Königin des Himmels nicht notwendig war, um ihre Macht zu offenbaren. Die Augenzeugen selbst können das außerordentliche Phänomen bestätigen, das sich ereignete, um ihren Glauben zu stärken. Nunmehr sind es nicht nur drei Kinder, sondern tausende von Menschen jeden Alters, aller Klassen und aus allen Schichten, die mit eigenen Augen dies alles sahen … Die selige Jungfrau braucht nicht den Pfarrer, um ihre Güte zu offenbaren, und die Feinde der Religion brauchen nicht so zu tun, als sei der Glaube des Volkes abhängig von der Gegenwart des Pfarrers oder von wer weiß was.«

War es wetterwendischer, scheinheiliger Opportunismus, oder war aus dem Saulus ein Paulus geworden angesichts dieser unbestreitbaren Manifestation des Übernatürlichen? Vielleicht war es eine Mischung aus beidem, die aus Pfarrer Ferreira einen Verteidiger der Erscheinungen machte.

Die Kinder starben währenddessen tausend Tode. Erst versuchte der Kreisversteher, sie mit glänzenden Münzen oder einer schönen Goldkette zu bestechen, ihm das Geheimnis zu offenbaren, dann drohte er ihnen, er würde einen Kessel heißen Öles vorbereiten, in dem er sie lebendigen Leibes sieden wolle. Zwei Stunden mussten sie in einer Zelle des Ortsgefängnisses in Todesangst warten, dann ließ er Jacinta vom Gefängniswärter abholen. »So, du unverschämtes, stures Bauernkind, jetzt hast du deine letzte Chance, mir dein Geheimnis zu verraten. Das Öl kocht schon.« Tapfer war das kleine Mädchen bereit, sein Martyrium anzunehmen. »Gut, nehmt sie und werft sie in den Kessel!«, befahl der Kreisvorsteher. Ein grimmig dreinblickender Wärter griff die Kleine unsanft an ihrem Arm, führte sie in ein anderes Zimmer. »Jesus … Unsere Liebe Frau … helft mir!«, betete Jacinta verzweifelt.

Dann war Francisco an der Reihe. Als der Wärter ihn abholte, betete der Junge für seine Schwester. »Sie ist bereits gut gebraten. Jetzt kommst du dran. Los, raus mit dem Geheimnis!« – »Ich kann nicht, mein Herr, ich kann es nicht sagen.« – »Du kannst nicht? Wärter, bringe ihn dahin, wo seine Schwester ist.« Erlöst und überglücklich, noch zu leben, umarmte er die kleine Jacinta. Dasselbe geschah mit Lucia. Endlich sah Santos ein, dass weder seine stundenlangen Verhöre noch Versprechungen oder Drohungen und nicht einmal Folter den Kindern das Geheimnis entlocken konnten. Er gab sich geschlagen. Am 15. August lud er die drei Kinder in seinen Wagen und brachte sie in das Pfarrhaus von Fatima zu Pfarrer Ferreira.

Ein paar Tage später, irgendwann zwischen dem 15. und dem 19. August, erschien die Madonna den Kindern dann doch noch – wieder über einer Steineiche, aber diesmal bei dem Grundstück von Valinhos in der Nähe von Aljustrel.

»Ich will, dass ihr am Dreizehnten zur Cova da Iria kommt und dass ihr weiterhin täglich den Rosenkranz betet. Im letzten Monat werde ich ein Wunder wirken, damit alle glauben«, erklärte sie den Kindern. »Wenn ihr nicht in die Stadt (nach Ourem) fortgeholt worden wäret, würde das Wunder sogar noch größer werden. Der heilige Joseph wird mit dem Jesusknaben kommen, um der Welt den Frieden zu bringen. Unser Herr wird kommen, um die Menschen zu segnen. Unsere Liebe Frau vom Rosenkranz und Unsere Liebe Frau von den Sorgen wird ebenfalls kommen«. Lucia fragte sie, was sie mit den vielen Geldspenden machen sollte, die die Pilger am 13. August auf einen mitgebrachten Tisch an der Erscheinungsstätte gelegt haben und die Maria Carreira treuhänderisch an sich genommen hatte.

»Man soll zwei Traggestelle anfertigen lassen. Du wirst mit Jacinta und zwei weiß gekleideten Mädchen das eine tragen, Francisco mit drei Jungen das andere. Das Geld auf den Gestellen ist für das Fest Unserer Lieben Frau vom Rosenkranz bestimmt, der Rest für die Kapelle, die man errichten wird.«

Wieder bat Lucia um die Heilung einiger Kranker.

»Ja, ich werde im Laufe der Jahre einige gesund machen … Betet, betet viel und bringt Opfer für die Sünder, denn viele Seelen kommen in die Hölle, weil sich niemand für sie opfert und für sie betet.« Und wieder erhob sie sich und verschwand in östlicher Richtung.

Kapitel 4

Der Tanz der Sonne

Während Lucia, Jacinta und Francisco die Erscheinung bei Valinhos hatten, beobachteten einige Bewohner von Aljustrel merkwürdige atmosphärische Phänomene, wie sie schon von den Besuchern der Cova da Iria beschrieben wurden: Die Luft kühlte sich merklich ab, die Sonne sah gelblich aus und nahm verschiedene Farben an. Lucias Schwester Teresa und ihr Mann gehörten zu den Zeugen.

»›Was ist das?‹, sagte ich zu meinem Mann, als ich mit einem Mal die Farben auf seinem weißen Hemd sah«, erinnerte sie sich später, »›Ich glaube, wir machen uns alle verrückt, was meinst du?‹, fragte er mich. ›Siehst du nicht, dass die Situation die gleiche ist wie am 13.?‹ Als wir bei der Kirche ankamen, waren die Farben verschwunden. Später erfuhren wir, dass sich diese Phänomene genau zu der Zeit zeigten, da Unsere Liebe Frau den Kindern in Valinhos erschien.«

Als die Madonna verschwunden war, brachen die Kinder den Zweig von der Steineiche ab, den der Mantel der »schönen Frau« gestreift hatte. Lucias Schwester Maria dos Anjos erinnerte sich:

»Jacinta stürzte aufgeregt auf meine Mutter zu und sagte: ›Tante, wir sahen Unsere Liebe Frau wieder … in Valinhos!‹ – ›Jacinta, wann werden diese Lügen aufhören? Nun seht ihr Unsere Liebe Frau schon überall, wo ihr hingeht.‹ – ›Aber wir sahen sie!‹ Und, auf den Zweig zeigend: ›Schau, Tante, Unsere Liebe Frau stand auf diesem Zweig.‹ – ›Lass mich sehen, lass mich sehen‹, sagte Mutter. Als Jacinta ihr den Zweig gab, roch sie daran und meinte: ›Was ist das für ein Geruch?‹ – ›Es ist kein würziger Geruch, auch nicht der Duft von Rosen … nichts, gar nichts, das ich kenne. Aber es ist ein feiner Duft!‹«

Von diesem Augenblick an änderte sich Maria Rosas negative Einstellung zu den von ihr zuvor so vehement bezweifelten Erscheinungen schlagartig. Plötzlich ahnte sie, dass ihre Tochter sie doch nicht belogen hatte. Lucias Leidenszeit hatte ein Ende. Und wenn sie von anderen verspottet wurde, war es jetzt ihre Mutter, die sie verteidigte, denn, so sagte sie, »es könne letzten Endes doch wahr sein«.

Als Jacintas Vater, Ti Marto, an diesem Abend nach Hause kam, war das ganze Haus von dem Wohlgeruch erfüllt, den der Zweig, den seine Tochter mitgebracht hatte, ausstrahlte. »Es ist der Zweig, auf dem Unsere Liebe Frau gestanden hat«, erklärte sie. Die Zeit der Wunder hatte begonnen, jener Wunder, die den Inhalt der Botschaften bestätigen sollten.

Die Aufforderung »der Dame«, noch weiter Buße zu tun, nahmen die Kinder währenddessen sehr ernst. Noch intensiver wurden ihre Gebete, noch leidenschaftlicher ihr Verlangen, Opfer zu bringen. Sie tranken oft tagelang nichts trotz der Augusthitze, sie verzichteten darauf, das Obst zu essen, das wohlgesinnte Pilger ihnen gebracht hatten, und sie banden sich einen Strick um den Körper, so eng, dass es schmerzte.

Am Abend des 12. September setzte ein Pilgerstrom ein, der die ganze Nacht hindurch andauerte, bis in die Morgenstunden des 13., des Tages, für den die Heilige Jungfrau ihre nächste Erscheinung angekündigt hatte. Unzählige Fahrzeuge blockierten die Wege und Straßen, und die Cova da Iria glich dem Zwischenlager einer Völkerwanderung, denn, obwohl die Nächte schon kühler wurden, zogen es die meisten Pilger vor, im Freien zu campieren, weil es einfach in Fatima nicht genügend Quartiere gab. Zwischen 25.000 und 30.000 Menschen warteten, meist in tiefe Gebete versunken, auf die Ankunft der Kinder, die in den Morgenstunden versuchten, durch das Gedränge zur Erscheinungsstätte zu kommen. »Die Wege waren voll von Leuten. Alle wollten uns sehen und mit uns sprechen«, erinnerte sich Lucia später. »Es gab dort keine Menschenfurcht. Zahlreiche Leute, sogar vornehme Damen und Herren, drängten sich durch die Menge hindurch, die uns umgab. Sie warfen sich vor uns auf die Knie und baten uns, Unserer Lieben Frau ihre Anliegen vorzutragen.« Andere, die sich nicht so weit vordrängen konnten, riefen zu den Kindern herüber: »Um der Liebe Gottes willen bittet Unsere Liebe Frau, sie möge meinen verkrüppelten Sohn heilen!« »Sie möge mein blindes Kind heilen!« »Sie möge meinen Mann und meinen Sohn aus dem Krieg heimbringen!« »Sie möge mich von der Tuberkulose heilen!«

Alles Leid und Elend der Menschheit schien sich in Aljustrel versammelt zu haben, und Lucia fühlte sich an biblische Szenen erinnert, an das Gedränge der Heilsuchenden um Jesus. Einige waren auf Mauern und

Bäume geklettert, nur um die Drei zu sehen, andere nahmen ihre Frauen oder Kinder auf die Schultern. Glücklicherweise versuchten einige Männer, die Menge zurückzuhalten und den kleinen Sehern einen Weg durch die Menschenmassen zu bahnen, damit sie überhaupt noch zur festgesetzten Zeit die Cova da Iria erreichten. Was sie dort erwartete, war ein bewegendes Bild, »eine Demonstration des Glaubens, wie ich sie in meinem ganzen Leben noch nie gesehen habe«, wie ein Zeuge später berichtete. »Am Erscheinungsort nahmen alle Männer die Kopfbedeckungen ab, und fast alle knieten nieder und beteten mit offensichtlicher Andacht den Rosenkranz.«

Lucia:

»Wir kamen schließlich in der Cova da Iria bei der Steineiche an und begannen, mit dem Volk den Rosenkranz zu beten. Kurz darauf sahen wir den Lichtschein und danach Unsere Liebe Frau über der Steineiche.

›Betet weiterhin den Rosenkranz, um das Ende des Krieges zu erlangen. Im Oktober wird auch Unser Herr kommen, Unsere Liebe Frau von den Schmerzen und vom Karmel, der heilige Josef mit dem Jesuskind, um die Welt zu segnen. Gott ist mit euren Opfern zufrieden, aber Er will nicht, dass ihr mit dem Strick schlaft, tragt ihn nur tagsüber.‹

›Man hat mich gebeten, vieles von Ihnen zu erflehen: die Heilung einiger Kranker und die eines Taubstummen.‹

›Ja, einige werde ich heilen, andere nicht. Im Oktober werde ich ein Wunder wirken, damit alle glauben.‹

Und sie begann sich zu erheben und verschwand wie gewöhnlich.«

Unter den Pilgern, Schaulustigen und Neugierigen befand sich auch ein hoher Kirchenmann, Monsignore Joao Wuaresma, Generalvikar des Bistums Leiria, zu dem Fatima gehört, der sich, zusammen mit einem befreundeten Priester, persönlich ein Bild von den Ereignissen in der Cova da Iria machen wollte. Was er dabei erlebte, beschrieb er später folgendermaßen:

»Wir verließen an einem schönen Septembermorgen Leiria und fuhren in einem wackligen, von einem alten Pferd gezogenen Wagen zu dem Ort, an dem die so viel diskutierten Erscheinungen stattfinden sollten. Pfarrer Gois fand einen erhöhten Platz in dem weiten

Amphitheater (der Cova da Iria), von wo aus wir die Ereignisse verfolgen konnten, ohne zu nahe an den Platz zu kommen, an dem die Kinder die Erscheinung erwarteten.
Zur Mittagszeit herrschte vollkommenes Schweigen. Man hörte nur das Murmeln der Gebete. Plötzlich ertönten Freudenrufe und Stimmen, welche die selige Jungfrau priesen. Arme erhoben sich und zeigten zum Himmel. ›Schau, siehst du nicht!‹ – ›Ja, ja, ich sehe‹ … Zufriedenheit auf Seiten derer, die etwas sahen. An dem tiefblauen Himmel war keine Wolke zu sehen. Auch ich erhob meine Augen und prüfte den Himmel, im Fall, dass es mir gelingen könnte, etwas zu unterscheiden, was die anderen, die mehr vom Glück begünstigt waren als ich, bereits glaubten, gesehen zu haben.
Mit großem Erstaunen sah ich klar und deutlich eine leuchtende Kugel von Osten nach Westen langsam und majestätisch durch das All gleiten. Auch mein Freund hatte das Glück, diese unerwartete und wunderschöne Erscheinung zu sehen. Plötzlich verschwand diese Kugel in einem außergewöhnlichen Licht.
In unserer Nähe stand ein kleines Mädchen, gekleidet wie Lucia und etwa im gleichen Alter. Es rief unentwegt und glücklich: ›Ich sehe es noch, ich sehe es noch, jetzt kommt es herunter!‹
Nach wenigen Minuten, etwa der Dauer der Erscheinungen, begann ein Kind erneut zu rufen und nach dem Himmel zu zeigen. ›Nun geht es wieder‹, und es folgte der Kugel mit seinen Augen, bis sie in Richtung der Sonne verschwand. ›Was hältst du von der Kugel?‹, fragte ich meinen Begleiter, der über das, was er gesehen hatte, sehr begeistert war. ›Das war Unsere Liebe Frau‹, sagte er, ohne zu zögern.
Es war auch meine zweifelsfreie Überzeugung. Die Kinder hatten die Gottesmutter selbst gesehen, während wir das ›Transportmittel‹ – wenn man so sagen darf – sehen durften, das sie vom Himmel in die Unwirtlichkeit der Serra de Aire gebracht hatte. Ich hatte den Eindruck, dass alle rings um uns das Gleiche gesehen hatten, denn man hörte Freudenausbrüche, und viele priesen Unsere Liebe Frau. Doch einige sagten nichts. In unserer Nähe befand sich eine einfache, demütige Person, die bitterlich weinte, weil sie nichts gesehen hatte.
Wir fühlten uns sehr glücklich. Mein Begleiter ging von Gruppe zu Gruppe sowohl in der Cova da Iria wie auch auf der Straße, um Informationen zu sammeln. Die Befragten kamen aus allen Schich-

ten, aber alle bestätigten die Realität des Phänomens, von dem auch wir Zeugen geworden waren.«

Andere Zeugen, die näher an der Steineiche gestanden hatten, sahen eine »schön aussehende Wolke, die sich um den Holzbogen formte … sie stieg vom Boden auf, wurde größer und stieg bis auf fünf oder sechs Meter auf; dann verschwand sie wie Rauch im Wind. Ein paar Augenblicke später formten sich ähnliche Rauchwolken, um auf dieselbe Weise wieder zu verschwinden, ebenso ein drittes Mal. Es war so, als würden unsichtbare Messdiener die Vision liturgisch beweihräuchern. Die drei ›Beweihräucherungen‹ dauerten ebenso lange wie die Erscheinung, also zehn bis fünfzehn Minuten.«

Wieder andere Zeugen wollen einen mysteriösen Regen weißer Rosenblätter beobachtet haben, der über der Cova da Iria niederging, die sich, als sie die Menschenmasse erreicht hatten, in Luft auflösten. All diese Zeichen wurden nur von einem Teil der Pilger beobachtet, interessanterweise aber gerade nicht von den Gläubigen, sondern von Zweiflern, Skeptikern und Spöttern, die jetzt verstummten. Doch all dies war nur der Auftakt zu dem großen Wunder vom 13. Oktober, das die Gottesmutter angekündigt hatte.

In Aljustrel schien zwischenzeitlich alles auf das große Finale zuzusteuern. Immer öfter besuchten ganze Gruppen von Pilgern den Weiler, spürten die drei Seher auf und stellten ihnen stets dieselben Fragen, eine Prozedur, die von den Kindern als eine der ihnen auferlegten Prüfungen erduldet wurde. Doch einem der Besucher gelang es, ihr Vertrauen zu gewinnen. Es war ein Priester, Dr. Manuel Formigao, Kanonikus beim Erzbischöflichen Stuhl und Professor am Seminar und Lyzeum von Lissabon. Auch er war bei der Erscheinung vom 13. September dabei gewesen, hatte aber außer der Verdunkelung der Sonne nichts weiter beobachtet – aufgrund des Menschenandranges kam er nur bis auf 200 Meter an die Erscheinungsstätte heran – und war, zumindest anfangs, eher skeptisch. Erst seine persönliche Begegnung mit den Kindern überzeugte ihn, dass mehr hinter den »Wundern« steckt, und da er gut mit jungen Menschen umzugehen wußte, gewann er bald auch ihr Vertrauen. Am 27. September schließlich gelang es ihm, alle drei Seher, unabhängig voneinander, ausführlich zu befragen. Dank seiner Protokolle haben wir ein authentisches Bild der Geschehnisse ohne jede spätere Verzerrung oder Idealisierung.

Als Ersten befragte er Francisco:

– Was hast du während dieser Monate in der Cova da Iria gesehen?

»Ich habe Unsere Liebe Frau gesehen.«

– Wo erscheint sie?

»Auf einer Steineiche.«

– Erscheint sie plötzlich, oder siehst du sie von irgendwoher kommen?

»Ich sehe sie aus der Richtung kommen, in der die Sonne aufgeht, und dann bleibt sie bei der Steineiche.«

– Kommt sie langsam oder schnell?

»Sie kommt immer schnell.«

– Hörst du, was sie sagt?

»Nein.«

– Hast du jemals mit der Dame gesprochen? Hat sie jemals mit dir gesprochen?

»Nein, ich habe sie niemals etwas gefragt, sie spricht nur mit Lucia.«

– Wen schaut sie an? Dich und Jacinta oder nur Lucia?

»Sie schaut uns alle an, Lucia sieht sie länger an.«

– Hat sie einmal geweint oder gelächelt?

»Weder noch, sie ist immer sehr ernst.«

– Wie ist sie gekleidet?

»Sie trägt ein langes Kleid und darüber einen Mantel, der ihren Kopf bedeckt und bis zum Rand ihres Kleides fällt.«

– Von welcher Farbe sind Kleid und Mantel?

»Weiß, das Kleid ist golddurchwirkt.«

– Wie ist ihre Haltung?

»Wie von jemandem, der betet. Sie hält die Hände in Höhe der Brust gefaltet.«

– Hält sie etwas in der Hand?

»Um die Handfläche und den Rücken der rechten Hand trägt sie einen Rosenkranz.«

– Was trägt sie an den Ohren?

»Man kann ihre Ohren nicht sehen, da sie vom Mantel bedeckt sind.«

– Ist die Dame schön?

»Ja, sie ist schön.«

– Ist sie schöner als das Mädchen dort drüben? (Er zeigt auf ein hübsches Mädchen aus dem Dorf.)

»Ja.«

– Aber es gibt Damen, die viel schöner sind als das Mädchen.

»Sie ist schöner als irgendjemand, den ich je gesehen habe.«

Als Nächstes rief er Jacinta zu sich, fragte:

– Hast du Unsere Liebe Frau seit Mai an jedem 13. des Monats gesehen?

»Ja.«

– Wo kommt sie her?

»Sie kommt vom Himmel, von der Seite der Sonne.«

– Wie ist sie gekleidet?

»Sie trägt ein weißes Kleid, das mit Gold verziert ist, und ihr Kopf ist bedeckt von einem ebenfalls weißen Mantel.«

– Von welcher Farbe ist ihr Haar?

»Man kann ihr Haar nicht sehen, da es von dem Mantel bedeckt ist.«

– Trägt sie Ohrringe?

»Ich weiß nicht, denn man kann ihre Ohren nicht sehen.«

– Wie hält sie die Hände?

»Ihre Hände sind in Höhe der Brust gefaltet, und die Finger zeigen nach oben.«

Eine halbe Stunde später trat Lucia ein, die gerade ihrer Familie bei der Weinernte geholfen hatte.

– Ist es wahr, das Unsere Liebe Frau an dem Ort, der Cova da Iria genannt wird, erschienen ist?

»Ja, es ist wahr.«

– Wie oft ist sie euch erschienen?

»Fünfmal, jeden Monat einmal.«

– An welchem Tag des Monats?

»Immer am 13. mit Ausnahme im Monat August, da ich von dem Bürgermeister nach Ourem gebracht worden war. In diesem Monat sah ich sie einige Tage später, am 19., in Valinhos.«

– Die Leute erzählen, Unsere Liebe Frau sei dir auch letztes Jahr erschienen. Ist daran etwas wahr?

»Sie erschien mir letztes Jahr nicht, auch nicht vor Mai dieses Jahres. Ich sagte solches zu niemanden, denn es ist nicht wahr.« (Lucia verschwieg bewusst die Engelserscheinungen 1915/16.)

– Aus welcher Richtung kommt sie? Von Osten?

»Ich weiß es nicht, ich sehe sie nicht von irgendwoher kommen, sie erscheint über der Steineiche, und wenn sie geht, bewegt sie sich in der Richtung, in der die Sonne aufgeht.«

– Wie lange bleibt sie? Länger oder nur kurze Zeit?

»Kurze Zeit.«

»Lange genug, um ein Vaterunser oder Ave Maria zu beten?«

»Sie bleibt länger, aber die Zeit ist nicht immer die gleiche, wahrscheinlich würde sie nicht ausreichen, um einen Rosenkranz zu beten.«

– Hattest du Angst, als du sie zum ersten Mal sahst?

»Ich hatte solche Angst, dass ich mit Jacinta und Francisco fortspringen wollte, aber sie sagte uns, wir sollten keine Angst haben, sie würde uns nichts tun.«

– Wie war sie gekleidet?

»Sie trug ein weißes Kleid, das bis auf die Füße reichte, und ihr Kopf war mit einem Mantel bedeckt, in der gleichen Farbe und der gleichen Länge.« (...)

– Hast du sie jemals gefragt, wer sie ist?

»Ich fragte sie, aber sie sagte, sie würde uns dies am 13. Oktober sagen.«

– Hast du gefragt, woher sie käme?

»Ja, sie sagte, sie käme vom Himmel.«

– Wann hast du ihr diese Frage gestellt?

»Das zweite Mal, am 13. Juni.«

– Hat sie manchmal gelächelt, oder war sie traurig?

»Weder lächelte sie noch war sie traurig, sie war immer ernst.«

– Sagte sie euch, ihr sollt bestimmte Gebete verrichten?

»Sie sagte, wir sollen den Rosenkranz zu Ehren Unserer Lieben Frau vom Rosenkranz beten, damit in der Welt Friede werde.«

– Sagte sie, am 13. Oktober sollen viele Menschen in die Cova da Iria kommen?

»Sie sagte nichts dergleichen.«

– Stimmt es, dass sie euch ein Geheimnis mitgeteilt hat, das ihr niemandem sagen dürft?«

»Ja.«

– Betrifft es nur dich oder auch Jacinta und Francisco?

»Es betrifft uns alle drei.« (...)

– Hat Unsere Liebe Frau noch mehr offenbart?

»Sie sagte, am 13. Oktober werde sie ein Wunder wirken, auf dass die Menschen an die Erscheinung glauben.«

Keine Frage also, dass alles dem 13. Oktober zufieberte in Erwartung des »Wunders«, das die Gottesmutter so deutlich angekündigt hatte. Doch auch die Opposition schlief nicht. Pünktlich zum 13. Oktober veröffentlichte der »Seculo«, eine im ganzen Land gelesene Zeitung, einen spöttischen Artikel über Fatima, der mit der Prophezeiung schloss, dass rein gar nichts Erstaunliches geschehen würde. Der Zynismus der Außenwelt verfehlte seine Wirkung nicht und machte nicht einmal vor Aljustrel halt. Spitze Zungen schlossen sich der Voraussage des Blattes an und gaben Anlass zu den schlimmsten Befürchtungen auf Seiten der Familien von Lucia, Jacinta und Francisco. Was, wenn das versprochene Wunder ausbliebe? Bestünde dann nicht die Gefahr, dass die aufgebrachte Menschenmasse vor Enttäuschung die Kinder kurzerhand lynchte oder ihnen zumindest eine kräftige Abreibung verpasste? Hinzu kam, dass Gerüchte umgingen, jemand wolle eine Bombe an der Erscheinungsstätte zünden, um »dem Spuk ein Ende zu machen«. Die Lage wurde immer kritischer. »Willst du nicht endlich zugeben, dass in der Cova da Iria nichts geschehen ist?«, bedrängte Lucias Mutter, die unter dem Druck der kritischen Außenwelt wieder zur Zweiflerin geworden war, ihre Tochter. Lucia legte ihre Stirn in Falten. Doch bevor sie etwas sagen konnte, ergriff Jacinta, die der Diskussion beiwohnte, das Wort: »Sag es, wenn du willst, aber wir haben sie gesehen«, gab sie ebenso trotzig wie überzeugt zur Antwort. »Ich habe keine Angst, getötet zu werden«, versicherte Lucia später, »ich bin absolut sicher, dass die Dame alles, was sie gesagt hat, tun wird.«

Je näher der angekündigte Zeitpunkt der Erscheinung heranrückte, je unendlicher schienen die Menschenmassen, die in die Cova da Iria strömten. Ganz Fatima, ja die ganze Serra de Aire schien entvölkert, denn zu Tausenden hatten sich die Bewohner der Weiler, Dörfer und Städte auf den Weg zur Erscheinungsstätte gemacht. Sogar aus Lissabon und allen Teilen des Landes kamen die Menschen angereist. Fischer verließen ihre Netze, Handwerker ihre Werkstätten, Bauern ihre Höfe, Kaufleute ihre Geschäfte. Sie alle eilten herbei, um das angekündigte Wunder zu erleben, zu Pferde, in Wagen, zu Fuß, mit jedem nur erdenklichen Verkehrsmittel. Sie drängten sich auf den schmalen Landstraßen rund um Fatima, sie übernachteten in Zelten oder unter Planen, weder die aufkommende Herbstkälte noch Wind und Regen scheuend.

Der Herbst hatte das Laub längst rot gefärbt, ein kalter Nordwestwind kündete den nahenden Winter an, und die ganze Nacht vom 12. auf den 13. Oktober über fiel ein unangenehmer Nieselregen. Die feuchte Kälte durchdrang die Kleider der Menschen, die auf dem Weg nach Fatima waren oder bereits in der Cova da Iria lagerten. Es regnete, regnete, regnete ohne Unterlass. Die Baumwollröcke der Frauen tropften und hingen wie Blei um ihre Knöchel. Wasser rann von neuen Mützen und Hüten, die extra für diesen Tag gekauft worden waren, durchweichte Stiefel und Schuhe, die durch den Schlamm stapften. Andere liefen barfuß, hatten ihre Schuhe ausgezogen und über dem Kopf zusammengebunden. An den Menschenströmen vorbei zogen schwer beladene Ochsenkarren und luxuriöse Automobile, geschlossene Kutschen und Karren mit improvisierten Sitzen, alle zum Bersten voll. Viele hatten ihre Tiere mitgebracht, damit diese während ihrer Reise versorgt werden, andere trugen Proviant für zwei oder drei Tage mit sich. Esel schrien am Straßenrand, und die zahllosen Radfahrer unternahmen alles, um nicht mit den Karren und Tieren und Wagen zu kollidieren. Wer klug war und es sich leisten konnte, hatte einen Regenschirm mitgebracht. Von oben gesehen, erschien die Cova da Iria wie ein riesiger dunkler Fleck – Tausende und Abertausende von Gottesgeschöpfen, die auf ein Wunder warteten, auf Segen und die Linderung ihrer Nöte. Je näher man der Erscheinungsstätte kam, desto lauter wurde das Gemurmel aus zigtausend Stimmen der Gläubigen, die den Rosenkranz beteten und deren Lärmen bis nach Aljustrel drang und die Kinder auf die Schicksalsstunde ihres Lebens vorbereitete.

Bei Sonnenaufgang am 13. Oktober sah das Wetter geradezu bedrohlich aus. Schwere, schwarze Wolken ballten sich über Fatima zusammen. Gegen zehn Uhr setzte der Regen ein. Ein starker Wind peitschte den Menschen die Wassermassen ins Gesicht, die den Boden aufweichten und die Kleidung der Pilger vollends durchnässten. Niemand konnte die Menschen zählen, die dort in der Cova da Iria auf ein Wunder warteten. Schätzungen gehen von 50.000 bis 70.000 Personen aus, ein Zeuge, der Universitätsprofessor Dr. Almeida Garrett aus Coimbra, sprach sogar von 100.000 Anwesenden.

> »Die Menschen füllten das Haus, so dass man sich nicht mehr bewegen konnte«, erinnerte sich Ti Marto, Jacintas und Franciscos Vater, »draußen ging ein wolkenbruchartiger Regen nieder, man konnte kaum etwas sehen, und der Boden war ein einziger Schlamm. Meine arme Frau war ganz außer sich, denn die Leute stiegen auf Kisten, Kasten und Betten und beschmutzten alles. Ich beruhigte sie: ›Jetzt ist das Haus so voll, dass niemand mehr herein kann!‹
> Als es an der Zeit war zu gehen und ich mit den Kindern gerade

aufbrechen wollte, kam ein Nachbar und flüsterte mir zu: ›Gehe besser nicht, Ti Marto. Es kann sein, daß du angegriffen wirst; den Kindern werden sie nichts tun, da sie noch klein sind, aber bei dir ist es anders!‹ – ›Ich gehe aber, weil ich Vertrauen habe‹, antwortete ich ihm, ›ich habe nicht die geringste Angst, und ich bin zuversichtlich, dass alles gut gehen wird.‹
Bei meiner armen Olimpia sah die Sache ganz anders aus. Sie war furchtbar aufgeregt. Obgleich sie Vertrauen zu Unserer Lieben Frau hatte, war sie doch nicht überzeugt, dass alles gut gehen werde, denn die Priester und so viele andere Leute waren nicht meiner Meinung. Die Kinder waren ganz ruhig. Weder Francisco noch Jacinta zeigten die leiseste Angst.
›Sollten sie uns etwas tun‹, sagte Jacinta zu mir, ›so werden wir in den Himmel kommen. Aber die armen Leute, die uns töten, werden in die Hölle kommen.‹
Eine Dame aus Pompalinho brachte Kleider für die Mädchen und zog sie persönlich an. Lucias Kleid war blau und Jacintas weiß. Die Dame setzte ihnen weiße Kränze ins Haar, so dass sie aussahen wie kleine Engel bei den Prozessionen.
Wir verließen das Haus. Es goss in Strömen, die Straße war voller Schlamm, was die Frauen nicht hinderte, vor den Kindern niederzuknien.
›Lasst sie in Ruhe, liebe Leute‹, rief ich, denn sie schienen zu glauben, die Kinder besäßen die Kraft der Heiligen. Nach einer Menge Schwierigkeiten und Aufenthalten erreichten wir endlich die Cova da Iria. Die Menge war so dicht gedrängt, dass es unmöglich schien, durchzukommen. Ein Chauffeur hob meine Jacinta auf und bahnte sich einen Weg zu dem Laternenbogen, indem er rief: ›Macht Platz für die Kinder, die Unsere Liebe Frau sahen!‹ Ich lief hinterdrein, und Jacinta, die Angst bekam, als sie mich unter der Menschenmenge sah, rief aus: ›Stoßen Sie meinen Vater nicht! Tun Sie ihm nichts.‹
Der Chauffeur setzte Jacinta schließlich nieder, aber auch dort war das Gedränge so groß, dass sie zu weinen begann. Dann bahnten sich Lucia und Francisco ihren Weg durch die Massen. Meine Olimpia war irgendwo, und ich weiß nicht wo, aber Maria Rosa befand sich in der Nähe.
Mit einem Male bemerkte ich einen Mann, der mit dem Stock auf mich einschlug, und ich fürchtete schon, jetzt gäbe es Unannehm-

lichkeiten, aber die Leute bildeten vor und hinter mir Ketten, und als ›der Augenblick‹ kam, war alles wieder ruhig.«

»In der Nähe des Erscheinungsortes betete ein Priester sein Brevier«, erzählte Maria dos Santos Carreira, die wieder zur Erscheinungsstätte gekommen war, »er hatte die ganze Nacht hier verbracht. Um die Mittagszeit kamen die Kinder. Der Priester fragte sie, wann Unsere Liebe Frau erscheinen werde.

›Um 12 Uhr‹, sagte Lucia.

Der Priester schaute auf seine Uhr und sagte: ›Sieh her, es ist schon 12 Uhr. Unsere Liebe Frau lügt nicht.‹

Nach einigen Minuten kam er wieder: ›Es ist 12 Uhr vorbei. Siehst du, es ist alles Täuschung! Macht, dass ihr hier wegkommt, ihr alle!‹

Lucia aber weigerte sich zu gehen, und der Priester begann, die Kinder handgreiflich zurückzudrängen. Lucia, den Tränen nahe, sagte zu ihm: ›Wer gehen will, möge gehen, ich bleibe, wo ich bin. Unsere Liebe Frau sagte, sie werde kommen. Sie kam noch jedes Mal, und sie wird auch jetzt wieder kommen.‹

Im gleichen Augenblick richtete sie den Blick nach Osten und rief Jacinta zu: ›Jacinta, knie nieder. Unsere Liebe Frau kommt. Ich sah den Blitzstrahl.‹

Der Priester sagte kein Wort mehr. Ich sah ihn nie wieder.«

»Seid ruhig, seid ruhig! Unsere Liebe Frau kommt!«, rief Lucia den Massen zu. Die Gesichter der Seher veränderten sich. Ihre Züge wurden feiner, ihre Gesichtsfarbe vertiefte sich, ihr Ausdruck wurde ernst. Zum letzten Mal sahen sie die wunderschöne, weiße Frau, von einem Lichtglanz umgeben, die über der kleinen Steineiche schwebte.

»Was wünschen Sie von mir?«, fragte Lucia.

»Ich möchte dir sagen, dass hier eine Kapelle zu meiner Ehre gebaut werden soll. Ich bin Unsere Liebe Frau vom Rosenkranz. Man soll weiterhin täglich den Rosenkranz beten. Der Krieg geht zu Ende, und die Soldaten werden in Kürze nach Hause zurückkehren.«

»Ich wollte Sie um vieles bitten: ob Sie einige Kranke heilen und einige Sünder bekehren möchten und vieles mehr.«

»Einige ja, andere nicht. Sie müssen sich bessern und um Vergebung ihrer Sünden bitten«, erwiderte die Gottesmutter, um traurig hinzuzufügen: »Man soll Gott unseren Herrn nicht mehr beleidigen, der schon so sehr beleidigt worden ist.«

»Haben Sie noch einen Wunsch?«

»Keinen mehr.«

»Dann will ich Sie auch um nichts mehr bitten.«

Noch einmal, zum letzten Mal, nahm die »schöne Dame« Abschied von den Kindern. Sie öffnete ihre Hände und ließ sie in einem gleißenden Lichtschein erstrahlen. Während sie sich erhob und auf die Sonne zuglitt, strahlte ihr eigenes Licht am Himmel und schien sich mit der Helligkeit des Zentralgestirns, das jetzt zwischen den Wolken hervorgekommen war, zu vereinigen. »Dort geht sie, dort geht sie, schaut zur Sonne!«, rief Lucia, die Augen auf die wunderbare Erscheinung gerichtet. In diesem Augenblick wurden Tausende Schirme zusammengeklappt, schauten die Massen zum Himmel hinauf. Und was sie dort sahen, raubte ihnen den Atem. Sie wurden tatsächlich Zeugen des Zeichens, das die Gottesmutter ihnen versprochen hatte. Die Zeitung »Dia« vom 17. Oktober 1917 beschrieb das Wunder wie folgt:

> »Um 1 Uhr nachmittags – 12 Uhr Sonnenzeit – hörte der Regen auf. Der Himmel, perlgrau, tauchte die dürre Landschaft in ein eigenartiges Licht. Die Sonne schien von einem Schleier überzogen, so dass man sie mit dem bloßen Auge ansehen konnte. Der Perlmutt-Ton verwandelte sich in einen Schild aus Silber, der auseinander brach, als die Wolken sich teilten und die silbrige Sonne, eingehüllt in das gleiche graue, verschwommene Licht, sich im Kreis der auseinander getrifteten Wolken zu drehen begann. Ein Aufschrei ertönte aus aller Munde, das Volk fiel auf dem schlammigen Boden auf die Knie nieder.
>
> Das Licht verwandelte sich in ein schönes Blau, so wie es durch die bemalten Fenster einer Kathedrale dringt, und hüllte die Menschen ein, die mit ausgestreckten Händen auf den Knien lagen. Langsam verblasste das Blau, das Licht schien nun durch gelbes Glas zu leuchten. Gelbe Flecken fielen auf weiße Taschentücher und die schwarzen Röcke der Frauen: Es lag auf den Bäumen, auf Steinen und auf der Serra. Die Menschen weinten und beteten entblößten Hauptes während des Wunders, auf das sie gewartet hatten. Sekunden schienen wie Stunden, so intensiv war das Erlebnis.«

Auch die Zeitung »Seculo«, die am selben Tag noch so zynisch über Fatima berichtet hatte, musste einräumen:

»Vor den erstaunten Augen der Menge, die, barhäuptig den Blick zum Himmel gewandt, einen biblischen Anblick bot, begann die Sonne zu zittern und führte plötzlich unglaubliche, außerhalb jeglichen kosmischen Gesetzes liegende Bewegungen aus. Die Sonne ›tanzte‹, das war der typische Ausdruck, wie er von den Leuten gebraucht wurde. (…) Die große Mehrheit bestätigte, dass sie die Sonne ›zittern‹ und ›tanzen‹ sah, während andere glaubten, das Antlitz der seligen Jungfrau gesehen zu haben. Wieder andere schworen, dass sich die Sonne um sich selbst gedreht habe wie ein gigantisches Feuerrad und dass sie sich der Erde näherte, als wollten ihre Strahlen sie verbrennen. Einige hatten festgestellt, dass sich die Farben laufend änderten.«

Und so schilderten Augenzeugen das Ereignis, das als »Sonnenwunder von Fatima« in die Geschichte eingehen sollte.

Ti Marto:

»Wir konnten, ohne geblendet zu werden, in die Sonne schauen. Sie schien auf und ab zu flackern, sie schoss Strahlen in verschiedene Richtungen und tauchte alles in verschiedene Farben … die Bäume, die Menschen, die Luft und die Erde. Was das Erstaunlichste war, die Sonne tat den Augen nicht weh. Stille ruhte über der ganzen Szene. Alle schauten in die Höhe. Mit einem Male schien die Sonne still zu stehen, dann begann sie zu tanzen, dass es schien, als löse sie sich vom Himmel und stürze auf uns. Es war ein schrecklicher Augenblick.«

Maria dos Santos Carreira:

»Die Sonne tauchte alles in verschiedene Farben: gelb, blau, weiß … sie schien zu zittern und zu beben, sie wurde zu einem Feuerrad, das drohte auf die Menge zu stürzen. Die Menschen schrien: ›Wir werden alle getötet werden!‹ Andere riefen Unsere Liebe Frau um Hilfe an und erweckten Akte der Reue. Eine Frau begann, laut ihre Sünden zu bekennen. Endlich hielt die Sonne in ihrer Bewegung inne. Wir alle atmeten erleichtert auf, wir lebten noch. Das Wunder, das die Kinder angekündigt hatten, war geschehen.«

Dr. Domingo Pinto Coelho von der Zeitschrift »Ordem«:

»Die Sonne, in einem Moment von roter Flamme umloht, im anderen von Gelb und tiefem Purpur umgeben, schien sich mit unglaublicher Geschwindigkeit zu drehen, sich zeitweise vom Himmel zu lösen und sich unter heftiger Hitzeeinwirkung der Erde zu nähern.«

Pfarrer Manuel Pereira da Solva schrieb noch am selben Abend an den Domvikar Pereira de Almeida:

»Die Sonne schien ganz klare Umrisse zu haben. Sie stürzte herunter bis zur Höhe der Wolken und begann sich schwindelerregend, wie ein Feuerball, um sich selbst zu drehen. Mit einigen Unterbrechungen dauerte dies etwa acht Minuten. Die Atmosphäre verdunkelte sich, die Menschen hatten alle eine gelbe Farbe angenommen.
Sie warfen sich auf die Knie nieder, selbst in den Schlamm …«

Dona Maria do Carmo da Cruz Menezes:

»Plötzlich hörte der Regen auf, die Sonne brach durch. Sie schien auf die riesige Menge Volkes zu stürzen, sie drehte sich wie ein Feuerrad in allen Farben des Regenbogens. Wir selbst, unsere Kleider und sogar die Erde waren in diese Farben getaucht. Man hörte Schreie, und viele Menschen weinten. Tief beeindruckt sagte ich zu mir selbst: ›Mein Gott, wie groß ist deine Macht!‹«

Alfredo da Silva Santos:

»Die Sonne begann sich zu bewegen, plötzlich schien sie sich vom Himmel zu lösen und wie ein flammendes Rad auf uns niederzusausen. Meine Frau – wir hatten erst kürzlich geheiratet – wurde ohnmächtig. Ich war so benommen, dass ich ihr gar nicht zu Hilfe eilen konnte, so dass mein Schwager, Joao Vassalo, sich ihrer annahm und sie stützte. Ich fiel auf meine Knie nieder, alles vergessend.«

Der vielleicht interessanteste und präziseste Augenzeugenbericht stammt von einem Naturwissenschaftler, Prof. Dr. Almeida Garret von der Universität von Coimbra. Er beschreibt außer dem Sonnenwunder auch andere übernatürliche Phänomene, die er während der Erscheinung selbst beobachten konnte:

»Es muss etwa 1.30 Uhr gesetzlicher Zeit und 12.00 Uhr nach dem Sonnenstand gewesen sein, als sich an der Stelle, an der sich die Kinder befanden, eine feine, schlanke, bläuliche Rauchsäule in etwa 1,80 Metern über ihren Köpfen erhob und auf ihrer Höhe endete. Dieses Phänomen, das mit bloßem Auge klar erkennbar war, dauerte ein paar Sekunden lang an. Da ich nicht auf die Uhr schaute, kann ich nicht mit Sicherheit sagen, ob es länger oder kürzer als eine Minute dauerte. Der Rauch verschwand plötzlich, um ein paar Augenblicke später zum zweiten und dritten Mal zu erscheinen. Alle drei Male, speziell beim letzten Mal, strahlte das Licht gerade nach oben und verschwand deutlich erkennbar in der grauen Atmosphäre …«

»Plötzlich hörte ich Schreie aus Tausenden von Kehlen, und ich sah, wie sich die Menge von dem Punkt, dem bis jetzt ihre Aufmerksamkeit gegolten hatte, abwandte und in entgegengesetzter Richtung zum Himmel aufschaute …Wenige Augenblicke vorher hatte die Sonne die dichte Wolkendecke, hinter der sie sich bisher verborgen hatte, durchbrochen und schien klar und intensiv. Ich folgte mit meinem Blick allen jenen Augenpaaren und sah die Sonne als Scheibe, klar umrissen, strahlend, leuchtend, ohne dem Auge weh zu tun.

Ich stimmte mit dem Vergleich, den ich in Fatima hörte, wonach die Sonne wie eine matte Scheibe aus Silber aussah, nicht überein. Die Farbe war klarer, intensiver, leuchtender, sie hatte etwas vom Glanz einer Perle. Sie glich auch durchaus nicht dem Mond in einer klaren Nacht. Man spürte, dass sie ein lebender Körper war. Sie war weder sphärisch wie der Mond, noch hatte sie die gleiche Farbe, den gleichen Ton oder die gleiche Schattierung. Sie sah aus wie ein glänzendes Rad aus Perlmutt. Man kann auch nicht sagen, dass man die Sonne durch Nebel sah (denn es gab keinen Nebel zu dieser Zeit).

Bezeichnungen wie undurchsichtig, diffus oder verschleiert treffen auch nicht zu. Sie spendete Fatima Licht und Hitze und erschien in klaren Konturen mit deutlich sichtbarem Rand. Der Himmel war übersät von hellen Zirruswölkchen, die hie und da die Himmelsbläue freigaben, und manchmal stand die Sonne ganz auf blauem Hintergrund. Die Wolken zogen von West nach Ost, aber sie verdunkelten das Licht der Sonne nicht. Man gewann den Eindruck, als wanderten sie hinter der Sonne vorbei, obgleich sie sich manch-

mal rosa getönt oder durchsichtig blau zeigten, als sie an der Sonne vorbeizogen. Es ist bemerkenswert, dass man seine Augen auf diesen Glutofen und sein Licht richten konnte, ohne Schmerz zu empfinden, mit Ausnahme von zwei Unterbrechungen, als die Sonne leuchtende Hitzestrahlen aussandte, die uns zwangen, den Blick abzuwenden. Das Phänomen dauerte zirka zehn Minuten.
Die Sonnenscheibe blieb aber nicht ruhig am Himmel stehen, sie sandte nicht das Licht eines Himmelskörpers aus, sondern drehte sich in irrem Wirbel um sich selbst. Plötzlich ertönten Angstschreie aus der Menge. Die Sonne schien sich, wild drehend, vom Firmament zu lösen und auf die Erde zu stürzen, als wollte sie uns mit ihrer gigantischen Glut vernichten. Das Gefühl während dieser Augenblicke war entsetzlich.
Während des Sonnenphänomens, das ich jetzt in allen Einzelheiten beschrieben habe, wechselten die Farben in der Atmosphäre. Während ich zur Sonne schaute, stellte ich fest, dass sich rings um mich alles verdunkelt hatte. Ich richtete meine Augen zuerst auf die nächstgelegenen Objekte und dann weiter bis zum Horizont. Alle Gegenstände rings um mich hatten die Farbe von Amethysten angenommen. Eine Eiche neben mir warf einen Schatten in dieser Farbe auf die Erde.
Ich fürchtete, meine Netzhaut habe Schaden genommen, allerdings eine unwahrscheinliche Erklärung, denn in diesem Falle sähe man ja nicht alles purpurn gefärbt. Ich schloss die Augen und bedeckte sie mit den Händen, um den Lichteinfall zu unterbrechen. Nun stellte ich mich mit dem Rücken zur Sonne und öffnete die Augen. Die Landschaft hatte jedoch die purpurne Farbe wie zuvor – eine Sonnenfinsternis war das aber auch nicht! Während ich noch zur Sonne schaute, stellte ich fest, daß die Atmosphäre wieder klar geworden war. Kurz darauf hörte ich einen Bauern in meiner Nähe erstaunt ausrufen: ›Seht, diese Frau ist ganz gelb!‹ Und wirklich, alles rings um mich, nah und fern, sah aus wie alter, gelber Damast. Die Leute sahen aus, als hätten sie die Gelbsucht, und ich erinnere mich noch, dass es mich etwas amüsierte, sie so wenig attraktiv zu sehen. Meine Hand hatte die gleiche Farbe.
Dieses von mir hier beschriebene Phänomen habe ich in gesunder geistiger Verfassung und ohne emotionale Störungen erlebt. Ich überlasse es anderen, dies alles zu erklären.«

Interessanterweise wurde das Sonnenwunder nicht nur in Fatima selbst, sondern auch in 40 km Entfernung beobachtet. Ein Zeuge, der Dichter Alfonso Lopes Vieira, beschrieb es wie folgt:

»An jenem 13. Oktober 1917 war ich wie verzaubert von einem bemerkenswerten Schauspiel am Himmel, das ich von meiner Veranda aus verfolgte. Nie zuvor hatte ich Ähnliches erlebt. Die Voraussagen der Kinder waren mir in diesem Augenblick nicht gegenwärtig.«

In 18 km Entfernung wurde eine ganze Schule von der Erscheinung überrascht. Pater Inacio Lourenco Pereira, damals ein 9-jähriger Schüler, erinnerte sich:

»Etwa um die Mittagszeit waren wir überrascht, Rufe und Schreie von der Straße her, die an der Schule vorbeiführt, zu hören. Die Lehrerin, eine gute, fromme Frau, obgleich nervös und leicht beeindruckbar, rannte als Erste hinaus auf die Straße. Wir Kinder rannten hinterdrein. Draußen schrien und weinten die Kinder und zeigten zur Sonne … es war das große Wunder, das man ganz deutlich vom Gipfel des Hügels sehen konnte, auf dem mein Dorf lag … Ich schaute gebannt in die Sonne, die blass erschien und den Augen nicht wehtat. Sie sah aus wie ein Ball aus Schnee, der sich um sich selbst drehte, und plötzlich schien es, als stürze sie bedrohlich im Zickzack zur Erde. Entsetzt rannte ich weg und versteckte mich unter den weinenden Menschen, die jeden Augenblick das Ende der Welt erwarteten … Die Menschen weinten und baten Gott um Verzeihung ihrer Sünden. Wir alle stürmten zu den beiden Kapellen des Dorfes, die bereits überfüllt waren. Während dieser langen Minuten des Wunders nahmen alle Gegenstände rings um uns sämtliche Regenbogenfarben an. Wir selbst sahen uns in Blau, Gelb, Rot usw. Alle diese eigenartigen Phänomene verschlimmerten die Panik. Nach etwa zehn Minuten kehrte die Sonne, jetzt glanzlos und blass, an ihren Platz zurück. Als die Leute erkannten, dass die Gefahr vorüber war, brachen sie in Jubel aus und dankten und priesen Unsere Liebe Frau.«

Als die Menschenmassen in der Cova da Iria sich von ihrem Schrecken erholt hatten, bemerkten sie ein weiteres Phänomen: Ihre Kleidung, die zuvor von den schweren Regenschauern durchnässt worden war, war auf einmal knochentrocken. Die Wärme, die von der »tanzenden Sonnenscheibe« ausgegangen war, hatte sie urplötzlich getrocknet.

Auch die Seherkinder verfolgten das Sonnenwunder, doch neben der rotierenden Sonnenscheibe hatten sie noch eine ganz andere Erscheinung. Sie sahen die Heilige Familie: rechts die Heilige Jungfrau mit einem weißen Gewand und himmelblauem Mantel bekleidet, links daneben den heiligen Joseph mit dem Jesuskind. Die Heilige Familie segnete die Welt mit dem Kreuzzeichen. Kurz darauf erschien Jesus Christus, ganz in Rot gekleidet, der die Gläubigen segnete, dann noch einmal die Madonna in zwei Erscheinungsformen, als Schmerzensmutter und als Maria vom Berge Karmel.

Als das Wunder beendet war und die Kinder wieder zu sich kamen, strömten die Massen auf sie zu. Jeder war begeistert, jeder wollte sie berühren, etwas von dem auf sie gefallenen Segen erhaschen. Lucia wurde das Kopftuch vom Kopf gerissen, während andere ihr Haare vom Kopf abschnitten, wahrscheinlich um sie daheim als Reliquien zu verehren.

Die kleine Jacinta brach in Tränen aus. »Was hat die Heilige Jungfrau euch gesagt?«, war die häufigste Frage. »Der Krieg geht heute zu Ende, ihr könnt die Soldaten in Kürze erwarten«, antworteten Lucia und Jacinta in einer etwas naiven Interpretation der Worte der Erscheinung. Der Krieg ging nicht zu Ende, er tobte ein weiteres Jahr, und viele begannen gleich wieder an Fatima zu zweifeln, weil sich die Aussage der Kinder so nicht bewahrheitet hatte.

An den folgenden Tagen erschienen Berichte über das Sonnenwunder von Fatima in allen Zeitungen des Landes. Es hatte den umstrittenen Erscheinungen das Siegel der Authentizität aufgedrückt. 50.000 bis 100.000 Augenzeugen, darunter auch Kritiker, Atheisten und Vertreter der bürgerlichen Presse, konnten nicht alle Opfer einer Massensuggestion oder kollektiven Hysterie geworden sein. Kein astronomisches Observatorium, weder in Portugal noch in einem anderen Teil der Welt, hatte an diesem 13. Oktober 1917 irgendwelche Anomalien auf der Sonnenoberfläche beobachtet, eine natürliche Erklärung war also ausgeschlossen. Was immer die Zeugen von Fatima gesehen hatten, es stammte aus der Welt des Übernatürlichen.

Kapitel 5

Das Siegel des Schweigens

Nach dem Tanz der Sonne sollte nie mehr der Alltag in das Dorf von Fatima zurückkehren. Kaum hatten sich die Ereignisse des 13. Oktober in ganz Portugal herumgesprochen, trafen zu Hunderten und Tausenden all jene ein, die jetzt bereuten, nicht dabei gewesen zu sein, und hofften, noch etwas von den über die Cova da Iria ausgeschütteten Gnaden zu erhaschen. Besonders an Sonntagen und am 13. jeden Monats formierten sich ganze Prozessionen von Büßern, die, den Rosenkranz betend, die Stätte der Erscheinungen aufsuchten, um den ganzen Ballast ihres irdischen Leidens der Gottesmutter zu Füßen zu legen.

Daran änderte auch der feige Anschlag nichts, den die Freimaurerloge von Santarem im Dunkel der Nacht des 23. Oktobers, nur zehn Tage nach dem Sonnenwunder, an der heiligen Stätte ausübten. »Mit einer Axt fällten sie den Baum, unter dem die drei Hirtenkinder standen, als sich das berühmte Phänomen vom 13. Oktober ereignete, worüber die Presse sehr ausführlich berichtete«, schrieb die Zeitung »Diario de Noticias«. »Diese Individuen entfernten den Baum zusammen mit einem Tisch, auf dem ein bescheidener Altar errichtet war, auf dem ein religiöses Bild (Unsere Liebe Frau) aufgestellt war. Sie entfernten ebenfalls einen Bogen aus Holz, zwei Laternen und zwei Kreuze, eines aus Holz, das andere aus Bambusrohr, in Seidenpapier eingewickelt.«

Doch es blieb nicht bei dem Frevel, es folgte mehr.

Das Diebesgut wurde erst gegen Eintritt, in einem Haus in Santarem ausgestellt, dann in einer Spottprozession durch die Stadt getragen. Der »Seculo« berichtete:

> »Voraus gingen zwei Trommler, dahinter trug man den berühmten Baum, über welchem Unsere Liebe Frau erschienen war. Darauf folgte der hölzerne Bogen mit den brennenden Laternen, der Tisch und andere Gegenstände, welche die Gläubigen auf dem improvisierten Altar niedergelegt hatten. Zum Klang gotteslästerlicher Litaneien bewegte sich der Zug durch die Hauptstraßen der Stadt …«

Selbst der Reporter des republikanischen Blattes empörte sich:

»Die Affäre war eine Schande! Wie ist es nur möglich, dass die Behörden dergleichen tolerieren, während sie gleichzeitig Prozessionen der Kirche, der fast die gesamte Bevölkerung angehört, verbieten, wobei doch niemand in seiner Überzeugung beleidigt wird.«

Glücklicherweise hatten die nächtlichen Eindringlinge den falschen Baum gefällt, wie gläubige Besucher der Erscheinungsstätte am nächsten Morgen erleichtert feststellten. Doch die Aktionen der Freidenker gegen Fatima waren damit noch nicht beendet. Man organisierte eine regelrechte Demonstration an der Erscheinungsstätte. Mit dem Ziel, die Pilger in ihrer Andacht zu stören, hatte man eine Herde Esel mitgebracht, die aus vollem Halse brüllten, dann hielten drei Männer Spottreden gegen die Religion, was von den Gläubigen nur mit einem »Gesegnet seien Jesus und Maria!« erwidert wurde.

Doch keine dieser Aktionen und auch nicht die zu Tausenden verteilten Flugblätter, die vor der »fatalen Propaganda von Reaktionären« und dem »miserablen Versuch, das portugiesische Volk wieder in tiefste Dunkelheit vergangener Zeiten zu stürzen« warnten, erfüllten ihren Zweck. Immer zahlreicher kamen die Pilger und mit ihnen die Spenden für die von der Gottesmutter gewünschte Kapelle. Maria Carreira verpflichtete sich, treuhänderisch die Gelder zu verwalten, was ihr bald den Namen »Maria da Capela« (Maria von der Kapelle) einbrachte. Bald war, nach über einem Monat Bauzeit, eine kleine Kapelle errichtet. Da die Erscheinungen noch nicht kirchlich anerkannt waren, war es schwierig, einen Priester zu finden, der sie weihte, doch auch dieses Hindernis war bald überwunden. Zum dritten Jahrestag der ersten Erscheinung, am 13. Mai 1920, traf dann auch die Statue »Unserer Lieben Frau von Fatima« ein, die nach den Angaben der Kinder angefertigt wurde und die kurz darauf der Ortspfarrer segnete. Als Lucia das Standbild sah, konnte sie sich nicht mehr halten. Sie beugte sich über die Statue, Tränen liefen ihre Wangen herunter, heftige Erinnerungen wurden wach – sie musste an ihre beiden Gefährten denken, die sie mittlerweile, wie es die Erscheinung versprochen hatte, im Himmel wähnte.

Die Zeit nach den Erscheinungen, die der Zenit ihres kurzen Lebens waren, war für Jacinta und Francisco von Leiden gekennzeichnet, selbst auferlegtem und solchen, die, so waren sie überzeugt, der Himmel den kleinen Büßern gesandt hatte. Aus den einst so heiteren, unbekümmerten Kindern waren ernste, nachdenkliche und scheue Geschöpfe geworden, für die es nur noch eines gab, die Erfüllung ihrer religiösen Pflichten und das Warten auf den versprochenen Einzug in den Himmel. »Ich möchte überhaupt nichts werden, ich möchte sterben und in den Himmel kommen«, antwortete Francisco während dieser Zeit einmal einer Dame, die ihn fragte, ob er nicht Priester werden wollte. Seine Mahlzeiten wurden immer seltener und karger, und nur ein Gedanke kreiste in seinem kleinen Kopf: »Jesus ist traurig, und ich möchte ihn mit Gebet und Buße trösten.«

Jacinta hatte in diesem Zeitraum noch mindestens drei Erscheinungen der Heiligen Jungfrau, über die sie jedoch nur mit Lucia und ihren engsten Verwandten sprach. Einmal, als sie tief in Gedanken versunken schien, vertraute sie ihrer Mutter den Inhalt einer Vision an:

> »Ich denke an den Heiland und die Muttergottes, an die Sünder und an den Krieg, der kommen soll: Wie viele Menschen werden da sterben! Und so viele davon kommen in die Hölle! Es werden so viele Häuser zerstört werden, so viele Priester sterben … wie schrecklich ist das doch! Wenn sie aufhörten, den Herrn zu beleidigen, käme dieser Krieg nicht, sie kämen nicht in die Hölle …«

Da der Erste Weltkrieg gerade zu Ende gegangen war, konnte sich ihre Vision nur auf den Zweiten Weltkrieg bezogen haben.

Ein Jahr nach den Erscheinungen, im Oktober (obwohl andere Berichte erst den 23. Dezember nennen) 1918, erkrankten Jacinta, Francisco und ihre Mutter an der »Spanischen Grippe«, die damals in ganz Europa kursierte. Kurz darauf hatte Jacinta eine weitere Erscheinung, von der sie, überglücklich, Lucia erzählte:

> »Unsere Liebe Frau kam uns besuchen und sagte, dass sie Francisco sehr bald in den Himmel holen werde; und mich fragte sie, ob ich noch mehr Sünder bekehren möchte. Ich sagte ja. Sie kündigte mir an, ich würde in ein Krankenhaus kommen und dort viel leiden. Ich würde für die Bekehrung der Sünder, als Sühne für die Sünden gegen das Unbefleckte Herz Mariens und aus Liebe zu Jesus leiden. Ich fragte, ob du mitgehen würdest. Sie verneinte. Das kostet mich am meisten. Sie sagte, dass meine Mutter mich hinbringen und dass ich dann allein dort bleiben würde.«

Am 4. April 1919 erfüllte sich der erste Teil ihrer Prophezeiung. Francisco starb nach einer heftigen Lungenentzündung, ein Lächeln auf den Lippen, nicht ohne zuvor sein Leiden »dem Heiland und der Madonna aufzuopfern, für die Bekehrung der Sünder und für den Heiligen Vater«.

Kurz darauf verschlechterte sich auch Jacintas Zustand allmählich. Eine zweimonatige Behandlung im lokalen Krankenhaus blieb erfolglos, und der Arzt Dr. Formigao, der Jacinta kurz darauf besuchte, musste erschreckt feststellen: »(Sie) glich einem Skelett, ihre Arme sind erschrekkend mager. Seit sie das örtliche Krankenhaus verlassen hat … war sie nie frei von Fieber. Es ist ergreifend, sie zu sehen. Tuberkulose, nach einer Attacke von Lungenentzündung und eitriger Rippenfellentzündung, zehrt ihren geschwächten Körper aus.« »Die Madonna hat mir gesagt, dass man mich nach Lissabon in ein Krankenhaus bringen wird und dass ich weder dich noch meine Eltern wiedersehen werde«, vertraute sie Lucia im Herbst 1919 an, »nach vielen Leiden werde ich ganz allein sterben. Doch ich solle keine Angst haben, denn sie selbst wird kommen, um mich in den Himmel zu holen.«

Auch diese Vorhersage wurde bald darauf wahr. Als im Januar 1920 der bekannte Lissaboner Arzt Dr. Enrico Lisboa als Pilger nach Fatima kam und Jacinta in ihrem traurigen Zustand sah, drängte er darauf, dass sie nach Lissabon ins Krankenhaus gebracht wird. So schwer ihr der Abschied von Fatima fiel, Jacinta beugte sich ihrem Schicksal. »Verrate keinem je das Geheimnis, selbst dann nicht, wenn sie dich töten wollen«, waren ihre Abschiedsworte zu Lucia, »Liebe Jesus und das Unbefleckte Herz Mariens sehr und bringe viele Opfer für die Sünder.« In Lissabon brachte man sie im Waisenhaus »Unserer Lieben Frau von den Wundern« unter, dessen Oberin, Maria Godinho, bald zu ihrer »Patin« und engen Vertrauten wurde, bevor Jacinta am 2. Februar 1920 in das D.-Estefania-Krankenhaus eingeliefert wurde, um von Dr. Castro Freire, dem prominentesten Kinderarzt von Lissabon, behandelt zu werden.

»Mir wurde schon bald klar, dass ein kleiner Engel in unser Haus gekommen war«, beschrieb Mutter Godinho die kurze Zeit mit Jacinta später. »Während ihres Aufenthaltes in unserem Haus muss sie mehr als einmal den Besuch Unserer Lieben Frau gehabt haben. Ich erinnere mich, als sie einmal sagte: ›Bitte, liebe Mutter, gehen Sie etwas von hier weg, ich warte auf Unsere Liebe Frau.‹ Dabei nahm ihr Gesicht einen strahlenden Ausdruck an. Es hat den Anschein, dass es nicht immer Unsere Liebe Frau persönlich war, sondern eine Kugel aus Licht, wie sie in Fatima gesehen wurde, denn einmal hörten wir sie sagen: ›Diesmal war es nicht so wie in Fatima, aber ich weiß, sie war es.‹«

Peinlich genau führte Maria Godinho dann Buch über die Aussagen, die Jacinta ihr nach den Erscheinungen machte:

»Zeiterscheinungen werden unseren Herrn sehr beleidigen. Menschen, die Gott folgen, sollen diese Moden nicht mitmachen. Bei der Kirche gibt es keine Mode. Unser Herr ist immer derselbe.«

»Wenn die Menschen wüssten, was Ewigkeit ist, würden sie alles tun, um ihr Leben zu ändern.«

»Die Ärzte empfangen kein Licht, um die Kranken zu heilen, weil sie keine Gottesliebe haben.«

»Kriege sind Strafen für die Sünden der Menschen.«

»Unsere Liebe Frau kann im Augenblick den Arm der Gerechtigkeit unseres Sohnes nicht zurückhalten.«

»Buße ist notwendig; wenn sich die Menschen bessern, wird unser Herr auch jetzt noch die Welt retten, andernfalls wird das Strafgericht über sie hereinbrechen.«

»Wenn sich die Menschen nicht bessern, wird Unsere Liebe Frau der Welt eine Strafe schicken, wie man bisher noch keine gesehen hat, und vor anderen Ländern wird es Spanien treffen.« – Womit Jacinta den Spanischen Bürgerkrieg ankündigte, der tatsächlich dem Zweiten Weltkrieg vorausging (ab 1936).

Einmal erwähnte Jacinta die »großen Weltereignisse, die um 1940 geschehen sollten« – den Zweiten Weltkrieg!

Ein anderes Mal sagte sie: »Unsere Liebe Frau möchte, dass meine Schwestern ins Kloster eintreten, aber da meine Mutter das nicht will, wird sie die beiden in Kürze in den Himmel holen« – auch diese Prophezeiung erfüllte sich. Kurz nach Jacintas Tod starben auch ihre Schwestern Florinda und Teresa im Alter von 17 und 16 Jahren.

Die Zitate, die Mutter Godinho festhielt, übergab sie bereits Ende Februar 1920, also kurz nach Jacintas Tod, dem Canon Dr. Manuel Formigao, der sie 1927 in seinem Buch »Die großen Wunder von Fatima« veröffentlichte. Ihre Authentizität ist also unbestreitbar. Das Eintreffen ihrer politischen wie persönlichen Vorhersagen beweist zumindest, dass das Sehermädchen tatsächlich prophetische Gaben besessen hat. Da die Niederschrift der Marienbotschaften und Geheimnisse von 1917 erst sehr viel später – und teilweise erst nach Eintreffen der angekündigten Ereignisse – durch Lucia erfolgte, sind Jacintas Aussagen die frühesten und ungetrübtesten Zeugnisse echter Zukunftsschau in Verbindung mit ihren Erscheinungen. Allerdings – eine Voraussage des Mädchens, die Mutter Godinho (mit ihren Worten) aufzeichnete, traf nicht ein:

> »Unser Herr Jesus Christus ist zutiefst entrüstet über die Sünden und Verbrechen, die in Portugal begangen werden. Deshalb droht unserem Land und vor allem der Stadt Lissabon eine schreckliche Katastrophe gesellschaftlicher Art. Es scheint, dass ein Bürgerkrieg anarchistischer oder kommunistischer Prägung ausbrechen wird, begleitet von Plünderungen, Morden, Bränden und Verwüstungen jeder Art. Die Hauptstadt wird ein wahres Bild der Hölle sein. Wenn die verletzte göttliche Gerechtigkeit diese entsetzliche Strafe verhängt, sollen alle, die irgendwie können, aus der Stadt fliehen. Diese hier angekündigte Strafe sollte erst nach und nach mit der gebührenden Diskretion verkündet werden.«

In Spanien brach der Bürgerkrieg aus, nicht aber in Portugal. Nehmen wir die Möglichkeit prophetischer Warnungen ernst, dann spricht das Nichteintreffen dieser Zukunftsvision keineswegs gegen Jacintas seherische Fähigkeiten, denn sie betonte auch, dass solche »Züchtigungen« durchaus zu verhindern sind: »Es ist notwendig, Buße zu tun. Wenn wir uns bessern, kommt unser Herr Jesus Christus der Welt noch zu Hilfe; sollten wir uns aber nicht bessern, kommt die Strafe.« Danach könnte die positive Resonanz, die Fatima in der portugiesischen Bevölkerung fand, das Wiedererwachen des religiösen Lebens, das die republikanische Regierung so gerne im Keim erstickt hätte, eben diese Katastrophe verhindert haben. Wir werden es nie wissen.

Kurz vor ihrem Tod, am 25. April 1954, schrieb Mutter Godinho einen längeren Brief an Papst Pius XII., in dem sie darum bat, dass ihre Institution als Ordenshaus anerkannt wird. Darin enthüllte sie weitere Details aus ihren Konversationen mit Jacinta, in denen es u.a. hieß:

> »Bereitet euch vor auf das Jahr 1972, denn die Sünden der Unreinheit, Eitelkeit und des exzessiven Luxus würden dann dem Heiligen Vater großes Leid bringen. ›Armer Heiliger Vater!‹, würde sie sagen.«

Diese Aussage wurde oft als Ankündigung von Katastrophen für 1972 gewertet, die natürlich nicht eintrafen, was, so denke ich, ohnehin eine falsche Lesart war – schließlich sollte ja einzig der Heilige Vater leiden müssen. Tatsächlich erklärte Papst Paul VI. am 29. Juni 1972:

> »Es scheint so, als sei der Rauch Satans durch eine Öffnung in den Tempel Gottes eingedrungen … wir glauben, dass etwas Widernatürliches in der Welt geschehen ist, mit dem Ziel Unfrieden zu stiften, die Früchte des Ökumenischen Konzils zu unterdrücken.«

Wir wissen nicht, ob und inwiefern der Montini-Papst über Jacintas angebliche Aussage unterrichtet war oder ob ein völlig anderer Vorfall, ein Vatikaninternum, ihn zu diesem deutlichen Statement veranlasste. Tatsache ist, ob es nun eine »selffulfilling prophecy« war oder nicht, dass dieser Ausdruck der Sorge des Papstes über den massenhaften Abfall vom Glauben und das Ausbleiben der Früchte des 2. Vatikanischen Konzils Jacintas Voraussage bestätigte.

Weiter erinnerte sich Mutter Godinho an eine Aussage Jacintas:

> »… und sie sagte, daß der Triumph unseres Herrn noch kommen wird, aber dass vorher viele Tränen vergossen werden, weil in der Welt Sein Heiliger Wille nicht erfüllt wird. Und sie sagte mir, dass sie verzweifelt sei, dass sie es nicht besser ausdrücken könnte, aber sie wolle es trotzdem versuchen: ›Es gibt ein Geheimnis des Himmels und eines der Erde, und letzteres ist Furcht erregend. Es erscheint schon wie das Ende der Welt, und in dieser Katastrophe wird alles vom Himmel getrennt werden, der so weiß wie Schnee wird.‹«

Am 10. Februar wurde Jacinta von Dr. Castro Freire operiert, kurz darauf hatte sie eine letzte Erscheinung. »Jetzt geht es mir besser«, erklärte sie Mutter Godinho, als diese sie im Krankenhaus besuchte – »Unsere Liebe Frau sagte, dass sie mich bald holen werde und dass sie die Schmerzen von mir nähme.« Am 20. Februar 1920 verstarb Jacinta. Ihr Leichnam wurde von Mutter Godinho persönlich nach Vila Nova de Ourem gebracht, in einem weißen Kommunionskleid und einer blauen Schärpe wurde sie in einem versiegelten Bleisarg in der Gruft einer adligen Familie beigesetzt, die sie als ihren kleinen Schutzengel betrachtete.

Am 12. September 1935 wurden die sterblichen Überreste von Jacinta und Francisco umgebettet, um in einem eigens für sie hergerichteten Grab auf dem Dorffriedhof von Fatima bestattet zu werden. Als man Jacintas Sarg öffnete, war ihr von so viel Krankheit und Leid gezeichneter Körper noch völlig unverwest. Nach Errichtung der prächtigen Basilika am Erscheinungsort wurden Jacinta und Francisco 1951/1952 in die Basilika überführt und dort, in unmittelbarer Nähe des Altars, beigesetzt.

Mit Lucia hatte die Vorsehung andere Pläne. Sie sollte Nonne werden. Am 17. Juni 1921 trat sie einem Kollegium des Ordens der heiligen Dorothea in Asilo de Vilar bei, am 24. Oktober 1925 wurde sie in den Orden aufgenommen und fand ihre neue Heimat in dem Kloster von Tuy in Spanien, nahe der portugiesischen Grenze. Am 2. Oktober 1926 wurde sie Novizin, am 3. Oktober 1928 legte sie die zeitlichen Gelübde ab, am 3. Oktober 1934 die ewigen.

Dieser Schritt entsprach gewiss ihren durch die Erscheinungen erweckten religiösen Neigungen, doch der Weg ins Kloster wurde ihr von den Kirchenoberen gewiesen, die in dieser Zeit die Vorfälle von Fatima untersuchten. Um es auf den Punkt zu bringen: Man hatte sie damit unter Kontrolle und mit ihr auch den Kult um Fatima selbst. Während zuvor, neben der Erscheinungsstätte selbst, Lucias Haus in Aljustrel Hauptziel Hunderttausender Pilger wurde, beschränkte sich die Verehrung nach ihrem Fortgang auf die Kapelle, neben der später die große Basilika errichtet wurde. Und dort unterstand die Verkündigung von Glaubenswahrheiten einzig den von der Kirche dazu eingesetzten Priestern. Personenkult, auch wenn er noch so tiefer Ausdruck der Frömmigkeit ist, ist im christlichen Glauben unerwünscht: Im Zentrum der Offenbarung muss immer Christus, das offenbarte Wort Gottes, stehen, und selbst die Gottesmutter wird nur als »Fürsprecherin« und »Vermittlerin« verehrt, die Heiligen als »Vorbilder im Glauben«, deren Leben aber erst posthum, nach ausführlicher Überprüfung, gewürdigt werden darf. Zu diesem Zweck ist ein kompliziertes Verfahren, der so genannte »Heiligsprechungsprozess« entwickelt worden. Zum Heiligen qualifiziert sich nur, wem zwei Wunder nachgewiesen werden können, also Ereignisse, die eine Überwindung der Naturgesetze voraussetzen. Der Glaube an die Möglichkeit von Wundern und Erscheinungen ist fester Bestandteil des katholischen Weltbildes, und über 3.900 »Diener Gottes« wurden bisher »zur Ehre der Altäre erhoben«. Ein Kriterium, dem bei allen Heiligsprechungsprozessen große Beachtung geschenkt wird, ist der Gehorsam der Kirche gegenüber, der Verwalterin und unfehlbaren Richterin des Glaubens. Und die reagierte schnell. Ein Jahr nach den Erscheinungen, 1918, wurde die Diözese von Leiria, dem einstigen Bischofssitz bei Fatima, wieder eingesetzt, Dom Jose Alves Correira da Silva, der in den Gefängnissen der Republikaner zum Krüppel gefoltert worden war, zum Bischof ernannt. Dom Joses erste Amtshandlung war sein Bemühen, Lucia aus Aljustrel zu entfernen und eine gründliche Prüfung der Ereignisse einzuleiten. Am besten wäre es für alle Beteiligten, meinte der Bischof, das Mädchen als Internatsschülerin in einem Kolleg unterzubringen, weit weg von zu Hause, wo sie niemand kennt und niemand auf die Idee kommt, mit ihr über Fatima zu sprechen. Maria Rosa, Lucias Mutter, stimmte dem Vorschlag da Silvas zu und brachte ihre Tochter persönlich ins Bischöfliche Palais nach Leiria. »Du darfst niemandem erzählen, wo du hingehen wirst«, erklärte der Bischof ihr mit aller Eindringlichkeit.

»Nein, mein Herr«, erwiderte sie scheu.

»Im Kolleg darfst du niemandem erzählen, wer du bist!«

»Nein, mein Herr.«

»Über die Erscheinungen in Fatima darfst du nicht mehr reden.«

»Nein, mein Herr«, antwortete ein mittlerweile sehr leises, verschüchtertes Stimmchen.

Unter Tränen musste Lucia von Fatima Abschied nehmen, den Weg gehen in eine ungewisse Zukunft, zu weiteren Leiden und einem unerschütterlichen Glauben an die Heilige Jungfrau. Jetzt lag es in der Hand anderer, die Botschaft von Fatima zu hüten.

Das Sonnenwunder von Fatima, das von 50.000 bis 100.000 Menschen beobachtet wurde, war unbestreitbar. Doch das vielleicht größere Wunder von Fatima war, zumindest für die Vertreter der Kirche, der Fatima-Effekt, die Erneuerung des Glaubens in Portugal, dem Land, in dem in den Jahren zuvor ein so erbitterter Kampf gegen den Katholizismus geführt wurde. Wie oft heißt es in den Annalen der Christenheit, dass ein Wunder der bedrängten Kirche rettend zu Hilfe kam, und vielleicht war Fatima ein solches in schwerer Zeit. Zumindest kam es gerade zum richtigen Zeitpunkt, und auch die Opposition, die Freidenker und Freimaurer, wussten um die Gefahr für die Republik, die von der Erscheinung ausging.

Und so erklärten sie der Erscheinungsstätte den Krieg. Für das Himmelfahrtsfest im Jahre 3 nach den Erscheinungen (1920) hatten die Christen von Torres Novas eine große Wallfahrt angesetzt, um feierlich die Statue der Gottesmutter zu begleiten, die von einem Bildhauer nach Angaben der Seherkinder angefertigt worden war und am 13. Mai, dem

Jahrestag der ersten Erscheinung, aufgestellt werden sollte. Das alarmierte die Staatsregierung, und so forderte Innenminister Julio Bento Ferreira in einem Schreiben den Kreisvorsteher von Vila Nova de Ourem auf, geeignete Vorkehrungen zu treffen, »um diesen schamlosen jesuitischen Tricks beizukommen«.

Das führte sogleich zu einer Krisensitzung im Rathaus, und der Administrator Artur Santos beschloss, in Santarem Militär anzufordern. Als der Morgen des 13. Mai dämmerte, war Vila Nova de Ourem für den Durchgangsverkehr gesperrt, eine Schwadron des republikanischen Militärs galoppierte auf Fatima zu, Infanterie und Kavallerie sperrten die Straße in die Cova da Iria. Nur wer schon am Vorabend oder früh genug gekommen war, durfte an der Erscheinungsstätte bleiben, während den anderen Pilgern nichts anderes übrig blieb, als die – nicht gesperrte – Dorfkirche von Fatima zu besuchen. Die Prozession fand nicht statt, die Statue wurde trotzdem aufgestellt. In einem Schreiben an den Ortsvorsteher von Fatima ordnete Kreisvorsteher Santos an, dass künftig religiöse Prozessionen nur noch mit seiner ausdrücklichen Genehmigung stattfinden dürften. »Informieren Sie mich persönlich von jedem Zwischenfall abergläubischer Art, der sich in Verbindung mit dem so genannten Wunder von Fatima ereignen sollte.«

Als die Drohungen gegen den »Fatima-Kult« heftiger wurden, brachte Maria da Capela die Statue zur Sicherheit in ihr Haus, um sie nur zu Festtagen in die Kapelle zu bringen. Ihre schlimmsten Ängste und Vorahnungen sollten sich bewahrheiten, ja von der Wirklichkeit noch übertroffen werden: Am 6. März 1922 zündeten Mitglieder der lokalen Freimaurerloge vier an der Kapelle angebrachte Sprengladungen. Eine fünfte Bombe, die an der Steineiche angebracht war, über der die Gottesmutter zu erscheinen pflegte, explodierte nicht, was von den Fatima-Gläubigen als Wunder angesehen wurde. Das Dach der Kapelle war völlig zerstört, und es dauerte einige Zeit, bevor der Bischof die Erlaubnis erteilte, es wieder instand zu setzen.

Was die Statue betraf, so kommentierte Lucia später:

> »Ich war enttäuscht, als ich sie sah. Zuerst einmal ist sie zu heiter, zu unbekümmert. Als ich Unsere Liebe Frau sah, wirkte sie traurig und voller Mitgefühl. Aber es ist ohnehin unmöglich, eine Statue anzufertigen, die auch nur annähernd so schön wie sie selbst ist.«

Am frühen Morgen des 17. Juni 1921 klopfte Lucia in Begleitung von Dona Filomena Miranda, einer Ordensfrau, die der Bischof von Leiria mit der Aufgabe betraute, sich um das Seherkind zu kümmern, an die Pforte des Collegiums von Asilo de Vilar. Es war ein kühler Morgen, es dämmerte gerade, und die Glocken der Kapelle des Klosters läuteten zur Frühmesse. Eine schwere, knorrige Eichentüre öffnete sich, eine Schwester bat die beiden Frauen hastig herein, geleitete sie in das kleine Gotteshaus. Als die Messe vorüber war, wurde Lucia in die Sakristei gebracht, wo sie dem Priester und der Oberin des Institutes, Mutter Maria das Dores Magalhaes, vorgestellt wurde. Die resolute Dame fixierte minutenlang die leicht zusammengekniffenen, intelligenten Augen des jetzt 14-jährigen Landmädchens, ihre breiten Brauen, ihre vollen Lippen und ihren großen Mund. »Sie ist ja ein wildes Tier«, entfuhr es ihr, »aber wir werden sie zu bändigen wissen.«

Dann wiederholte sie, was auch der Bischof ihr so eindringlich eingepaukt hatte – sie solle ihre wahre Identität vor jedem verborgen halten:

»Wenn die Leute dich nach deinem Namen fragen, wirst du antworten: Mein Name ist Maria das Dores.«

»Ja, Mutter Direktorin.«

»Wenn sie dich fragen, woher du kommst, wirst du antworten: aus der Gegend um Lissabon.«

»Ja, Mutter Direktorin.«

»Du wirst nie und zu niemanden etwas über die Ereignisse von Fatima sagen. Du wirst niemanden etwas fragen. Du wirst nichts antworten.«

»Ja, Mutter Direktorin.«

»Du wirst keine Spaziergänge mit den anderen Mädchen unternehmen, und du wirst nicht sagen, warum du nicht mit ihnen gehst. Verstehst du das?«

»Ja, Mutter Direktorin.«

Es war die härteste Zeit ihres Lebens für Lucia. Sie war zum ersten Mal, völlig getrennt von ihrer Familie, ihrer Heimat, ja ihrer eigenen Vergangenheit. Ihr Leben bestand fortan nur noch aus dem Gebet und dem Lernen. Nur gelegentlich durfte sie ihrer Mutter einen Brief schreiben, der von der gestrengen Direktorin gelesen und weitergeleitet wurde. Bewusst wurden alle Informationen über Fatima von ihr ferngehalten. Lucia war eine Internatsschülerin wie viele andere, und jeder vermied bewusst, ihr irgendeine Sonderrolle einzuräumen. Wie sehr litt das Mädchen unter der augenscheinlichen Kühle ihrer neuen Erzieherinnen! Doch sie lernte viel: Lesen und Schreiben, sogar mit der Schreibmaschine, Nähen und Sticken, was bald zu ihrer Leidenschaft wurde. Schon nach einem Jahr war sie in der Lage, einen kurzen Aufsatz über »die Ereignisse von 1917« zu schreiben, um den sie Pater Pereira Lopes, ein Professor am Priesterseminar von Porto, mit ausdrücklicher Genehmigung des Bischofs und der Mutter Oberin gebeten hatte. Hier kam zum ersten Mal ihr erzählerisches Talent zum Ausdruck, das sie später entwickeln sollte, wenngleich sie sich noch entschuldigte, dass sie »so schlecht schreibe, aber ich kann es nicht besser: Ich bin noch eine Schülerin.«

Als Lucia im Jahre 1935 das Foto der unverwesten Jacinta übersandt wurde, schilderte sie in einem Brief an Bischof da Silva ihre Erinnerungen an ihre Cousine so detailreich und farbig, dass der Bischof sie aufforderte, alles, was sie noch von ihr wusste, zu Papier zu bringen. Das Ergebnis war so beeindruckend, dass er sie immer wieder bat, weitere Memoiren an Fatima niederzuschreiben. Die ersten vier Bände, die bis 1941 entstanden, enthalten bis in alle Details die Vorgänge der Erscheinungen und wortgetreu die Botschaften der Gottesmutter, die sich beim Schreiben vor ihrem geistigen Auge wiederholten. »Diese übernatürlichen Dinge prägen sich, wie wir sie sehen und hören, so tief in unsere Seele, dass es nicht leicht ist, sie zu vergessen«, erklärte sie diese Gabe, »wenn nicht Gott selbst bewirkt, dass man sie vergisst, wird man den Inhalt dieser Ereignisse nie vergessen.«

Unter der Obhut der Nonnen kam auch Lucia der Wunsch, einem Orden beizutreten. Die am 29. April 1923 erfolgte Seligsprechung und die bereits zwei Jahre später, am 17. Mai 1925, folgende Heiligsprechung der Theresia vom Kinde Jesu, einer Karmeliterin des Klosters Lisieux, war auch am Kolleg ein Thema: Die nur 25-jährig verstorbene Mystikerin, deren »Geschichte einer Seele« zu einem der populärsten religiösen Bücher des 20. Jahrhunderts wurde, galt vielen christlichen Mädchen als Vorbild. Und war Lucia nicht auch am 13. Oktober 1917 »Unsere Liebe Frau vom Karmel« erschienen, war das nicht ein deutlicher Hinweis? »Du wirst nie die Strenge dieses Ordens durchstehen können«, entmutigte sie die Direktorin, »wähle eine einfachere Regel!« So wählte sie den Orden der Dorotheenschwestern, der sie als Postulantin nach Tuy in Spanien, nahe der portugiesischen Grenze, schickte. Am 24. Oktober 1925 verließ Lucia das Kolleg, reiste, begleitet von der hochwürdigen Mutter Provinzial, Mutter Monfalim, nach Galizien, wo sie herzlich in dem Ordenshaus in Pontevedra aufgenommen wurde. Dort war es, wo sie erfuhr, dass die Offenbarung von Fatima noch lange nicht abgeschlossen war.

Am Abend des 10. Dezembers 1925 zog sich Lucia, wie jeden Tag, nach dem Abendessen in ihre karge Zelle zurück, um zu beten. Sie kniete nieder, griff nach ihrem Rosenkranz, murmelte andächtig das Vaterunser, die ersten Ave Marias, während sie fast zärtlich die Perlen durch ihre Finger gleiten ließ. Inmitten ihres Gebetes musste sie unwillkürlich aufschauen – und sah sie wieder vor sich: Auf einer leuchtenden Wolke stand schräg vor ihr die Gottesmutter, den Jesusknaben an ihrer Seite. Lucia stockte der Atem, und gleichzeitig wurde sie von einer tiefen Freude erfüllt. Ihr Herz klopfte schneller, als die »allerseligste Jungfrau« ihre Hand auf ihre Schulter legte, um ihr ein Herz, umgeben von Dornen, zu zeigen, das sie in der anderen Hand hielt. Dann sprach das göttliche Kind zu ihr:

> »Hab Mitleid mit dem Herzen deiner Heiligsten Mutter, das bedeckt ist mit den Dornen, die die undankbaren Menschen jeden Moment in dasselbe hineindrücken, und es gibt niemanden, der Sühne tut, um sie herauszuziehen.«

Dem fügte die Gottesmutter hinzu:

> »Schau, meine Tochter, auf mein Herz, umgeben von Dornen, die mir die undankbaren Menschen mit ihren Lästerungen und ihrer Undankbarkeit jeden Moment in dasselbe drücken. Versuche du wenigstens, mich zu trösten, und sage, dass ich allen, die fünf Monate lang am ersten Samstag beichten, die heilige Kommunion empfangen, den Rosenkranz beten und mir während einer Viertelstunde Gesellschaft leisten, indem sie die fünfzehn Geheimnisse als Wiedergutmachung mir gegenüber betrachten, in der Todesstunde mit allen zur Rettung dieser Seelen notwendigen Gnaden beistehen werden.«

Kaum hatte sie dies gesagt, war die Erscheinung auch schon wieder verschwunden.

Lucia informierte ihre Oberin, Mutter Magalhaes, und ihren Beichtvater, Don Lino Garcia, über die Erscheinung. Letzterer forderte sie auf, alles niederzuschreiben, während die Oberin Bischof da Silva unterrichtete. Weiter schrieb Lucia ihrem Beichtvater aus Asilo de Vilar, Msgr. Pereira Lopes, der sie um einen ausführlichen Bericht bat, der glücklicherweise erhalten ist. Am 15. Februar 1926 hatte Lucia eine erneute Vision. Sie war gerade in den Garten des Ordenshauses gegangen, um ihren Mülleimer zu leeren, als sie einen kleinen Jungen bemerkte, den sie ansprach und fragte, ob er gekommen sei, um zu beten. »Und du, hast du der Welt enthüllt, worum dich die himmlische Mutter gebeten hatte?« erwiderte das Kind und verwandelte sich in den Jesusknaben ihrer Vision. Jetzt berichtete sie ihm, wie schwierig es gewesen sei, ihre engsten Vertrauten von ihrer erneuten Erscheinung zu erzählen und ihnen das Anliegen Mariens nahe zu bringen. »Es ist wahr, dass die Mutter Oberin allein nichts vermag, aber mit meiner Gnade vermag sie alles. Es reicht aus, wenn dein Beichtvater dir die Erlaubnis erteilt, und deine Oberin dies verkündet, damit die Menschen es glauben, selbst wenn sie nicht erfahren, wem es offenbart wurde«, erwiderte die himmlische Gestalt.

Kapitel 6

Das Wunder von Fatima

Währenddessen mehrte sich bei der Amtskirche die Gewissheit, dass Fatima echt ist. Am 3. Mai 1922 verfasste Dom Jose Alves Correira da Silva, der Bischof von Leiria, einen Hirtenbrief, in dem er bereits folgendes erklärte:

> »Wir haben die letzte Seherin (Lucia) verschiedentlich befragt. Ihr Bericht sowie ihre Antworten sind einfach und echt. Wir können darin nichts finden, was gegen Glaube oder Moral gerichtet ist. Wir fragen: Könnte dieses jetzt 14-jährige Mädchen einen Einfluss ausüben, aus dem sich ein derartiger Menschenstrom erklären lässt? Könnte allein sein persönliches Ansehen eine solche Menschenmenge anziehen? (...) Es ist höchst unwahrscheinlich, dass dies der Fall ist, denn wir haben es mit einem Kind von höchst rudimentärer Erziehung zu tun, das keinerlei Ausbildung genoß.«

Acht Jahre später, im Oktober 1930, gab der Bischof von Leiria das Ergebnis der von ihm eingeleiteten Untersuchung in einem neuen Hirtenbrief bekannt:

> »Im Hinblick auf bereits bekannte Betrachtungen – andere werden der Länge wegen nicht aufgeführt – riefen wir demütig den Beistand des Heiligen Geistes an und stellten uns unter den Schutz der allerseligsten Jungfrau, und nachdem wir die Meinungen unserer geistlichen Berater in dieser Diözese gehört haben, geben wir hiermit Folgendes bekannt:
> 1. Wir erklären die Visionen der Hirtenkinder in der Cova da Iria, Pfarrei von Fatima, vom 13. Mai bis 13. Oktober 1917, für glaubwürdig.
> 2. Wir erlauben offiziell die Verehrung Unserer Lieben Frau von Fatima.«

Von diesem Augenblick an war Fatima nicht mehr das Dorf in der Serra de Aire, es war der Leuchtturm der Christenheit in einer sturmgepeitschten Zeit. Zu Hunderttausenden kamen die Pilger nicht nur aus Portugal, sondern aus allen Ländern der Erde. Inmitten der vielleicht schwersten Zeit der Menschheitsgeschichte, als in Deutschland und Italien der Faschismus regierte und im benachbarten Spanien der Bürgerkrieg tobte, war das mittlerweile bekehrte »Land der Jungfrau Maria« wie eine friedvolle Insel, umgeben von Chaos, Zerstörung und Vernichtung. Für die Fatima-Gläubigen war das Schicksal der portugiesischen Nation das eigentliche »Wunder von Fatima« – und ein leuchtendes Beispiel dafür, wie die Welt gerettet werden könnte, wenn sie sich bloß zur Gottesmutter bekennen würde.

Für sie sind die Ereignisse von Fatima der entscheidende Wendepunkt in der Geschichte. Sie ereigneten sich genau 400 Jahre nach Beginn der Reformation Martin Luthers (im Herbst 1517 versandte er seine »95 lateinischen Thesen«) und 200 Jahre nach Gründung der ersten Großloge der Freimaurer. Beide hatten die Befreiung des Menschen von seiner »Unterjochung« durch die römische Kirche zum Ziel. Die Freimaurerei verstand sich als den Werten des Humanismus und der Brüderlichkeit verpflichtet, sie trieb die Aufklärung im 18. Jahrhundert voran und unterstützte die beiden großen Revolutionen von 1776 und 1789, aus denen die amerikanische und französische Republik geboren wurden. Für die Logenbrüder war die katholische Hierarchie ein Instrument zur Unterdrückung und Entmündigung des Menschen und eine Kampfansage gegen die Vernunft, ihr höchstes Ideal. Den Menschen sahen sie nicht als gehorsamen Diener Gottes und der Kirche, sondern als einen unbehauenen Stein, der durch Verfeinerungen und Wissen zum »Eckstein des Tempels« werden kann. Ihr Gottesbild war abstrakt, die Annäherung an diese durch das allsehende Auge symbolisierte Intelligenz des Universums ein Prozess von Initiationen und der allmählichen Gewinnung von Erkenntnis oder »Gnosis«. Das widersprach natürlich der christlichen Doktrin, derzufolge der Mensch ein Sünder ist, mit der Erbschuld geboren, der nur durch die Sakramente der Barmherzigkeit und Vergebung eines allmächtigen Gottes würdig werden kann. Diese Gnade zu vermitteln, sandte der Schöpfer des Alls seinen eingeborenen Sohn Jesus Christus auf die Erde, der als Sühneopfer für die Sünden der Menschheit am Kreuze starb, um als Symbol der Hoffnung für alle Gläubigen am dritten Tage von den Toten aufzuerstehen und in den Himmel aufzufahren. Es ist nicht Sinn und Aufgabe dieses Buches, über Wahrheit und Wert beider Doktrinen zu entscheiden, es soll vielmehr untersuchen, was damals in Fatima tatsächlich geschah, »sine ira et studio« (ohne Zorn und Eifer) und ohne

Wertung. Doch die Ereignisse von Fatima lassen sich nur in diesem Kontext verstehen, als Gegenbewegung zu einer Entwicklung, die mit der Reformation von 1517 begann und mit der Gründung der Loge 1717 in ihre politisch aktive Phase eintrat und die mit den Revolutionen von 1917/1918, dem Fall der großen europäischen Kaiserhäuser und der Ausrufung einer sozialistischen Räterepublik in Russland ihren Höhepunkt erreichte. Das antichristliche Portugal der Jahre 1910–1917 war das Ergebnis einer von den Freimaurern und Humanisten initiierten Revolution, und Fatima repräsentierte den Gegenpol, der das Land schließlich, nach einer Phase der politischen Wirren in eine vom Militär gestützte Diktatur führte.

Schon vor Fatima gab es eine kirchliche Opposition gegen die republikanische Regierung, die sich 1915/1916 zum »Rosenkranz-Kreuzzug« formierte. War die Erscheinung der Gottesmutter in der Cova da Iria eine Erhörung der Gebete von zigtausenden Gläubigen, die dieser Demonstration des Glaubens beiwohnten? Für sie zumindest bestand kein Zweifel daran. »Unsere Liebe Frau von Fatima«, betete der Lissaboner Kardinal Cerejeira am 13. Mai 1931, dem ersten Fatima-Jahrestag nach der kirchlichen Anerkennung der Erscheinungen, vor über 300.000 Pilgern, die sich in der Cova da Iria versammelt hatten, »Du hast dich erbarmt, herabzusteigen in unser Land wie der Morgenstern, ein Zeichen des Segens, das die Dämmerung des Lichtes und der Hoffnung nach der Finsternis der Nacht ankündigt.« Diese »Finsternis der Nacht« war schon zwei Monate nach dem Sonnenwunder zumindest kurzfristig besiegt. Um den klerikalen Autor einer der ausführlichsten und fundiertesten Fatima-Studien, den Ordensbruder Frere Michel de la Sainte Trinite, zu zitieren: »Nach sieben Jahren der gewalttätigen und fanatischen Verfolgung, nach einem Jahrhundert der Verbannung aus dem öffentlichen Leben gewann die Kirche, wie durch ein Wunder, plötzlich alle ihre Freiheiten zurück, die ihr zustehen und die sie benötigte, um ihre Aufgabe, Seelen zu retten, zu erfüllen.« Das »Werkzeug der Vorsehung« war ein Unionist mit besten Kontakten zur Freimaurerei, der Innenminister und Armeekommandant Sidonio Pais, der am 5. Dezember 1917 »gegen die Demagogie der Demokraten« putschte und drei Tage später, ausgerechnet am »Fest der Unbefleckten Empfängnis«, das Parlament auflöste und sich von der revolutionären Junta zum Präsidenten der Republik mit diktatorischen Vollmachten ausrufen ließ. Einen Tag später hob er, wahrscheinlich nach politischer Unterstützung suchend, alle Sanktionen gegen die Bischöfe auf, die in ihre Diözesen zurückkehren konnten, bis zum 22. Februar

1918 waren alle Dispositionen des »Gesetzes zur Trennung von Staat und Kirche« für ungültig erklärt worden. Im Juni nahm Pais offiziell diplomatische Beziehungen zum Vatikan auf, was dazu führte, dass der Papst ihm am 4. Juli in einer Note zu den Erfolgen seiner Regierung gratulierte. Die Republikaner und Freimaurer erklärten dem »Reaktionär« offen den Krieg: Am 14. Dezember 1918 wurde Sidonio Pais, der gerade eine heilige Messe besucht hatte, auf dem Bahnhof von Lissabon erschossen. Es folgte ein erfolgloser Versuch, die Republik zu restaurieren, der am 28. Mai 1926 durch einen Militäraufstand unter Führung des Generals Gomes da Costa beendet wurde. Unterstützt vom Klerus, den Großgrundbesitzern und der Armee, löste die Militärjunta das Parlament auf und suspendierte die Verfassung.

Zwischenzeitlich wurde Fatima immer wieder durch Wunder bestätigt. Am 13. Mai 1924 waren über 200.000 Pilger in die Cova da Iria gekommen, um den siebten Jahrestag der Erscheinungen zu feiern, als – wie zuvor am 13. Mai 1918 – ein mysteriöser »Regen von Blütenblättern« über den Massen niederging. Das Wunder konnte sogar fotografiert werden. »Höher oben waren sie groß, doch als sie näher kamen, wurden sie klein und verschwanden«, beschrieb sie eine Zeugin, »Männer hielten ihre Hüte auf, um sie zu sammeln, doch fanden sie nichts mehr, sobald sie sie auffangen wollten.« Der prominenteste Zeuge des Phänomens war Bischof da Silva, der, wenngleich nicht in offizieller Funktion, an den Feierlichkeiten teilgenommen hatte.

Bald kam es auch zu ersten Heilungen. Maria da Capela berichtete: »Von überall strömten die Gläubigen herbei mit ihren Leiden und ihrem Elend. Während der Grippeepidemie, noch bevor die Kapelle gebaut war, hielt Pater David von Santa Catarina hier seine erste Predigt. Die Leute kamen von drei Pfarreien zusammen, von Fatima, Santa Catarina und S. Mamede … (und sie) baten weinend um die Erlösung von dieser Epidemie. Sie wurden erhört. Von diesem Tag an gab es in unserem Distrikt keine neue Erkrankung. Von diesem Zeitpunkt an verbreitete sich die Verehrung noch mehr, und nachdem die Kapelle gebaut war, kamen Tausende von Menschen hierher.« Für diese wurde 1926 ein Brunnen gebohrt, und bald stieß man auf Wasser, das zuerst zögernd, dann heftig aus dem Fels sprudelte. Sofort glaubten die Pilger, dass das Wasser Heilkraft haben könnte. Sie füllten Flaschen und Krüge, wuschen vereiterte Wunden und tranken die lehmige Brühe, darauf vertrauend, dass die Wunderkraft des Ortes stärker als die Gesetze der Hygiene wäre. »Niemals geschahen so viele Wunder wie in dieser Zeit«, berichtete Jose Alves später, »ich sah Menschen mit schlimmen Beinen, von denen der Eiter rann, sie wuschen die Wunden und ließen die Verbände zurück, denn Unsere Liebe Frau hatte sie geheilt. Andere knieten nieder und tranken (...) und genasen von inneren Krankheiten.« Das erregte nur noch mehr den Unwillen der Erscheinungsgegner. Am 15. Juli 1927 beschloss der Kreisvorsteher von Ourem, aufgrund dieser »akuten Gefahr für die öffentliche Gesundheit« einzugreifen. Gemeinsam mit einem Beauftragten des Gesundheitsamtes, Dr. Joaquim Francisco Alves, begab er sich in die Cova da Iria, um festzustellen: »Der Ort ist ekelerregend. Er muss sofort zugeschüttet werden.« Doch seine Anweisung wurde ignoriert – der Brunnen besteht noch heute.

Der Staatsstreich vom 28. Mai 1926 ging ausgerechnet von Braga aus, dem »portugiesischen Rom«, der katholischen Bastion des Landes, in der zu diesem Zeitpunkt gerade ein marianischer Kongress mit 200.000 Teilnehmern stattfand. Selbst der apostolische Nuntius, der auf der Veranstaltung sprach, zögerte nicht, die »nationale Wiedererweckung des Glaubens« den Erscheinungen von Fatima zuzuschreiben. Gerade als dann die Statue der Gottesmutter in einer feierlichen Prozession von der »Kirche des Volkes« in das »Sameiro«, das der »Unbefleckten Empfängnis« geweihte portugiesische Nationalheiligtum, getragen werden sollte, verließ das Achte Infanterieregiment seine Kaserne, um in die Schlacht um Portugal zu ziehen. Der Kommandant der Putschisten, General Gomes da Costa, nahm zur gleichen Zeit an der Prozession teil, bevor er sich auf den Weg in die Hauptstadt machte, um zu verkünden: »Unser Land ist krank. Es muss gerettet werden.« Kurz darauf, am 9. Juli, übernahm General Antonio Carmona die Macht. Er ernannte am 28. April 1928 Antonio de Oliveira Salazar zum Finanzminister, dem, mit fast unumschränkten Vollmachten ausgestattet, die Sanierung des maroden Staatshaushaltes tatsächlich gelang. Zwei Jahre später gründete Salazar als einzige zugelassene Partei die rechte »Nationale Union«, die einen »Neuen Staat« propagierte. Damit war sein Griff nach der Macht perfekt: Am 5. Juli 1932 wurde Salazar zum Ministerpräsidenten ernannt, 36 Jahre lang (bis 1968) sollte er an der Regierung bleiben. Eine neue Verfassung gab ihm diktatorische Vollmachten und machte Portugal zum korporativistischen Ständestaat mit einem Parlament, in dem nur die »Nationale Union« vertreten war, und eine Ständekammer. Während im Nachbarland Spanien ein erbitterter Bürgerkrieg tobte, unterstützte Salazar den ganz wie er konservativ-katholisch und militaristisch orientierten »Generalissimo« Francisco Franco, der das Land zumindest vor dem Kommunismus rettete.

Wägt man die Alternative ab, die es für beide Länder gegeben hätte – Kommunismus oder Militärdiktatur –, so waren gewiss Franco und Salazar das »kleinere Übel«. Ohne ihren Totalitarismus auch nur im Entferntesten entschuldigen zu wollen, muss ihnen zugute gehalten werden, dass beiden Ländern nach dem Tod der Diktatoren mühelos der Übergang in die Demokratie gelang und dass ihnen trotz – oder vielleicht gerade wegen – ihres quasi-faschistischen Regimes die Schrecken des Zweiten Weltkrieges und der Nazigreueltaten, die fast ganz Europas heimsuchten, erspart geblieben sind. Salazars Portugal hatte ausdrücklich im Zweiten Weltkrieg seine Neutralität erklärt, und seinem Beispiel folgte Franco, obwohl ihn deutsche Truppen im Bürgerkrieg unterstützt und furchtbare Verheerungen angerichtet hatten. Beide Dikatoren, Salazar wie Franco, verstanden sich als Verteidiger des katholischen Glaubens und standen unter dem Schutz der Kirche, die unter ihrer Herrschaft die Wiedergutmachung des ihr zuvor zugefügten Unrechts erlebte. Das jedoch führte auch dazu, dass die Bischöfe den Regimes allzu unkritisch gegenüberstanden und sich mehr als einmal als Instrument zur Machterhaltung der Diktatoren missbrauchen ließen.

Für die Gläubigen war die Rettung Portugals ein Wunder, das »Wunder von Fatima«. Es war zum Symbol des geistigen Krieges gegen den Kommunismus und zum Brennpunkt des neuen Kreuzzuges – und damit zum Politikum geworden. Am 13. Mai 1937 lud die Kirche zur ersten nationalen Wallfahrt Portugals ein, und über eine halbe Million Menschen folgte dem Aufruf. Das portugiesische Episkopat hatte zuvor der Gottesmutter und »Beschützerin Portugals« das feierliche Versprechen abgegeben, eine solche Großdemonstration des Glaubens abzuhalten, sollte sie das Land von der kommunistischen Bedrohung befreien, die jenseits der Grenze den schrecklichen Bürgerkrieg verursacht hatte. Die Wallfahrt wurde am 13. Oktober 1939 wiederholt, nach Ausbruch des Zweiten Weltkriegs, verursacht durch den Hitler-Stalin-Pakt zwischen Deutschland und Russland, den Mächten des Bösen, und war verbunden mit dem Gebet um die Erhaltung des Friedens für die Iberische Halbinsel. Und schließlich formierten sich die Mächte der Welt zur großen Schlacht, zum Endkampf zwischen Gut und Böse, zwischen der Macht des Geistes und dem menschenverachtenden Materialismus, dem wahren »Sündenfall«.

Um die Entwicklungen zu Anfang dieses Jahrhunderts besser verstehen zu können, müssen wir noch einmal zurückblicken auf jene Ereignisse, die dem Schicksalsjahr 1917 vorausgingen und die nicht minder geheimnisumwittert sind.

Im Frühjahr 1903 traf ein Mann in St. Petersburg, der Hauptstadt des russischen Zarenreiches, ein, dem als Junge während der Feldarbeit die Jungfrau Maria erschienen war, die ihn aufgefordert hatte, sich auf Pilgerschaft zu begeben. So wurde Grigorij Rasputin zum Wandermönch, der zu Fuß von seinem Heimatdorf Pokrowskoje in Sibirien nach Griechenland zum Berge Athos und dann weiter nach Jerusalem pilgerte. Auf diesem mehrere tausend Kilometer langen Fußmarsch, auf dem er größtenteils fastete und fast unaufhörlich betete, entwickelte der junge Russe beachtliche Kräfte, und bald war er in der Lage, selbst Schwerkranke durch Handauflegen und ein Gebet von ihrem Leiden zu befreien und die Zukunft vorauszusagen. Als er wieder in seine Heimat zurückkehrte, eilte ihm der Ruf voraus, ein »Starez«, ein Gottesmann, zu sein. Er wurde zum Vertrauten des Bischofs von Kazan, des bedeutendsten Marienheiligtums im Zarenreich, der ihm schließlich nahe legte, ein Priesterseminar zu besuchen. Rasputin zog es, einem inneren Ruf folgend, in die Hauptstadt.

Johann von Kronstadt, der Beichtvater des Zaren, hielt gerade eine Messe, als der zerlumpte, langhaarige Mann aus Sibirien die Kirche betrat. Als der alte Priester ihn bemerkte, hielt er inne, näherte sich dem Fremden und sprach zu ihm: »Ich bitte dich um deinen Segen.« Damit waren dem heiligen Bauernsohn Türen und Tore geöffnet – bis hin zum Herrscherhaus. Er wurde zum Hoffnungsträger für die orthodoxe Kirche – und zum Guru der wundersüchtigen Society, die den bärtigen Gottesmann mit den tief liegenden, alles durchdringenden Augen geradezu enthusiastisch folgte.

Am 12. August 1904 wurde der Zarenfamilie endlich der lang ersehnte Thronfolger geboren, Zarewitsch Alexei. Doch der schmächtige, kleine Prinz war Bluter – Träger einer oft tödlich verlaufenden Erbkrankheit. Als Zarin Alexandra, eine gebürtige Deutsche aus dem Hause Sachsen-Coburg-Gotha mit starken religiösen Neigungen, von dem geheimnisumwitterten Starez aus Sibirien hörte, wurde er zu ihrer einzigen Hoffnung, ihr krankes Kind zu retten. Im Alter von drei Jahren stürzte der Zarewitsch so unglücklich, dass dies eine innere Blutung am Bein verursachte, die sich nicht stoppen ließ. Die Ärzte, darunter ein Spezialist für die Bluterkrankheit, wussten keinen Rat. Rasputin, der Wundermann, wurde an den Hof geholt – denn nur ein Wunder konnte dem kleinen Alexei noch helfen. Der Gottesmann trat in das Krankenzimmer, umarmte den Zaren und die Zarin und küsste sie dreimal, dann kniete er am Bett des Zarewitsch nieder, betete. Nach zehn Minuten, die in atemloser Stille verbracht wurden, erhob er sich, lächelte freundlich. »Mach deine Augen auf«, sprach er zu dem Jungen. Das Kind gehorchte – und war wieder gesund.

Fortan hatte »Vater Grigorij« unbeschränkten Zugang zum Zarenhaus, auch wenn sein Ruf mittlerweile mehr als zweifelhaft war. Er benahm sich wie ein ungehobelter Bauer, prahlte mit seiner Nähe zur Zarin und seiner unbegrenzten sexuellen Kraft. Er liebte die Ausschweifungen, ob beim Essen, beim Trinken oder bei regelrechten Orgien mit seinen zahllosen Geliebten, von denen nicht wenige aus den besten Petersburger Familien stammten. Er betrank sich regelmäßig, entblößte sich in der Öffentlichkeit und schwängerte Dutzende von Adelstöchtern, wobei er seinem Namen alle Ehre machte: »Rasputin« heißt »Wüstling«.

Schließlich fühlte sich Zar Nikolaus gezwungen, den zum Skandal gewordenen Gottesmann auf Pilgerreise zu schicken und ihm schließlich nahe zu legen, in seine sibirische Heimat zurückzukehren. Doch als im Oktober 1912 der Zarewitsch erneut schwer erkrankte und zu sterben drohte – man hatte ihm bereits die letzte Ölung erteilt –, schickte die verzweifelte Zarin doch noch ein Telegramm nach Pokrowskoje. Unmittelbar nach Erhalt der Nachricht kniete Rasputin vor einer Ikone der Gottesmutter nieder und betete voller Hingabe, bis er schweißgebadet wieder zu sich kam und der Zarin telegrafierte: »Hab keine Angst. Gott hat deine Tränen gesehen und deine Gebete erhört. Trauere nicht, dein Sohn wird leben.« Als das Telegramm eintraf, war Alexej bereits wieder gesund, Rasputin durfte nach St. Petersburg zurückkehren.

Doch bevor er sich auf den Weg in die Hauptstadt machte, gab es eine Reihe böser Vorzeichen. Tagelang schien Rasputins Marienikone zu weinen, und wann immer jemand sie abwischte, füllten sich ihre Augen erneut mit Tränen. Eine verwirrte Frau, die Rasputin für den »Antichristen« hielt, stach ihn nieder, doch der Gottesmann überlebte, um noch vom Krankenhaus aus, dem Zaren am Vorabend des Ersten Weltkriegs zu telegrafieren: »Lass dich nicht zum Krieg hinreißen! Er ist das Ende Russlands und des Zaren und wird Russland den letzten Mann kosten.« Als Nikolaus II. das Telegramm erhielt, war er empört. Wie konnte sich dieser sibirische Bauer in seine Politik einmischen?! Doch Rasputin wiederholte seine Warnung:

> »Lieber Freund! Ich werde es wieder sagen: Eine bedrohliche Wolke hängt über Russland, Unglück und viel Leid, es ist dunkel, und kein Licht dringt durch. Ein unendliches Meer von Tränen und Blut. Was soll ich sagen? Es gibt keine Worte, der Schrecken ist unbeschreiblich. Ich weiß, alle wollen den Krieg von dir, auch die Treuen, denn sie wissen nicht, dass er den Untergang bedeutet. Schwer ist die Strafe Gottes, denn wenn dieser Weg gegangen wird, ist er der Anfang vom Ende.
> Du bist Zar, Vater des Volkes, erlaube nicht den Wahnsinnigen zu triumphieren und sich und das Volk in den Untergang zu stürzen. Selbst wenn sie Deutschland besiegen – was ist mit Russland? Man muss bedenken, dass alles anders sein kann, als man es sich vorstellt. Seit Menschengedenken gab es kein bittereres Leid, alles wird in viel Blut ertrinken, unendlich wird das Sterben sein und der Kummer. Grigorij.«

Die Stimme des Rufers aus der Tundra wurde ignoriert, mehr noch, seine geradezu prophetische Ablehnung des Krieges wurde Grigorij Rasputin zum Verhängnis. Als er wieder in St. Petersburg war, das jetzt Petrograd hieß, sprach man immer öfter von »dunklen Kräften«, welche die russischen Kriegsbemühungen hintertrieben, und bald wurden die »Schuldigen« identifiziert: Die »deutsche« Zarin und ihr »diabolischer« Hintermann, der skandalumwitterte Rasputin, dem man die Schuld für alles gab, das faul im Kaiserreiche war. Während die Wohnung des Starez zum Wallfahrtsort für Hunderte Heilsuchende wurde, schmiedete eine Hand voll selbsternannter »Patrioten« und Kriegstreiber einen Plan, um den unliebsamen Heiligen zu beseitigen.

Rasputin ahnte sein bevorstehendes Ende und den darauf folgenden Untergang Russlands. Schon anlässlich des Ostergottesdienstes 1916 in der Fjodorowkirche hatte er nach einer Vision einer Freundin anvertraut: »Man wird mich umbringen. Ich werde auf grausame Weise umkommen … und dann sehe ich eine Menschenmenge vor mir – weit weg, in der Ferne, Volk, Grafen, Großfürsten – und alle ertrinken im Blut.« – »Wenn mir etwas zustößt, wirst du deine Krone verlieren und furchtbares Unglück wird über euch kommen«, prophezeite er wiederholt dem Zaren, und einmal führte er, in einem längeren Brief, aus:

> »Ich spüre, dass ich vor Januar das Leben verlassen werde. Werde ich das Opfer gewöhnlicher Attentäter – besonders wenn diese meine Brüder, die russischen Bauern sind, dann hast du, russischer Zar, nichts zu befürchten. Bleib auf deinem Thron und walte, und du, Zar Russlands, wirst keine Angst um deine Kinder zu haben brauchen, sie werden über Russland jahrhundertelang herrschen.
> Doch sollten es Bojaren, Adlige sein, die mich umbringen, sollten ja diese mein Blut vergießen, so werden ihre Hände mit meinem Blut besudelt sein. Kommen meines Todes Schmiede aus deiner Verwandtschaft, so werden innerhalb von zwei Jahren von deiner Familie, das heißt von deinen Kindern und Verwandten, keine mehr am Leben sein. Sie werden vom russischen Volk ermordet sein.«

Im Herbst erzählte er nach einem ausgedehnten Spaziergang seiner Tochter Maria, er hätte gesehen, wie sich der Fluß Newa rot färbte vom Blut der Großherzöge. Als er im November seinen Sohn Dimitri, der ihn in Petrograd besucht hatte, zum Bahnhof brachte, verabschiedete er sich mit den Worten: »Lebewohl Mitja. Wir sehen uns nie wieder«, um innezuhalten und hinzuzufügen: »Wenn ich Weihnachten überlebt habe, dann werde ich noch lange leben.« Und schließlich schrieb er noch einen Abschiedsbrief an seine Familie, den seine Tochter Maria erst nach seinem Tod öffnen sollte: »Meine Stunde wird bald schlagen. Ich habe keine Angst. Ich weiß aber, es wird eine bittere Stunde sein … Ich trauere um euer Leben und um meins. Unzählige Menschen werden sterben.«

Am 29. Dezember 1917 (nach dem in Russland gültigen julianischen Kalender der 16.12.) war Grigorij Rasputin noch um Mitternacht mit dem Fürsten Jussupow verabredet, einem schillernden Paradiesvogel aus der Petrograder Gesellschaft. Was er nicht ahnte: Felix Felixowitsch Jussupow, der sich mit der Bitte um Hilfe das Vertrauen des Starez erschlichen hatte, war Teil eines Komplottes mit dem Ziel, den unbequemen Heiligen zu ermorden. Seine Mitverschwörer stammten ebenfalls aus den höchsten Kreisen der Gesellschaft: Großherzog Dimitri Romanow, ein Verwandter des Zaren, Vladimir Purischkjewitsch, ein Parlamentarier in der Duma, der Kavallerieoffizier Iwan Suchotin und der polnische Arzt Dr. Stanislaw Lasowert.

Es war tiefste Nacht in Petrograd, eine lange, schwarze, subarktische Nacht, in der alles in Schnee und Eis erstarrte. Mit der Kutsche holte Fürst Jussopow den Gottesmann ab, der ihn mit einem dreifachen Kuss begrüßte, sich schnell seinen Pelzmantel überstreifte und mit dem jungen Adligen im eisigen Dunkel der Nacht verschwand. Als sie das verschneite Jussopow-Palais erreichten, herrschte dort Totenstille. Der Fürst führte Rasputin in einen eigens zu diesem Zweck als Wohnraum hergerichteten Kellerraum. Von oben klang Musik hinunter, von einem kleinen Fest seiner Gattin, wie Jussopow versicherte, die, wenn die Gäste gegangen seien, noch zu ihm herunterkommen würde, doch erst einmal wolle man doch gemeinsam etwas essen. Dann tischte er dem Starez eine Auswahl erlesener Leckereien auf, die Dr. Lasowert mit so viel Zyankali präpariert hatte, dass eine kleine Armee daran zugrunde gegangen wäre. »Danke, ich habe keinen Hunger«, winkte Rasputin ab. Erst als ihm der Fürst einen Tee servierte, griff er zu, aß erst ein Stück Gebäck, dann ein zweites. Doch statt tot umzufallen, redete der Gottesmann munter weiter, verlangte nach einem Glas Madeira, das Jusopow hastig ebenfalls mit Zyankali mischte, dann nach einem zweiten. Der Wein machte ihn munter, das Gift konnte ihm offenbar nichts anhaben, und während Jussopow fast hysterisch wurde und sich immer mehr in die Vorstellung hineinsteigerte, er sei in einen Endkampf mit dem Bösen verstrickt, bat Rasputin den musikalischen Fürsten, ihm ein Zigeunerlied zu singen. »Wo bleibt deine Frau«, schimpfte er schließlich, es war bereits 2.00 Uhr früh. Der entnervte Jussopow verschwand die Treppe hinauf, beriet sich mit seinen Mitverschwörern, dann holte er seinen Revolver. »Komm, gehen wir zum Zigeunerrestaurant!«, begrüßte ihn sein unheimlicher Gast, als er die Treppe herunterkam. »Grigorij Jefimowitsch«, schrie ihn der Fürst an, den Revolver im Anschlag, »sprich ein Gebet.« Rasputin lächelte ihn an, als er abdrückte – dann fiel der mächtige Körper des Gottesmannes wie ein gefällter Baum mit einem dunklen Schlag rückwärts auf ein Eisbärenfell. Als sie den Schuss hörten, eilten die Mitverschwörer herbei. Dr. Lasowert stellte den Tod fest, die Kugel hatte das Herz durchbohrt, und schließlich rafften sie Rasputins Habseligkeiten zusammen. Doch als der Fürst die Leiche wegzerren wollte, gefror ihm das Blut in den Adern. Das linke Augenlid des Starez zuckte, begann sich zu öffnen, gefolgt von dem rechten – Rasputin lebte noch und starrte ihn an, bevor er aufsprang und Felix an die Gurgel griff. Jussopow schrie, kämpfte sich verzweifelt frei und rannte die Treppe hinauf. Der »auferstandene« Rasputin dagegen taumelte durch das Kellerzimmer, bis er den Ausgang in den vereisten Hof gefunden hatte. Er stolperte durch den Schnee, der sich blutrot färbte, zum Haupttor eilend, und brüllte: »Felix! Felix! Ich werde alles der Zarin erzählen!« Plötzlich stand Purischkjewitsch hinter ihm, zielte, schoss zweimal. Der Starez taumelte, stürzte in den Schnee.

Dann kam Jussopow angerannt, schlug hysterisch auf den Toten ein, schüttelte ihn, bis er ohnmächtig wurde. Die Verschwörer zerrten den Leichnam an den Fluss, versenkten ihn unter den Eisschollen der Newa. Als zwei Tage später die Leiche des Gottesmannes gefunden und obduziert wurde, stellte der Gerichtsmediziner fest: Er hatte auch die zweiten Schüsse überlebt, seine Todesursache war Ertrinken.

Als die Zarin vom Tod ihres Freundes und Lehrers erfuhr, brach sie vor Trauer zusammen. Sie ahnte, dass sich die Prophezeiung Rasputins erfüllen würde, dass auch ihr Schicksal und das Russlands an diesem Tage besiegelt war.

Am 7. November 1917 (25.10. nach dem julianischen Kalender) besetzten Bewaffnete der »Roten Garde« unter dem Befehl der Bolschewisten die Bahnhöfe, Brücken, Telegrafenstationen und Telefonzentralen der Hauptstadt. Der Staatsstreich, den der aus dem Exil zurückgekehrte Vladimir Iljitsch Lenin vorbereitet hatte, war gelungen, die Soldaten der Übergangsregierung kapitulierten ohne Widerstrand. Am Abend griffen die »Roten« das Winterpalais, den Sitz der Regierung, an. Als die Verteidiger auf ein Ultimatum nicht reagierten, erteilte der Bolschewist Trotzki den Befehl zum Sturm, ließ die Minister verhaften. Am nächsten Mittag fand eine Dringlichkeitssitzung des Petrograder Sowjets statt, auf dem Trotzki die provisorische Regierung für aufgelöst erklärte. Lenin konnte den allrussischen Sowjetkongress eröffnen, der die Gründung des Sowjetstaates unter der Führung des »Rates der Volkskommissare« und Lenin als dessen Vorsitzenden proklamierte. Die Folge war ein blutiger dreijähriger Bürgerkrieg, bei dem über 13 Millionen Menschen starben. Die »Weiße Armee« der Demokraten, des Adels und der Grundbesitzer versuchte, den Vormarsch der »Roten Armee« der Bolschewisten zu stoppen – und stand dabei ihrem Gegner an Brutalität in keinster Weise nach. Rote wie Weiße raubten ganze Orte aus, metzelten zu Tausenden Unschuldige nieder und verbrannten ihre Häuser, Dörfer und Felder. Der Zar, Lenins Erzfeind, und seine Familie wurden nach Jekaterinenburg gebracht, wo man sie am 17. Juli 1918 vor ein Erschießungskommando stellte. Nikolaus II. fiel der ersten Kugel zum Opfer, als die Waffen auf die Zarin, die Kinder und vier Bedienstete gerichtet wurden. Die Zarin und eine der Töchter fielen wie tot zu Boden, der Zarewitsch und seine drei überlebenden Schwestern wurden durch Bajonettstiche und Gewehrschläge niedergemetzelt. Als sich die Zarin und die erste Tochter noch bewegten, wurde auch auf sie wie im Wahn eingestochen. Schließlich entdeckten die Revolutionäre den Grund dafür, dass die Schüsse ihren

Opfern so wenig anhaben konnten: Die Frauen und Alexei hatten Goldmünzen und Edelsteine in ihre Kleidung eingenäht, in der Hoffnung wohl, dass sie ins Ausland abgeschoben würden. Die düstere Prophezeiung des Grigorij Rasputin, dass »innerhalb von zwei Jahren« von der Zarenfamilie keiner mehr am Leben sei, war auf erschreckende Weise wahrgeworden.

Doch der Tod des Zaren beendete nicht den Blutrausch der neuen bolschewistischen Herrscher. »Der Weg des Terrors ist der einzige, der uns offen steht, und wir können ihn nicht vermeiden«, erklärte der Revolutionsführer Lenin. »Können Sie sich vorstellen, dass wir ohne den brutalen, ungehemmten revolutionären Terror die Oberhand gewinnen könnten?« Eines seiner ersten Opfer wurde die orthodoxe Kirche. Am 20. Januar 1918 erklärte der Oberste Sowjet »die Trennung von Staat und Kirche, die Konfiszierung der Besitztümer der Kirche und die Aufhebung ihrer Rechte«. Die »Konfiszierung der Besitztümer der Kirche« beinhaltete die Beschlagnahmung von Sakralgegenständen, zu deren Herausgabe natürlich kein Gottesmann bereit war, was zu einem massenhaften Martyrium führte. Im November 1919 richtete der Moskauer Patriarch Tikhon einen verzweifelten Hilferuf nach Europa:

> »Bischöfe, Priester, Mönche und Nonnen wurden en masse hingerichtet, unter dem vagen Vorwurf der ›Konterrevolution‹. Selbst der Empfang der letzten Sakramente wird ihnen verweigert, und ihren Verwandten wird untersagt, ihnen ein christliches Begräbnis zu geben.«

Allein im Jahre 1922 kam es zu 1.414 blutigen Zusammenstößen zwischen den Gläubigen und den roten Truppen, 28 Bischöfe und über 8.100 Priester wurden erschossen. »Das ist die beste Zeit, um der ganzen Brut eine Lektion zu erteilen, damit sie in den nächsten Jahren nicht einmal daran denkt, Widerstand zu leisten«, meinte Lenin zynisch, »wir müssen so viele Vertreter der reaktionären Bourgeoisie und des reaktionären Klerus wie möglich verhaften.« Allein in den ersten fünf Jahren nach der Revolution waren über 1,3 Millionen Menschen dem roten Terror zum Opfer gefallen.

Auf den Tod Lenins 1924 folgte der unaufhaltsame Aufstieg Joseph Stalins, des »Stählernen«, der in fünf Jahren seine Rivalen ausspielte und 1929 vom Fünften Sowjetkongress zum Alleinherrscher ernannt wurde. Tausende Stalin-kritischer Funktionäre fielen der »großen Reinigung der Partei« zum Opfer und wurden hingerichtet. 1925 wurde die »Union der Militanten Gottlosen« gegründet, deren einziges Ziel die Verbreitung des Atheismus und der Kampf gegen die Religion war. Durch Stalins Machtübernahme gestützt, verwüstete die »Union« 1929 hunderte von Kirchen, zerstörte alte Ikonen und Reliquien und machte sich mit unvorstellbarer Brutalität über den ohnehin schon reduzierten und eingeschüchterten Klerus her. Für jene, die seinen Plänen im Wege standen, ließ Stalin riesige Arbeitslager in Sibirien errichten, das »Archipel Gulag«, wie es Solschenitzyn später nannte, in dem die Verurteilten zu Zigtausenden an Erfrierungen, Unterernährung oder grassierenden Seuchen starben. Am 15. Mai 1932 schließlich verabschiedete Stalin einen »Fünfjahresplan gegen die Religion«. Bis zum 1. Mai 1937 sollte »die Vorstellung, dass es einen Gott gäbe«, vollständig aus dem öffentlichen Leben verbannt werden.

In der Nacht des 13. Juni 1929 ging Lucia, die Seherin von Fatima, wie jeden Donnerstag, um 23.00 Uhr in die Kapelle des Dorotheen-Hauses, um vor dem Tabernakel zu beten, als sie eine weitere Erscheinung hatte. »Ich hatte meine Oberinnen und meinen Beichtvater darum gebeten und auch die Erlaubnis dazu erhalten, von Donnerstag auf Freitag die Heilige Stunde von elf bis Mitternacht zu übernehmen«, schilderte Lucia später die Umstände der Vision.

> »Als ich eines Nachts allein war, kniete ich mich zwischen dem Geländer mitten in der Kapelle nieder, um niedergeworfen die Gebete des Engels zu beten. Da ich mich müde fühlte, stand ich auf und betete weiter mit kreuzförmig ausgestreckten Armen. Das einzige Licht kam von der Lampe. Plötzlich wurde die ganze Kapelle von einem überirdischen Licht erhellt, und über dem Altar erschien ein Lichtkreuz, das bis zur Decke reichte. In einem helleren Licht war am oberen Teil des Kreuzes das Gesicht eines Mannes mit dem Körper bis zur Hüfte zu sehen, auf der Brust eine Taube aus Licht und, ans Kreuz geheftet, der Körper eines weiteren Mannes. Etwas unterhalb der Hüfte waren, in der Luft schwebend, ein Kelch und eine große Hostie zu sehen, auf die einige Tropfen Blut fielen, die über das Gesicht des Gekreuzigten und aus einer Wunde in der Brust rannen. Die Tropfen liefen über die Hostie und fielen in den Kelch. Unter dem rechten Kreuzesarm stand Unsere Liebe Frau … unter dem linken Arm (des Kreuzes) bildeten große Buchstaben wie aus

kristallklarem Wasser, das auf den Altar lief, folgende Worte: ›Gnade und Erbarmen.‹
Ich erkannte, dass mir das Mysterium der Heiligen Dreifaltigkeit gezeigt wurde, und ich erhielt Einsichten in dieses Mysterium, das ich nicht offenbaren darf.
Darauf sagte mir Unsere Liebe Frau: ›Der Augenblick ist gekommen, wo Gott den Heiligen Vater darum bittet, zusammen mit allen Bischöfen der Welt, Russland meinem Unbefleckten Herzen zu weihen und es so zu erretten. So viele Seelen werden von der Gerechtigkeit Gottes wegen der Sünden, die sie gegen mich begehen, verurteilt, dass ich um Sühne bitte: Opfere dich in dieser Intention und bete.«

Über ihre Beichtväter und den Bischof von Leiria ließ die Seherin die Bitte der Madonna noch im gleichen Jahr Papst Pius XI. übermitteln. Tatsächlich zelebrierte der Heilige Vater am 19. März 1930 eine »Messe der Sühne, Versöhnung und Wiedergutmachung für die vielen verbrecherischen Vergehen gegen das Göttliche Herz Jesu … und für die Befreiung des russischen Volkes, damit seine lange Heimsuchung endlich ein Ende finde«, bei der es ausdrücklich unter den Schutz der Gottesmutter und der Heiligen gestellt wurde. Aber dabei blieb es dann auch. »Wenn ich mich nicht irre, verspricht der liebe Gott, der Verfolgung in Russland ein Ende zu machen, wenn der Heilige Vater sich geruht, einen feierlichen öffentlichen Akt der Sühne und der Weihe Rußlands an die Heiligen Herzen Jesu und Maria zu veranstalten und auch die Bischöfe der ganzen Welt dasselbe tun heißt«, schrieb Lucia am 29. Mai 1930 an ihren Beichtvater Jose Bernardo Goncalves.

Zu diesem Zeitpunkt zeichnete sich bereits die Erfüllung des Zweiten Geheimnisses von Fatima ab, dass »Russland … seine Irrlehren über die Welt verbreiten, Kriege und Verfolgungen der Kirche heraufbeschwören würde. Die Guten werden gemartert werden«. In Spanien wurde nach dem Zusammenbruch der Diktatur von General Berengner am 14. April 1931 und der Flucht von König Alfonso XIII. in einer friedlichen Revolution von Republikanern und Sozialisten die Republik ausgerufen. Obwohl die spanischen Katholiken das neue Regime begrüßten, kam es weniger als einen Monat später zu breiten antiklerikalen Ausschreitungen: Kirchen und Klöster brannten, Altäre wurden zerschlagen oder geplündert, Heiligenbilder verbrannt. Als Kardinal Segura, der Primas Spaniens, die Gläubigen angesichts dieser Vorzeichen warnte, wurde er verhaftet und gezwungen, das Land zu verlassen. Das neue Gesetz zur Trennung von Staat und Kirche wurde am 13. Oktober von Premierminister Azana mit den Worten: »Heute hört Spanien auf, katholisch zu sein« verkündet. Der Jesuitenorden wurde verboten, sein Besitz beschlagnahmt.

Als es bei den Parlamentswahlen von 1933 zu einem Wahlsieg der rechtsextremen Falangisten kam, antworteten die Linken mit einem Generalstreik und dem Bergarbeiteraufstand von Asturien, der unter der roten Flagge der Sowjetunion stattfand. Unter dem innenpolitischen Druck mussten im Februar 1936 das Parlament aufgelöst und Neuwahlen durchgeführt werden, aus denen die linke »Volksfront« als knapper Sieger hervorging. Das Land war in zwei Teile gespalten, es kam zu Unruhen, Kämpfen, Aufständen und Übergriffen. Wieder war die Kirche das erste Ziel. 160 Kirchen und Klöster brannten, Priester und Ordensleute wurden wie Tiere auf den Straßen gejagt, in Madrid lynchte der Mob fünf Nonnen, während Demonstranten mit roten Hemden und roten Fahnen »Viva Russland!« brüllten. Die Komintern, die Kommunistische Internationale in Moskau, beschloss, die Linke in Spanien mit Waffen und immensen Geldbeträgen zu unterstützen. Strategische und politische Berater wurden nach Madrid gesandt – die Spanische Revolution sollte nach dem Vorbild der Oktoberrevolution durchgeführt werden –, blutig und effektiv. In den folgenden Monaten sollten zehn spanische Bischöfe, 5.000 Priester und unzählige Ordensleute dahingemordet werden – doch wie durch ein Wunder blieb Pontevedra, wo Lucia sich aufhielt, weitgehend verschont. In ganz Spanien wurden in diesem Zeitraum über 300.000 Menschen aufgrund ihrer politischen oder religiösen Überzeugung hingerichtet.

In diesem Zusammenhang schrieb Lucia am 18. Mai 1936 an Pater Goncalves:

> »In meinem Innersten habe ich mit unserem Herrn darüber gesprochen, und noch vor kurzem habe ich ihn gefragt, warum Er Russland nicht auch ohne die Durchführung der Weihe durch Seine Heiligkeit bekehre. ›Weil ich will, dass Meine ganze Kirche diese Weihe als einen Triumph des Unbefleckten Herzens Maria anerkenne, um dann seine Verehrung auszubreiten und neben die Andacht zu Meinem Göttlichen Herzen die Verehrung dieses Unbefleckten Herzens zu stellen.‹ Aber, lieber Gott, der Heilige Vater wird mir nicht glauben, wenn Ihr selbst ihn nicht durch eine besondere Erleuchtung dazu bewegt. ›Der Heilige Vater! Bete viel für den Heiligen Vater. Später wird er die Weihe vornehmen. Das Un-

> befleckte Herz Maria wird Russland dennoch retten. Es ist ihm anvertraut.«

Doch noch war die Zeit dafür nicht gekommen. Und immer wieder erinnerte sich Lucia an eine Prophezeiung, die ihr Jesus im August 1931 bei einer Erscheinung gemacht hatte:

> »Sie wollen meine Bitte nicht erfüllen. Wie der König von Frankreich werden sie dies bereuen; sie werden es zwar tun, aber dann wird es zu spät sein. Russland wird seine Irrtümer über die Welt verbreiten und Kriege sowie Kirchenverfolgungen hervorgerufen haben: Der Heilige Vater wird viel leiden müssen.«

»Wie der König von Frankreich« war eine Anspielung auf Louis XIV., dem 1689 das (später heilig gesprochene) Sehermädchen Margarethe Marie Alacoque eine Botschaft des ihr erschienenen Christus übermittelte: »Er werde Gnade und ewigen Ruhm erlangen durch die Weihe an mein verehrenswertes Herz, das über das Seinige zu triumphieren wünscht, und dadurch über die Großen der Erde triumphiert … und sein göttliches Herz wünscht, zum Beschützer und Verteidiger (des Königs) zu werden.« Der König solle sich dem Heiligen Herz Jesu weihen und es auf sein Wappen und seine Standarten prägen lassen. Doch Louis XIV. kam der Bitte der Erscheinung nicht nach – und erlebte eine Reihe glückloser Jahre. Genau hundert Jahre später, 1789, tobte in Paris die Revolution, wurde sein Nachfolger Louis XVI. gefangen genommen. 1792 im Gefängnis erinnerte sich dieser an die Botschaft der Heiligen und weihte feierlich sich selbst, seine Familie, sein Reich und, sollte er die Freiheit je wiedererlangen, die Krone Frankreichs dem Herzen Jesu. Doch es war schon zu spät – der König verließ das Gefängnis nur, um das Schafott zu besteigen.

Es ist müßig zu spekulieren, ob das, was jetzt über Europa hereinbrach, hätte verhindert werden können. Aber die Tatsache bleibt, dass das schreckliche Geschehen der Jahre 1938–1945 fast wortgetreu das »Zweite Geheimnis« von Fatima erfüllte.

Kapitel 7

Das große Strafgericht

Am Abend des 25. Januar 1938 färbte sich der Himmel über Europa blutrot. In den großen Metropolen des alten Kontinentes heulten die Sirenen, weil Bürger glaubten, ein Feuer sei ausgebrochen. In der gesamten Alpenregion schien es, als sei die Morgendämmerung vorverlegt worden, so tiefrot glühte der Horizont. Bis hinunter nach Italien, Spanien und Portugal, ja sogar in Gibraltar, auf Sizilien und in Nordafrika wurde das Phänomen beobachtet, das später von der Wissenschaft als gigantische Aurora borealis erklärt wurde, als Nordlicht von historischer Dimension.

»Ein fahles, wunderschönes, grünlich blaues Licht umhüllte den Himmel von Nordost nach Nordwest«, beschrieb das »Bulletin der Astronomischen Gesellschaft Frankreichs/Monatsrevue der Astronomie, Meteorologie und Atmosphärenphysik« das Phänomen, »graduell, oben beginnend, färbte sich der Himmel in ein feuriges Rot, und ein unregelmäßiger roter Bogen erschien. Eine Art purpurrote Wolke kondensierte im Nordosten und bewegte sich dann in nordwestliche Richtung, wie von einem unsichtbaren Atem getrieben. Sie kehrte sich um, wurde verzerrt, verschwand und tauchte wieder auf, während immense Strahlen, deren Farbspektrum von Blutrot bis Orangerot und Gelb reichte, am Zenit emporloderten, dem Himmel entgegen, die Sterne umhüllend. Das Spektakel war verzaubernd und variierte, animiert durch leuchtendes Pulsieren, verlosch und loderte erneut auf … in den Straßen verursachte es eine Panik. ›Paris brennt!‹ In zahlreichen Dörfern in der Provinz wurde die Feuerwehr alarmiert … Ein immenses blutrotes Glühen breitete sich über den Himmel aus.«

Zeitgenössische Berichte beschrieben das unheimliche, Unheil verheissende Zeichen am Himmel mit nicht weniger drastischen Begriffen als »einem blutgetränkten Leichentuch ähnlich«, »Widerspiegelung eines gewaltigen Infernos«, »himmlisches Höllenfeuer«, »einem nahenden Großbrand gleichend«, »nahezu der ganze Himmel stand in Flammen«, »als würde der Himmel brennen, der mythischen Götterdämmerung gleich«, »es schien so, als sei das Ende der Welt gekommen«.

In dieser kalten Winternacht, in welcher der Himmel brannte, stand eine Gruppe von Ordensschwestern auf der Terrasse des Klosters von Tuy/Spanien und beobachtete voller Besorgnis das Phänomen. Eine von ihnen war Lucia, die Seherin von Fatima. Sie wusste, was dies zu bedeuten hatte. So frisch, als sei es gestern gewesen, klangen ihr die Worte der Gottesmutter in den Ohren: »Wenn ihr eine Nacht erhellt seht durch ein unbekanntes Licht, dann wisset, dass dies das große Zeichen ist, das Gott euch gibt, um das Strafgericht anzukündigen, das über die Welt kommen wird wegen ihrer Sünden: Krieg, Hungersnot, Verfolgungen der Kirche und des Heiligen Vaters.« Ihr Herz wurde schwer, und als sie für einen Augenblick die Augen schloss, sah sie vor sich die schrecklichen Bilder der Hölle, die ihr die Erscheinung gezeigt hatte, bevor sie dieses, das »Zweite Geheimnis«, offenbarte. Ihre Mission, so wurde ihr schlagartig klar, war fürs Erste gescheitert, denn die Menschen haben nicht hören wollen auf die göttliche Warnung, hatten es versäumt, Russland und die Welt dem Unbefleckten Herzen der Gottesmutter zu weihen und abzulassen von ihrem gottlosen Tun. Jetzt war die Zeit der Sühne gekommen, war es selbst der Himmelskönigin nicht mehr möglich, den strafenden Arm ihres Sohnes zu halten, jetzt stand das große Strafgericht bevor.

Gleich am nächsten Tag setzte sich Lucia hin und schrieb einen längeren Brief an ihren Bischof, den Canon Galamba, die Provinzoberin und ihren Beichtvater, in dem sie erklärte, Gott habe dieses Zeichen benutzt, »um der Menschheit anzukündigen, dass Seine Gerechtigkeit bald die schuldigen Nationen treffen sollte«. Nur eines, so war sie sich sicher, konnte die bevorstehende Katastrophe noch aufhalten: »die Sühnekommunion an den ersten Samstagen und die Weihe Russlands«. Damit ließen sich »Gnade und Vergebung erlangen, nicht nur für die ganze Welt, sondern insbesondere auch für Europa«.

Ihr Anliegen blieb unerhört. Noch im Juni 1938 entschlossen sich die portugiesischen Bischöfe bei ihrem Jahrestreffen in Fatima, in einer erneuten Petition an den Heiligen Vater die Weihe nicht nur Russlands, sondern der Welt an das Unbefleckte Herz Mariens zu erbitten. Sie erhielten nie eine Antwort aus Rom. »Der Krieg, den Unsere Liebe Frau vorausgesagt hat, steht unmittelbar bevor«, schrieb Lucia am 6. Februar 1939, aber Portugal bliebe verschont »dank der Weihe an Ihr Unbeflecktes Herz durch die portugiesischen Bischöfe«. Im März 1939 hatte sie eine erneute Christuserscheinung. »Bitte wieder und wieder um die Durchführung der Sühnekommunion als Ehrung des Unbefleckten Herzens Mariens an den ersten Samstagen. Die Zeit kommt, wenn meine Gerechtigkeit die Verbrechen verschiedener Nationen bestrafen wird. Einige von ihnen werden ausgelöscht. Schließlich wird die ganze Schwere meiner Gerechtigkeit jene hart treffen, die meine Herrschaft der Seelen zerstören wollen.« »Davon hängt ab, ob es einen Weltfrieden oder einen Weltkrieg geben wird«, schrieb sie am 19. März 1939 an Pater Aparicio, ihren alten Beichtvater. In einem weiteren Brief, am 20. Juni 1939, ergänzte sie:

> »Unsere Liebe Frau versprach, die Geißel des Krieges aufzuhalten, wenn ihre Verehrung verbreitet und praktiziert wird. Aber ich fürchte, dass wir nichts mehr tun können und dass Gott in seinem Zorn den Arm seiner Gerechtigkeit erheben und die Welt durch seine Züchtigung heimsuchen würde. Es wird eine Züchtigung wie nie zuvor, schrecklich, schrecklich.«

Tatsächlich hatte der Krieg, der mehr als 55 Millionen Todesopfer fordern sollte, zu diesem Zeitpunkt zumindest indirekt längst begonnen. Etwa zeitgleich mit dem Zeichen des blutigen Himmels über Europa, im Januar 1938, hatte Adolf Hitler in der Reichskanzlei in Berlin beschlossen, alles für den Einmarsch in Österreich vorzubereiten. Am 12. März 1938 überschritten deutsche Truppen erstmals seit Ende des Ersten Weltkriegs wieder die Grenzen zu einem Nachbarland, um es »heim ins Reich« zu holen. Zwei Monate später, am 28. Mai 1938, marschierten Nazitruppen in die Tschechoslowakei ein, besetzten Böhmen und Mähren. Damit und nicht erst mit dem Angriff gegen Polen am 1. September 1939 begann der Zweite Weltkrieg – »unter (dem Pontifikat von) Pius XI.«, ganz wie es die Gottesmutter in Fatima angekündigt hatte. Am 10. Februar 1939 verstarb Papst Pius XI., der große Zauderer, der viel zu spät in seiner Enzyklika »In brennender Sorge« vor den Nazis warnte, dessen »Ostpolitik« eher noch zur Etablierung der Sowjetunion beitrug und der auf so bedauerliche Weise die Warnung aus Fatima ignoriert hatte.

Auf den Thron Petri folgte ihm ein Mann, der sich tief in seinem Herzen mit Fatima verbunden fühlte. Pius XII. nannte sich der Pacelli-Papst, der am 13. Mai 1917 »zur selben Stunde, als auf dem Berg von Fatima die erste Erscheinung der weiß gekleideten Königin des Allerheiligsten Rosenkranzes erschien« (wie er es später formulierte) zum Bischof geweiht worden war. Er war als »Pastor Angelicus«, als »Engelgleicher Hirte« in der Päpsteweissagung des Malachias angekündigt worden, und tatsächlich war er ein Mann der Mystik und ein glühender Marienverehrer. Noch 1938 hatte er, damals als vatikanischer Außenminister, in Rom ein Mosaik von der Krönung der Gottesmutter gesegnet, das für die Basilika von Fatima vorgesehen war. Die ersten Nachrichten und Eindrükke aus Rom, die Schwester Lucia erreichten, stimmten sie hoffnungsvoll, jetzt auf offenere Ohren zu stoßen.

Am 18. August 1940 schrieb sie ihrem Beichtvater Pater Goncalves, dass sie vorhabe, sich direkt an den Papst zu wenden. »Jetzt ist die Stunde von Gottes Gerechtigkeit über der Welt, wir müssen weiterbeten«, erklärte sie darin, »er bevorzugt Opfer, und in dem Zustand, in dem die Welt heute ist, wünscht er Seelen, die, mit ihm vereint, beten und sich aufopfern.« Von Vater Goncalves und Don Manuel Ferreira, dem Bischof von Gurza, ermutigt, schrieb Lucia am 24. Oktober 1940 an Pius XII., zwei Tage, nachdem ihr erneut Christus erschienen war:

> »Bete für den Heiligen Vater, opfere dich, so dass er nicht den Mut verliert unter der Bitterkeit, die ihn bedrückt. Die Heimsuchung wird andauern. Ich werde die Nationen mit Krieg, Dürre und Verfolgungen Meiner Kirche für ihre Verbrechen bestrafen, und das lastet insbesondere auf meinem Stellvertreter auf Erden. Seine Heiligkeit wird eine Verkürzung dieser Tage der Heimsuchung erreichen, wenn er Meinem Wunsch nachkommt und den Akt der Weihe der ganzen Welt an das Unbefleckte Herz Mariens vollzieht, mit besonderer Erwähnung Russlands.«

Nachdem der erste Brief Lucias an den Papst der Zensur des Bischofs von Leiria zum Opfer fiel, dem die wörtliche Wiedergabe des zweiten Geheimnisses von Fatima als zu umfangreich erschien, schickte Lucia schließlich am 2. Dezember 1940 die endgültige Version ab. Es dauerte fast zwei Jahre, bis pünktlich zum 25. Jahrestag der Erscheinungen ihre Gebete erhört wurden.

Zwischenzeitlich tobte in ganz Europa der Krieg, und unaufhaltsam marschierten die Mächte der Finsternis in einem Land nach dem anderen ein. Am 23. August 1939 unterzeichneten die Außenminister des Deutschen Reiches und der Sowjetunion, von Ribbentrop und Molotow, in Moskau einen Nichtangriffsvertrag, den »Hitler-Stalin-Pakt«, der ihre Machtsphäre in Polen und Osteuropa aufteilte. Hitler »überließ« den Russen Finnland, das Baltikum und Bessarabien sowie den Osten Polens, behielt sich aber die Besitznahme des polnischen Westens vor. Damit war für Hitler der Weg frei. Für den 26. August erteilte er Befehl für den Einmarsch in Polen, ein Termin, der um sechs Tage verschoben werden musste, als aus London die überraschende Nachricht von einem britisch-polnischen Beistandspakt kam. Am 28. August sperrte Frankreich, ein weiterer Verbündeter Polens, seine Westgrenze, Holland, Belgien und die Schweiz mobilisierten ihre Armeen, um ihre Neutralität zu schützen. Am 29. August wiederholte »der Führer« in ultimativer Form seine Forderung auf Rückgabe der deutschen Ostgebiete durch Polen, woraufhin die Regierung in Warschau die allgemeine Mobilmachung anordnete. Die Rote Armee der Sowjetunion ließ Truppen an der polnischen Ostgrenze aufziehen. Am 31. August 1939 erteilte Hitler der Wehrmacht für den nächsten Morgen den Befehl zum Einmarsch in Polen. Um den Angriff propagandistisch zu rechtfertigen, hatte er zuvor in polnische Uniformen gekleidete SS-Männer den deutschen Sender Gleiwitz in Oberschlesien überfallen lassen.

Am 2. September machten Großbritannien und Frankreich mobil, dann stellten sie Hitler ein Ultimatum: Einstellung der Kampfhandlungen bis zum 3. September, 11.00 Uhr. Als die Forderung unerfüllt blieb, erklärten beide Großmächte Deutschland den Krieg. Damit hatte der Zweite Weltkrieg offiziell begonnen.

Vier Wochen später war Polen überrollt, britische Bomber griffen die ersten deutschen Städte an. In den folgenden Monaten eroberte die Sowjetunion Finnland, marschierten die Deutschen erst in Dänemark und Norwegen, dann in den Beneluxstaaten und schließlich in Frankreich, später in Jugoslawien und Griechenland ein. Selbst auf den Norden Afrikas wurden die Kämpfe ausgeweitet. Im Juni 1941 trat der Krieg in seine entscheidende Phase ein. Ohne Kriegserklärung griff Hitler seinen einstigen Verbündeten, die Sowjetunion, an, deutsche Truppen des »Unternehmens Barbarossa«, des »Kreuzzuges gegen den Kommunismus«, marschierten in breiter Front in der Sowjetunion ein – »bis nach Indien« sollte das »Großdeutsche Reich« reichen. Ein Jahr später verlief die Frontlinie von Leningrad bis Stalingrad am Don, standen deutsche Truppen nur wenige Kilometer vor Moskau …

Die 25-Jahr-Feier der Ereignisse von Fatima sollte zu einem Triumph für die »Königin des Rosenkranzes« werden. Im Februar 1942 wurde das Jubeljahr eröffnet, im April fand ein großer Marianischer Kongress in Lissabon statt, zu dem das Gnadenbild von Fatima in einer feierlichen Prozession in die Hauptstadt gebracht wurde, gefolgt von 500.000 Menschen. Ebenso viele Pilger versammelten sich am 13. Mai zu den Feierlichkeiten in der Cova da Iria, zu der Tausende von Priestern und sämtliche portugiesischen Bischöfe gekommen waren. Dort erklärte der Patriarch von Lissabon, Kardinal Cerejeira:

> »(Fatima) eröffnet leuchtende Horizonte der Hoffnung in dem blutgetränkten Nebel der Gegenwart, und wir können darauf vertrauen, dass Gott durch den Eingriff des Unbefleckten Herzens jener, die wir Mutter der Gnade nennen, große Dinge für die Welt vorbereitet …
> Fatima hat noch nicht sein ganzes Geheimnis enthüllt, doch es scheint uns angemessen zu sagen, daß das, was sie bereits an Portugal vollbracht hat, ein Zeichen und Versprechen für das ist, was sie für die Welt bereithält …
> Für das, was hier in den letzten 25 Jahren geschah, gibt es im Portugiesischen nur ein Wort: Wunder. Ja, wir sind fest davon überzeugt, dass wir Portugals wunderbare Transformation der Allerheiligsten Jungfrau verdanken.«

Zum Abschluss der Gedenkfeiern fand am 13. Oktober 1942 in einer feierlichen Messe eine Erneuerung der Weihe Portugals an das Unbefleckte Herz Mariens durch den Kardinal von Lissabon und die portugiesischen Bischöfe statt. Zudem wurde erstmals der vollständige Text des »Ersten« und »Zweiten Geheimnisses« von Fatima veröffentlicht, den Lucia in ihren Memoiren niedergeschrieben hatte. »Wir glauben, dass die Erscheinungen von Fatima der Anfang eines neuen Zeitalters, jenes des Unbefleckten Herzens Mariens, waren«, schloss Kardinal Cerejeira seine Rede. Sah man das in Rom ähnlich?

Zum Jubiläumsjahr hatten die portugiesischen Bischöfe erneut eine Petition nach Rom geschickt, um abermals vom Heiligen Vater die Weihe der Welt an das Unbefleckte Herz Mariens zu erbitten. Mit Enttäuschung nahmen sie zur Kenntnis, dass der Heilige Stuhl bis zum 13. Oktober schwieg, als plötzlich und unerwartet für den 31. Oktober, das offizielle Ende der Jubiläumsfeiern, eine Botschaft des Papstes angekündigt wurde.

Um 17.00 Uhr übertrug das portugiesische Radio die Glocken von St. Peter und die Rede Pius XII. Die ganze Nation lauschte, und für jene, die kein Radio besaßen, hatte die Kirche auf öffentlichen Plätzen Lautsprecher angebracht, vor denen sich die Massen versammelten. In klarstem Portugiesisch erklärte der Heilige Vater, der zu diesem Anlass sechshundert in Rom lebende Portugiesen eingeladen hatte, der Nation:

> »In jener tragischen Stunde der Finsternis und Verwirrung, als das Schiff des Staates Portugal die Führung seiner glorreichsten Traditionen verloren hatte und durch antichristliche und antinationale Kräfte vom Kurs abgekommen war und zu havarieren drohte, sich der gegenwärtigen und zukünftigen Gefahren, deren Schwere sich kein Mensch vorstellen konnte, nicht bewusst; in dieser Stunde griff der Himmel, der diese Gefahren vorhersah, ein, und in der Finsternis erstrahlte ein Licht; aus dem Chaos erstand die Ordnung; der Sturm legte sich, und Portugal, das Gläubige, knüpfte an seinen Ruhm als kreuzfahrende und missionierende Nation an … dank der Heiligen Jungfrau, der Königin und Mutter dieses Landes (…), deren Schutz sich so deutlich manifestierte, dass 1933 unser Vorgänger, Pius XI. (in ewigem Andenken), in einem apostolischen Schreiben Ex officiosis Litteris auf die außerordentlichen Segnungen verwies, die die Gottesmutter Portugal erwies (…)
> Zu diesem Zeitpunkt konnte noch niemand die Schrecken von 1936 erahnen, als die kommunistische Bedrohung so nahe war und auf so unerwartete Weise das Land heimzusuchen drohte. Und zu dieser Zeit konnte noch niemand die Tatsache des wunderbaren Friedens von Portugal erahnen, dessen es sich trotz allem und jedem nach wie vor erfreut und der trotz der dafür notwendigen Opfer gewiss unendlich weniger ruinös ist als der Vernichtungskrieg, der jetzt die Welt zerstört. (…)
> Heute befinden wir uns bereits im vierten Jahr des Krieges. Je mehr sich der Konflikt ausbreitet, umso bedrohlicher wird er – heute mehr denn je. Mehr als je zuvor liegt unser Vertrauen in Gott allein und, als Vermittlerin am Throne Gottes, bei ihr, jener, die einer unserer Vorgänger im Ersten Weltkrieg als Königin des Friedens anrief.
> Lasst uns sie erneut anrufen, denn nur sie kann uns helfen. Sie, deren mütterliches Herz bewegt war durch die Ruine, die euer Land war, und die ihm so wunderbar zu Hilfe kam. Sie, die, betrübt von ihrem Vorwissen von dieser schrecklichen Tragödie, mit Gottes Gerechtigkeit die Welt straft, bereits Gebet und Buße als Weg zur Erlösung nannte. Sie wird uns auch heute nicht ihre mütterliche Zärtlichkeit und ihren Schutz verwehren. (…)
> Dir, Deinem Unbefleckten Herzen, weihen wir als Vater der gro-

ßen christlichen Familie, als Stellvertreter dessen, dem alle Macht im Himmel und auf Erden gegeben wurde, und der uns so viele Seelen anvertraute, die Er durch sein kostbarstes Blut erlöst hat und die die ganze Erde bevölkern, dir, deinem Unbefleckten Herzen weihen wir in dieser tragischen Stunde der Geschichte, dir übergeben wir, dir vertrauen wir an, nicht nur die Heilige Kirche, den mystischen Leib deines Sohnes Jesus, der aus vielen Wunden blutet und so tief leidet, sondern auch die ganze Welt, durch tödliche Zwietracht zerrissen, im Feuer des Hasses brennend, Opfer ihrer eigenen Uneinigkeit …
Weite deinen Schutz aus auf die Ungläubigen und jene, die noch immer im Schatten des Todes leben. Schenke ihnen Frieden und lasse das Licht über ihnen leuchten, so dass sie vor dem Retter der Welt ausrufen: Ehre sei Gott in der Höhe und Frieden den Menschen auf Erden, die guten Willens sind.
Und jenen, die durch Irrtum und Zwietracht getrennt sind, insbesondere jenen, die Dir so einzigartige Verehrung entgegenbrachten und unter denen keiner war, der nicht in seinem Haus Deine heilige Ikone bewahrte, heute vielleicht verborgen und auf bessere Tage wartend, schenke ihnen Frieden und führe sie wieder zu der einzigen Herde Christi unter dem wahren und einzigen Hirten.«

Die Weihe wurde am 8. Dezember, dem »Fest der Unbefleckten Empfängnis«, im Beisein von 40 Kardinälen, zahlreichen Bischöfen, dem diplomatischen Corps, den römischen Priestern und Tausenden Gläubigen feierlich wiederholt und den Bischöfen und Gläubigen in aller Welt anempfohlen. Damit kam Papst Pius XII. dem Wunsch Mariens zumindest im Ansatz nach, einschließlich einer diskreten Erwähnung Russlands (»jene, die durch Irrtum und Zwietracht getrennt sind … und unter denen keiner war, der nicht in seinem Haus deine heilige Ikone bewahrte, heute vielleicht verborgen und auf bessere Tage wartend«) im letzten Absatz der Weiheformel. Doch trotz der anwesenden Bischöfe war es keinesfalls die in Tuy geforderte Weihe »in einem feierlichen Akt gemeinsam mit den Bischöfen der gesamten Christenheit«, ein Detail, auf das Lucia kurz darauf ihre Vertrauten hinwies. Während das versprochene Endergebnis – die Bekehrung Russlands – vorerst ausblieb, zeigte das päpstliche Ritual trotzdem eine Wirkung. Ende 1942 nahm der Zweite Weltkrieg eine plötzliche, unerwartete Wende. Der Vormarsch der Mächte des Bösen konnte gestoppt werden.

Am 3. November 1942, nach zehntägigen, blutigen Kämpfen in Ägypten, wurden die Deutschen bei El Alamein vernichtend geschlagen. Am 8. November landeten britische und amerikanische Truppen in Nordafrika. Am 31. Januar bzw. 2. Februar 1943, nach monatelanger Belagerung und Zehntausenden Todesopfern, kapitulierte die Sechste Armee unter General Paulus bei Stalingrad. Diese Niederlage, mehr als jede andere, signalisierte das Ende des deutschen Vorstoßes und den Anfang vom Ende des Zweiten Weltkrieges. Mehr noch, der Tunesienfeldzug endete am 13. Mai 1943 gegen Mittag, am 26. Jahrestag der Erscheinung. Ein Jahr später, am 13. Mai 1944, besiegelte der Sieg von Garigliano über die 14. Armee unter General von Mackensen die Befreiung Roms vom Faschismus drei Wochen später. Der Akt der Weihe der Welt hatte zwar nicht zur Bekehrung Russlands geführt – dazu war er zu halbherzig durchgeführt worden –, aber er »hat die Tage des Strafgerichtes verkürzt«, war Lucia überzeugt, ganz wie es Jesus bereits zu Lebzeiten angekündigt hatte:

> »Und würden jene Tage nicht abgekürzt, würde kein Mensch gerettet werden; doch um der Auserwählten willen werden jene Tage abgekürzt werden.« (Mt. 24, 22; Mk. 13, 20)

Interessanterweise fallen einige wichtige Daten des Zweiten Weltkrieges, die allesamt für die Wende im Kriegsgeschehen stehen, mit marianischen Feiertagen zusammen:

8. Dezember 1941, Kriegseintritt der USA nach dem Angriff von Pearl Harbor durch die Japaner: Fest Mariä Unbefleckte Empfängnis

31. Oktober 1942, Beginn der Entscheidungsschlacht bei El Alamein: Weltweihe an das Unbefleckte Herz Mariens durch Papst Pius XII.

8. November 1942, Landung der Amerikaner in Nordafrika: Fest Mariä Schutz

8. Dezember 1942, Beginn der Tragödie von Stalingrad: Fest Mariä, Unbefleckte Empfängnis

2. Februar 1942, Kapitulation von General Paulus bei Stalingrad: Fest Mariä Lichtmess

13. Mai 1943, der deutsche Heeresbericht meldet, dass der Krieg in Afrika zu Ende sei: Fatima-Tag

15. August 1943, Fall von Sizilien: Fest Mariä Himmelfahrt

8. September 1943, Kapitulation Italiens: Fest Mariä Geburt

13. Mai 1944, Ende des Krieges um die Krimhalbinsel: Fatima-Tag

15. August 1944, Invasion der Amerikaner bei Toulon: Fest Mariä Himmelfahrt

12. September 1944, die Amerikaner überschreiten die Grenze des Deutschen Reiches: Fest Mariä Namen

8. Mai 1945: Kapitulation Deutschlands: Fest der Erscheinung des Erzengels Michael, des Schutzpatrons Deutschlands

15. August 1945, Kapitulation Japans, Kriegsende: Fest Mariä Himmelfahrt.

Zweimal am 13. Mai, dem Fatima-Tag, meldete der deutsche Heeresbericht, dass der Krieg an einem entscheidenden Schauplatz zu Ende sei. Dreimal kam es an Mariä Himmelfahrt zu entscheidenden Rückschlägen für die »Achse Berlin–Rom–Tokio«.

Und die beiden wichtigsten Ereignisse, die die Wende im Zweiten Weltkrieg kennzeichneten, der Kriegseintritt der Amerikaner und der Beginn der Schlacht um Stalingrad, fielen auf den 8. Dezember, das Fest der Unbefleckten Empfängnis Mariens. Zufall?

Obwohl zumindest zeitlich tatsächlich die Weltweihe durch Pius XII. mit der Wende im Zweiten Weltkrieg zusammenfällt, ist es natürlich für den Nichtgläubigen schwer, eine Kausalität einzugestehen. Ist Gott wirklich in seinem Handeln darauf angewiesen, dass Menschen einem bestimmten Ritus formgetreu durchführen? Auf den ersten Blick erscheint ein solcher »himmlischer Formalismus« als absurd. Auf der anderen Seite wissen wir durch die Parapsychologie, dass tatsächlich, im Gegensatz zur Marx'schen Doktrin, Bewusstsein das Sein bestimmt. Ein mystischer Akt, der mit der ausreichenden »Gedankenenergie« durchgeführt wird, kann selbst Naturgesetze außer Kraft treten lassen. Liegt vielleicht darin das Geheimnis, weshalb die Weltweihe »zusammen mit den Bischöfen« durchgeführt werden sollte und, von diesen eingeladen oder zumindest repräsentiert, von allen über 800 Millionen Katholiken? Blieb die erwartete »große Wirkung« 1942 einfach aus, weil zu wenig Menschen an dem Akt beteiligt waren, nämlich bloß der Heilige Vater und die portugiesischen Gläubigen? Bestand die Rolle des Papstes in diesem Akt weniger in der ihm durch sein Amt verliehenen geistlichen Kraft, sondern darin, dass er der Einzige ist, der alle (katholischen) Christen mobilisieren kann? Vielleicht sollten wir das ganze Konzept der Weltweihe eher als Experiment kanalisierter Gedankenenergie, als kollektiven Aufbau eines Bewusstseinsfeldes, verstehen, statt uns zu fragen, ob Gott tatsächlich protokollarischer Zeremonien bedarf, um in das Schicksal seiner

Schöpfung einzugreifen. Musste nicht die Heilung der Welt von den Menschen ausgehen, die auch ihr Unheil verursacht hatten? Erwiderte nicht Jesus selbst einer Geheilten, die ihm für das Wunder dankte: »Sei getrost, Tochter! Dein Glaube hat dir geholfen!« (Matth. 9, 22)

»Der Gute Herr zeigte mir bereits seine Genugtuung über die durch den Heiligen Vater und einige Bischöfe vollzogene Handlung, obwohl sie unvollständig war nach seinem Verlangen«, schrieb Lucia am 28. Februar 1943 an den Bischof von Gurza, »im Gegenzug verspricht er, den Krieg bald zu beenden. Die Bekehrung Russlands aber ist nicht für jetzt bestimmt.« Ganz so geschah es, und man ist schon erstaunt über die prophetische Gabe der Seherin, die jetzt offenbar ihr offenes Ohr im Vatikan gefunden hat. Als sie den Papst um »einen Festtag zu Ehren des Unbefleckten Herzens Mariens« bat, der »in der ganzen Welt als eines der Hauptfeste der Heiligen Kirche« gefeiert werden sollte, gewährte Pius XII. auch diesen. Am 4. Mai 1944 rief der Heilige Vater das »Fest des Unbefleckten Herzens Mariens« ins Leben, »um das Angedenken an die Weihung der menschlichen Rasse« an dieses am 8. Dezember 1942 lebendig zu halten. Es sollte fortan an jedem 22. August gefeiert werden. Ein Jahr später war der Zweite Weltkrieg beendet, doch der Welt noch lange kein Frieden geschenkt. Auf der Konferenz von Jalta vom 4. bis 11. Februar 1945 wurde die Teilung Europas beschlossen, der gesamte Osten des Kontinentes wurde zum Machtbereich der Sowjetunion, einstmals freie »Nationen wurden ausgelöscht« oder zu ihren Vasallenstaaten gemacht mit moskautreuen Marionettenregierungen. Stalin ging als eigentlicher Sieger aus dem Zweiten Weltkrieg hervor, und es sollte noch ein halbes Jahrhundert dauern, bis die Mauern, die fortan die Alte Welt teilten und die Völker so vieler Staaten zu Gefangenen eines menschenverachtenden und gottlosen Regimes machten, endlich fielen.

Aber auch damit hatte sich die Prophezeiung von Fatima erfüllt.

Es wurde oft gefragt, weshalb das »Zweite Geheimnis« ausdrücklich Russland als die von Gott bestimmte »Geißel der Völker« nennt, und Nazideutschland, die unbeschreiblichen Gräuel des Hitlerfaschismus, unerwähnt blieb. Der Grund mag vielleicht darin liegen, dass die zwölf Jahre des »Tausendjährigen Reiches« historisch gesehen nur ein schreckliches Intermezzo waren. Hitler war so gesehen nur ein Erfüllungsgehilfe Stalins. Der Hitler-Stalin-Pakt machte den Zweiten Weltkrieg und den Einmarsch in Polen erst möglich, Hitlers Angriff gegen Russland machte aus dem roten Diktator einen ehrbaren Alliierten des Westens und schließlich, nach den unendlichen Leiden des russischen Volkes, war die Sowjetunion zur Weltmacht geworden, deren Herrschaftsbereich sich bis nach Mitteleuropa, bis an die deutsch-deutsche Grenze erstreckte, und das ein halbes Jahrhundert lang. Der Zweite Weltkrieg, obgleich von Hitler begonnen, war Stalins Krieg. Er war es, der als Sieger aus ihm hervortrat, zum gleichwertigen Gegenpol des Westens aufgestiegen, in der Lage, die halbe Welt unter das Joch des Kommunismus zu zwingen.

»Russland … wird seine Irrlehren über die ganze Welt verbreiten, wird Kriege und Verfolgungen der Kirche heraufbeschwören. Die Guten werden gemartert werden, und der Heilige Vater wird viel zu leiden haben, verschiedene Nationen werden ausgelöscht«: In Polen töteten die Nazis vier Bischöfe, 2.700 Priester und 200 Ordensleute. Als die Rote Armee am 17. September 1939 den Osten des Landes besetzte, begann dort eine vergleichbare Christenverfolgung. Am 1. und 2. November wurden die Ukraine und Weissrussland annektiert, woraufhin Klöster besetzt, religiöse Gemeinschaften aufgelöst, Priesterseminare unterdrückt wurden. Über 500.000 Ukrainer, darunter zahlreiche Priester, wurden nach Sibirien verbannt. Ähnliches wiederholte sich in Bessarabien und Nord-Bukovnien im Juni 1940 und schließlich einen Monat später, im Baltikum in Lettland, Estland und Litauen.

Auch als die Deutschen in Russland einmarschierten, traten sie keineswegs als Befreier auf, sondern als gnadenlose Unterdrücker. So schrieb der Bischof der ukrainischen Katholiken, der Metropolit Sheptytski, an Papst Pius XII.: »Nachdem wir von der deutschen Armee vom bolschewistischen Joch befreit wurden, verspürten wir eine gewisse Erleichterung, die allerdings nicht mehr als ein oder zwei Monate lang anhielt. Schritt für Schritt errichtete die Regierung ein wirklich unglaubliches Regime des Terrors und der Korruption, das mit jedem Tag härter und untragbarer wurde. Heute ist sich das ganze Land einig, dass das deutsche Regime, vielleicht noch mehr als das bolschewistische Regime, böse ist, ja geradezu diabolisch. Zumindest seit dem letzten Jahr gab es nicht einen Tag, an dem nicht die schrecklichsten Verbrechen begangen wurden, Hinrichtungen, Raub, Vergewaltigungen … die Juden waren die ersten Opfer«, aber nicht die einzigen: »Gruppen junger Menschen werden ohne einen plausiblen Grund erschossen, die Landbevölkerung versklavt … es ist, als sei eine Horde von Wahnsinnigen oder blutrünstigen Wölfen über die armen Menschen hergefallen.«

Die Juden mussten am meisten leiden. Zu Hunderttausenden wurden sie aus ihren Wohnungen vertrieben, in überfüllte Gettos gepfercht, um schließlich in Viehwaggons in die Vernichtungslager gebracht zu werden. Sechs Millionen Menschen starben in den Tötungsfabriken des Unmenschenregimes.

Doch den Deutschen wurde der Terror mit gleicher Münze heimgezahlt. Nur drei Tage nach der Konferenz von Jalta, in der Stalin sich als gleichberechtigter Partner und »Freund« der westlichen Demokratien etablierte, erfüllten die Alliierten seinen Wunsch nach einem neuen Blutbad. In der Nacht vom 13. auf den 14. Februar 1945 wurden über 500.000 Flüchtlinge, die in und um Dresden kampierten, durch das schrille Heulen der Sirenen aus dem Schlag gerissen, bevor der Himmel erbrummte, als würde ein Hornissenschwarm über die Stadt herfallen. Sekunden später öffneten sich die mächtigen Bäuche der stählernen Hornissen, und Hunderte Bomben regneten hernieder über der Stadt, die als »Elbflorenz« und Perle des Rokoko gefeiert worden war. Keine hier beheimatete Industrie, keine Stationierung deutscher Truppen rechtfertigte das Massaker an den Unschuldigen, die an die Elbe gekommen waren, weil sie glaubten (oder gehört hatten), dass die Stadt aufgrund ihrer kulturhistorischen Bedeutung von einer Bombardierung verschont bleiben würde. Doch jetzt tobte ein Inferno, ein Feuersturm, in dem 135.000 Menschen ums Leben kamen, der die Stadt in ein Trümmerfeld verwandelte und ihre prachtvollen Kirchen ausbrannte. Stalin feierte die Zerstörung Dresdens im Kreml mit Sekt von der Krim. Für ihn symbolisierte die zerstörte Stadt das gesamte Deutsche Reich, das jetzt geschlagen ihm zu Füßen lag. Er war, trotz immenser Verluste aus dem grausamsten Krieg der Geschichte als Sieger hervorgegangen. Fortan, so war er überzeugt, konnte der Vormarsch des Kommunismus, konnte die Weltrevolution des Proletariats, nicht mehr aufgehalten werden. Doch er hatte die Rechnung ohne seine himmlische Widersacherin gemacht.

1946 wurde das »befreite« Polen von seinen Bischöfen dem Unbefleckten Herzen Mariens geweiht und in dieser bedrängten Zeit unter ihren besonderen Schutz gestellt. Die Portugiesen, deren Land so unbeschadet die Gräuel des Zweiten Weltkriegs überstanden hatte, dankten ihrer Beschützerin auf ganz besondere Weise. Am 13. Mai 1946 fand in Fatima die feierliche Krönung des Gnadenbildes der Madonna statt. Die Krone bestand aus dem Gold geopferten und zusammengeschmolzenen Schmuck portugiesischer Frauen und war mit Perlen und Edelsteinen geschmückt. Als die Sonne an diesem Frühlingstag am höchsten stand, wurde die Statue der Fatimamadonna in einer feierlichen Prozession von der Capelinha auf den Vorplatz der Basilika gebracht, wo ihr vom päpstlichen Legaten, Benedetto Kardinal Aloisi Masella, im Beisein des Innenministers von Portugal, die Krone aufgesetzt wurde. Kurz darauf verkündete Papst Pius XII. in einer erneuten Radiobotschaft an das portugiesische Volk:

> »Als wir uns, inmitten des verheerendsten Krieges der Geschichte, vor vier Jahren in eurer Mitte fanden, um im Geiste selbst auf diesen heiligen Berg zu steigen, dankten wir, mit euch zusammen, Unserer Lieben Frau von Fatima für ihre Segnungen, die sie euch kürzlich erwiesen hat, als sich alle Herzen zum Magnifikat vereinten. Zu dieser Zeit fügten wir dem einen Aufruf in dem Vertrauen eines Sohnes hinzu, dass die Unbefleckte Königin und Patronin von Portugal ihr Werk vollende, das sie so wunderbar begonnen hatte. (…)
> Maria ist Königin durch Gnade, durch göttliche Verbindung, durch Erringung, durch einzigartige Erwählung. Und ihr Königreich ist so groß wie das ihres Sohnes, welcher Gott ist, da es nichts außerhalb seines Reiches gibt.
> Daher grüßt die Kirche sie als Herrscherin und Königin der Engel und Heiligen, der Patriarchen und Propheten, der Apostel und Martyrer, der Bekennenden und der Jungfrauen. Daher verehrt sie sie als ›Königin des Himmels und der Erde‹, als ›glorreiche und verehrenswerte Königin des Universums‹, Regina coelorum, gloriosa Regina mundi, Regina mundi dignissima. (…)
> Ja, wir krönen sie zur Königin des Friedens und Königin der Welt, auf dass sie der Welt helfe, wieder Frieden zu finden und aus den Ruinen aufzuerstehen …«

Am 22. November verließ die neu gekrönte Königin, die Statue Unserer Lieben Frau von Fatima, ihre Capelinha und machte sich auf zu einer Pilgerreise durch Portugal. Ihre erste Station war Lissabon, wohin sie in feierlicher Prozession, gefolgt von Zehntausenden Pilgern, getragen wurde, um zum 300. Jahrestag der Weihe des Landes an die Gottesmutter durch König Johannes IV. Zeugin ihrer Erneuerung zu werden. Auf diesem Weg ereignete sich erstmals, was später als »Taubenwunder« in die Annalen der Erscheinung eingehen sollte. Als junge Frauen als Zeichen des Friedens sechs weiße Tauben freiließen, flogen fünf von ihnen zum Gnadenbild, um sich zu Füßen der Statue niederzulassen, wo sie, selbst bei schlechtem Wetter, fast die ganze Prozession über blieben. Wann immer sie aufgescheucht wurden, kehrten sie zurück. Erst nach der Weihezeremonie, am 9. Dezember 1946, flogen sie davon und wurden nie mehr wieder gesehen. Als die Statue danach ihren Zug durch Portugal fortsetzte, wurden wieder Tauben freigelassen – und diesmal war es ein Vogel, der zum Gnadenbild zurückkehrte und eine ganze Woche lang bei ihm blieb. Das »Taubenwunder« wiederholte sich, als ein Bauernjunge am 21. Dezember vier Tauben fliegen ließ – drei von ihnen ließen sich zu Füßen des Gnadenbildes nieder. Es sollte sich mehrfach wiederholen, als im darauf folgenden Jahr, 1947, eine Fatima-»Pilgermadonna« ihre Reise durch andere europäische Staaten fortsetzte, darunter durch Spanien, Frankreich, die Beneluxstaaten und Italien, eine »Pilgerreise der Wunder«, wie Papst Pius XII. sie später beschrieb, um danach ein Flugzeug in die Vereinigten Staaten und nach Kanada zu besteigen. Ein Ereignis von dieser Pilgerreise sei hervorzuheben. Als in Frankreich die Freimaurer und Republikaner unter dem Motto »mit Marianne in den Kampf gegen die Jungfrau Maria« gegen die von dem Gnadenbild angeführte Prozession protestierten und sie als »Vorbotin des Faschismus« bezeichneten, griff der Himmel selbst ein. In l'Ile-Boucharf, einem Vorort von Touraine, erschien die Gottesmutter vom 8.–14. Dezember täglich vier Mädchen in ihrer Pfarrkirche. »Sagt den kleinen Kindern, daß sie für Frankreich beten, denn es bedarf ihrer«, erklärte die Erscheinung, »betet für Frankreich, denn es ist in diesen Tagen in großer Gefahr. Ich bin nicht hierher gekommen, um Wunder zu wirken, sondern um euch zu sagen, dass Ihr für Frankreich beten sollt.« Trotzdem verweigerten sogar einige französische Bischöfe der Madonna die »Einreise« in ihre Diözese, während die Presse die Pilgerreise totschwieg. Die deutschen Bischöfe schlossen sich den Fatima-Skeptikern an, so daß Deutschland gar nicht erst auf ihrer Reiseroute erschien.

Die Weltreise der Gottesmutter wurde 1948 in Angola, Mosambik und anderen afrikanischen Staaten fortgesetzt, um 1949 auf Indien, Pakistan, Ceylon und Vietnam ausgedehnt zu werden. Australien, Indonesien und Ozeanien folgten 1951. Im Januar 1950 gelang es sogar dem Kaplan des Amerikanischen Diplomatischen Corps in Moskau, eine eingeführte Fatima-Madonna in unmittelbarer Nähe des Kremls aufzustellen.

Nur eine Woche nach der feierlichen Krönung der Gottesmutter von Fatima kehrte Lucia, zum ersten Mal seit 25 Jahren, in die Cova da Iria zurück. Als sie das neu errichtete Karmeliterinnenkloster unweit der Erscheinungsstätte sah, wurde ihr alter Wunsch wieder erweckt, erfasste sie ein unstillbares Verlangen: Sie wollte selbst in den Karmel eintreten. Immer wieder musste sie in den folgenden Wochen und Monaten daran denken, während sie einer Reihe von Personen die Notwendigkeit einer Weihe »nicht der Welt! Russlands, Russlands!« erklärte, dann faßte sie den Mut, erneut an den Heiligen Vater zu schreiben und um seine Genehmigung für den Eintritt in den Karmel zu bitten. Die Bitte wurde ihr gewährt. Am 13. Mai 1948 trat Lucia als »Schwester Maria Lucia vom Unbefleckten Herzen« in den Karmeliterinnenorden ein. Der Karmel (das Kloster) von Coimbra im Norden Portugals wurde zu ihrer neuen Heimat. Für die Welt war sie damit gestorben.

Lucias Eintritt in den strengen und von der Welt zurückgezogenen Karmel nutzten die Gegner von Fatima, um zum Schlag gegen die Botschaft der Erscheinungen auszuholen. Jenen Kreisen im Vatikan, die eine Aufnahme diplomatischer Beziehungen mit Moskau befürworteten, war Lucias Begehren suspekt. Eine ausdrückliche Weihe Russlands könnte als Provokation, als Einmischung in die inneren Angelegenheiten des Sowjetreiches gegen den Willen seiner Bevölkerung, verstanden werden. Soll sich der Heilige Vater auf ein solches diplomatisches Abenteuer einlassen, auf eine Privatoffenbarung hin, die nach theologischer Definition ganz gewiss nicht glaubensrelevant ist? Wäre nicht den Christen jenseits des Eisernen Vorhangs durch eine Entspannung viel mehr gedient? Waren nicht Verhandlungen mit Moskau der einzige Weg, um die Lage der Christen zu verbessern, die Religionsfreiheit in Russland wiederherzustellen? Sollte die Möglichkeit dazu durch eine naive und sentimentale »Weihe Russlands an das Unbefleckte Herz Mariens« zerstört werden? Einer der Hauptwortführer gegen die Russlandweihe war Pater Dhanis, ein Jesuit, der die Vorfälle von Fatima gründlich und kritisch untersucht hatte. Er erklärte:

> »Man braucht nicht lange darüber zu reflektieren, um einzusehen, dass es praktisch unmöglich für den Papst ist, eine solche Weihe vorzunehmen. Als Oberhaupt der Kirche kann der Papst sie dem Unbefleckten Herzen Mariens weihen; als Stellvertreter unseres Herrn Jesus Christus, der die Verantwortung hat, die gesamte Menschheit zur Erlösung zu führen, kann er die Welt ihrem Unbe-

fleckten Herzen weihen; absolut gesagt, er kann Ihr sogar ein Land wie Russland weihen, das Teil der Welt ist. Doch im Konkreten erscheinen die Dinge sehr viel schwieriger. Schismatisch als religiöse Einheit, marxistisch als politische Einheit, kann Russland vom Papst nicht geweiht werden, ohne dass diese Handlung als eine Provokation verstanden werden muss, ob nun von der getrennten Hierarchie (der orthodoxen Kirche, die das Primat Roms nicht anerkennt, MH) oder von der Union der Sozialistischen Sowjetrepubliken. Das würde eine solche Weihe praktisch unrealisierbar machen. Es ist klar, dass wir hier nur über die moralische Unmöglichkeit der Weihe sprechen, aufgrund der Reaktionen, die sie provozieren würde … aber kann die Allerheiligste Jungfrau tatsächlich eine solche Weihe verlangt haben, die aufgrund ihrer rigorosen Bedingungen praktisch unrealisierbar ist? … Diese Frage verlangt geradezu nach einer negativen Antwort.«

Auch der italienische Pater Joao de Marchi stimmte dem zu und führte zur Verdeutlichung ein Beispiel an:

»Wir können und sollten Unsere Liebe Frau um die Konversion der Protestanten bitten, aber wir können sie nicht ihrem Unbefleckten Herzen weihen, denn ihre Grundeinstellung würde eine solche Weihe null und nichtig machen. Das Gleiche gilt für Nichtchristen. Kein Papst hat jemals eine Nation geweiht, in welcher Nichtchristen oder Protestanten dominieren. Das Gleiche kann für Russland gesagt werden, einer schismatischen und von der Kirche getrennten Nation, in der selbst vor der bolschewistischen Revolution die Katholiken eine unbedeutende Minderheit darstellten.«

Wir können davon ausgehen, dass dieser Standpunkt auch von Mitgliedern der Kurie vertreten wurde. Aber es blieb nicht nur bei Diskussionen, es wurde auch offen gegen Fatima intrigiert.

»Roms Einstellung zu Fatima, heißt es, hat sich grundlegend geändert«, lautete eine Pressemeldung, die in Deutschland und Belgien kursierte, »eine kurze Periode der Beachtung und Begeisterung war gefolgt von Kühle, Desinteresse, Desillusion. Jemand bestätigte sogar, dass Seine Heiligkeit einem hochrangigen Mitglied der Hierarchie gegenüber Fatima als ›die größte Enttäuschung seines Pon-

> tifikats bezeichnete und dass er deshalb nichts mehr darüber hören wollte‹.«

Die Meldung zeigte ihre Wirkung. Als es von 1949 bis 1952 zu einer Reihe von Marienerscheinungen in Heroldsbach/Unterfranken in Deutschland kam, stießen sie auf den erbitterten Widerstand des zuständigen Bischofs. Noch ein Fatima, das musste um jeden Preis vermieden werden.

»Das sind Dinge, die sich die Leute ausgedacht haben«, erklärte Papst Pius XII. entrüstet, als ihm die Meldung im Vatikan vorgelesen wurde, und er ordnete ein kategorisches Dementi an. Kurz darauf erklärte er dem Ordensgeneral der Dominikaner, Pater Suarez:

> »Sagen Sie ihnen, dass sich das Denken des Papstes vollständig in der Botschaft von Fatima wiederfindet. Sagen Sie Ihren Ordensleuten, dass sie auch weiterhin mit großer Begeisterung die Verehrung Unserer Lieben Frau vom Rosenkranz von Fatima verbreiten sollen.«

Als 1951, bei einer päpstlichen Audienz, einer der Pilger ausrief: »Lang lebe der Papst von Fatima!«, erwiderte der Heilige Vater fast stolz mit einem Lächeln: »Das bin ich!«

Trotzdem gelang es dem »Papst von Fatima« nicht, sich gegen den Widerstand in den eigenen Reihen durchzusetzen und dem Wunsch der Gottesmänner zu entsprechen. Papst Puis XII. war kein Kämpfer, sondern ein Mann der Kompromisse, einer, der es allen recht machen, der um jeden Preis eine Konfrontation vermeiden wollte. Und das, obwohl der Himmel alles tat, um ihn an seine Pflicht zu erinnern.

Am 29. Oktober 1950, zum Heiligen Jahr, traf die Pilgermadonna von Fatima, die zuvor Asien besucht hatte, in Rom ein. Am nächsten Morgen traf sich der Papst mit 35 Kardinälen und über 450 Bischöfen, um anzukündigen, dass er demnächst das Dogma der »leiblichen Aufnahme Mariens in den Himmel« verkünden wolle. Noch am selben Tag, während die Fatima-Madonna in der Kirche von Casaletto, direkt hinter den vatikanischen Gärten, residierte, am achten Jahrestag seiner Weltweihe, wurde Pius XII. selbst Zeuge einer Erscheinung. Das Sonnenwunder von Fatima wiederholte sich – mitten in den Gärten des Vatikans, worüber der Papst höchstselbst schrieb:

»Es war am 30. Oktober 1950, gegen 4.00 Uhr nachmittags, ich machte meinen üblichen Spaziergang durch die vatikanischen Gärten, las und studierte diverse offizielle Papiere wie üblich. Ich stieg die Esplanade Unserer Lieben Frau von Lourdes hinauf auf den Hügel, in der Passage auf der rechten Seite, nahe der Mauern.
In einem gewissen Augenblick, als ich von den Papieren, die ich in meiner Hand hielt, aufschaute, bemerkte ich ein Phänomen, wie ich es noch nie zuvor gesehen habe. Die Sonne, die ziemlich hoch am Himmel stand, erschien wie eine gelbmatte Kugel, die vollständig von einem leuchtenden Kranz umgeben war, was mich nicht davon abhielt, aufmerksam die Sonne zu betrachten, ohne dass ich auch nur die geringste Unannehmlichkeit dabei verspürte. Eine sehr helle Wolke befand sich vor ihr.
Die matte Kugel begann sich zu bewegen, drehte sich langsam und ging von links nach rechts und umgekehrt. In ihr selbst konnten deutlich sehr starke Bewegungen ohne Unterbrechung gesehen werden. Dasselbe Phänomen wiederholte sich am folgenden Tag, dem 31. Oktober, und am 1. November, dem Tag der Definition, und dann wieder am 8. November, dem Oktavtag derselben Feierlichkeit. Seitdem nichts mehr.«

Eine Anfrage des Heiligen Vaters beim Vatikanischen Observatorium ergab, dass dort nichts Ungewöhnliches beobachtet wurde.

»Lass den Heiligen Vater wissen, dass ich noch immer die Weihe Russlands an mein Unbeflecktes Herz erwarte«, erklärte die Madonna Schwester Lucia bei einer erneuten Erscheinung im Mai 1952. »Ohne die Weihe Russlands kann es nicht bekehrt werden, noch kann die Welt Frieden finden.« Als Lucia dem Papst persönlich von dieser jüngsten Marienbotschaft schrieb, entschied sich Pius XII. zu einem letzten Kompromiss. Zu schwer plagte ihn sein Gewissen, die Furcht, der von ihm so inbrünstig verehrten Gottesmutter einen Wunsch abzuschlagen. Am 7. Juli 1952 verfasste er einen »Hirtenbrief an die Völker Russlands«, in dem er die »Irrtümer des gottlosen Kommunismus« verurteilte und zur Verehrung der Jungfrau Maria aufrief. Er schloss mit den Worten:

»Wir aber wollen, damit unsere und eure Gebete und Bitten leichter erhört werden und damit wir einen einzigartigen Beweis des Wohlwollens gegen euch liefern, wie wir vor wenigen Jahren das gesamte Menschengeschlecht dem Unbefleckten Herzen der jungfräulichen Gottesmutter weihten, so nun alle Völker Russlands demselben Unbefleckten Herzen in ganz besonderer Weise übergeben und weihen …«

Das war gut gemeint, aber für Lucia nicht genug. Und während sich der gesundheitliche Zustand des Papstes, der bis dahin gut war, ab Ende August 1952 zunehmend verschlechterte, während sein Pontifikat in seine letzte Phase eintrat, blieb das erhoffte Wunder immer noch aus. Zumindest aber führte der Tod Stalins am 5. März 1953 deutlich zu einer Verbesserung der Lage in Russland. Auf dem XX. Parteitag der KPdSU im Februar 1956 brach sein Nachfolger Nikita Chruschtschow ausdrücklich mit dem Stalinismus. Stattdessen wurde eine »friedliche Koexistenz« der Ideologien angestrebt, während man sich in Moskau bemühte, die »Säuberungen«, den Stalin-Terror, aufzudecken.

Am 29. August 1953 ging die Nachricht von einem neuen Marienwunder um die Welt. In Syrakus im Südosten Siziliens, im Vorort Santa Lucia, weinte ein Gipsbild der Jungfrau Maria, die auf ihr Unbeflecktes Herz zeigte. Das Bild gehörte den Giustolannusos, einer einfachen aber tiefgläubigen Arbeiterfamilie, und war ein Hochzeitsgeschenk ihrer Eltern. Interessanterweise war das Herz Mariens in der Darstellung von Dornen umgeben und von einer Flamme gekrönt, ganz wie es Lucia in ihrer Vision am 13. Juni 1917 in Fatima sowie 1925 und 1929 in Pontevedra und Tuy gesehen hatte.

Am 29. August bemerkte Antonina Giustolannuso, die mit einer problematischen Schwangerschaft bettlägrig war, die Tränen der Madonna, die unaufhörlich aus den Augen des Bildes flossen. Sofort rief sie die Nachbarn herbei, dann fiel sie auf die Knie und betete. Sechs- oder siebenmal hatte die Madonna geweint, als abends Antoninas Ehemann Angelo von der Arbeit kam. Auch er erkannte, dass es sich um ein Wunder handelte – und informierte den Pfarrer. An den nächsten beiden Tagen hatte sich das Mirakel so weit herumgesprochen, dass Tausende in die kleine Wohnung der Giustolannusos drängten, die sich bald gezwungen sahen, das wundertätige Bild auf dem Hof aufzustellen. Die Gipsmadonna weinte nicht ständig, sondern in unregelmäßigen Abständen, mal ein paar Minuten, mal mehrere Stunden lang. Sogar das italienische Fernsehen war in der Lage, das »Tränenmirakel« zu filmen.

Am 1. September traf eine Expertenkommission in Santa Lucia ein, die im Auftrag der Erzdiözese das Phänomen untersuchen sollten. Sie bestand aus Ärzten, einem Ingenieur, einem Chemiker und Pater Bruno, dem Gemeindepriester. In ihrer Gegenwart wiederholte sich das Wunder, und so gelang es ihnen, mit der Pipette ein paar Tränen zur Untersuchung im Labor zu entnehmen. Das Ergebnis: Die Flüssigkeit entsprach in jeder Beziehung der Konsistenz menschlicher Tränen. Als der Tränenfluss beendet war, nahmen sie das Marienbild von der Wand und kritisch unter die Lupe. Es war aus ein bis zwei Zentimeter dickem Gips geformt, innen hohl und unpoliert – und völlig trocken. Als ein Mitglied der Kommission, der Chemiker Dr. Bertin, die »Madonnina« näher untersuchte, wiederholte sich das Mirakel. »Ich konnte aus nächster Nähe das ganze Phänomen des Vergießens der Tränen bis ins Detail beobachten, von einem völlig trockenen Auge bis zur Bildung der Tränen«, erklärte er später an Eides statt, »das alles geschah, als ich das Madonnenbild in meinen Händen hielt.« Eine Manipulation war also ausgeschlossen – die Tränen kamen nachweisbar nicht aus dem hohlen Inneren der Gipsfigur, sondern bildeten sich auf ihrer Oberfläche, und zwar nur im Bereich der Augen.

Der Bericht seiner Experten faszinierte den Erzbischof von Syrakus so sehr, dass er am nächsten Tag persönlich die Wunderstätte besuchte und Augenzeugen interviewte. »Finsternis bedeckt nach wie vor die Welt aufgrund der Rebellion der Sünde und Abtrünnigkeit, die sich weiterhin ausbreiten, und darum schickt der Herr Maria, um eine Gesellschaft zu retten, die im Irrtum ist, und unsere Seelen, die verloren sind«, erklärte er eine Woche später bei einem zweiten, offiziellen Besuch im Hause der Giustolannusos, »Marias Tränen sind keine Tränen der Freude, es sind Tränen des Leides, der Sorge. Sie sind eine Warnung für mich, meine Priester, für alle Gläubigen, dass wir besser werden …«

Das Wunder wurde von der Kirche anerkannt, der Madonnina ein prächtiger Schrein errichtet, zu dem heute noch Hunderttausende pilgern. Eine Woche nach dem Tränenmirakel, am 8. September 1953, veröffentlichte Pius XII. in Rom die Enzyklika »Fulgens Corona«, in der er 1954 zum »Marianischen Jahr« erklärte, zur Erinnerung an die Verkündung des Dogmas der Unbefleckten Empfängnis hundert Jahre zuvor, im Jahre 1854.

Das Marianische Jahr zeigte auf, wie weit die Verdrängung von Fatima in den Vatikan vorgedrungen war. Außer einer Erwähnung seiner Weltweihe in der Enzyklika »Ad Coeli Reginam« blieben die Erscheinungen und Botschaften der Gottesmutter in ihrem Jahr unerwähnt. Stattdessen musste der kränkelnde Heilige Vater erleben, wie einer seiner engsten

Vertrauten eigene Wege ging. Der Vizeaußenminister des Vatikans Kardinal Montini, hatte, ohne den Papst zu informieren, geheime Verhandlungen mit Moskau geführt – und musste von seinem Amt zurücktreten. Er wurde zum Erzbischof von Mailand ernannt, und erst nach dem Konklave von 1963 sollte er in den Vatikan zurückkehren – als Papst Paul VI. »Die Welt geht durch eine dunkle Stunde«, erklärte Pius XII. in seiner Grußbotschaft, als Uruguay und Spanien eine Weihe ihres Landes an das Unbefleckte Herz Mariens beschlossen hatten. Schließlich befahl der Papst, dass Lucia nur noch Personen treffen dürfe, mit denen sie ohnehin schon Kontakt habe, und dass jeder andere der ausdrücklichen Genehmigung des Heiligen Stuhls bedürfe. »Lucia hat alles gesagt, was sie über Fatima sagen wollte und zu sagen hatte«, ließ das Kloster Coimbra verlautbaren, in dem sie jetzt als Karmeliterin lebte. Dabei war das letzte Wort über Fatima noch lange nicht gesprochen: Das »Dritte Geheimnis«, das die Gottesmutter dem Seherkind offenbart hatte, war zu diesem Zeitpunkt die geheimste Verschlusssache des Vatikans.

Kapitel 8

Geheimsache Fatima

17. August 1959, Castelgandolfo, die Sommerresidenz des Papstes. »Da sind Sie ja!«, begrüßte der füllige Mann in der weißen Soutane den Boten aus Rom. »Haben Sie ihn dabei?« – »Ja, Eure Heiligkeit«, antwortete der hagere Ordensmann, bis auf seinen weißen Priesterkragen ganz in Schwarz gekleidet, »Das hier ist der Umschlag.« – »Danke, Pater.« Ein Lächeln ging über die gütigen Züge des Roncalli-Papstes, der ein Jahr zuvor als Johannes XXIII. den Stuhl Petri bestiegen hatte. »Ich werde noch ein wenig warten, bevor ich ihn öffne. Ich möchte ihn zusammen mit meinem Beichtvater lesen.« Pater Pierre Paul Philippe vom Heiligen Offizium verneigte sich ehrfürchtig. Er hatte seine Aufgabe erfüllt, das vielleicht brisanteste Dokument der Christenheit von Rom nach Castelgandolfo gebracht, zum Heiligen Vater, der entscheiden sollte, ob man es, wie vorgesehen, im nächsten Jahr veröffentlichen dürfe. »Gelobt sei Jesus Christus«, verabschiedete er sich mit dem alten Gruß der Kirche, »in Ewigkeit. Amen«, murmelte der Papst.

Er wartete die vier Tage bis zum Freitag, dem 21. August, bevor er das Siegel des Bischofs von Leiria brach, das den Brief verschloss. Er hatte eigens einen Dolmetscher des vatikanischen Außenministeriums angefordert, Msgr. Paulo Jose Tavares, den späteren Bischof von Macao, für den Fall, daß er Schwierigkeiten haben sollte, den portugiesischen Text vollständig zu verstehen. Gemeinsam mit Msgr. Tavares und seinem Beichtvater, Msgr. Alfredo Cavangna, schloß sich der Heilige Vater in einen Raum ein, um zu lesen, was Schwester Lucia 15 Jahre zuvor niedergeschrieben hatte.

Im Sommer 1941 hatte Schwester Lucia im dritten Band ihrer Memoiren erstmals erwähnt, dass das Geheimnis, das ihr die Gottesmutter am 13. Juli 1917 offenbarte, in drei Teile aufgeteilt war, »deren erste beide ich jetzt enthüllen möchte«. Damals schrieb sie zum ersten Mal den Text des »Ersten« und »Zweiten Geheimnisses« auf, jene Prophezeiungen, die sich auf das Ende des Ersten Weltkriegs, den Aufstieg Russlands und den Ausbruch des Zweiten Weltkriegs bezogen. Sie war, wie sie schrieb, damals »innerlich völlig überzeugt, dass dies tatsächlich die Stunde war, die Gott für ihre Offenlegung erwählt hatte«. Das »Dritte Geheimnis« aber, so glaubte sie, dürfe noch nicht veröffentlicht werden. Nur neun Worte ergänzte sie später: »Em Portugal se conservara sempre o doguema da fé etc.« – »In Portugal wird das Dogma des Glaubens immer erhalten bleiben etc.« Darauf musste der dritte Teil des Geheimnisses gefolgt sein.

Dann, im Sommer 1943, erkrankte Lucia. Aus einer Bronchitis wurde eine schwere Brustfellentzündung, die lebensbedrohlich war. Glücklicherweise erholte sie sich bald wieder. Als Bischof da Silva sie, zusammen mit Canon Galamba, im Kloster besuchte, kam es zu einem längeren Gespräch. Man war besorgt, dass Lucia erneut erkranken, sterben und das Geheimnis mit ins Grab nehmen würde. Andererseits scheute der Bischof die schwere Verantwortung, die das Wissen um eine so schwerwiegende Prophezeiung für ihn bedeutete. Wenn schon das »Zweite Geheimnis« eine so schreckliche Katastrophe wie den Zweiten Weltkrieg und die Ausbreitung des Kommunismus, die Vernichtung ganzer Staaten und die Verfolgung der Gläubigen voraussagte, was mochte dann im »Dritten Geheimnis« stehen?

»Warum enthüllen Sie nicht den dritten Teil des Geheimnisses Unserer Lieben Frau?«, fragte Canon Galamba. »Könnten Sie es uns vielleicht jetzt offenbaren?« – »Nun, wenn Euer Gnaden es wünschen, kann ich es ihm sagen«, erwiderte Lucia, sich an den Bischof wendend. »Ich will damit nichts zu tun haben«, meinte Bischof da Silva fast erschreckt, »ich möchte mich da nicht einmischen.« – »Wie schade«, entfuhr es Canon Galamba mit einem leichten Seufzen, »zumindest aber sollte sie es auf einem Blatt Papier niederschreiben und es Euch in einem versiegelten Umschlag übergeben.« Zunächst blieb es bei dieser unverbindlichen Empfehlung.

Dann, im September 1943, erkrankte Lucia erneut, diesmal infolge einer Impfung. Mit einer schweren Infektion musste sie in ein Krankenhaus eingeliefert, operiert werden. Als sie drei Wochen später wieder bei ihren Ordensschwestern im Kloster war, wurde sie von allen Seiten gedrängt, das Geheimnis endlich niederzuschreiben. Doch Lucia wartete noch auf eine Anweisung des Himmels. Erst Anfang Januar 1944 konnte sie den Bischof von Leiria wissen lassen:

> »Ich habe niedergeschrieben, worum Ihr mich gebeten habt; Gott wollte mich ein wenig versuchen, doch letztendlich war dies tat-

> sächlich Sein Wille. Es steckt versiegelt in einem Umschlag und befindet sich in meinen Notizbüchern.«

Später enthüllte sie, dass eine erneute Marienerscheinung am 2. Januar sie dazu ermutigt hatte. Zuvor war sie trotz mehrfacher Versuche nicht in der Lage gewesen, sich an alle Details des Geheimnisses zu erinnern. Jetzt, nach der Begegnung mit der Gottesmutter, floss es ihr buchstäblich aus der Feder. 59 Zeilen schrieb sie mit sauberer Schrift nieder, einen Text, etwa so lang wie das »Erste« und »Zweite Geheimnis« zusammen, einen Text, der auf einen gefalteten Bogen Schulpapier passte.

Natürlich wollte Lucia dieses kostbare Geheimnis nicht der Post anvertrauen, stattdessen wartete sie auf eine passende Gelegenheit. Erst am 17. Juni 1944 übergab sie dem Erzbischof von Gurza ihr viertes Tagebuch, in das sie den Umschlag mit dem »Dritten Geheimnis« gesteckt hatte. Noch am selben Tag brachte der Erzbischof den Brief zu Bischof da Silva, der ihn fortan im bischöflichen Palais von Leiria aufbewahrte. In einem Begleitbrief schlug Lucia vor, dass er das Geheimnis bis zu seinem Tode in Leiria verwahren solle, wonach es an den Erzbischof und Patriarchen von Lissabon gehen könne. Bischof da Silva dagegen wollte es lieber nach Rom schicken, doch der Vatikan wies ihn an, das Schriftstück erst einmal in Leiria zu behalten. Schließlich steckte er den von Schwester Lucia versiegelten Umschlag in ein größeres Kuvert, das er wiederum mit Wachs versiegelte und beschriftete:

> »Dieser Umschlag mit seinem Inhalt soll nach meinem Tod Seiner Eminenz Don Manuel, Patriarch von Lissabon, übergeben werden. Leiria, 8. Dezember 1945. José, Bischof von Leiria.«

Später erklärte er:

> »Ich wollte es nicht lesen, Fatima ist voll und ganz Gottes Werk, und darin wollte ich nicht eingreifen … Ich hätte (den Brief) öffnen können, wenn ich es gewollt hätte, aber ich zog es vor, dies nicht zu tun. Es ist nicht meine Aufgabe, in diese Angelegenheit einzugreifen. Die Geheimnisse des Himmels sind nicht für mich bestimmt, noch will ich mir die Last dieser Verantwortung aufladen.«

Canon Galamba, der Berater und langjährige Freund des Bischofs, bestätigte, dass das Geheimnis »sofort bekannt gegeben werden könne, wenn der Bischof es so wolle. Aber (Lucia) sagte nicht, dass es sofort geöffnet werden müsse. Der Termin, um es bekannt zu geben, wurde in einem Dialog zwischen dem Bischof und Lucia bestimmt.«

Um gleich mit zwei der am weitesten verbreiteten Mythen in der Fatima-Literatur aufzuräumen, muss definitiv festgestellt werden:

1. Das »Dritte Geheimnis« war nie an den Papst gerichtet (was nicht heißt, dass es nicht vom Papst handelte).
2. Es hätte von der Kirchenhierarchie bereits 1944 veröffentlicht werden können.

Tatsächlich versuchte Schwester Lucia 1946 mehrfach, eine Audienz bei Papst Pius XII. zu bekommen, um ihm persönlich den Inhalt des «Dritten Geheimnisses» mitzuteilen. Als es dazu nicht kam, einigten sich die Seherin und Bischof da Silva, dass es spätestens im Jahre 1960 veröffentlicht werden sollte. Um Canon Galamba zu zitieren:

> »Als der Bischof sich weigerte, den Brief zu öffnen, musste er Lucia versprechen, dass er definitiv bei ihrem Tode oder im Jahre 1960 geöffnet und der Welt vorgelesen werden müsse, welches von beiden eher käme.«

In den folgenden Jahren wurde dieser Kompromiss durch Lucia immer wieder bestätigt. So erklärte sie:

am 3. Februar 1946 im Gespräch mit Pater Jongen: »Ich habe den dritten Teil in einem Brief dem Bischof von Leiria mitgeteilt. Aber er kann nicht vor 1960 bekannt gegeben werden.«

am 12. August 1946 im Gespräch mit John Haffert: »Der Bischof kann das Geheimnis öffnen. Er braucht nicht bis 1960 zu warten.«

am 17. Oktober 1946 im Gespräch mit Canon Barthas: »Wann wird der dritte Teil des Geheimnisses uns offenbart?« – »In 1960.« »Warum ist es notwendig, so lange zu warten?« – »Weil die Gesegnete Jungfrau es so wünscht.«

am 17. Mai 1955 im Gespräch mit Kardinal Ottaviani: »Die Botschaft soll nicht vor 1960 geöffnet werden … weil sie dann sehr viel klarer erscheint.«

Noch im Februar 1960 bestätigte der Patriarch von Lissabon:

> »Bischof da Silva steckte den Umschlag in einen weiteren Umschlag und wies an, dass dieser Brief nicht vor 1960 geöffnet werden solle, entweder durch ihn, Bischof Jose Correia da Silva, falls er noch am Leben sein sollte, oder, wenn nicht, durch den Kardinal-Patriarchen von Lissabon.«

Doch da hatte längst Rom interveniert. Anfang 1957 forderte die Kongregation für die Glaubenslehre, das frühere Heilige Offizium, vom Bischof von Leiria »Fotokopien aller Schriften Schwester Lucias« an. Bischof da Silva fragte nach, ob dies auch das »Dritte Geheimnis« beinhalte, das noch immer versiegelt in seinem Umschlag steckte, also nicht fotokopiert werden konnte. »Natürlich auch das Geheimnis«, lautete die Antwort aus Rom, »insbesondere das Geheimnis!« Der 85-Jährige, so schrieb Bischof Venancio, der die Kopien für Rom anfertigte, »war sehr schwach, geplagt vom Rheumatismus und fast blind. Sein Sekretär sagte ihm: ›Hören Sie, Euer Gnaden, Sie haben das Geheimnis hier; Sie können es lesen; Lucia sagte Ihnen, dass Sie es öffnen können. Öffnen Sie es! Wir werden eine Fotokopie machen. Das ist die letzte Gelegenheit, die wir haben.‹ Er lehnte ab. ›Nein, das interessiert mich nicht. Es ist ein Geheimnis, ich möchte es nicht lesen.‹« Als Bischof Venancio den Umschlag überreicht bekam, hielt er ihn gegen das Licht und notierte, was er erkennen konnte. In dem großen Umschlag steckte ein kleinerer, zweifellos der von Lucia, und darin ein gewöhnliches, gefaltetes Blatt Papier mit 25 Zeilen und einem Rand von 0,75 cm an jeder Seite, wie er (fälschlich) zu erkennen glaubte.

Mitte März 1957 fuhr Bischof Venancio zur Apostolischen Nuntiatur in Lissabon, um dort die Papiere zu übergeben. Er machte keinen Hehl daraus, wie schwer ihm das fiel. »Es wird in Rom sehr viel sicherer sein als bei Ihnen«, meinte Nuntius Msgr. Cento kühl. Am 16. April 1957 trafen die Dokumente im Vatikan ein. Warum wollte die Kongregation für die Glaubenslehre das Geheimnis unter ihrer Kontrolle haben? Kardinal Ottaviano, der Präfekt des Heiligen Offiziums, sagte es 1967 in aller Deutlichkeit:

> »Um zu vermeiden, dass etwas von so delikater Natur, das nicht zur Veröffentlichung bestimmt ist, aus welchen Gründen auch immer, selbst versehentlich, in falsche Hände fällt.«

Man lese diese Antwort zweimal, denn sie macht klar, dass »der Wunsch der allerseligsten Jungfrau«, wie es Lucia formulierte, ignoriert werden sollte. Das »Dritte Geheimnis« wurde nach Rom gebracht, um seine Veröffentlichung zu kontrollieren – und sie, sollte sich sein Inhalt als »delikat« erweisen, zu verhindern!

Tatsächlich wurde der Umschlag zeitweise im sichersten Teil des Vatikans aufbewahrt, nämlich in den Privaträumen Papst Pius XII. Als der französische Journalist Robert Serrou vom »Paris Match« am 14. Mai 1957 für die Zeitung das Appartement des Heiligen Vaters besuchen und fotografieren durfte, bemerkte er einen kleinen hölzernen Safe, der auf einem Tisch stand und die Aufschrift »Secretum Sancti Officii« (Geheimnis des Heiligen Offiziums) trug. »Was befindet sich in dem kleinen Safe?«, fragte er Mutter Pasqualina, die Haushälterin des Papstes. Das »Dritte Geheimnis« von Fatima, war die knappe Antwort. Natürlich wurde das Foto des Safes zum Aufmacher des Artikels. Hat Pius XII. den Brief gelesen? Wahrscheinlich nicht. Es ist anzunehmen, dass er selbst das Jahr 1960 abwartete, jenes magische Datum, an dem, wie es hieß, der versiegelte Umschlag geöffnet werden durfte. Er sollte es nicht mehr erleben.

Am 9. Oktober 1958 wurde der Pacelli-Papst in die Ewigkeit abberufen, ein Jahr nach dem Tod da Silvas, des Bischofs von Leiria. Als Johannes XXIII. das »Dritte Geheimnis« aus Rom überbracht wurde, waren die Siegel jedenfalls noch ungebrochen.

Doch vierzehn Monate nach der Ankunft des »Dritten Geheimnisses« in Rom war es zu einer Indiskretion gekommen. Am 26. Dezember 1957 wurde Schwester Lucia von Pater Augustine Fuentes aufgesucht, einem mexikanischen Priester, der als Postulator für den Seligsprechungsprozess von Jacinta und Francisco eingesetzt worden war. Stundenlang sprachen die beiden, und die Rede kam auch auf die Lage der Welt und den Inhalt des »Dritten Geheimnisses«, den die Seherin zumindest andeutete. Am 22. Mai 1958, nach seiner Rückkehr nach Mexiko, hielt Pater Fuentes einen Vortrag im Mutterhaus der Missionarsschwestern vom Heiligen Herzen und Unserer Lieben Frau von Guadalupe, bei der er, quasi als selbst ernannter »Botschafter von Schwester Lucia«, die wichtigsten Passagen seines Gespräches wiedergab. Zudem veröffentlichte er den Text seines Vortrages »mit jeder Garantie der Authentizität und entsprechender bischöflicher Druckerlaubnis, einschließlich der des Bischofs von Leiria«. »Ich traf sie in ihrem Kloster«, begann er seinen Bericht,

»sie war sehr traurig, sehr blass und ausgezehrt. Das Erste, was sie mir sagte, war:
Pater, die Allerheiligste Jungfrau ist sehr traurig, weil niemand Ihrer Botschaft Beachtung schenkt, weder die Guten noch die Schlechten. Die Guten gehen ihren tugendhaften Weg weiter, ohne Ihrer Botschaft Wichtigkeit zu geben. Die Sünder folgen weiterhin dem Weg des Bösen, weil sie die schreckliche Züchtigung nicht kommen sehen, die über sie kommen wird. Aber glauben Sie mir, Pater, Gott wird die Welt strafen, und das sehr bald. Die Züchtigung durch den Himmel steht unmittelbar bevor.
Vater, wie viel Zeit ist es noch bis 1960? Es wird sehr traurig für alle sein, nicht eine Person wird darüber erfreut sein, bevor die Welt nicht betet und Buße tut. Ich bin nicht in der Lage, Ihnen weitere Details zu enthüllen, denn es ist noch immer ein Geheimnis. Nach dem Willen der Allerheiligsten Jungfrau dürfen nur der Heilige Vater und der Bischof von Leiria es wissen, aber sie haben sich entschieden, es nicht wissen zu wollen, um nicht beeinflusst zu sein. Das ist der dritte Teil der Botschaft Unserer Lieben Frau, der bis 1960 geheim sein wird.
Sage ihnen, Vater, dass die Allerheiligste Jungfrau meinen Cousins Francisco und Jacinta und mir sagte, dass viele Nationen vom Angesicht der Erde verschwinden werden. Sie sagte, dass Russland das Instrument der Züchtigung sein werde, dass der Himmel erwählt hätte, um die ganze Welt zu bestrafen, wenn wir nicht vorher die Bekehrung dieser armen Nation bewirken. (…)
Was das Unbefleckte Herz Mariens und das Herz Jesu am meisten betrübt, ist der Fall der Seelen von Priestern und Ordensleuten. Der Teufel weiß, dass Seelen von Priestern und Ordensleuten, die von ihrem wundervollen Ruf abfallen, unzählige Seelen mit sich in die Hölle ziehen … Der Teufel will Besitz nehmen von geweihten Seelen. Er versucht, sie zu korrumpieren, um die Seelen von Laien in den Schlaf zu lullen, und sie so zur letztendlichen Unbußfertigkeit zu führen. Er bedient sich dabei aller Tricks … (…)
Pater, wir sollten nicht auf einen Appell an die Welt aus Rom und vom Heiligen Vater warten, um Buße zu tun. Wir sollten auch nicht auf einen Aufruf zur Buße von den Bischöfen unserer Diözese oder von den Orden warten. Nein! (…) Jetzt ist es notwendig, dass jeder von uns beginnt, sich selbst spirituell zu reformieren. (…)
Pater, die Allerheiligste Jungfrau sagte mir nicht, dass wir uns in

der Endzeit der Welt befinden, aber Sie ließ mich das aus drei Gründen verstehen.
Der erste Grund ist der, dass sie mir sagte, dass der Teufel vorhabe, eine Entscheidungsschlacht gegen die Jungfrau zu führen. Und eine Entscheidungsschlacht ist eine Schlacht, bei der eine Seite siegt und die andere eine Niederlage erleidet. Darum müssen wir uns jetzt für eine Seite entscheiden. Entweder sind wir für Gott oder für den Teufel. Es gibt keine andere Möglichkeit.
Der zweite Grund ist, dass sie meinen Cousins und mir sagte, dass Gott uns zwei letzte Hilfsmittel für die Welt gäbe. Diese sind der Heilige Rosenkranz und die Verehrung des Unbefleckten Herzens Mariens. Dies sind die beiden letzten Hilfsmittel, was anzeigt, daß es keine anderen mehr geben würde.
Der dritte Grund ist, dass in den Plänen der göttlichen Vorsehung Gott immer, bevor er die Welt züchtigt, alle anderen Hilfsmittel aufbraucht. Jetzt, wo er sieht, dass die Welt ihnen keine Beachtung schenkt, da, um es auf unsere unvollkommene Weise zu sagen, bietet er mit einer gewissen Bestürzung als letztes Mittel zur Erlösung Seine Allerheiligste Mutter an.«

Die Veröffentlichung der Rede von Pater Fuentes löste einen Skandal aus. Die Kanzlei des Klosters Coimbra warf ihm vor, seinen Zugang zu Schwester Lucia für »sensationalistische Verkündungen apokalyptischer, eschatologischer und prophetischer Art« missbraucht zu haben. Vom Vatikan wurde Pater Fuentes aufgrund seiner »Indiskretion« seines Amtes enthoben, der ungarische Pater Luis Kondor mit seiner Aufgabe betraut. Als Anfang 1959 ein hoher Kirchenmann Papst Johannes XXIII. vorschlug, Schwester Lucia in einer Radioansprache zur Menschheit sprechen zu lassen, winkte der Heilige Vater ab. »Es schien so, als würde er persönlich ihr Schweigen bevorzugen«, schrieb sein Privatsekretär Msgr. Loris Capovilla. Rom bereitete sich auf das Zweite Vatikanische Konzil vor, eine Aufbruchstimmung, ein Optimismus lag in der Luft, da wollte man »Weltuntergangspropheten«, wie sie Johannes XXIII. einmal nannte, nicht hören. Doch enthielt das »Dritte Geheimnis« düstere Prophezeiungen? Oder etwas, das der Heilige Vater so kurz vor dem Konzil wissen musste? Der Roncalli-Papst »ließ den November kommen und gehen, ebenso den Dezember«, erinnerte sich Capovilla, »und dann fragte ihn die Person, die den Umschlag in einem sicheren Ort im Heiligen Offizium verwahrte, ›Heiliger Vater, wollen sie ihn sehen?‹ Er antwortete: ›Ich werde Sie es wissen lassen, wann Sie mir den Umschlag bringen sollen …‹ Er nannte es nicht etwa ein ›Geheimnis‹, er sprach nur von ›dem Umschlag‹. Einige Zeit verging. Er hatte sich um vieles zu kümmern, das Konzil anzukündigen. Als er nach Castelgandolfo fuhr, um dort seinen Sommerurlaub zu verbringen, meinte er: ›Vielleicht ist jetzt die Zeit gekommen, ich bin von Frieden und Ruhe umgeben‹, und so brachten sie ihn im August.« Der Roncalli-Papst beschloss, das zu tun, was sein Vorgänger aus Respekt vor einem falsch verstandenen Datum nicht gewagt hatte: Er öffnete den Umschlag mit der Fatima-Botschaft.

Mit leicht zitternden Händen las Johannes XXIII. langsam den Text des »Dritten Geheimnisses«. Der Text war schwierig, und da er kein Portugiesisch sprach, musste er mehrfach den Dolmetscher zu Rate ziehen. Als er begriff, worum es ging, wurde er kreidebleich. Bis in die Nacht hinein saßen und grübelten die drei Männer über der Handschrift Lucias, dann traf der Papst eine Entscheidung. »Ich kann es nicht veröffentlichen, ich werde es nicht veröffentlichen. Das überlasse ich anderen. Es bezieht sich mit Sicherheit nicht auf die Jahre meines Pontifikates.« Seine Gründe legte er in einer persönlichen Notiz dar, die er dem Umschlag mit dem Geheimnis beilegte.

Zurück in Rom, rief er seine engsten Berater zusammen, um sie über den Inhalt des Geheimnisses zu informieren und ihnen seine Entscheidung mitzuteilen: Kardinal Ottaviani, den Präfekten der Kongregation für die Glaubenslehre, Kardinal Agagianian, die Kardinäle Bea, Cardini, Parente, Samore sowie Bischof Raimundo Verardo, die sich alle zuvor verpflichten mussten, absolutes Stillschweigen zu wahren. Der französische Schriftsteller Jacques Vallee zitiert einen Vatikaninsider zu den Begleitumständen dieses Geheimtreffens:

> »Das Ereignis fand unter strengster Vertraulichkeit im Arbeitszimmer des Papstes statt, aber ein Sekretär hatte die Möglichkeit, die Kardinäle zu beobachten, als sie den Heiligen Vater verließen: Auf ihren Gesichtern lag Entsetzen. Der Sekretär, der aufgestanden und an einen Prälaten herangetreten war, den er gut kannte, wurde sanft, aber doch entschieden, von jenem Kardinal zurückgeschoben, der an ihm vorbeiging, als habe er gerade ein Gespenst gesehen.«

Der Sekretär Kardinal Beas, Dr. Malachi Martin, erinnerte sich im November 1996 auf der Konferenz »Fatima 2000« in Rom an die Reaktion seines Vorgesetzten. Er sei sichtbar erschüttert aus der Geheimkonferenz gekommen und war verärgert darüber, daß der Papst das »Dritte Geheimnis« nicht enthüllen wollte.

Während seiner gesamten Amtszeit, bis zu seinem Tod am 3. Juni 1963, bewahrte Johannes XXIII. den Umschlag mit der Fatima-Botschaft auf seinem Schreibtisch auf.

Kann aus dem Verhalten des Papstes geschlossen werden, dass er dem »Dritten Geheimnis« keine Bedeutung beimaß? »Ganz im Gegenteil!«, erklärte Pater Dr. Jose Geraldes Freire, ein Professor an der Universität von Coimbra und intimer Fatima-Kenner, »Ich habe Gründe dafür, dass Johannes XIII. der Botschaft sogar ganz besondere Bedeutung beimaß und gewisse spektakuläre Entscheidungen, die manchem unverständlich erschienen, von der Fatima-Botschaft beeinflußt wurden.«

Je näher das Jahr 1960 rückte, je intensiver fieberte die katholische Welt der angekündigten Veröffentlichung des »Dritten Geheimnisses« von Fatima entgegen. Kaum eine Zeitung, die nicht spekulierte, was in der Offenbarung stehen könnte und wann der Heilige Vater sie verkünden würde, wobei der 13. Mai, der 43. Jahrestag der ersten Erscheinung, am höchsten im Kurs stand. Inmitten dieses Klimas, irgendwo zwischen hoffnungsfroher Erwartung und banger Furcht vor einer negativen Prophezeiung, platzte am 8. Februar eine Meldung des römischen Büros der portugiesischen Nachrichtenagentur »a.n.i.«, die alle Hoffnungen auf eine baldige Veröffentlichung zunichte machte:

> »Vatikanischen Quellen zufolge soll das Geheimnis von Fatima niemals veröffentlicht werden.
> Es wurde der United Press International von sehr zuverlässigen vatikanischen Kreisen mitgeteilt, dass es sehr wahrscheinlich ist, dass der Brief nie geöffnet würde, in dem Schwester Lucia die Worte niederschrieb, die Unsere Liebe Frau den drei kleinen Hirten in der Cova da Iria anvertraute.
> Wie Schwester Lucia andeutete, kann der Brief nur während des Jahres 1960 geöffnet werden.
> Angesichts des Drucks, der auf den Vatikan von jenen ausgeübt wird, die wollen, dass der Brief geöffnet und der Welt bekannt gegeben wird, und der Befürchtung anderer, dass er alarmierende Prophezeiungen beinhalte, und die seine Publikation verhindern wollen, hat sich, denselben Vatikankreisen zufolge, der Vatikan ent-

> schieden, Schwester Lucias Brief nicht zu öffnen und auch weiterhin versiegelt zu halten.
> Die Entscheidung des Vatikans basiert auf verschiedenen Beweggründen: 1. Schwester Lucia lebt noch; 2. Der Vatikan kennt bereits den Inhalt des Briefes; 3. Obwohl die Kirche die Erscheinungen von Fatima anerkennt, kann sie nicht für den Wahrheitsgehalt der Worte garantieren, die die drei kleinen Schäfer von Unserer Lieben Frau gehört haben wollen.
> Unter diesen Umständen ist es wahrscheinlich, dass das Geheimnis von Fatima für immer versiegelt gehalten wird.«

Und dabei blieb es. Die »a.n.i.«-Meldung war die einzige Antwort der Kirche auf das Warten und Hoffen der Gläubigen und den ausdrücklichen Wunsch der Gottesmutter: eine in keinerlei Weise offizielle Pressemeldung voller inhaltlicher Fehler, die jeden Fatima-Kenner nur den Kopf schütteln lässt. Um nur drei herauszuheben:

1. Das Siegel des Briefes war zu diesem Zeitpunkt längst geöffnet worden, und zwar von Papst Johannes XXIII. persönlich.
2. Schwester Lucia hat nie gesagt, dass der Brief »nur« während des Jahres 1960 geöffnet werden dürfe. 1960 wurde lediglich als spätester Termin empfohlen.
3. Sollte Lucia vor 1960 versterben, so hatte sie angeordnet, hätte das Geheimnis bereits früher enthüllt werden können – ansonsten war nie eine Kausalität hergestellt worden: Schließlich hatte sie die ersten beiden Geheimnisse auch zu ihren Lebzeiten veröffentlicht.

»Ich wurde in dieser Frage nicht konsultiert. Was ich über die Nichtveröffentlichung im Jahre 1960 weiß, habe ich aus der Zeitung erfahren«, erklärte am 24. Februar 1960 der Patriarch von Lissabon, Kardinal Cerejeira. Erst Jahre später erwähnte Papst Johannes XXIII. ihm gegenüber das Geheimnis »in vagen Begriffen, sehr allgemein gehalten. Ich begriff, das es dabei um äußerst schwerwiegende Angelegenheiten ging …«, denn »wenn es froher Natur wäre, hätte man es uns gesagt. Da uns nichts gesagt wurde, bedeutet es, dass es sehr traurig ist.« Die Gläubigen in aller Welt reagierten mehr als enttäuscht, und fast schien es so, als hätte die Entscheidung der Kirche der Begeisterung für Fatima und der weltweiten Verehrung des »Unbefleckten Herzens Unserer Lieben Frau« ernsthaften Schaden zugefügt.

Drei Jahre später, am 1. Oktober 1963, wurde scheinbar Abhilfe geschaffen. Die deutsche Zeitung »Neues Europa« veröffentlichte, sich auf vatikanische Insiderquellen berufend, eine »diplomatische Version« der »Dritten Botschaft« von Fatima, die angeblich der Nachfolger von Johannes XXIII., Papst Paul VI., auf dem Höhepunkt der Kubakrise den Regierungen in Washington, London und Moskau zukommen ließ. Danach war der Atombombenteststop, den die Außenminister der UdSSR, Gromyko, Großbritanniens, Home, und US-Staatssekretär Rusk am 6. August 1963 im Kreml unterschrieben,

> »nicht nur das Ergebnis weltweiter Diplomatie, sondern auch vatikanischer Diplomatie. Tatsächlich war es das erste Mal in der jüngeren Menschheitsgeschichte, daß bei einem Abschluss eines politischen Abkommens von weltweiter Bedeutung die Beteiligten essenzielle Faktoren aus religiösen Daten unter Betracht zogen. Papst Paul VI. erlaubte nicht nur Kennedy, sondern auch Chruschtschow, einen Blick in gewisse Teile der »Dritten Botschaft« von Fatima zu werfen, die die Gottesmutter am 13. Oktober 1917 der kleinen portugiesischen Seherin Lucia enthüllte. Diese Botschaft ist von solcher Dringlichkeit, dass sie selbst die am Abschluss des Moskauer Abkommens beteiligten Parteien tief beeindruckte.«

Tatsächlich befand sich die Welt nur wenige Monate zuvor, im Oktober 1962, am Rande des Abgrunds. Ausgelöst worden war die Krise, als US-Präsident John F. Kennedy der Weltöffentlichkeit am 22. Oktober bekannt gab, dass amerikanische Luftaufklärer die Aufstellung von sowjetischen Mittelstreckenraketen und den Ausbau von Abschussrampen auf Kuba beobachtet und fotografiert hätten. Die Situation spitzte sich zu, als Kennedy ein Embargo über alle zu der Insel fahrenden Schiffe verhängte und dieses unmissverständlich durch die Entsendung von US-Kriegsschiffen unterstrich. Die Sowjetunion und Kuba reagierten mit Anträgen auf Einberufung des UN-Sicherheitsrates und Erhöhung der Kampfbereitschaft der Roten Armee sowie die Mobilmachung der kubanischen Streitkräfte. Weltweit befürchtete man den unmittelbaren Ausbruch eines dritten Weltkrieges, der, so war man sich sicher, ein alles vernichtender Atomkrieg werden würde. Doch zunächst hatten die Diplomaten das Wort: UNO-Generalsekretär UThant übermittelte auf Wunsch von 45 blockfreien Staaten den drei Regierungschefs in Washington, Havanna und Moskau einen Vermittlungsvorschlag. Papst Johannes XXIII. richtete am 25. Oktober einen verzweifelten Friedensappell an die Menschheit. Die Lage entspannte sich, als der sowjetische Generalsekretär Nikita Chruschtschow den Vermittlungsvorschlag UThants annahm und den sowjetischen Schiffen auf dem Weg nach Kuba den Befehl zur Kursänderung erteilte. Doch die USA bestanden weiterhin auf den Abbau der Raketenbasen. Schließlich lenkte Chruschtschow am 28. Oktober auch hier ein, nicht ohne den Amerikanern die Garantie abzuringen, keine Invasion gegen Kuba zu unternehmen. Es kam wieder zu Gesprächen zwischen den Großmächten, die jedoch immer wieder durch neues Säbelrasseln von beiden Seiten erschwert wurden, bis endlich am 5. August 1963 in Moskau der Atomteststopvertrag, ein bedeutender Schritt in Richtung Weltfrieden, unterzeichnet werden konnte. Spielte dabei tatsächlich die Fatima-Botschaft eine Rolle? Hatte vielleicht schon Johannes XXIII. sie auf dem Höhepunkt der Kubakrise den Weltführern zugänglich gemacht?

Das behauptete die Zeitung. Weiter erklärte »Neues Europa«-Chefredakteur Louis Emrich:

> »Ich habe alles nur Mögliche versucht, selbst an den Originaltext der ›Dritten Botschaft‹ von Fatima zu kommen, doch all meine Bemühungen blieben vergebens. Der Vatikan hat alle Vorkehrungen getroffen, damit das Dokument ein päpstliches Geheimnis bleibt … Trotzdem bin ich heute in der Lage, den Lesern von ›Neues Europa‹ in allen Ländern einen Auszug aus dem Text des ›Dritten Geheimnisses‹ zu präsentieren, in der Form, in der er Eingeweihten in diplomatischen Kreisen in Washington, London und Moskau zugänglich gemacht wurde … Obwohl das Dokument nicht der Originaltext der Botschaft von Fatima ist, wie sie am 13. Oktober 1917 von der Gottesmutter der kleinen Seherin Lucia enthüllt wurde, sind hier trotzdem essenzielle Punkte des Originals zu finden. Darin heißt es:
>
> Es war am dreizehnten Oktober 1917. An diesem Tag erschien die Heilige Jungfrau zum letzten Mal den kleinen Visionären Jacinta, Francisco und Lucia am Ende einer Reihe von insgesamt sechs Erscheinungen. Nach der Manifestation des Sonnenwunders von Fatima enthüllte die Gottesmutter eine besonders geheime Botschaft an Lucia, in der sie ausdrücklich erklärte:
>
> ›Habe keine Angst mein Kleines, denn ich bin die Muttergottes, die zu dir spricht und ich bitte dich, diese Botschaft der ganzen Welt zu

verkünden. Wenn du dies tust, wirst du auf starken Widerstand stoßen. So höre gut zu und passe auf, was ich dir erzähle. Die Menschen sollten sich bessern. Demütig müssen sie um Vergebung der Sünden bitten, die sie begangen haben und die sie begehen mögen. Über die ganze Menschheit wird eine große Züchtigung kommen, noch nicht heute und noch nicht morgen, aber in der zweiten Hälfte des zwanzigsten Jahrhunderts. Was ich in La Salette bereits durch die Kinder Melanie und Maximin zum Ausdruck brachte, wiederhole ich heute dir gegenüber. Die Menschheit hat sich nicht so entwickelt, wie Gott es erwartete. Die Menschheit hat gefrevelt und das Geschenk, das ihr gegeben wurde, mit Füßen getreten. Nirgends mehr herrscht Ordnung. Selbst in den höchsten Stellen regiert Satan und bestimmt den Lauf der Dinge. Er wird es verstehen, sogar in die höchsten Spitzen der Kirche einzudringen. Es wird ihm gelingen, die Köpfe großer Wissenschaftler zu verwirren, die Waffen erfinden, mit denen man die Hälfte der ganzen Menschheit in wenigen Minuten vernichten kann. Er wird die Mächtigen der Völker in seinen Bann schlagen und sie veranlassen, dass diese Waffen in Massen erzeugt werden. Sollte sich die Menschheit dem nicht entgegenstellen, werde ich gezwungen sein, den Arm meines Sohnes Jesus Christus fallen zu lassen. Siehe, Gott wird dann die Menschen strafen, noch härter und noch schwerer, als er sie durch die Sintflut gestraft hat.
Und die Großen und Mächtigen werden dabei genauso zugrunde gehen wie die Kleinen und Schwachen. Aber auch für die Kirche kommt eine Zeit schwerster Prüfungen. Kardinäle werden gegen Kardinäle und Bischöfe gegen Bischöfe sein! Satan tritt mitten in ihre Reihen. Auch in Rom wird es große Veränderungen geben. Was faul ist, fällt und was fällt, soll nicht gehalten werden.
Die Kirche wird sich verfinstern, und die Welt gerät in große Bestürzung. Der große Krieg fällt in die zweite Hälfte des zwanzigsten Jahrhunderts, Feuer und Rauch werden dann vom Himmel fallen, und die Wasser der Ozeane werden verdampfen, und die Gischt wird gen Himmel zischen, und alles wird umstürzen, was aufrecht steht. Und Millionen und Abermillionen von Menschen werden von einer zur anderen Stunde ums Leben kommen, und die, welche dann noch leben, werden diejenigen beneiden, welche tot sind. Drangsal wird sein, wohin man schaut, und Elend auf der ganzen Erde und Untergang in allen Ländern.

Siehe, die Zeit kommt immer näher und der Abgrund wird immer größer, und es gibt keine Rettung, und die Guten werden mit den Schlechten sterben und die Großen mit den Kleinen und die Kirchenfürsten mit ihren Gläubigen und die Herrscher der Welt mit ihren Völkern, und überall wird der Tod regieren, von irrenden Menschen zu seinem Triumph erhoben und von Knechten Satans, der dann der einzige Herrscher auf Erden ist. Es wird eine Zeit sein, die kein König und Kaiser und kein Kardinal und Bischof erwartet. Und sie wird dennoch kommen nach dem Sinn meines Vaters, um zu strafen jene, die bestraft werden müssen.
Später aber, wenn die, die alles überstehen, noch am Leben sind, wird man erneut nach Gott und seiner Herrlichkeit rufen und Gott wieder dienen, wie einst, als die Welt noch nicht verdorben war. Ich rufe auf alle wahren Nachfolger meines Sohnes Jesus Christus, alle wahren Christen und die Apostel der letzten Zeit.
Die Zeit der Zeiten kommt und das Ende aller Enden, wenn die Menschheit sich nicht bekehrt und diese Bekehrung nicht von oben kommt, von den Regierenden der Welt und den Regierenden der Kirche. Doch wehe, wehe, wenn diese Bekehrung nicht kommt und alles bleibt, wie es ist, ja alles noch viel schlimmer wird! Gehe hin, mein Kind, und verkünde das! Ich werde dir dabei helfend zur Seite stehen.‹«

Zum Abschluß des »Geheimnisses« erklärte Emrich:

»Ich möchte noch einmal hinzufügen, dass dies nicht der Text der Originalbotschaft ist …, sondern ein Auszug aus der ›Dritten Botschaft von Fatima‹, wie er in diesem Moment in diplomatischen Kreisen zirkuliert. Mir wurde versichert, dass der authentische Text der Botschaft noch harscher und überwältigender ist als der oben wiedergegebene Auszug.«

Heute wissen wir, dass der Emrich-Text keineswegs authentisch ist. Bestenfalls enthielt er einen wahren Kern, der inmitten eines Wustes von apokalyptischen Fantastereien verborgen liegt. Aus vier Gründen konnte die »diplomatische Version« in dieser Form einfach nicht echt sein:

1. Das »Dritte Geheimnis« ist tatsächlich nur der dritte, unveröffentlichte Teil der Marienbotschaft vom 13. Juli 1917, die aus drei Tei-

len bestand, von denen Lucia den ersten und den zweiten bereits 1942 veröffentlichte. Es hat nie eine Offenbarung nach dem Sonnenwunder gegeben, denn als Lucia »Schaut zur Sonne!« rief, beobachtete sie gerade, wie die Gottesmutter in Richtung der Sonne verschwand. Der gesamte Wortlaut der Botschaft vom 13. Oktober 1917 ist gleich verkündet worden und war nie ein Geheimnis. Die Datierung des Emrich-Geheimnisses ist also schlichtweg Unsinn.

2. Die »diplomatische Version«, die sogar ausdrücklich nur ein Auszug aus der Marienbotschaft sein soll, ist viel zu lang. Das echte Geheimnis passte auf einen einzigen gefalteten Bogen Papier.
3. Sie ist kein Geheimnis. »Gehe hin mein Kind und verkünde das!«, forderte die Gottesmutter angeblich Lucia auf. Das echte Geheimnis durfte Lucia aber selbst unter der Androhung von Folter (im Büro des Kreisvorstehers) nicht preisgeben.
4. Das echte »Dritte Geheimnis« muss in Beziehung zum zweiten Teil des Geheimnisses stehen. Die Emrich-Version jedoch ist eine völlig neue Botschaft, ohne jede Verbindung zum bekannten Text der ersten beiden Geheimnisse.

Trotzdem erklärte Louis Emrich in der nächsten Ausgabe von »Neues Europa« am 1. November 1963:

> »Der Text, den wir von der ›Dritten Botschaft von Fatima‹ veröffentlichten, stellt nur einen Auszug dar, der in diplomatischen Kreisen bekannt wurde. Der wichtigste Teil, die Quintessenz der Offenbarung der Gottesmutter, war uns nicht zugänglich. In diesem Fall sagten die besorgten Worte der Heiligen Jungfrau Ereignisse voraus, die in Rom stattfinden werden, und die den Vatikan und das Papsttum betreffen, an der Dämmerung des Tages J, wenn die Menschheit der göttlichen Züchtigung übergeben wird. Die sich darauf beziehende Passage, die die Grundlage und Schlussfolgerung der dritten Voraussage von Fatima darstellt, wurde vollständig aus dem Text entfernt und bleibt ein Staatsgeheimnis des Vatikans, bis eine neue Anweisung erteilt wird. Wir wissen jedoch, was in der fraglichen Passage ausgesagt wird. Sie bezieht sich auf die Zukunft des Heiligen Stuhls und aller mit ihm verbundenen Institutionen …«

Hatte Emrich sich das alles nur ausgedacht? Oder war er tatsächlich auf echte Gerüchte aus dem Vatikan gestoßen, Wortfetzen aus dem echten »Dritten Geheimnis«, die er, zweifellos inspiriert durch die »Große Botschaft von La Salette«, einer Marienoffenbarung aus dem Jahre 1846, zu dem uns bekannten Text zusammenfasste? Dieser Frage ging der bekannte deutsche Parapsychologe Prof. Hans Bender vom »Institut für Grenzgebiete der Psychologie« der Universität Freiburg 1981, sieben Jahre nach Emrichs Tod, auf den Grund. Dabei befragte er Emrichs Witwe, Frau Hella Emrich, nach den Umständen der Veröffentlichung der »diplomatischen Version« des Fatima-Geheimnisses. Bender fasste später ihre Aussagen wie folgt zusammen:

> »Nachdem ihr Mann sich längere Zeit vor der Veröffentlichung am 15. Oktober 1963 mit Fatima befaßt hatte und schon Informationen über den wahrscheinlichen Inhalt des vom Vatikan gehüteten ›Staatsgeheimnisses‹ erhalten hatte, besuchte ihn ein Pater aus dem Vatikan, der aber ausdrücklich betonte, dass er nicht im Auftrage des Vatikans komme. Das Gespräch zwischen ihrem Mann und dem Pater fand unter vier Augen statt und dauerte den ganzen Vormittag. Ihr Mann habe sich danach geäußert, er könne verstehen, warum das geheim gehalten werde. Man wolle die Menschen nicht beunruhigen. Es sei ganz schrecklich, was da auf uns zukomme, die Apokalypse. Jetzt müsse und könne er darüber schreiben, um zu warnen, denn er habe jetzt übereinstimmende Informationen. Nach seinen Notizen habe ihr Mann dann die ›diplomatische Version des ›Dritten Geheimnisses von Fatima‹ zusammengestellt … Auf die Frage nach dem Motiv des Paters sagte Frau Emrich: ›Er war ein Leser von ›Neues Europa‹ und hat Nummern aufgehoben, in denen mein Mann den Zweiten Weltkrieg voraussagte. Er hat das Gefühl gehabt, dass es höchste Zeit ist, den Menschen die Augen zu öffnen und zu sagen, was uns noch alles bevorsteht. So fand er es dringend notwendig, meinen Mann zu sehen und mit ihm zu sprechen.‹«

Glauben wir Frau Emrich, so stammten die grundlegenden Informationen, die ihr Mann erhielt, also aus dem Vatikan. Auch sie betont, dass die »Neues Europa«-Version von ihrem Mann verfasst wurde auf der Grundlage von Notizen, die er sich im Verlauf eines längeren Gespräches gemacht hatte. Inwieweit dabei die Fantasie mit dem Journalisten durchgegangen ist, mag dahingestellt bleiben, wobei seine Intention möglicherweise sogar aufrichtig war. Das würde auch die verbalen Ausschweifungen erklären, die Überlänge, die falsche zeitliche Zuordnung und die Textverwandtschaft mit der La Salette-Botschaft, die uns an ihrer Authentizität zweifeln ließen.

Dabei bleibt die Frage, ob es sich bei der »Indiskretion« des Paters aus dem Vatikan tatsächlich um die Handlung eines einzelnen Idealisten handelt oder um den Teil eines Planes, den man durchaus als »gezielte Desinformation« bezeichnen kann. »Desinformation« ist ein Begriff aus der Geheimdienstsprache, der sich am leichtesten mit dem Churchill-Zitat »man verbirgt eine Wahrheit am wirksamsten zwischen zwei Lügen« erklären lässt. Wir können mit Sicherheit davon ausgehen, dass Emrichs Geschichte von der »vatikanischen Geheimdiplomatie« unter Zuhilfenahme des Fatima-Geheimnisses eine reine Erfindung ist – sie ist jedenfalls nie aus irgendeiner anderen Quelle bestätigt worden. In diesem Rahmen aber erfüllt die Veröffentlichung der »diplomatischen Version« einen doppelten Zweck:

1. Die Gläubigen, die seit 1960 die Freigabe des Geheimnisses verlangten, waren erst einmal befriedigt. Sie hatten etwas vorliegen, das, echt oder nicht, ihre schlimmsten apokalyptischen Befürchtungen bestätigte und zumindest zum Nachdenken anregte.
   Andererseits würde eine Publikation in einer eher kleinen und dubiosen Zeitschrift nie die öffentliche Beachtung finden, wie eine Veröffentlichung in einem großen und seriösen Blatt. Wer es glauben wolle, könnte es glauben, doch im Falle einer Überreaktion ließe sich das alles ebenso schnell wieder dementieren.
2. Es wurde der Eindruck erweckt, die Welt sei durch eine gezielte diplomatische Aktion in der schlimmsten Bedrohung des Friedens seit Ende des Zweiten Weltkriegs gerettet worden – dank der Fatima-Botschaft und der Umsicht des neuen Papstes.

Offiziell heißt es, Papst Paul VI. hätte den Text erst am 27. März 1965 im Beisein seines Substituten Msgr. Angelo Dell'Aquas gelesen. Msgr. Capovilla, der Sekretär seines Vorgängers, dagegen weiß:

> »Paul VI. bat nach seiner Wahl um alle Informationen bezüglich dieses Dokumentes; ich erinnere mich nicht mehr, ob das im Juli 1963 war oder ein paar Monate später. Aber wir können glauben, dass er das Geheimnis las.«

Ein anderes Mal ergänzte Capovilla:

> »Paul VI. fragte mich: Was war die Meinung des Heiligen Vaters Papst Johannes XXIII.? Er wollte wahrscheinlich mehr wissen, aber ich konnte ihm nur sagen, was ich wusste, und das war, dass er entschied: ›Ich will das anderen überlassen.‹ Er sagte nicht: ›Ich überlasse das meinem Nachfolger‹, er sprach von ›anderen‹. Und Paul VI. meinte: ›Das mache ich auch.‹«

Dann schickte er den Umschlag an das Archiv des Heiligen Offiziums, mit der Anweisung, ihn auf keinen Fall zu veröffentlichen.

Offiziell hüllte sich der Heilige Stuhl weiterhin in Schweigen, ein Schweigen, das anhielt, als sich die Ereignisse von Fatima zum 50. Mal jährten. Schon im Vorfeld der Vorbereitungen für die Jubiläumsfeier, am 11. Februar 1967, hielt Kardinal Ottaviani, Präfekt der Kongregation für die Glaubenslehre, vor der Päpstlichen Marianischen Akademie eine Ansprache, in der er den zukünftigen Kurs in Sachen »Drittes Geheimnis« festlegte, der da lautete:

1. Das »Dritte Geheimnis« wird nicht enthüllt, weil es an den Heiligen Vater gerichtet ist und nur an ihn.
2. Die Gläubigen müssen sich mit dem Aufruf zu »Gebet und Buße«, der schon in Lourdes an sie gerichtet wurde, abfinden.
3. Es ist sinnlos, über den Inhalt des »Dritte Geheimnisses« zu spekulieren, weil noch kein Teil von ihm enthüllt wurde.
4. Man braucht sich nicht vor dem Inhalt des Geheimnisses zu fürchten. Fatima ist keine alarmierende Botschaft, es ist eine Botschaft der Hoffnung.

Kardinal Ottaviani wörtlich über das »Dritte Geheimnis«:

> »In dieser Botschaft gab es einen privaten Teil, der (Lucias) Bruder und ihre Schwester betraf, es gab einen Teil, der die ganze Welt betraf (er lud die ganze Welt zu Gebet und Buße ein) und schließlich gab es einen dritten Teil der Dinge, die ihr die Heilige Jungfrau anvertraute. Und diese Dinge hat sie ihr (Lucia) nicht für sich selbst anvertraut, nicht für die Welt – zumindest zum gegenwärtigen Zeitpunkt –, sondern für den Stellvertreter Christi. …

Die Botschaft sollte nicht vor 1960 geöffnet werden. Ich fragte Lucia: ›Warum dieses Datum?‹ Und sie antwortete mir: ›Weil es dann sehr viel klarer sein wird‹. Deshalb glaube ich, dass die Botschaft prophetisch im Tonfall ist, denn die Prophezeiungen, wie wir sie auch in der Heiligen Schrift finden, sind oft von einem Schleier des Mysteriösen verhüllt …
Ich, der ich die Gnade hatte, den Text des Geheimnisses zu lesen – obwohl ich ebenfalls durch das Geheimnis an die Geheimhaltung gebunden bin – ich kann sagen, dass alles, was im Umlauf ist, nur auf abergläubischer Fantasie beruht ... man kann sich ziemlich sicher sein, dass das wahre Geheimnis auf eine Art und Weise verwahrt wird, daß niemand einen Blick darauf werfen kann.«

Doch Ottavianis Erklärung überzeugte nicht, mehr noch, sie strotzte nur so vor Ungenauigkeiten und Fehlern. Nachdem er sogar mit Lucia persönlich gesprochen hatte, müsste der Kardinal eigentlich wissen, dass Francisco und Jacinta nicht ihre Geschwister, sondern ihr Cousin und ihre Cousine waren. Das »Dritte Geheimnis« mochte zwar vom Papst handeln, war aber nie direkt an den Heiligen Vater gerichtet. Und wenn es sich bei ihm tatsächlich nur um eine »Botschaft der Hoffnung« handeln würde, dann war zu fragen, weshalb der Vatikan es dann noch unter Verschluss hielt.

Umso überraschter waren Beobachter des Vatikans dann doch, als der Heilige Vater selbst in Fatima das Wort ergriff. Der 50. Jahrestag der Erscheinungen, der 13. Mai 1967, sollte alle bisherigen Fatima-Jubiläen übertreffen – der Papst persönlich kam, es war seine vierte Auslandsreise überhaupt.

Hunderttausende säumten seinen Weg, als Paul VI. in einem alten, weißen, mit den päpstlichen Wappen verzierten Rolls Royce mit offenem Verdeck die 50 Kilometer vom Militärflughafen Monte Real, wo er von Portugals Staatspräsident und der Regierung begrüßt worden war, nach Fatima zurücklegte. Das Wetter war kühl, fast winterlich, es kam zu Windböen und Regenschauern. Gekleidet in seine weiße Soutane, vor Wind und Wetter geschützt durch einen dunkelroten Regenmantel, erwiderte der Heilige Vater stehend die zahllosen Ovationen der Menschen. Drei Millionen Portugiesen waren in das Dorf in der Serra de Aire gekommen, in die Cova da Iria, die erst durch die Erscheinungen der Himmelskönigin und jetzt durch den Stellvertreter Christi auf Erden geweiht wurde. Endlich erreichte die Wagenkolonne den Wallfahrtsort, gelang es den Ordnern, ihr den Weg durch die drängelnde Masse zu bahnen. Dort, auf einer Tribüne zu Füßen der Basilika, sollte er die Heilige Messe feiern und in sieben Sprachen zur Jungfrau von Fatima für die von Hungersnöten und Kriegen bedrohte Welt beten. An seiner Seite hatten sich die Bischöfe Portugals, Hunderte Priester, die Abgesandten der spanischen und italienischen Königshäuser, die Mitglieder des diplomatischen Korps und eine einfache Nonne eingefunden, die eher verschüchtert auf die Massendemonstration des Glaubens reagierte, die so sehr im Gegensatz zur Einsamkeit ihres Klosterlebens stand: Schwester Lucia, die den Karmel von Coimbra zu diesem Anlass ausnahmsweise verlassen und zum zweiten Mal seit 1921 in ihre Heimat zurückkehren durfte. Allein und in portugiesischer Sprache zelebrierte der Papst die Heilige Messe, um dann in der Homilie zum Thema des Friedens in der Kirche und in der Welt zu sprechen, das, so war jeder überzeugt, auch den Kern des »Dritten Geheimnisses von Fatima« ausmachte. Er wusste, dass jedes seiner Worte abgewägt werden würde auf die Frage hin, ob es einen versteckten Hinweis auf die Marienbotschaft beinhaltet. Jene, die danach suchten, sollten nicht enttäuscht werden. Der Montini-Papst erklärte:

> »Ihr wisst, dass die Welt in einer Phase großer Umwandlungen begriffen ist, infolge der gewaltigen und wunderbaren Fortschritte im Erkennen und Erobern der Reichtümer dieser Erde und des Universums. Aber ihr wisst auch, daß die Welt unglücklich und besorgt ist; der erste Grund dieser Besorgnis ist die Schwierigkeit der Verständigung, die Schwierigkeit der Friedenssicherung. Alles scheint die Welt auf Brüderlichkeit und Einheit hinzudrängen. Und doch brechen immer wieder diese schrecklichen Konflikte aus. Zwei Hauptgründe lassen diese historische Lage der Menschheit besonders ernst erscheinen: Sie besitzt entsetzlich mörderische Waffen im Überfluss und ist in moralischer Hinsicht nicht soweit fortgeschritten wie auf wissenschaftlichem und technischem Gebiet. (…) Deshalb sagen wir: Die Welt ist in Gefahr! Deshalb sind wir gekommen, um zu Füßen der Königin des Friedens zu knien und sie um ein Geschenk zu bitten, das allein Gott geben kann: den Frieden. (…)
>
> Wir kommen als Pilger. Unser brennender Wunsch ist es, der Heiligsten Mutter Gottes in der Cova da Iria als Sohn zu huldigen. Wir lenken unsere Schritte dahin im Geiste des Gebets und der Buße,

> um Unsere Liebe Frau von Fatima anzuflehen, sie möge in der Kirche und in der Welt das unschätzbare Gut des Friedens herrschen lassen.«

Das klang schon sehr danach, als sei der Heilige Vater von einem Fatima-Geheimnis inspiriert worden, das zumindest inhaltlich in etwa der »diplomatischen Version« mit ihren Hauptthemen – Warnung vor dem Atomkrieg und vor der Krise der Kirche – entsprechen könnte.

Interessanterweise ist die Emrich-Version vom Vatikan nie offiziell bestätigt oder dementiert worden, obwohl sie selbst in der Kurie bekannt war und diskutiert wurde. So verkündete Radio Vatikan am 13. Mai 1977:

> »Weder Papst Johannes XXIII. noch Papst Paul VI. hielten es für richtig, der Welt den dritten Teil des Geheimnisses von Fatima bekannt zu geben, und was die Veröffentlichung vom 15. Oktober 1963 in der Stuttgarter Zeitschrift ›Neues Europa‹ betrifft, so wurde diese weder dementiert noch bestätigt. Jedenfalls scheint sicher, dass der dritte Teil des Geheimnisses eine besondere Tragweite hat, was bestätigt wird durch die tragische Wirklichkeit der Welt, in der wir gegenwärtig leben. Ist die Erfüllung der Zeiten gekommen? Leben wir in der Vorphase der Apokalypse, wie sie Johannes prophezeite?«

Im selben Jahr, 1977, zur Feier des 60. Jahrestages der Erscheinungen, besuchte der Patriarch von Venedig, Kardinal Albino Luciani, mit einer fünfzigköpfigen Delegation aus Venedig die Erscheinungsstätte. Von dort aus fuhr er weiter nach Coimbra, feierte die Messe in der Kapelle des Karmeliterinnen-Klosters und sprach zwei Stunden lang unter vier Augen mit Schwester Lucia. Am Ende des Gespräches, so einer seiner Begleiter, »erschien der Kardinal blass, als sei ihm ein Gespenst begegnet, ein Eindruck, den jedes Mitglied unserer Gruppe gleichermaßen hatte«. Der sonst so heiter-gelassene Luciani wirkte, als leide er unter einer großen Last. Kurz darauf, so erinnerte sich seine Schwägerin, als er seine Familie besuchte, verfiel er bei einem Abendessen in eine so merkwürdig schwermütige Stimmung, dass sie ihn fragte, ob etwas nicht in Ordnung sei. »Ich musste nur wieder darüber nachdenken, was Schwester Lucia mir in Coimbra gesagt hat. Das Geheimnis, es ist schrecklich!«, erwiderte er und verschwand mit seinem Brevier ins Schlafzimmer. Ein Jahr später wurde der Patriarch von Venedig zum Papst gewählt. Doch ihm blieb nicht mehr die Zeit, sich die Niederschrift des »Dritten Geheimnisses« zeigen zu lassen. Nach nur 33 Tagen auf dem Stuhl Petri brach der »lächelnde Papst« unter der Bürde seines Amtes zusammen und starb an einem Herzinfarkt.

Am Vortag der Wahl des jetzigen Papstes Johannes Paul II., nach dem verfrühten Tod seines Vorgängers, am 15. Oktober 1978, erschien in der Wochenzeitschrift »L'Osservatore della Domenica« ein Artikel, der weltweit für Aufsehen sorgte. Mit gutem Grund: Die Tageszeitung »L'Osservatore Romano« und der »Osservatore della Domenica« sind die einzigen offiziellen Publikationsorgane des Vatikanstaates. Der Verfasser des Beitrages war kein geringerer als Msgr. Corrado Balducci, Prälat der vatikanischen »Kongregation für die Evangelisierung der Völker« und langjähriges Kurienmitglied, der offenbar das Interregnum, die führungslose Zeit im Kirchenstaat, nutzte, um die Frage nach dem »Dritten Geheimnis von Fatima« erneut zur Diskussion zu stellen. Unter der Überschrift »Profezia e Realta« (Prophezeiung und Wahrheit) und dem Verweis: »Wahr oder nicht wahr – ich möchte sie berichten« zitierte er einige Sätze aus der »diplomatischen Version«, um dann auszuführen:

> »Es ging das Gerücht um, dass dieses dritte Geheimnis von Fatima 1960 publik würde, und man dachte, dass es dann während des Heiligen Jahres 1975 bekannt gemacht würde. Aber dem war nicht so, und man nahm deshalb an, dass kein Motiv es rechtfertigen würde, diese Prophezeiung zurückzuhalten, wenn es sich um gute Neuigkeiten handeln würde. Also muss dieses ›Dritte Geheimnis‹ sehr schreckliche Dinge zum Inhalt haben.«

Die Emrich-Version bezeichnete Msgr. Balducci als

> »einen Text, der nachdenklich stimmt und dessen Authentizität annehmbar erscheint … ich überlasse es dem Leser, sich über die Fatima-Botschaft sein eigenes Urteil zu bilden. An diesem Punkt möchte ich mich jedoch mit ihm in die Realität von heute einfühlen: Ich möchte den Traum unterbrechen, in dem wir zu leben scheinen, sofern wir nicht darüber unterrichtet sind, was uns erwartet. Stellen wir zunächst eine erste Frage: Besteht die Möglichkeit, dass ein neuer Weltkrieg ausbrechen wird? Und das zweite Fragezeichen: Wer ist so naiv zu glauben, dass ein zukünftiger Krieg nicht

> mit Atomwaffen ausgetragen würde? Wenn diese entsetzliche Eventualität einträfe, müssen wir damit rechnen, dass dabei die letzten, modernsten Waffen eingesetzt werden. Es käme dann zu einer Apokalypse ohne Beispiel, zu einer Vertilgung der Menschheit und einer schrecklichen Zerstörung seiner Werke. Man erinnere sich in diesem Zusammenhang an die Antwort Einsteins auf eine Frage bezüglich seiner Ansicht über den Ausgang eines dritten Weltkrieges: ›Das weiß ich nicht. Eines aber ist gewiss: Sollte danach ein weiterer Krieg stattfinden, würde er mit Pfeil und Bogen ausgetragen werden.‹ Gerade diese Aussicht auf eine enorme und allgemeine Zerstörung orientiert und leitet die Staatsmänner zur Intensivierung der diplomatischen Aktivitäten, zu Handlungen des guten Willens und zu unerwarteten Gesten der Geduld. In der dunklen, grausamen Bedrohung bleibt uns nur die tröstliche Gewissheit der religiösen Wahrheit …«

Wie Prof. Bender später aus dem Vatikan in Erfahrung brachte, wurde der Artikel von Balducci »zu einer Zeit publiziert, als ein Hauptgegner von Fatima während des Interregnums des Konklaves nicht amtierte … Aus der Tatsache, dass die Ausführungen Balduccis im ›Osservatore della Domenica‹ vom Vatikan nie dementiert worden sind, schließen Fatima-Experten auf die Authentizität der ›diplomatischen Version‹.«

Bei einem persönlichen Gespräch am 25. Mai 1997 in Rom erklärte mir Msgr. Balducci, dass er es sehr wohl für wahrscheinlich halte, dass die Emrich-Version starke Verzerrungen enthalte. Nichtsdestotrotz sei er davon überzeugt, dass es in der echten »Dritten Botschaft« von Fatima um zwei Dinge gehe: die Gefahr eines dritten Weltkrieges und die dogmatische und doktrinale Krise der Kirche. Zu derselben Schlussfolgerung kam Pater Messias Dias Coelho, ein namhafter Fatima-Experte, der sich 1971 auf einen »hochrangigen Kardinal« berief.

> »Diesem zufolge beinhaltet der fragliche Text (der ›diplomatischen Version‹) zwar einige Übertreibungen, entspricht aber in seinen Grundlagen der Wahrheit ... hinzu kommt, dass der zentrale Kern des fraglichen Textes, wie jeder erkennt, die Vorhersage eines zukünftigen Klimas der Spaltung innerhalb der Kirche darstellt, eine Prophezeiung, die vor acht Jahren noch unglaublich war, heute aber eine Realität darstellt.«

Heute, wo wir den Text des »Dritten Geheimnisses« kennen, wissen wir, dass Emrichs Version mit ihren beiden Hauptthemen »Feuer vom Himmel« und »Krise der Kirche« allenfalls – teilweise sogar falsch interpretierte – Elemente der Wahrheit enthielt.

Sicher dagegen war seit der Veröffentlichung von Lucias Memoiren, dass Jacintas Visionen vom Leiden eines Endzeitpapstes »etwas mit dem Geheimnis« zu tun hatten.

Auch Aussagen in den Briefen, die Lucia in Coimbra schrieb, deuten darauf hin. So meinte sie am 2. März 1945 in einem Brief an ihren früheren Beichtvater Pater Aparicio, der als Missionar nach Brasilien gegangen war:

> »Beten sie dort drüben für den Heiligen Vater? Es ist wichtig, unaufhörlich für Seine Heiligkeit zu beten. Tage großer Prüfungen und Qualen stehen ihm bevor.«

»Ja, ich habe es gelesen«, erklärte Joseph Kardinal Ratzinger, Präfekt der vatikanischen Glaubenskongregation, als er im August 1984 von dem italienischen Journalisten Vittorio Messori auch zum »Dritten Geheimnis von Fatima« befragt wurde. Auf die Frage nach seinem Inhalt und den Gründen für seine Geheimhaltung erwiderte Ratzinger laut der Erstveröffentlichung des Interviews in dem italienischen Katholikenmagazin »Jesus«:

> »Weil, nach dem Urteil der Päpste, es nichts dem hinzufügt, was der Christ schon von der Offenbarung kennen müsste: Ein radikaler Aufruf zur Bekehrung, die absolute Schwere der Geschichte, Gefahren, die den Glauben und das Leben des Christen und damit der Welt betreffen. Und ebenso die Wichtigkeit der ›Endzeit‹ … aber der Inhalt des ›Dritten Geheimnisses‹ entspricht dem, was in den Schriften angekündigt ist.
> Es ist nicht veröffentlicht worden, zumindest im Augenblick, um die Vermischung von religiöser Prophezeiung mit Sensationalismus zu vermeiden. Aber die Dinge, die in diesem ›Dritten Geheimnis‹ enthalten sind, entsprechen dem, was in der Schrift angekündigt ist und was durch viele andere Marienerscheinungen bestätigt wird, angefangen mit den Erscheinungen von Fatima selbst in ihrem bekannten Inhalt. Bekehrung, Buße sind grundlegende Bedingungen für die Erlösung.«

Damit hatte der Kardinal den Inhalt des »Dritten Geheimnisses« ziemlich klar umrissen. Es handelt also:

1. »Von den Gefahren, die den Glauben … des Christen betreffen.«
2. Von der »Wichtigkeit der Endzeit«.
3. Von jenen letzten Dingen, die »in der Schrift angekündigt« sind, also von der Apokalypse.

Es gibt nur eine Passage in den Evangelien, die sich mit der Endzeit befasst, und das ist die Weissagung Christi, die wir am ausführlichsten im 24. Kapitel des Matthäusevangeliums wiedergegeben finden:

> »Ihr aber werdet von Kriegen und Kriegsgerüchten hören, seht zu, lasst euch nicht schrecken; denn es muss so kommen, aber noch ist es nicht das Ende. Denn aufstehen wird Volk wider Volk und Reich wider Reich, und Hungersnöte werden sein von Ort zu Ort und Seuchen und Erdbeben. All das ist der Anfang der Wehen …
> Viele falsche Propheten werden aufstehen und werden viele verführen. Weil die Gesetzlosigkeit überhand nimmt, wird die Liebe der vielen erkalten. Wer aber ausharrt bis ans Ende, der wird errettet werden …
> Sogleich nach der Drangsal jener Tage wird die Sonne sich verfinstern und der Mond seinen Schein nicht mehr geben, die Sterne werden vom Himmel fallen, und die Kräfte des Himmels werden erschüttert werden. Dann wird das Zeichen des Menschensohnes am Himmel erscheinen, und wehklagen werden alle Völker der Erde.« (Matth. 24, 6–13)

Auch Lucia antwortete immer wieder auf Fragen nach dem Inhalt der »Dritten Botschaft«: »Er steht in den Evangelien, er steht in der Apokalypse (Der Geheimen Offenbarung des Johannes), lest sie!« und verwies auf die Kapitel 8–13.« »Wir durchleben gerade Kapitel 12 der Apokalypse«, erklärte auch Papst Johannes Paul II. bei einer seiner Ansprachen auf dem Petersplatz.

Als das oben zitierte Interview im Juni 1985 unter dem Titel »Bericht über den Glauben« als Buch erschien, fehlten eben diese Passagen, was für ihre Relevanz spricht. Stattdessen antwortete Ratzinger jetzt: »Dass diese Entscheidung (der Freigabe, MH) bisher nicht gefallen ist, dann nicht etwa, weil die Päpste etwas Schreckliches verbergen möchten …

Wenn dem so wäre, würde dies schließlich nur den bereits bekannten Teil der Botschaft von Fatima bestätigen. Von dort aus wurde eine ernste Warnung gesandt, gegen die sich durchsetzenden Frivolitäten, eine Erinnerung an die Ernsthaftigkeit des Lebens, die Geschichte, die Gefahren, die der Menschheit drohen. Es ist das, woran Jesus selbst so häufig erinnerte:

> »Wenn ihr euren Sinn nicht ändert, werdet ihr zugrunde gehen« (Luk. 13, 3). Bekehrung – und Fatima erinnert uns daran – ist eine ständige Forderung des christlichen Lebens. Wir sollten dies bereits aus der gesamten Heiligen Schrift wissen …, (daher) meint der Heilige Vater, dass es dem nichts hinzufügt, was der Christ aus der Offenbarung und den Marienerscheinungen, die von der Kirche in vollem Ausmaß anerkannt sind, kennt, die nur noch einmal die Dringlichkeit von Buße, Bekehrung, Vergebung und Fasten bestätigen. Eine Veröffentlichung des ›Dritten Geheimnisses‹ würde nur bedeuten, die Kirche der Gefahr des Sensationalismus auszusetzen, der Ausbeutung ihres Inhalts.«

Am 13. Oktober 1996 nahm der Präfekt der Glaubenslehrekongregation an den Feierlichkeiten zum 79. Jahrestag der letzten Erscheinung von Fatima teil. Am Vortag, dem 12. Oktober, interviewte ihn der katholische Sender Radio Renaschenza zu dem Geheimnis. Kardinal Ratzinger:

> »Allen Neugierigen möchte ich sagen, dass die Heilige Jungfrau keine Sensationsmache betreibt. Sie erzeugt keine Angst. Sie präsentiert keine apokalyptischen Visionen, sondern führt die Menschen zu ihrem Sohn. Und das ist, was essenziell ist.«

Papst Johannes Paul II. jedenfalls ließ sich Zeit, bevor er den Umschlag öffnete. Er las das »Dritte Geheimnis« erst im Sommer 1981. Doch als ihn bei seiner ersten Deutschlandreise im November 1980 Pilger auf das »Dritte Geheimnis« ansprachen, soll er bereits sehr ausführlich Stellung genommen haben. Es war in Fulda, wo er auf dem Domplatz bei strömendem Regen eine Ansprache vor Laien und Mitgliedern katholischer Verbände hielt, die ihm danach Fragen stellen konnten. Dabei ging es um die Handkommunion, die Zukunft der Kirche und vieles andere. Dem Korrespondenten der katholischen Zeitschrift »Stimme des Glaubens« zufolge lautete eine Frage: »Was geschah mit dem ›Dritten Geheimnis von Fatima‹? Sollte es nicht 1960 veröffentlicht werden?« Darauf erwiderte der Heilige Vater dem Bericht nach:

> »Wegen des schweren Inhalts, um die kommunistische Weltmacht nicht zu gewissen Handlungen zu animieren, zogen meine Vorgänger im Petrusamt eine diplomatische Fassung vor. Außerdem sollte es ja jedem Christen genügen, wenn er Folgendes weiß: Wenn zu lesen steht, dass Ozeane ganze Erdteile überschwemmen, dass Menschen von einer Minute auf die andere abberufen werden, und das zu Millionen, dann sollte man sich wirklich nicht mehr nach der Veröffentlichung dieses Geheimnisses sehnen. Viele wollen nur wissen, aus Neugierde und Sensationslust, vergessen aber, dass Wissen auch Verantwortung bedeutet. Es ist gefährlich, wenn jemand nur seine Neugierde befriedigen will, wenn er nicht gleichzeitig darauf vorbereitet ist, etwas zu tun, oder wenn jemand überzeugt ist, dass wir nichts tun können, um das vorhergesagte Unglück zu verhindern.«

Dann habe er nach seinem Rosenkranz gegriffen und hinzugefügt:

> »Hier ist das Gegenmittel gegen das Böse. Betet! Betet! – und fragt nicht weiter. Alles andere vertraut der Gottesmutter an.«

»Was wird in der Kirche geschehen?«, wollte ein anderer Pilger wissen. Der Heilige Vater erwiderte:

> »Wir müssen uns wohl in Bälde auf große Prüfungen gefasst machen. Ja, die sogar den Einsatz unseres Lebens fordern können und die Ganzhingabe an Christus und für Christus! Es kann gemildert werden durch euer und unser Gebet, aber nicht mehr abgewendet werden! Nur so kann die wirkliche Erneuerung der Kirche kommen! Wie oft schon wurde im Blut die Erneuerung der Kirche geboren. Nicht anders wird es auch diesmal geschehen. Seien wir stark und bereiten wir uns vor und vertrauen wir auf Christus und seine Heilige Mutter. Beten wir sehr viel und oft den Rosenkranz.«

Wir wissen nicht, wie zuverlässig dieser Bericht ist, der erst im Oktober 1981 in der »Stimme des Glaubens« erschien. Er darf jedenfalls nicht so verstanden werden, dass der Papst damit die »diplomatische Version«

von Emrich bestätigte. Denn zu diesem Zeitpunkt hatte Johannes Paul II. den Umschlag mit dem echten »Dritten Geheimnis« noch gar nicht geöffnet. So bezog er sich allenfalls auf den Bericht im »Osservatore della Domenica« vom 15. Oktober 1978, den er unmittelbar nach seiner Wahl zum Papst gelesen haben könnte. Jedenfalls konnte er damals noch nicht ahnen, wie bald sich die echte Prophezeiung erfüllen sollte. Erst ein halbes Jahr später sorgte das »Dritte Geheimnis von Fatima« weltweit für Schlagzeilen.

Flughafen Le Touquet bei Paris, 12. Mai 1981, kurz vor 15.00 Uhr. Die Fluglotsen gingen ihrer täglichen Routine nach, als sie einen dringenden Funkspruch empfingen. Er kam von einer Boeing 737 der irischen Fluggesellschaft Air Lingus. Der Bordkommandant Edward Foyle bat um sofortige Landeerlaubnis. Sie wurde ihm erteilt. Um 15.00 Uhr setzte Flug Nr. 164 von Dublin nach London-Heathrow sicher auf der Landebahn 32 auf. Jetzt begannen die strengsten Sicherheitsvorkehrungen, die Le Touquet je erlebt hatte. Denn die irische Maschine befand sich in der Gewalt eines Luftpiraten.

Um 13.35 Uhr, kurz vor der planmäßigen Landung in London-Heathrow, war einer der 108 Passagiere der Maschine in das Cockpit eingedrungen. Der kleine, unscheinbare Mann mit schütterem, zurückgekämmtem, schneeweißem Haar im blau-rot karierten Hemd wirkte so ganz und gar nicht wie ein Terrorist. Doch mit ausdruckslosem Gesicht und beherrschter Stimme befahl er dem Piloten, wieder an Höhe zu gewinnen. Er hatte ein gewichtiges Argument bei sich: einen metallischen Gegenstand von der Form einer Wärmflasche, der, wie er erklärte, ein Sprengstoffcontainer sei. Flugkapitän Foyle konnte kein Risiko eingehen. So folgte er zunächst der Anweisung des Luftpiraten, der wie selbstverständlich als neues Ziel Teheran angab. Doch dafür befand sich nicht genug Kerosin im Tank, erklärte ebenso sachlich der Pilot. Schließlich einigte man sich auf eine Zwischenlandung in Le Toquet.

Unmittelbar nach Eingang des Funkspruches von Flug 164 waren der französische Staatspräsident und Innenminister Christian Bonnet informiert worden. Sofort wurden die für einen solchen Fall üblichen Maßnahmen ergriffen: Die Landebahn wurde gesperrt mit dem Ziel, die Maschine am Weiterflug zu hindern. Eine Spezialeinsatzgruppe der französischen Polizei wurde vor Ort beordert mit dem Auftrag, die Entführung so schnell und so unblutig wie möglich zu beenden. Und schließlich trafen auch Feuerwehr und Krankenwagen ein, um im Notfall sofort erste

Hilfe leisten zu können. Sicherheitshalber wurden Wohnhäuser einer benachbarten Ortschaft evakuiert.

Dann fragte man über Funk den Entführer nach seinen Forderungen. Die Antwort machte schlagartig deutlich, dass man es tatsächlich nicht mit einem gewöhnlichen Terroristen zu tun hatte. Der Mann forderte weder die Freilassung politischer Gefangener noch Geld. Er wolle, so erklärte er, dass die Wahrheit ans Licht kam. Die Wahrheit über das »Dritte Geheimnis von Fatima«. Dazu solle die Weltpresse ein neunseitiges Pamphlet veröffentlichen, das er verfasst hatte. Weiter verlange er vom Vatikan, den Originaltext Schwester Lucias endlich freizugeben. Und schließlich ein kleines persönliches Anliegen, möge man ihn doch bitte nach Teheran bringen.

Gegen 17.00 Uhr fuhr der Direktor des Flughafens zu der Maschine, an die längst eine Ausstiegstreppe herangefahren worden war. Die Bordtüre öffnete sich langsam, der Flugkapitän reichte, von dem Luftpiraten bewacht, die neun Seiten heraus. Sie wurden sofort an die Polizei weitergeleitet. Von ihrem Inhalt sollte die Öffentlichkeit nie etwas erfahren. Sie wurden bis heute nicht veröffentlicht. Nur der Name, mit dem er den Artikel gezeichnet hatte, wurde bekannt gegeben: Lawrence James Downey.

Bald war klar, dass dieser Mann tatsächlich kein gewöhnlicher Krimineller war. In Australien geboren, war er 1950 in das Trappistenkloster von Tre Fontane in Rom aufgenommen worden. Eben dort war es drei Jahre zuvor zu Marienerscheinungen gekommen. 1952 legte er die einfachen Gelübde ab, doch schon zwei Jahre später schloss man ihn aus dem Orden aus. Angeblich soll er einen Vorgesetzten tätlich angegriffen haben. Der Australier verließ Rom und ging nach Fatima, um dort künftig als Fremdenführer für das Heiligtum zu arbeiten.

Aus unbekannten Gründen verließ er 1972 Europa, um in seiner Heimat zu heiraten, Vater von fünf Kindern zu werden und sein Glück als Söldner und Journalist zu versuchen. Als er in dubiose Finanzgeschäfte verwickelt, des Betrugs bezichtigt und gegen ihn ein Verfahren eröffnet wurde, ging er nach Irland. Dort gründete er eine Privatschule und setzte seine journalistische Tätigkeit fort. Er war also gebildet und journalistisch geschult. Das aber ließ die Erklärung der Polizei, sein Artikel habe nur aus »unverständlichem Kauderwelsch« bestanden, als äußerst unglaubwürdig erscheinen.

Statt auch nur die erste seiner Forderung zu erfüllen, bereitete die Polizei lieber den Großangriff vor. Um 19.40 Uhr gingen nahezu 150 Polizisten diskret und in sicherer Entfernung in Stellung, während offiziell die Verhandlungen weitergingen. Als Downey fünf Frauen freiließ, erzählten diese, er sei mittlerweile zum Nervenbündel geworden. Er stünde unter dem Einfluss von Whiskey und übergieße sich jede halbe Stunde mit Benzin, wobei er drohte, sich anzuzünden und dadurch die ganze Maschine in die Luft zu sprengen. Bei den Geiseln herrschte nackte Angst.

Kurz vor 23.00 Uhr gelang es sechs Polizisten, durch die Notausgänge in das Flugzeug einzudringen und dort in Deckung zu gehen. Als sich Downey wieder mit Benzin übergoss, schlugen sie zu, überwältigten ihn, ohne dass auch nur ein einziger Schuss fiel. Um 23.07 Uhr war die »unglaublichste Flugzeugentführung in der Geschichte der Luftpiraterie«, wie die Presse sie am nächsten Tag bezeichnete, beendet.

Während der acht Stunden, in denen das Leben von 108 Passagieren und fünf Besatzungsmitgliedern auf dem Spiel standen, hatte ganz offensichtlich niemand auch nur daran gedacht, auf die Forderungen des »verrückten Mönches« einzugehen. Weder der apostolische Nuntius in Paris noch der Heilige Stuhl reagierten auf irgendeine Weise. Der bloße Gedanke an eine Veröffentlichung des »Dritten Geheimnisses« schien offenbar völlig unakzeptabel.

Schon am nächsten Tag war die Flugzeugentführung vergessen. Ein ganz anderes Ereignis überschattete den 64. Jahrestag der ersten Erscheinung von Fatima, den 13. Mai 1981. Erst neunzehn Jahre später wurde klar, wie unmittelbar dieses mit dem »Dritten Geheimnis« in Verbindung stand. Es ist müßig, zu spekulieren, ob es hätte verhindert werden können, wenn der Vatikan auf Downeys Forderungen eingegangen wäre. Vielleicht war es gut und richtig, dass man es nicht tat. Denn möglicherweise wäre dann die Geschichte des darauf folgenden Jahrzehnts ganz anders verlaufen. So aber erfüllte sich das »Dritten Geheimnis« vor unser aller Augen …

Kapitel 9

Der Fatima-Papst

Rom, 13. Mai 1981, kurz vor 17.00 Uhr. Wie an jedem Mittwochnachmittag staute sich der Verkehr im Zentrum der ewigen Stadt. Dutzende von Touristenbussen, hunderte von Personenwagen versuchten, im Schritttempo die Ponte Vittorio Emanuele zu überqueren, die Brücke, die den Corso Vittorio Emanuele II mit der Via della Conciliazione verbindet, der Zufahrtsstraße zum Petersplatz, dem Nabel der katholischen Welt. Andere verstopften den »Borge Pio«, den an den Kirchenstaat grenzenden Stadtteil, oder die Uferstraßen des Tiber. Ihre Passagiere waren als Pilger aus allen Teilen der Welt gekommen, aus Spanien und Deutschland, Süditalien, Paraguay und Finnland, aus Frankreich und Portugal, um ihn zu sehen, mit ihm zu beten, und, falls möglich, ihn, seine Hände, zu berühren. Sie hatten Wimpel, Spruchbänder und Fahnen mitgebracht, außerdem Rosenkränze, religiöse Medaillen und andere Devotionalien, die er an diesem ganz besonderen Tag für sie segnen sollte, einen Tag, den sie alle nie mehr vergessen sollten.

Johannes Paul II., der Mann aus Krakau, war der erste Papst, der öffentliche Audienzen gab, Massenveranstaltungen, die ihn zum Popstar des Glaubens machten. Was bei seinen Vorgängern nur Gruppen von Pilgern und Privilegierten vorbehalten war, der Traum eines jeden Katholiken, war jetzt für jeden möglich geworden. Jeden Mittwoch, soweit er sich nicht auf einer seiner zahlreichen und ausgedehnten Auslandsreisen befand, empfing der Heilige Vater um 17.00 Uhr (mittlerweile um 10.00 Uhr, um ein Zusammentreffen mit dem Berufsverkehr zu vermeiden) die Pilger – im Winter in der Audienzhalle Pauls VI., im Sommer auf dem Petersplatz.

Seit seiner Wahl im Oktober 1978, nach dem nur 33-tägigen Pontifikat des Venezianers Albino Luciani, hatte Karol Wojtyla durch seine tiefe Menschlichkeit und seinen warmen Humor die Herzen der Gläubigen im Sturm erobert. Zudem war er als Symbolfigur der verfolgten Kirche Osteuropas zum Hoffnungsträger geworden, allen voran für die katholische Arbeiterschaft Polens, die sich von ihm Unterstützung ihrer unabhängigen Gewerkschaft Solidarnosc (Solidarität) erhoffte. Tatsächlich war Johannes Paul II. kurz nach seiner Wahl zum Papst nach Polen gereist und hatte mehr als einmal seinen nach Freiheit strebenden Landsleuten Mut zugesprochen, hoffend und vielleicht auch ahnend, dass ihre Bewegung der Anfang vom Ende des »gottlosen Kommunismus« bedeuten werde. Eben dieses Engagement für die Unterdrückten und Entrechteten machte Wojtyla bei den Menschen in aller Welt noch beliebter, und so wurden seine Reisen um den Globus zu regelrechten Triumphzügen, zu Großdemonstrationen des Glaubens, zu Ereignissen, die zu Millionen die Massen mobilisierten, und zu Veranstaltungen von Ausmaßen, wie man sie ansonsten nur von den Königen des Pop kannte.

So waren es etwa 40.000 Menschen, die an diesem Mittwoch im Mai unter der warmen Frühlingssonne auf das Erscheinen des Heiligen Vaters warteten. Pünktlich um 17.00 Uhr ging ein Raunen durch die Menge, als der weiße, offene Jeep des Papstes langsam die Kollonaden des Petersplatzes passierte und in die abgesperrte, sechs Meter breite Fahrstrecke einbog, an der sich die Pilger drängten, um seine stets nach ihnen ausgestreckte Hand zu berühren. Sein Sekretär Stanislaus Dziwisz, sein Kammerdiener Andreas Gugel, ein halbes Dutzend Leibwächter, italienische Polizeibeamte und sein Leibfotograf Arturo Mari begleiteten den hoch gewachsenen Polen in der weißen Soutane, der, sich mit einer Hand auf ein Geländer stützend, in seinem Wagen stehend, im Schritttempo an den Pilgern vorbeiglitt. Gegen 17.16 Uhr, nachdem er die Wegstrecke in beide Richtungen befahren hatte, um sich den Gläubigen auf beiden Seiten der Absperrungen zuwenden zu können, hatte der Zug fast sein Ziel erreicht, das Podium vor dem Petersdom, auf dem der Thron des Papstes stand, von dem aus er die Pilgergruppen begrüßen sollte, die ihm Geistliche aus den jeweiligen Ländern vorstellen, bevor diese ihm mit religiösen Liedern, folkloristischen Darbietungen, Sprechchören oder Spruchbändern ihre Zuneigung bekunden. Doch dazu sollte es an diesem Mittwoch nicht mehr kommen. Gerade als sich der Papst zu einem kleinen, blonden Mädchen heruntergebeugt und es väterlich umarmt hatte, genau um 17.17 Uhr, zerrissen Schüsse die heitere, erwartungsvolle Stimmung der Papstaudienz. Ein schriller Aufschrei des Schreckens erklang aus Tausenden Mündern. Blut befleckte die weiße Soutane, erschütterte den großen, kräftigen Polen, der jetzt wankte, torkelte, wie im Zeitlupentempo zurücksank auf den Rücksitz seines Jeeps. Der Papst war getroffen worden, jemand hatte auf ihn geschossen!

»Warum haben sie das getan?«, murmelte mit schwacher, schmerzverzerrter Stimme der Heilige Vater, der, noch bei Bewußtsein, von seinem Sekretär und seinem Kammerdiener gestützt wurde. Besetzt von

Polizeibeamten, drängte sich der Wagen durch das Chaos auf dem Petersplatz, vorbei an den entsetzten und hysterischen Massen, die jetzt nur noch daran dachten, möglichst schnell aus jeder möglichen Schussrichtung zu fliehen. Schließlich erreichte er die Rettungsstelle des Malteserordens an der linken Seite der Basilika, wo man den Heiligen Vater behelfsmäßig verarztete. Zehn Minuten später raste ein Krankenwagen unter Polizeischutz mit dem Schwerstverletzten zum katholischen Universitätskrankenhaus, der Gemelli-Klinik.

»Sie haben den Papst umgebracht. Johannes Paul II. ist tot«, davon waren die Gläubigen auf dem Petersplatz überzeugt, so ging es über die Ticker der Nachrichtenagenturen in alle Welt, während über dem Petersplatz Polizeihubschrauber knatterten und in ganz Rom die Sirenen der Polizeiwagen heulten, was dem Anschlag auf den Papst eine noch apokalyptischere Geräuschkulisse gab. Währenddessen kämpften drei Chirurgen um sein Leben. Sein Blutdruck war so weit gesunken, dass sein Puls kaum noch fühlbar war, und als Msgr. Dziwisz, sein Sekretär, ihm die Letzte Ölung gab, hatte er das Bewusstsein längst verloren. Die darauf folgende Operation dauerte fünf Stunden und zwanzig Minuten. Aufgrund innerer Blutungen hatte Wojtyla drei Viertel seines Blutes verloren, man musste fünfundzwanzig Zentimeter seines Darmes entfernen. Die Halsschlagader hatte das Geschoss nur um wenige Millimeter verfehlt, zudem war kein lebenswichtiges Organ getroffen worden, stellten die Ärzte zu ihrer Beruhigung fest. Der Papst konnte gerettet werden. Für alle Beteiligten war es ein Wunder!

Während Millionen in aller Welt für den Heiligen Vater beteten, während fromme Frauen zu Tausenden an den Tatort des Attentates pilgerten, um Kerzen aufzustellen und den Rosenkranz zu beten, gab Radio Vatikan bekannt, dass man den Täter gefasst hätte – es handle sich um einen dreiundzwanzigjährigen türkischen Studenten namens Ali Agca. »Ich vergebe ihm«, waren die ersten Worte des Papstes, nachdem er einige Stunden später wieder zu sich kam und über die Festnahme Agcas informiert wurde, »und ich danke allen, die in diesen schweren Stunden für mich gebetet haben.«

Nach vierzig Stunden bangen Wartens und einer dumpfen, beklemmenden Angst stand fest, dass Johannes Paul II. ausser Lebensgefahr war. Es war den Mächten der Finsternis nicht gelungen, jene Stimme, die in aller Welt die Liebe, den Frieden und die Gerechtigkeit predigte, zum Verstummen zu bringen. In seiner Heimat Polen hielten die Menschen zu Hunderttausenden Dankgottesdienste ab. »Es war, als hätte man auf uns geschossen«, kommentierte eine Frau im Fernsehen die Stimmung ihres Volkes.

Der Mann, der die drei Schüsse auf den Heiligen Vater mit einer Browning H.P. Parabellum, einer durchschlagenden Kriegswaffe, abgefeuert hatte, wurde währenddessen stundenlang verhört. Um besser treffen zu können, hatte er aus der Hocke auf den Papst gezielt. Als sich die Umstehenden auf ihn stürzen wollten, hatte er sie auch mit der Waffe bedroht. Als ihm schließlich ein junger Carabinieri gegenüberstand, drückte er erneut ab – doch die 9-mm-Pistole hatte Ladehemmungen. Jetzt stürzten sich die Gläubigen auf ihn, und nur mit Mühe gelang es der herbeigeeilten Schweizergarde, die Gläubigen davon abzuhalten, Lynchjustiz zu üben. Nachdem er zuerst die Tat geleugnet hatte, konnte die Polizei schließlich seine Identität feststellen. Ali Agca, der behauptet hatte, an der Universität von Perugia in Italien zu studieren, erwies sich als bereits verurteilter Terrorist der nationalislamistischen »Befreiungspartei«, der bereits 1979 den Chefredakteur der Tageszeitung »Milliyet« ermordet hatte. Nach seiner Verhaftung gelang es ihm, zu fliehen, und als Johannes Paul II. im November 1980 die Türkei besuchte, kündigte er in einem Leserbrief an »Milliyet« an, er wolle den Papst töten, denn dieser sei »ein als Religionsführer maskierter Kreuzzugkommandant«. War Agca also ein religiöser Fanatiker?

Als die Polizei ihn verfolgte, stieß sie auf Hinweise, dass jemand anderer ihn finanziert haben könnte. Seit dem Mord an dem Chefredakteur verfügte Agca offenbar über ein beträchtliches Vermögen, mehr noch, er war in der Lage, unerkannt durch ganz Europa zu reisen. Seine Spuren führten nach Deutschland, in die DDR, nach Ungarn und Bulgarien, nach Paris, Spanien, in die Schweiz und schließlich nach Italien. Die italienische Justiz jedenfalls war bald davon überzeugt, dass Agca im Auftrag des bulgarischen Geheimdienstes stand, der wiederum stellvertretend für den KGB gehandelt hätte, bei dem man tatsächlich ein Motiv für das Attentat auf den Wojtyla-Papst vermuten könnte. Doch auf die Frage nach den möglichen Mitverschwörern Agcas angesprochen, meinte der Heilige Vater selbst nur:

> »Das interessiert mich nicht, denn es ist der Teufel gewesen, der das getan hat. Und der Teufel kann auf tausend verschiedene Arten Verschwörungen anzetteln, und ich habe für keine dieser Methoden das geringste Interesse.«

Immer häufiger äußerte er in den folgenden Wochen und Monaten diese Überzeugung, und immer wieder ergänzte er: »Eine Hand hat den Schuss abgefeuert, und eine andere Hand hat das Geschoss gelenkt.« Diese Hand, so war er überzeugt, war die Hand Mariens, der Gottesmutter. Hätte er nicht eine ganz bestimmte Bewegung gemacht, als er das kleine Mädchen, das er an sich gedrückt hatte, zu ihren Eltern zurückgab, hätte die Kugel des Attentäters sein Herz durchbohrt …

Als Johannes Paul II. am 3. Juni aus dem Krankenhaus entlassen wurde, begab er sich als Erstes in die Päpstegruft unter dem Petersdom, um an den Gräbern seiner Vorgänger zu beten. »Ich dachte, es hätte dort eigentlich ein zusätzliches Grab geben müssen, aber die Heilige Jungfrau hatte es an jenem 13. Mai, dem Monat, der ihr geweiht ist, anders gewollt«, erklärte er später. Aber dieser 13. Mai war nicht bloß irgendein Tag im Marienmonat Mai – es war der 64. Jahrestag der Erscheinungen von Fatima.

Noch während er sich im Krankenhaus von den Folgen des Attentates erholte, bat Johannes Paul II. einen seiner Vertrauten, den slowakischen Bischof Pavel Hnilica, ihm die gesamte Dokumentation über Fatima zu beschaffen. »Ich brachte ihm alles«, erklärte Hnilica später in einem Interview mit der katholischen Monatszeitschrift »30 Tage«, »einige der Texte waren Originale. Er las alles mit großer Aufmerksamkeit … Als Johannes Paul II. das Krankenhaus verließ, brachte ich eine Statue Unserer Lieben Frau von Fatima zu ihm nach Castelgandolfo. Er ließ eine kleine Kirche in Polen bauen, in einem Wald an der Grenze zur Sowjetunion, wo er diese Statue aufstellen ließ. Dort befindet sie sich noch heute, in exakt der Position, in der Johannes Paul II. sie haben wollte: mit dem Antlitz nach Russland hin gerichtet.« Und er erklärte Bischof Hnilica, als er das nach seiner Geneseung das Krankenhaus verließ: »Ich habe verstanden, dass der einzige Weg, die Welt vor dem Krieg zu retten, sie vor dem Atheismus zu retten, die Bekehrung Russlands nach der Botschaft von Fatima ist.«

Johannes Paul II. hatte sich schon zuvor mit Fatima befasst. Er hatte bereits vor seiner Wahl zum Papst, zusammen mit anderen Kardinälen, eine Petition unterzeichnet, in der er die Weihe Russlands an das Unbefleckte Herz Mariens erbat, wie sie von Schwester Lucia gefordert worden war. Doch jetzt, nach seiner wunderbaren Rettung, die er als Akt der »göttlichen Vorsehung« verstand, sah sich Johannes Paul II. als der neue »Fatima-Papst« (ein Titel, der bereits seinem Vorgänger Pius XII. verliehen wurde) und verstand es als seine Pflicht, die Wünsche der Gottesmutter so gut wie möglich zu erfüllen. Er beschloss, am 13. Mai 1982, dem Jahrestag des Attentates, nach Fatima zu pilgern, Schwester Lucia zu treffen – und schließlich die Weihe Russlands und der Welt an das »Unbefleckte Herz Mariens« vorzubereiten.

Zuvor aber, am 18. Juli 1981, ließ er das »Dritte Geheimnis« aus dem Heiligen Offizium holen. Er öffnete den von Papst Paul VI. versiegelten Umschlag im Beisein von Kardinal Ratzinger, dem Präfekten der Kongregation für Glaubensfragen. Berichten zufolge konsultierte er auch einen portugiesischen Geistlichen der Kurie und bat ihn, den Text »mit allen Nuancen der Sprache« für ihn zu übersetzen.

Am frühen Nachmittag des 12. Mai 1982 traf Johannes Paul II. in Lissabon ein. In Begleitung von Kardinal Ribero, dem Primas Portugals, sowie den portugiesischen Bischöfen empfing ihn Präsident Eanes am Flughafen. Der Papst kniete nieder, küsste die Erde des der Heiligen Jungfrau geweihten Landes, nahm die ihm dargebotenen Ehren entgegen und bestieg das eingeflogene »Papamobil«, den Wagen des Papstes. Durch Straßen, die von Hunderttausenden Fahnen schwenkenden Menschen gesäumt waren, fuhr Johannes Paul II. in die Hauptstadt, zuerst zur romanischen Kathedrale, dann die engen, gewundenen, überfüllten Gassen hinauf zur Kirche Santo Antonio da Se, an deren Stelle das Geburtshaus des Heiligen Antonius von Padua stand. Nach einem Gebet mit den Franziskanern, Ordensschwestern und Laien setzte er seine Fahrten fort, führte Gespräche mit Staatspräsident Eanes im Palast von Belen und traf führende Persönlichkeiten des Landes in der apostolischen Nuntiatur. Dann brachte ihn ein Hubschrauber nach Fatima.

Über eine Million Menschen hatte sich auf der riesigen Esplanade versammelt, die in der Cova da Iria errichtet worden war, vor der prächtigen Basilika und an der Seite der Capelinha und der von einem prachtvollen Eisengitter umgebenen Steineiche, die mittlerweile zu einem mächtigen Baum angewachsen war. Viele von ihnen waren bereits einen Tag zuvor angereist, hatten sich einen Platz gesichert und die Nacht mit Gebeten verbracht, ganz wie bei den letzten Erscheinungen der Gottesmutter, 65 Jahre zuvor.

Die Nacht war bereits angebrochen, als der weiße Hubschrauber des Papstes nahe der Erscheinungsstätte landete. Sein erstes Ziel war die Capelinha, die kleine Kapelle, die auf Wunsch der Gottesmutter errichtet wurde. Lichtmasten erleuchteten den Vorplatz, auf dem eine unübersehbare Menge dicht gedrängt zusammenstand. Als Johannes Paul II. erschien, jubelte sie ihm stürmisch zu. Voller Andacht näherte sich der Heilige Vater dem Gnadenbild, kniete nieder, legte fast zärtlich einen Rosenkranz um die gefalteten Hände der Marienstatue. Dann wandte er sich an die Pilger und erklärte:

> »Ich bin heute hierher gekommen, weil an eben diesem Tag vor einem Jahr auf dem Petersplatz in Rom der Anschlag auf das Leben des Papstes stattfand, geheimnisvollerweise am Jahrestag der ersten Erscheinung in Fatima am 13. Mai 1917. Ich erkannte in der Verbindung zwischen den Terminen einen besonderen Ruf, hierher zu kommen. Und so bin ich heute hier. Ich bin gekommen, um der Göttlichen Vorsehung zu danken an dieser Stätte, die die Mutter Gottes auf so besondere Weise erwählte.«

Danach begrüßte er die verschiedenen ausländischen Delegationen in ihrer jeweiligen Landessprache. Betend verharrte er minutenlang vor der Statue Mariens, während aus einer Million Kehlen das »Ave Maria«, die Hymne von Fatima, erklang. Der Heilige Vater entzündete eine Kerze an jener, die vor der Statue brannte, dann gab er die Flamme weiter an die neben ihm stehenden Kardinäle Casaroli, Macharski und Marti, die sie wiederum an die Umstehenden weiterreichten. Innerhalb von Minuten verwandelte sich der Vorplatz in der Cova da Iria in ein Lichtermeer. Johannes Paul II. versank in ein inniges Gebet, während die anderen Geistlichen mit den Pilgern den Rosenkranz beteten.

Gegen 23.30 Uhr endete die Zeremonie, und der Papst bewegte sich langsam in Richtung der Basilika, um von dort aus eine Messe mit dem Patriarchen von Fatima und den Bischöfen zu feiern.

Plötzlich entstand ein panikartiges Durcheinander. Ein hoch gewachsener Mann in Priesterrock hatte sich durch die Gruppe der Geistlichen in die Nähe des Heiligen Vaters gedrängt, den er jetzt mit lauten Worten beschimpfte: wegen der Lage der Katholiken in Polen, dem Erstarken des Kommunismus, der Öffnung der Kirche und dem Zweiten Vatikanischen Konzil.

Der Papst bekam von all dem nicht viel mit. Sein Sekretär Stanislaus Dziwisz und der amerikanische Bischof Marcinkus sowie einige Sicherheitsbeamte gaben ihm mit ihren Körpern Deckung, während portugiesische Polizisten den Mann verhafteten. »Tod dem Konzil! Nieder mit dem Papst! Tod dem Kommunismus!«, brüllte der Überwältigte auf Spanisch, als er abgeführt wurde. Der Papst drehte sich langsam zu ihm um und segnete ihn.

Auf der Polizeiwache fand man ein 37 Zentimeter langes Mauserbajonett, ein Modell aus dem Jahre 1917, mit dem der Mann, ein spanischer traditionalistischer Priester namens Juan Fernandez Krohn, nach eigenen Angaben den Heiligen Vater ermorden wollte. Er war von Kardinal Lefevre geweiht worden, jenem französischen Kirchenrebellen, der die Neuerungen, die aus dem Zweiten Vatikanischen Konzil hervorgingen, radikal ablehnte. Ein zweites Mal wurde das Leben des Papstes an einem Fatima-Tag bedroht – und wieder war er gerettet worden.

»Wenn die Kirche die Botschaft von Fatima akzeptierte, dann vor allem deshalb, weil diese Botschaft eine Wahrheit und einen Aufruf in sich trug, deren Grundgehalt die Wahrheit und der Aufruf des Evangeliums selbst ist: ›Tut Buße und glaubt an das Evangelium‹ (Mark. 1, 15)«, erklärte Johannes Paul II. am nächsten Tag bei einer mittäglichen Messe den Gläubigen,

> »Das sind die ersten Worte, die der Messias an die Menschheit richtete. Die Botschaft von Fatima ist in ihrem Kern ein Aufruf zu Bekehrung und Buße wie im Evangelium. Dieser Ruf wurde ausgesprochen zu Anfang des 20. Jahrhunderts. Die Dame der Botschaft scheint mit besonderer Einsicht die ›Zeichen der Zeit‹ verstanden zu haben, die Zeichen unserer Zeit …
> Heute liest Johannes Paul II. sie wieder mit Erschütterung in seinem Herzen, weil er sieht, wie viele Menschen und Gesellschaften – wie viele Christen – in die entgegengesetzte Richtung gegangen sind, entgegengesetzt jener, wie sie in der Botschaft von Fatima angezeigt wurde. Die Sünde hat sich in der Welt eingenistet, und die Verneinung Gottes hat sich in den Ideologien, Ideen und Plänen der Menschenwesen verbreitet …
> Mein Herz ist bedrückt, wenn ich die Sünde der Welt sehe und die ganze Reihe von Plagen, die wie eine dunkle Wolke über der Menschheit aufziehen, aber es ist auch mit Hoffnung erfüllt, wenn ich noch einmal den Akt vollziehe, den meine Vorgänger vollführten, und die Welt dem Herzen der Mutter weihe …«

Und dann vollzog er den Akt der Weltweihe:

> »Dir, Mutter Christi, deinem Unbefleckten Herz, weihe ich heute, zusammen mit der ganzen Kirche, vereint mit unserem Erlöser in

dieser seiner Weihe die Welt und die Menschen, denen nur Sein Göttliches Herz vergeben und Vergeltung schenken kann. Die Kraft dieser Weihe reicht für alle Zeit und umfasst alle Individuen, Völker und Nationen. Sie besiegt alles Übel, das der Geist der Finsternis erwecken konnte und das er in unserer Zeit im Herzen der Menschen und in der Geschichte erweckte …
Oh Unbeflecktes Herz! Hilf uns, die Plage des Bösen zu besiegen, die so leicht Fuß fasst in den Herzen der Menschen von heute und deren unbeschreibliche Auswirkungen unsere moderne Welt belasten und uns den Weg in die Zukunft blockieren! Befreie uns von Hungersnot und Krieg. Befreie uns von Atomkrieg, unberechenbarer Selbstzerstörung, von jeder Art des Krieges …
Akzeptiere, o Mutter Christi, diesen Ruf, beladen mit dem Leiden alle Individuen, beladen mit dem Leiden ganzer Gesellschaften. Enthülle noch einmal in der Geschichte die unendliche Kraft deiner gnadenvollen Liebe! Möge sie das Böse aufhalten. Möge sie die Gewissen verwandeln. Möge dein Unbeflecktes Herz vor allen das Licht der Hoffnung enthüllen.«

Als ewiges Zeichen seiner Überzeugung, von der Gottesmutter von Fatima gerettet worden zu sein, hatte er schon zuvor die Kugel, die seinen Bauch durchschlug, in die Krone der Gnadenstatue des Heiligtums in der Cova da Iria einarbeiten. »Es war die Hand einer Mutter, welche die Bahn der Kugel lenkte und die den sterbenden Papst von der Schwelle des Todes errettete«, erklärte er dazu.

An den Feierlichkeiten am 13. Mai 1982 hatte auch Schwester Lucia teilgenommen, die Seherin von Fatima, die aus dem Kloster von Coimbra unter strengsten Sicherheitsvorkehrungen angereist war. Mit ihr sprach der Papst fast eine halbe Stunde lang unter vier Augen, ein Gespräch, nach dem die Nonne nach Aussage von Augenzeugen »wie erleuchtet« schien. Sie hatte den Heiligen Vater angemahnt, dass die Weltweihe, wie er sie vollzogen hatte, zwar ein Akt des guten Willens sei – aber ungültig nach den Anweisungen der Gottesmutter. Johannes Paul II. versprach ihr, den formell korrekten Akt in allernächster Zukunft durchzuführen – nach ihren Anweisungen, zusammen mit allen Bischöfen und den Gläubigen der Welt.

Schon im folgenden Jahr, am 8. Dezember 1983, dem Fest der Unbefleckten Empfängnis, sandte der Papst Briefe an alle Bischöfe der Welt einschließlich jener der orthodoxen Kirchen, in denen er sie dazu einlud, mit ihm gemeinsam am Festtag Maria Verkündigung, am 25. März 1984, die Weltweihe an das Unbefleckte Herz Mariens zu vollziehen. Das Schreiben beinhaltete die für die Zeremonie in Absprache mit Schwester Lucia verfassten Gebetstexte. »Wir finden uns vereint mit den Hirten der Kirche und finden uns in einer Verbindung, in der wir einen Körper und ein Kollegium bilden, ganz wie nach Christi Wunsch die Apostel einen Körper und ein Kollegium bildeten mit Petrus«, schrieb er. »Im Bande dieser Union senden wir Ihnen die Worte dieser Handlung, in der wir noch einmal die Hoffnung der Kirche und die Sorgen der modernen Welt einschließen.«

Die Gnadenstatue der Gottesmutter von Fatima wurde für die Weihezeremonie eigens nach Rom gebracht. Johannes Paul II. liess sie in seine Privatkapelle bringen, wo er die Nacht vom 24. auf den 25. März 1984 in inbrünstigem Gebet verbrachte. Am nächsten Morgen wurde sie vor dem Petersdom aufgestellt. »O Mutter der Individuen und Völker«, sprach der Heilige Vater sie in der feierlichen Zeremonie vor Zehntausenden von Pilgern an, »Du, die du all ihre Leiden und Hoffnungen kennst, du, die du in mütterlicher Sorge die Kämpfe zwischen Gut und Böse, zwischen Licht und Finsternis beobachtest, die die moderne Welt heimsuchen, nimm den Ruf an, mit dem wir, bewegt vom Heiligen Geist, uns direkt an dein Herz richten. Nimm mit deiner Liebe als Mutter und Magd des Herrn diese unsere menschliche Welt an, die wir dir anvertrauen und weihen, denn wir sind voller Sorge um das irdische und ewige Schicksal der Individuen und Völker.

Auf besondere Weise vertrauen wir sie dir an und weihen dir jene Individuen und Nationen, die insbesondere dieser Anvertrauung und Weihe bedürfen …«, wobei er, kaum hörbar, ergänzte, »insbesondere Russland«, um danach, abweichend vom weltweit versandten Text, laut und deutlich hinzuzufügen: »Lasse dein Licht insbesondere über jenen Völkern leuchten, von denen du selbst unsere Heiligung erwartest.«

Bei den anschließenden Fürbitten war, wie zwei Jahre zuvor in Fatima, wieder von der Bedrohung durch eine nukleare Katastrophe die Rede: »Vom Atomkrieg, von unberechenbarer Selbstzerstörung, von jeder Art des Krieges, bewahre uns!«

Zur gleichen Zeit vollzogen Hunderte Bischöfe in aller Welt, auch solche der orthodoxen Kirchen, zusammen mit ihren Gemeinden, die gleiche Weihezeremonie.

Obgleich Russland zumindest im offiziellen Text nicht ausdrücklich genannt wurde und daher die Weihe zwar formgerecht, aber doch mit einer leichten Einschränkung vollzogen wurde, schien Schwester Lucia endlich zufrieden. »Ist Russland jetzt geweiht?«, fragte sie der Apostolische Nuntius in Portugal, der sie im Auftrag des Papstes nach der Zeremonie in Coimbra aufsuchte. »Ja, nun ist es das«, antwortete die Seherin von Fatima. »Jetzt warten wir auf das Wunder«, meinte der Nuntius, woraufhin sie erwiderte: »Gott wird sein Wort halten.«

Was in den folgenden Jahren geschah, überraschte selbst die optimistischsten Beobachter der Weltpolitik und wurde immer wieder als wahres, modernes Wunder bezeichnet. Innerhalb von einem Jahr nach der von Johannes Paul II. vollzogenen Weihe Russlands und der Welt an das Unbefleckte Herz Mariens kam es zu einer Wende im Osten, die unter den Begriffen »Perestroika« (Umgestaltung) und »Glasnost« (Neue Offenheit) propagiert wurde und letztendlich zum völligen Zusammenbruch der kommunistischen Diktaturen des Warschauer Paktes führte. Es ist verfrüht und gewiss übertrieben, von einer »Bekehrung Russlands« zu sprechen, aber zumindest kann gesagt werden, dass es aufhörte, »seine Irrtümer über die Welt zu verbreiten« – der »gottlose Kommunismus« war innerhalb von sieben Jahren besiegt.

Innerhalb eines Jahres nach der Weltweihe, am 11. März 1985, wurde Michail Gorbatschow neuer Generalsekretär der Kommunistischen Partei der Sowjetunion. Später, bei seinem Rücktritt am Weihnachtstag 1991, erklärte er über seine damalige Vision:

> »Das Schicksal bestimmte, dass ich mich selbst an der Spitze des Staates fand, und es war mir bald klar, dass etwas falsch lief in diesem Land. Wir hatten viel … und doch lebten wir sehr viel schlechter als die Menschen in den industrialisierten Ländern …, all die halbherzigen Reformen, von denen es so viele gab, waren durchgefallen. Dieses Land ging nirgendwo hin. Wir mußten alles radikal verändern … Ich war mir ebenso der Tatsache bewusst, dass eine Reform von diesem Kaliber und in einer Gesellschaft wie der unsrigen extrem schwierig und sogar ein gefährliches Unternehmen war. Doch selbst heute bin ich noch überzeugt, dass die demokratische Reform, mit der wir im Frühling 1985 begannen, historisch korrekt war.«

Am 2. Juni 1985 veröffentlichte der Papst seine Enzyklika »Slavorum Apostoli« (»Apostel der Slawen«), die nicht weniger als eine Einladung zum ökumenischen Dialog mit den Ostkirchen in der UdSSR war. Wie der amerikanische Starjournalist Carl Bernstein und der Vatikanexperte Marci Politi in ihrer ausgezeichneten Papstbiografie »Seine Heiligkeit« die Situation zu Anfang der Ära Gorbatschow beschreiben:

> »Gorbatschow, ein Slawe und Kommunist, und Wojtyla, ein Slawe und Christ, bewegten sich aufeinander zu, jeder im wachsenden Bewusstsein der Kraft und des Potenzials des anderen, Gutes zu bewirken … Der Papst war bewegt und hoffnungsfroh über die Veränderungen, die Gorbatschow in die Wege leitete. Es bestand kein Zweifel, dass Polen, die kommunistischen Länder des Ostens und selbst die UdSSR sich am Rande eines großen Umbruchs befanden.«

Auch die Gefahr eines atomaren Konfliktes wich unter Gorbatschow. Bereits im Dezember 1985 traf er US-Präsident Reagan in Genf auf dem ersten von insgesamt acht Gipfeltreffen, die nicht nur das Verhältnis zwischen den Großmächten grundlegend und nachhaltig entspannten, sondern auch zu einer breiten nuklearen und konventionellen Abrüstung führten. 1987 begann ein Prozess der Demokratisierung und die Aufhebung der bisherigen Sanktionen gegen die Religion. Erstmals hatte der Wähler zumindest bei lokalen Abstimmungen die Wahl zwischen verschiedenen Kandidaten. Religiöse Führer und Persönlichkeiten, wie Mutter Teresa von Kalkutta, der philippinische Kardinal Jaime Sin, der griechisch-orthodoxe Patriarch von Konstantinopel und viele andere durften jetzt das Land besuchen. Die einflussreiche »Literaturnaja Gazeta«, das Intelligenzblatt der Sowjetunion, ergriff sogar Partei für die christlichen Pilger, die in das Dorf Hruschiw in der Ukraine strömten, in dem es zu Marienerscheinungen gekommen war.

Am 26. April 1987, dem Jahrestag der Katastrophe von Tschernobyl, verließ Marina Kisin, ein zwölfjähriges Bauernmädchen, wie jeden Morgen das Haus, um zur Schule zu gehen. Schräg gegenüber von ihrem Elternhaus stand eine verfallene Kirche, einst der »Allerheiligsten Dreifaltigkeit« geweiht, die von den Kommunisten ausgeplündert und zugenagelt worden war. Plötzlich bemerkte Marina ein seltsames Licht, das über der ockerfarbenen Kirche schwebte. Als sie sich neugierig dem Licht näherte, erkannte sie eine Frau, gekleidet mit einem schwarzen Trauergewand, in den Armen ein Kind haltend. Dann hörte sie eine Stimme, die ihr sagte, dass die Ukrainer aufgrund all ihrer Leiden ausgewählt worden seien, die Sowjetunion zum Christentum zurückzuführen. Erschreckt rannte Marina, so schnell sie konnte, nach Hause zurück, um ihrer Mutter und Schwester von dem umheimlichen Geschehen zu erzählen. Minuten später eilten die drei Frauen zurück zu der Erscheinungsstätte, wo das Licht und die schwarze Frau in seinem Innern noch immer zu sehen waren. Die mysteriöse Gestalt verneigte sich wie zur Begrüßung vor ihnen, während Marinas Mutter Miroslawa andächtig auf die Knie fiel. »Das ist die Jungfrau Maria«, zischte sie ihrer Tochter zu, »knie nieder und bete!«

Innerhalb von Stunden sprach sich das Geschehen herum, strömten die Menschen herbei: erst Hunderte, dann Tausende, schließlich Zehntausende. Tief in ihren Herzen erwachte ein Glaube, der jahrzehntelang unterdrückt oder verdrängt worden war und jetzt umso heftiger zu neuem Leben erwachte. Bald kamen die Pilger aus Tausenden von Kilometern Entfernung, aus Georgien, Weissrussland und dem Baltikum, Katholiken wie Orthodoxe, Juden und Moslems und sogar neugierige Atheisten in das 2.000-Häuser-Dorf in der Ukraine. Und, was Hruschiw von Fatima unterschied: Hier sah nicht nur Marina, hier sah etwa die Hälfte der Pilger die Gottesmutter mal deutlicher, mal als schattenhafte Erscheinung und einige hörten sogar ihre Botschaft:

> »O meine Tochter Ukraine, ich bin zu dir gekommen, denn du hast am meisten gelitten, und während all deiner Leiden hast du den Glauben an das Allerheiligste Herz bewahrt. Ich bin zu dir gekommen, damit du hingehst, um Russland zu bekehren. Bete für Russland! Bete für diese verlorene russische Nation! Denn wenn Russland Christus, den König, nicht annimmt, ist der dritte Weltkrieg unvermeidlich.«

Einer der insgesamt nach Hruschiw strömenden über 500.000 Pilger – bis zu 80.000 an einem Tag –, war der katholische Aktivist Josip Terelja, der aufgrund seines Glaubens 20 Jahre seines Lebens in russischen Gefangenenlagern verbracht hatte und kurz zuvor auf Anweisung Gorbatschows entlassen worden war. Er beschrieb die Ereignisse so:

> »Das Glühen um die Kapelle – die himmlische Aura – war nun ungefähr zweihundert Meter hoch. Die ganze Umgebung war in ein Licht eingehüllt, das in klarer und atemberaubender Weise himm-

lisch war. Es war etwas zwischen dem silbernen Glanz des Mondes und einem fluoreszierenden Licht …
In der Aura des Lichtes über der (Kirche der) ›Allerheiligsten Dreifaltigkeit‹ gab es ein kleineres, aber viel intensiveres Licht – eine Lichtkugel. Über der Kapelle war sie silbern-lila – eine feurige Kugel, die sich vorwärts und rückwärts bewegte. Es war, als ob daraus Feuerzungen hervorkämen. Dieses Licht fuhr fort, sich innerhalb des größeren Lichtes zu bewegen. Es bewegte sich nach rechts – hin und her schwingend, flimmernd, zur Seite wandernd. Schließlich senkte es sich auf die Hauptkuppel der Kapelle herab. Mein lieber, großer Herr, ich sah sie! Die Jungfrau Maria nahm in der Lichtkugel Gestalt an, so als ob sie, wie in einem Fahrzeug, von der Lichtkugel in unsere Realität herangetragen worden wäre … Es war, als ob das Licht von einem sehr weit entfernten Projektor hervorgebracht worden wäre.
Als die Kugel verblasste, wurde ihre Gestalt deutlicher als die einer lebenden Person über der Kirche. Ihr Gesicht war da. Es war keine Fata Morgana oder dergleichen, es war das Gesicht einer Frau … in einem flammenden Gewand … sie war mit einem feurigen Licht bekleidet …
Sie lächelte, aber es war ein Lächeln unter Tränen. Sie weinte. Ich verspürte, dass sie hier war, um uns zu warnen und zu trösten und zu ermutigen, um uns zu ihrem Sohn zurückzuführen. Sie ist seine Vorläuferin …«

An jenem Tag, dem 9. Mai, schwieg die Gottesmutter, an den folgenden Tagen sprach sie »viele Worte voller Weisheit« zu den Gläubigen, die sie hören konnten. Terelja:

»An jedem Tag war es dasselbe Leuchten. Sie nahm Gestalt an in dem kleineren Licht, als das Oval über der Kapelle schwebte und an Intensität zunahm. Bei anderer Gelegenheit erschienen das Licht und die Jungfrau darinnen im Nu. Beim Verlassen nahm das Licht um sie herum an Stärke zu, und man konnte kaum noch ihre Umrisse erkennen … Das Licht war oft ganz fein, und seine Stärke pulsierte, wuchs, schwand …«
»An den ersten drei Tagen war sie in flammende Farben gekleidet. Andere sahen sie etwas anders. Einige sahen sie mit einer Krone auf dem Kopf oder einem Ring an ihrer Hand. Aber wenn sie schwarz

gekleidet war und das Kind hielt, sah jeder genau dasselbe. Oft begann sie mit den Worten ›Gelobt sei Jesus!‹. Und wenn sie seinen Namen erwähnte, schaute sie himmelwärts. Des Öfteren erhob sie ihren Arm mit dem Rosenkranz in ihrer Hand. Es war nicht wie in Fatima oder Lourdes, wo es eine festgesetzte oder begrenzte Zeitdauer für ihre Erscheinungen gab. Die Jungfrau erschien zu verschiedenen Zeitpunkten im Laufe des Tages. Nicht jeder konnte sie sehen, und selbst einige Priester und Nonnen wurden nicht Zeugen ihrer Erscheinung. Aber mehr als die Hälfte der Menge erhaschte einen Blick von ihr, und jenen, die sie nicht sahen, wurde nichtsdestoweniger ein unbestreitbares Gefühl für ihre Gegenwart hinterlassen.«

Dieses Gefühl nahmen auch die anwesenden Beobachter vom KGB und von der Miliz wahr, die noch kurz zuvor versucht hatten, jeden Einzelnen der Besucher an der Erscheinungsstätte zu fotografieren. Sie alle knieten nieder, als die Erscheinung einsetzte – »um nicht aufzufallen«, wie sie sich später entschuldigten –, und ein russischer Offizier, ein Hauptmann, rief, für alle hörbar: »Es gibt einen Gott!« Ein Milizoffizier, der die Kirche bewachen sollte, zog seine Mütze ab, riss seine Abzeichen und Schulterstücke von der Kleidung, als seien die dort prangenden Sowjetsymbole Abzeichen des Satans. »Was kann ich machen, wenn ich die Muttergottes gesehen habe«, sagte er später. Zwei Wochen später wurde er von den Behörden in die Psychiatrie eingewiesen. Ein anderer Offizier, der zuviel getrunken hatte, zog seine Pistole und feuerte einen Schuss auf die Erscheinung ab. Viele Zeugen sahen, wie ein Lichtstrahl von der Gottesmutter ausging, der ihn traf. Der Offizier wurde bewusstlos und fiel zu Boden. Sein Arm wurde schwarz, als hätte er einen starken elektrischen Schlag erlitten. Am 12. Mai drehte ein Fernsehteam aus Kiew an der Erscheinungsstätte. Als die Aufnahmen am nächsten Tag, dem 70. Jahrestag von Fatima, im Rahmen einer Diskussionssendung ausgestrahlt wurden, sahen Tausende Fernsehzuschauer die Gottesmutter auf dem Bildschirm.

Etwa Mitte Mai erblasste die tägliche Erscheinung, nach vier Wochen war sie völlig verschwunden. Stattdessen kam es in 13 anderen Orten der Ukraine, meist über zerstörten Klöstern und geschlossenen Kirchen, zu weiteren Erscheinungen. Immer wieder warnte die Gottesmutter vor der Gefahr eines dritten Weltkrieges und forderte Buße und Umkehr, um diesen zu vermeiden.

Mit diesem beeindruckenden Vorspiel begann das »Marianische Jahr in Vorbereitung auf das Jahr 2000«, zu dem der Heilige Vater aufgerufen hatte und das vom Pfingstfest 1987 bis zu Maria Himmelfahrt (15.8.) 1988 andauern sollte. Durch Satellitenschaltungen mit Hunderttausenden von Pilgern in sechzehn Marienheiligtümern der Welt, darunter Fatima, verbunden, eröffnete Johannes Paul II. die Feierlichkeiten durch Rosenkranzgebete in der Kirche St. Maria Maggiore in Rom, der ältesten Marienkirche der Christenheit, die bereits im 5. Jahrhundert an der Stätte einer Marienerscheinung errichtet worden war. Sie enthält eine der frühesten Marienikonen, die »Salus Populi Romani« (Heil dem Römischen Volk), die Schutzmadonna der Ewigen Stadt, vor der sich der Papst auf seinem Weg zum Altar tief verneigte. Es war die größte internationale Rosenkranzaktion der Geschichte. 22 Länder waren durch 18 Satelliten und ein Operationszentrum in London miteinander verbunden, während 75 Fernsehstationen mitwirkten. Kurz darauf, während man in Moskau die Tausendjahrfeier der Christianisierung Russlands vorbereitete, wiederholte der Papst noch einmal die Weihe des Landes an die Gottesmutter:

> »Dir, Mutter der Christen, vertrauen wir in besonderer Weise die Völker an, die ihren sechshundertsten (Lettland) beziehungsweise tausendsten Jahrestag (Ukraine und Russland) ihrer Bindung an das Evangelium feiern.«

Als Johannes Paul II. kurz darauf von den Erscheinungen von Hruschiw erfuhr, sah er darin ein hoffnungsvolles Zeichen, dass das Wunder der Bekehrung Russlands endlich wahr werden würde. Am 7. November 1987 empfing er Josip Terelja, der mittlerweile aus der Sowjetunion ausreisen durfte, zu einem 43-minütigen Gespräch unter vier Augen, bei dem er sich ausgiebig über die Lage der Katholiken in der Ukraine und die Erscheinungen informierte. Einen Tag später lud ihn Kardinal Ratzinger zu einem ausgiebigen Mittagessen ein und ließ sich vom Inhalt der Botschaften von Hruschiw erzählen.

Am 29. April 1988 kam es in der grandiosen Katharinenhalle des Kreml zu einem Treffen, das wie kein anderes anzeigte, dass tatsächlich in der Sowjetunion ein neuer Wind wehte. Noch fünf Jahre zuvor wäre es undenkbar gewesen, dass ein Generalsekretär der KPdSU Kirchenführer mit solchen Ehren empfing, doch jetzt traf sich Michail Gorbatschow mit dem russisch-orthodoxen Patriarchen von Moskau und fünf Metropolitanbischöfen. »Ein neues Gesetz über die Religionsfreiheit wird auch im Interesse der religiösen Organisationen sein«, verkündete er den erstaunten Kirchenmännern, »Gläubige sind Sowjetmenschen, Arbeiter, Patrioten, und sie haben ein Recht darauf, ihre Überzeugungen mit Würde auszudrücken. Perestroika, Demokratisierung und Offenheit betreffen auch sie – in vollem Maße und ohne Beschränkungen.«

Das waren keine leeren Versprechungen. Über 4.000 Studenten schrieben sich 1989 bei orthodoxen Priesterseminaren ein, mehr als doppelt so viel wie im Vorjahr, und an den Tausendjahrfeier der Bekehrung Russlands im Juni 1988 nahm sogar eine hochrangige Delegation des Heiligen Stuhls teil, angeführt vom vatikanischen Außenminister Kardinal Casaroli.

Ebenfalls 1988 wurde Michail Gorbatschow zum Präsidenten der Sowjetunion ernannt. Im Dezember desselben Jahres erklärte er der erstaunten Generalversammlung der Vereinten Nationen in New York, er werde im Rüstungsabbau den ersten Schritt machen – durch eine drastische Reduzierung der konventionellen Streitkräfte. Im folgenden März ersetzten die Reformer die kommunistischen Hardliner bei den ersten Parlamentswahlen in der Geschichte der Sowjetunion, der Wahl zum Kongress der Volksdeputierten. Als es im folgenden Jahr in den meisten Staaten des Warschauer Paktes zu Volksaufständen gegen die kommunistischen Machthaber kam, war es Gorbatschow, der ausdrücklich darauf verzichtete, den einstigen Vasallenregierungen Moskaus zu Hilfe zu kommen. »Wer zu spät kommt, den bestraft das Leben«, erklärte er dem Generalsekretär der Sozialistischen Einheitspartei der DDR, Erich Honecker, als dieser ihn um militärische Hilfe bat.

Die Bewegung, die zur Auflösung des Ostblocks führte, und die das Klima schaffte, in dem Gorbatschows Perestroika überhaupt möglich war, hatte ihren Ausgang in Polen genommen, dem Heimatland des Papstes. Es ist ein tatsächlich denkwürdiges Zusammentreffen von »Zufällen« – oder »göttliche Vorsehung«, ganz nach Sichtweise –, eine Verknüpfung von scheinbar unzusammenhängenden Ereignissen, die zum Zusammenbruch des Kommunismus in Osteuropa führte: die Danziger Gewerkschaftsbewegung, die stark katholisch geprägt war, die Wahl Karol Wojtylas zum Papst nach dem unerwartet kurzen Pontifikat des »lächelnden Papstes« Johannes Paul I., das Attentat vom 13. Mai 1981, das Johannes Paul II. überzeugte, dass seine Lebensaufgabe in der Erfüllung der Dritten Botschaft von Fatima lag, und die daraufhin erfolgte, »gültige« Weltweihe, in deren unmittelbarer Folge Michail Gorbatschow an die Macht kam, um »Glasnost« und »Perestroika« zu verkünden. Zumindest für den Papst und die Fatima-Gläubigen gibt es keinen besseren Beweis dafür, dass Weltgeschichte von unsichtbaren Mächten gelenkt wird, dass in Fatima tatsächlich die Gottesmutter erschienen ist und dass sie damals in der Cova da Iria, in jenem Schicksalsjahr 1917, der Menschheit den göttlichen Erlösungsplan für das von Krisen, Kriegen und Verfolgungen so heimgesuchte 20. Jahrhundert verkündete.

Auch die zweite große Wende, der letzte Todeskampf des Kommunismus, ging von Polen, vom Lande des Papstes aus. Eine Reihe spontaner Streiks im Frühjahr 1988 schwoll zu einer Flutwelle an. Die Arbeiter, die über das stetige Sinken ihres Lebensstandards empört waren, legten zu Hunderttausenden ihre Arbeit nieder. Das Land drohte im Chaos zu versinken. Plötzlich wandte sich Polens Ministerpräsident Jaruzelski an Lech Walesa, den Führer der verbotenen Gewerkschaft Solidarnosc, die Galionsfigur der Streiks von 1980, und bat ihn, die Arbeiter zu überreden, den Streik zu beenden. Sie weigerten sich, lenkten erst ein, als Jaruzelski versprach, Gespräche über die Zukunft des Landes anzusetzen, mit einer Opposition, der auch Walesa angehören werde.

Am 31. August 1988 kam es zu ersten Gesprächen, am 18. Januar 1989 gab Jaruzelski bekannt, dass »Solidarnosc« offiziell wieder als Gewerkschaft anerkannt sei. Er trat als Ministerpräsident zurück, um als Staatspräsident die volle Exekutivgewalt zu übernehmen.

Am 6. Februar, als Demonstranten im ganzen Land gegen die Erhöhung der Preise auf die Straße gingen, nahmen Vertreter von Regierung und Opposition am »Runden Tisch« die Verhandlungen über Polens Zukunft auf. »Das Ende einer Epoche stand unmittelbar bevor«, heißt es bei Bernstein & Politi. Der unsichtbare Dritte, der an diesem Tisch saß, war der Papst. »Wenn keine Seite nachgab«, kommentierte Politbüromitglied Stanislaus Ciosek die Verhandlungen, »wussten wir, dass wir jederzeit den Vatikan um Hilfe bitten konnten.« Schließlich wurde beschlossen, im Juni die ersten freien und offenen Wahlen seit Ende des Zweiten Weltkrieges durchzuführen. Solidarnosc war als politische Partei zugelassen.

Bei den Wahlen am 4. Juni errang die »Solidarität« 261 der 262 Sitze des neuen Gremiums, das den Namen »Senat« tragen sollte. Die Pfarrer der Gemeinden hatten die Gläubigen an diesem Sonntag aufgefordert, für die Gewerkschaft und gegen die Kommunisten zu stimmen. »Ein fürchterliches Ergebnis«, klagte Jaruzelski, »das ist die Schuld der Kirche!« Am 19. August musste er »Solidarnosc«-Mitglied Tadeusz Mazowiecki, einen katholischen Intellektuellen, der zu Walesas Mitstreitern der ersten Stunde gehörte, mit der Kabinettsbildung beauftragen. Man war sich einig geworden, dass er zumindest sein Präsidentenamt behalten durfte. Am 24. August wurde Mazowiecki Ministerpräsident, »Solidarnosc« war offiziell an der Macht – die Wende war vollzogen. Unmittelbar darauf flog Gewerkschaftsführer Lech Walesa mit fünf Mitarbeitern nach Rom, um Johannes Paul II. für seinen Beitrag zur »Befreiung Polens« zu danken. Kurze Zeit später besuchte der koreanische Bischof Angelo Kim den Heiligen Vater, gratulierte ihm: »Dank euch ist Polen vom Kommunismus befreit worden!« »Nein, nicht durch mich«, erwiderte Johannes Paul II., »sondern durch das Werk der Heiligen Jungfrau, entsprechend ihrem Versprechen von Fatima.«

Halb ängstlich, halb hoffnungsvoll hatten die Menschen in den anderen Staaten des Warschauer Paktes die Vorgänge in Polen verfolgt. Würde die Sowjetunion, wie einst beim Prager Frühling, eingreifen? Sie tat es nicht, Gorbatschow hielt still, mehr noch, er reformierte unaufhaltsam das Mutterland des Kommunismus. Das machte Mut – und löste einen Erdrutsch aus. Als Ungarn im September seine Grenze zu Österreich öffnete, strömten Urlauber aus der DDR zu Zehntausenden in den Westen, während Hunderttausende in Leipzig und anderen Städten auf die Straßen gingen, um gegen das SED-Regime zu demonstrieren. Verzweifelt protestierte der DDR-Staatschef Erich Honecker gegen die Grenzöffnung, bat die UdSSR um ein Eingreifen – erfolglos: Honecker musste zurücktreten, das jüngere Politbüromitglied Egon Krenz übernahm die Staatsführung, öffnete am 9. November 1989 die Grenzen. An den nächsten Tagen begann der Abriss der Berliner Mauer, des augenscheinlichsten Symbols für die Spaltung Europas in Ost und West.

Wie Dominosteine stürzten daraufhin die anderen kommunistischen Regimes. Am 10. November 1989 endete mit einer Parteisäuberungsaktion die sechsunddreißigjährige Herrschaft des bulgarischen Staatspräsidenten Todor Schiwkow. In der Tschechoslowakei gingen Hunderttausende auf die Straßen, um ein Mehrparteiensystem und den Rücktritt von Staatspräsident Husak zu fordern. In Rumänien kam es zu Aufständen in der Stadt Timisoara, die sich bald auf das gesamte Land ausbreiteten. Der verhasste Diktator Nicolae Ceausescu und seine Frau wurden von einem Exekutionskomitee standrechtlich erschossen.

Am 1. Dezember 1989 kam es zu einem weiteren historischen Ereignis. Kurz vor seiner Reise zum Gipfel von Malta, der endgültig das Ende des Kalten Krieges besiegeln sollte, flog Gorbatschow zu einem persönlichen Treffen mit dem Papst nach Rom. Zehntausende säumten die Straßen, als der Generalsekretär der Kommunistischen Partei der Sowjetunion in einer mit der roten Standarte mit Hammer und Sichel geschmückten Limousine auf der Via della Conciliazione zum Vatikan fuhr, um das Oberhaupt der römisch-katholischen Kirche zu treffen. Die Monsignori und Bischöfe der Kurie legten ihre Arbeit nieder, um vom Bürofenster oder am Fernseher das historische Ereignis zu verfolgen, das die zweiundsechzig Jahre der erbitterten Feindschaft zwischen dem »gottlosen Kommunismus« und dem Christentum beenden sollte. Am Tag zuvor hatte der Generalsekretär in einer Rede im italienischen Kapitol von der Notwendigkeit einer Durchgeistigung der Welt gesprochen und »eine Revolution in den Seelen der Menschen« gefordert. Zwar berief er sich dabei auf »die ewigen Gesetze der Menschlichkeit und Tugend, von denen Marx sprach«, aber ansonsten benutzte er eine ähnliche Terminologie wie der Papst. »Die Religion hilft der Perestroika«, erklärte er, »wir behaupten nicht länger, einen Alleinanspruch auf die Wahrheit zu besitzen … Wir gehen nicht mehr davon aus, dass jene, die nicht mit uns übereinstimmen, unsere Feinde sind.«

»Ich bin fest davon überzeugt, dass unsere Begegnung von der Göttlichen Vorsehung vorbereitet wurde«, begrüßte ihn Johannes Paul II.,

> »Ihr Besuch ermöglicht es uns, mit größerem Vertrauen auf die Zukunft der religiösen Gemeinschaften in der Sowjetunion zu blicken … die neuen Perspektiven, die sich eröffnet haben, lassen uns hoffen, dass sich die Situation verändert … und dass das Gesetz der Gewissensfreiheit, das bald vor dem Obersten Sowjet diskutiert wird, allen Gläubigen das Recht garantiert, das Recht auf religiöse Freiheit voll auszuüben, das, wie ich so viele Male sagte, die Grundlage der anderen Freiheiten ist.«

Wie der Papst erklärte, war die Begegnung für ihn »ein Zeichen der Zeiten, die langsam reiften, ein viel versprechendes Zeichen.« »Es war ein außergewöhnliches Ereignis«, kommentierte Gorbatschow später, »wir hatten viel zu besprechen. Ich fühle, dass meine Gedanken und Anliegen angemessene Beachtung fanden …«

Der vatikanische Außenminister Kardinal Casaroli bezeichnete die Begegnung sogar als »einen bedeutenden Wendepunkt … den Übergang von einem sehr harten Winter zu den Vorzeichen eines Frühlings«.

Der Frühling folgte bald. Am 15. März 1990 nahm der Vatikan erstmals diplomatische Beziehungen mit der Sowjetunion auf und entsandte Erzbischof Francesco Colasuonno als Apostolischen Nuntius nach Moskau. Im selben Monat trat ein erstaunlich liberales Gesetz in Kraft, das erstmals in der Geschichte der Sowjetunion religiösen Gemeinschaften sogar den Landbesitz erlaubte, was einen von Lenins ersten Beschlüssen nach der Oktoberrevolution rückgängig machte. Mehr noch, es erlaubte den Religionsgemeinschaften, eigene Erziehungseinrichtungen zu unterhalten und Geistlichen an staatlichen Schulen zu lehren.

Später, in einem Beitrag für das italienische Journal »La Stampa« vom 3. März 1992, erinnerte sich Michail Gorbatschow an den »ausgedehnten Briefwechsel« zwischen ihm und dem Papst, der auf das Treffen folgte. »Zwischen uns besteht ein tiefes Gefühl der Sympathie und des gegenseitigen Verstehens, das wir in jeder Mitteilung ausdrückten«, versicherte der Ex-Präsident der UdSSR. »Das ist wahr«, erwiderte der Papst, von Reportern der Zeitung befragt, »da war etwas Instinktives zwischen uns, als hätten wir uns bereits lange gekannt. Und ich weiß, was es war: Unser Treffen war von der Vorsehung vorbereitet worden.« In seinem Artikel bestätigte Gorbatschow die wichtige Rolle des Fatima-Papstes bei der Öffnung des Ostens:

> »Heute kann man sagen, dass all das, was in den letzten Jahren in Osteuropa geschah, nicht möglich gewesen wäre ohne diesen Papst, ohne die wichtige Rolle – die politische Rolle –, die er auf dem internationalen Parkett spielen konnte.«

»Was jetzt im Osten geschieht, hat so erstaunliche und unerwartete Dimensionen und geschieht so schnell, dass man nur sagen kann: Die Hand Gottes ist dahinter«, kommentierte der französische Philosoph Prof. Marcel Clement die Ereignisse,

> »Und weil außergewöhnliche Versprechungen in Fatima gemacht wurden, kann man sagen, dass, wenn tatsächlich die Hand Gottes dahinter steht, dies so ist, weil eine Verbindung zu den Worten Mariens in Fatima besteht. Die Weihe von 1984 erlaubte Gorbatschows Aufstieg an die Macht in 1985 … die derzeitigen Ereig-

> nisse zeigen gewiss noch nicht, dass die Prophezeiung erfüllt wurde, aber sie lassen sie als möglich erscheinen. Alles hängt jetzt davon ab, wie ernst man es mit der Religionsfreiheit unter den neuen Bedingungen meint.«

Und auch der französische Autor und »Le Figaro«-Kolumnist F. Frossard ist überzeugt:

> »Es erscheint keineswegs unlogisch anzunehmen, dass das, was im Osten geschieht, die Konsequenz der Versprechen von Fatima sein könnte. Es ist für mich offensichtlich, dass eine Art Wunder stattfindet. Mehr noch, niemand kann eine rein rationale und politische Erklärung für das abgeben, was geschieht.«

Im Mai 1990 führte der Kölner Erzbischof Joachim Kardinal Meisner eine Pilgergruppe aus Westdeutschland und der Noch-DDR nach Fatima, um der Gottesmutter für die Befreiung seiner Landsleute zu danken. Meisner, der bis 1988 Bischof von Ostberlin war, lebte selbst 40 Jahre lang in einem sozialistischen Land, dessen Atheismus er als »dunklen Schatten, unter dem wir leben mussten«, bezeichnete. »Alles lässt uns darauf schließen, dass die Weihe so vollzogen wurde, wie es Unsere Liebe Frau gefordert hatte«, erklärte er den Pilgern vor dem Heiligtum,

> »Lasst uns daher nicht länger den Heiligen Vater bestürmen, der alles ihm Mögliche dafür getan hat. Es ist legitim, zu denken, dass alles, was jetzt so überraschend in Ost- und Mitteleuropa geschieht – religiöse Freiheit, von den Regierungen anerkannt, die Institution einer heiligen Hierarchie, Respekt vor den Grundrechten des Menschen –, auf die Intervention Unserer Lieben Frau zurückzuführen ist, die sorgenvolle Mutter aller Menschen und Völker.«

Am 13. Oktober 1990, dem 73. Jahrestag des Sonnenwunders, fand die erste religiöse Zeremonie seit der Oktoberrevolution in der Mariä-Himmelfahrts-Kathedrale im Kreml statt, die unter den Kommunisten als »Museum des Atheismus« diente. Am nächsten Tag, dem 14. Oktober 1990, wurde die erste orthodoxe Messe seit 1917 in der Basiliuskathedrale auf dem Roten Platz gelesen. Wie die Weltpresse berichtete, nahmen auch Mitglieder der Regierung an der Feier teil, und die Titelseite der renommierten »Times« zeigte den Patriarchen Alexeij, das Oberhaupt der russisch-orthodoxen Kirche, gefolgt von Klerus und Gläubigen, bei einer Prozession mit Ikonen und Gebetsfahnen auf dem Roten Platz, in Sichtweite des Lenin-Mausoleums. Die Messe, so hieß es, fände »zur Feier der Fürsprache der Jungfrau Maria und ihrer Milderung des menschlichen Leidens« statt. Wie die »Times« berichtete, stieg die Zahl der von der Regierung zugelassenen neuen Kirchengemeinden von drei im Jahre 1985 auf 2.815 in den ersten neun Monaten des Jahres 1989 an. »Die Sowjetunion befindet sich an der Schwelle einer titanischen religiösen Erneuerung«, vermeldete die ansonsten eher dem britischen Understatement verpflichtete Zeitung.

Ein halbes Jahr später, am 12. Mai 1991, reiste der Papst zum zweiten Mal nach Fatima. »Diese Pilgerreise hat einen ganz besonderen Zweck: Dank zu sagen für die Rettung des Lebens des Papstes am 13. Mai 1981, exakt vor zehn Jahren«, erklärte er drei Tage später bei einer Generalaudienz in Rom, »ich betrachte dieses ganze Jahrzehnt als Geschenk, das mir auf eine ganz besondere Weise durch die göttliche Vorsehung gemacht wurde.« Aber es war auch sein ganz besonderer Dank für die Erfüllung des Versprechens von Fatima.

»An jenem denkwürdigen Tag, dem 25. März 1984, erwiesest du, Heilige Mutter, uns die Gnade, unser Haus zu besuchen, den Petersdom, so dass wir an dein Unbeflecktes Herz unseren Akt der Weihe der Welt, der großen menschlichen Familie aller Völker, vollziehen konnten. Heute bin ich, zusammen mit dieser Menge von Brüdern und Schwestern, zu deinem Thron gekommen, um dich zu preisen: Gegrüssest seist du, Heilige Mutter! Gegrüßest, sichere Hoffnung, die nie enttäuscht! Totus Tuus, ganz dein, O Mutter! Dank dir, himmlische Mutter, dass du Völker in die Freiheit geführt hast …«, betete der Papst bei der nächtlichen Feier vor der Capelinha auf der Esplanade von Fatima, vor Hunderttausenden von Gläubigen. Und dann nahm er auf die Glaubenskrise in Europa Bezug, die ebenfalls im zweiten Teil des Geheimnisses vorausgesagt worden war – nur in Portugal würde das Dogma des Glaubens erhalten bleiben:

> »Maria, hilf deinen Söhnen und Töchtern während dieser Jahre des Advents des dritten Millenniums, dass sie in Christus den Weg finden, zum Heim ihres himmlischen Vaters zurückzukehren …, liebste Mutter, hilf uns aus der gottlosen Wüste, in der unsere Generation und unsere Kinder verloren zu sein scheinen. Mögen sie endlich die göttlichen Quellen ihres eigenen Lebens wieder entdecken und dort Rast finden.

In Hinsicht auf ihre eigenen christlichen Wurzeln und in dem tiefen Verlangen nach Jesus Christus, das dem menschlichen Herzen entspringt, möchten wir jetzt Wege finden, auf denen die Völker des gesamten europäischen Kontinentes reisen müssen. Mutter der Kirche, Unsere Liebe Frau von Fatima, segne die bevorstehende Sonderversammlung für Europa der Synode der Bischöfe.«
»Die Tatsache, dass Unsere Liebe Frau dieses Land auswählte, um ihren mütterlichen Schutz für die Menschheit zu manifestieren, ist eine Garantie, dass Portugal immer das Kostbarste bewahren wird: den Glauben. Der Glaube ist das hellste Licht der Menschheit. Möge er stets heller scheinen und tief in die Herzen der geliebten Menschen und in alle Bereiche des sozialen und kulturellen Lebens eindringen …«

Am nächsten Tag, zur Mittagsstunde des 13. Mai 1991, wiederholte Johannes Paul II. feierlich die Weltweihe:

»In kollegialer Einheit mit den Hirten, in Gemeinschaft mit dem gesamten Volk Gottes, das sich in alle vier Ecken der Erde ausgebreitet hat, erneuere ich heute die söhnliche Anvertrauung der menschlichen Rasse an Dich.«

Russland hatte einen ganz besonderen Gesandten zu dieser Zeremonie entsandt. Gennadi Gerasimov war der Sprecher des sowjetischen Außenministeriums unter Präsident Gorbatschow, bevor er zum Botschafter in Lissabon ernannt wurde. In dieser Funktion nahm er an der feierlichen Papstmesse in der Cova da Iria teil, bevor er der Lissaboner Wochenzeitung »Sabado« in einem Interview gestand, dass dies bereits sein dritter Besuch des Heiligtums war. Weiter gab er zu, in seinem Haus eine Ikone der Gottesmutter von Kazan hängen zu haben, der Schutzpatronin Russlands – ein noch wenige Jahre zuvor undenkbares Bekenntnis eines sowjetischen Botschafters.

In den folgenden Monaten ließen sich die Ereignisse in Russland nicht mehr aufhalten. In den frühen Morgenstunden des 19. August, ausgerechnet wieder einem Jahrestag der Fatima-Ereignisse, putschten kommunistische Hardliner in Moskau gegen Präsident Gorbatschow, der in seiner Datscha auf der Krim festgehalten wurde. Es sollte das letzte Aufbegehren, der Todeskampf des sowjetischen Kommunismus werden. Boris

Jelzin, der Präsident der Russischen Republik, stellte sich den Putschisten entgegen. Seine feurige Rede auf einem gekaperten Putschistenpanzer ging um die Welt und wurde zum Symbol für den Widerstand gegen den Kommunismus, der sich längst überlebt hatte. Er machte das russische Parlamentsgebäude, das wegen seiner Marmorfront »Weißes Haus« genannt wurde, zu seinem Hauptquartier. Dank eines Radiosenders, den ein Pater in einem Gemüselaster eingeschmuggelt hatte – er sollte eigentlich der Übertragung katholischer Radioprogramme dienen –, konnte Jelzin mit der Außenwelt in Verbindung bleiben. Seine mutige Gegenwehr verschaffte ihm internationalen Respekt – und die Unterstützung des Westens. Als vier Tage später – ausgerechnet am 22. August, dem Festtag des Unbefleckten Herzens Mariens – die Rädelsführer des Staatsstreiches aufgaben, schickte der Papst ein Telegramm an Michail Gorbatschow:

> »Ich danke Gott für den glücklichen Ausgang der dramatischen Schicksalsprüfung, die Sie selbst, Ihre Familie und Ihr Land mit einbezog. Ich bringe meinen Wunsch zum Ausdruck, dass Sie Ihre herausragende Arbeit für die materielle und geistige Erneuerung der Völker der Sowjetunion, für die ich Gottes Segen erbitte, fortsetzen können.«

Doch auch das »Instrument Gottes«, wie der litauische Kardinal Vincentas Sladkevicius den Reformer Gorbatschow nannte, hatte seine Aufgabe erfüllt. Nach seiner Rückkehr nach Moskau musste er am 23. August vor dem russischen Parlament eine von Boris Jelzin verfasste Anklageschrift gegen seine eigenen am Putsch beteiligten Minister verlesen, am 24. August trat er als Vorsitzender der Kommunistischen Partei der Sowjetunion zurück, deren Mitglieder aus allen Staatsämtern entlassen wurden. Vier Monate später, am 25. Dezember 1991, dem katholischen Weihnachtsfest (das in der orthodoxen Kirche nach dem julianischen Kalender am 6. Januar gefeiert wird) schied der erste und letzte Präsident der Sowjetunion aus dem Amt, und am Nachmittag wurde die rote Flagge über der grünen Kremlkuppe eingeholt. An ihrer Stelle wurde sechs Tage später die blau-weiss-rote Flagge Russlands gehisst. Zum 1. Januar 1992 wurde aus der Sowjetunion offiziell die »Gemeinschaft Unabhängiger Staaten« – die Ära des Kommunismus war zu Ende gegangen.

Als für jeden sichtbares Zeichen strahlte das russische Fernsehen am 13. Oktober 1991 eine Liveübertragung von den Feierlichkeiten zum

74. Jahrestag der letzten Erscheinung von Fatima aus der Cova da Iria aus. Die fünfundsiebzigminütige Sondersendung ging zurück auf die Initiative von José Correa, dem Direktor des »Katholischen Radio- und TV-Netzwerkes«, das während des Putsches Jelzin unterstützt hatte. An Großbildschirmen konnte das Programm zudem im Großen Auditorium der einstigen staatlichen Nachrichtenagentur Novosti verfolgt werden, die einst der Verbreitung der kommunistischen Propaganda diente. Auf vielfachem Wunsch wurde das Programm am 7. November wiederholt – dem Jahrestag der Oktoberrevolution.

In den Abendstunden des 31. Dezember 1991 herrschte auf dem Roten Platz in Moskau eine Stimme freudiger Erregung. Zigtausende hatten sich vor dem Kreml versammelt, sangen Lieder, tanzten und schütteten flaschenweise Wein, Wodka oder Krimsekt in sich hinein. Trotz der klirrenden Kälte des russischen Winters waren die Menschen aus allen Teilen des Landes und Besucher aus aller Welt bei bester Laune: Es war der letzte Tag der Sowjetunion. Nur durch dünne Eisenketten von der ausgelassenen Masse getrennt, marschierte währenddessen ein Wachkommando zum Lenin-Mausoleum, um dem einbalsamierten Gründer der kommunistischen Räterepublik noch einmal die Ehre zu erweisen. Dann war die Stunde des Neubeginns gekommen. Mit zwölf klaren Schlägen kündigte die Glocke des Spasskyturms Mitternacht an, schließlich kaum mehr hörbar, weil vom Jubelschrei der Befreiung übertönt. Für die versammelte Menge war es die Einläutung eines neuen Zeitalters. Während Hunderte ausgelassen und oft genug im Vollrausch tanzten, stürmte ein Mann nach vorne, an die Absperrung vor dem Lenin-Mausoleum, in den Armen eine Statue der Gottesmutter von Fatima. Er hob sie, unter dem Jubel derer, die die Szene mitbekommen hatten, hoch, ließ sie wie eine Siegerin feiern. Dann hielt er sie über eine halbe Stunde lang in Richtung der halb geöffneten Tür des Grabmals, als wolle er noch aus dem toten Lenin den Teufel austreiben.

Als der Papst die Bilder dieser denkwürdigen Nacht sah, hatte er Tränen in den Augen. »Beredsamer hätte der Mann Wojtylas innigste Gefühle nicht ausdrücken können«, beschrieben die Papstbiographen Woodward und Politi die Szene, »der Papst erlebte den großen Aufruhr in der Sowjetunion als eine Art Mysterienspiel, in dem seiner Ansicht nach Unsere Liebe Frau von Fatima eine Hauptrolle gespielt hatte.«

Zwei Jahre später vertraute der Heilige Vater dem italienischen Journalisten Vittorio Messori, der das Papstbuch »Die Schwelle der Hoffnung überschreiten«, herausgab, sein ganz persönliches Resümee der Ereignisse an:

> »Und was ist über die drei portugiesischen Kinder aus Fatima zu sagen, die unerwartet und kurz vor dem Ausbruch der Oktoberrevolution hörten: ›Russland wird umkehren‹, und ›Am Ende wird mein Herz triumphieren‹ …? Sie könnten derartige Aussagen unmöglich erfunden haben. Sie kannten sich weder in der Geschichte noch in der Geographie aus, und noch weniger wussten sie über Sozialbewegungen oder Ideologieentwicklung. Und doch ist genau das eingetreten, was sie angekündigt hatten. Vielleicht ist der Papst auch aus diesem Grund aus einem ›fernen Land‹ gerufen worden; vielleicht hat das Attentat auf dem Petersplatz gerade am 13. Mai 1981, dem Jahrestag der ersten Erscheinung von Fatima, stattfinden müssen, damit alles durchsichtiger und verständlicher würde, damit die Stimme Gottes, die in der Menschengeschichte in ›Zeichen der Zeit‹ spricht, einfacher zu hören und zu verstehen sein würde.«

Kapitel 10

Göttliche Gegenrevolution

Geschichte als Mysterienspiel, die Madonna als Besiegerin des Kommunismus? In unserer aufgeklärten und vom Rationalismus geprägten Zeit mag die Überzeugung des Papstes, wie er sie so klar in seinem Interview mit Vittorio Messori zum Ausdruck brachte, als Anachronismus erscheinen. Dass alles ein Wechselspiel zwischen Himmel und Erde ist, dass sich im irdischen Geschehen eine himmlische Wirklichkeit reflektierte, war das Weltbild der Antike. In Homers »Ilias«, der Geschichte vom Trojanischen Krieg, erlebte diese Vorstellung ihre literarische Vollendung. Der Krieg auf Erden war nur ein Spiegelbild des Konfliktes zwischen den Göttern. Die Helden und Heroen, die die trojanische Erde mit ihrem Blut tränkten, waren allenfalls Schachfiguren in einem kosmischen Spiel, Marionetten ihrer himmlischen Drahtzieher.

Doch diese Vorstellung war nicht auf das antike Griechenland beschränkt. Auch im Judentum setzte sich bald die Überzeugung durch, dass historische Ereignisse bestimmt werden durch einen himmlischen Kampf zwischen den Mächten des Guten und des Bösen. Wir finden sie in den Büchern der großen Propheten seit den Tagen der Babylonischen Gefangenschaft, so bei Ezechiel und Daniel. In einer ganzen Literaturgattung, die als »Apokalypsen« (»Geheime Offenbarungen«) bezeichnet wird, wird die wechselvolle Geschichte dieses leidgeprüften Volkes als endzeitliches Ereignis interpretiert. Noch hätten die »Söhne der Finsternis« die Oberhand, aber bald, sehr bald, würde der Messias kommen und den »Söhnen des Lichtes«, dem Gefolge Gottes, zum Sieg verhelfen. Im ersten Jahrhundert vor Christus erreichten die Messiaserwartungen ihren Höhepunkt. Die Sekte der Essener zog gar aus in die Wüste, um sich bereitzumachen für die bevorstehende »neue Landnahme« Israels unter Führung des »Menschensohnes«, wie der Herbeigesehnte erstmals in Qumran genannt wurde. Die Christen übernahmen den jüdischen Endzeitglauben, mehr noch, sie waren überzeugt, dass durch die bereits erfolgte Ankunft (und Zurückweisung) des Messias das »Ende der Zeiten« und das darauf folgende »Reich Gottes« unmittelbar bevorstünden. Auch wenn Jesus selbst davor warnte, sich auf einen Zeitpunkt festzulegen

(»Jenen Tag aber und jene Stunde weiß niemand, auch nicht die Engel des Himmels, auch nicht der Sohn, nur der Vater allein« – Mt. 24, 36), so waren doch die Christen zu allen Zeiten fest davon überzeugt, dass sich die »letzten Dinge« vor ihren Augen enthüllten. Die Christenverfolgungen der Römer, die Völkerwanderung, die Kreuzzüge, die Anstürme der Mongolen, Tartaren und Türken und die Pest in Europa wurden abwechselnd als Endzeitereignisse interpretiert. Doch das eigentliche »Zeichen der Endzeit«, die Offenbarung der »Frau, mit der Sonne umkleidet« (Offb. 12, 1), blieb zu all diesen Zeiten aus. Erst seit Mitte des 19. Jahrhunderts erhob sie laut, für alle hörbar, ihre Stimme und versprach jenen, die glauben, ihre mütterliche Führung durch die Wirren dieser Zeit.

Johannes Paul II. ließ zu keinem Zeitpunkt den geringsten Zweifel daran, dass er ein marianischer Papst ist. Er zeigte dies immer wieder durch eine ganze Reihe spontaner ebenso wie sorgfältig geplanter Gesten, die wie Meilensteine sein Pontifikat durchziehen. Diese begann gleich an jenem 16. Oktober 1978, als er überraschend als der 263. Nachfolger Petri aus dem Konklave hervorging und auf der Loggia des Petersdomes den Gläubigen präsentiert wurde. Damals richtete er spontan das Wort an die fast 200.000 Menschen auf dem Petersplatz und brach mit der Tradition, indem er von sich erstmals in der ersten Person und nicht, wie seine Vorgänger, im pluralis majestatis sprach:

> »Die Annahme dieser Berufung hat mich mit Angst erfüllt, doch fügte ich mich im Geist des Gehorsams gegenüber unserem Herrn Jesus Christus und in völligem Vertrauen auf seine Mutter, die Allerheiligste Jungfrau …, und so trete ich vor euch alle hin, um unseren gemeinsamen Glauben zu bekennen, unsere Hoffnung, unser Vertrauen in die Mutter Christi und der Kirche. Von neuem gehen wir mit Gottes Hilfe und mit Hilfe der Menschen auf diesem Weg der Geschichte und der Kirche.«

Als seinen Wahlspruch wählte er die Worte »Totus tuus«, »ganz Dein«, sein Wappen zeigt das »M« Mariens rechts unter dem Kreuze Christi. Ein »ganz Dein«, das einer Weihe seines Pontifikats an die Gottesmutter gleichkam. Es war einem Mariengebet entnommen, verfasst vom heiligen Louis-Marie Grignon de Montfort:

> »Ganz Dein bin ich, und alles, was ich besitze, ist Dein, über alles gesegnete Jungfrau!«

Es ist viel spekuliert worden über die Ursachen dieser tiefen Marienfrömmigkeit von Johannes Paul II. Liegen sie in der Biografie des Karol Wojtyla, in seinem frühen Verlust der leiblichen Mutter, begründet? Oder ist sie das typisch Polnische am slawischen Papst eine Widerspiegelung der Volksfrömmigkeit seiner Heimat? Beide Faktoren mögen eine Rolle gespielt haben, reichen als Erklärung aber keineswegs aus. Tatsächlich war es die Begegnung mit der marianischen Mystik, mit der Bewegung des »lebendigen Rosenkranzes«, die in der dunkelsten Stunde der polnischen Geschichte, inmitten der Wirren der deutschen Besetzung, in dem jungen Philologen den Wunsch aufkeimen ließ, Priester zu werden. Wie alle männlichen Polen musste auch der Student Wojtyla in Besitz einer Arbeitskarte kommen, um ein Anrecht auf Lebensmittelzuteilungen zu haben. Wer eine solche nicht hatte, konnte in ein Lager verschleppt oder exekutiert werden. 1941 wurde Wojtyla der Chemiefabrik Solvay in Borek Falecki zugewiesen, musste zuerst im Steinbruch, dann in der Kläranlage arbeiten. Doch in seinen Gedanken war er immer wieder bei Gott. Auf dem Weg zur Arbeit besuchte er regelmäßig die hl. Messe, was, wie er später erklärte, ihm die Kraft gab, die harte Zeit durchzustehen. In den Pausen las er die Schriften Grignon de Montforts, dieses begeisterten Predigers marianischer Frömmigkeit. Im Herbst 1942 wurde er in ein Priesterseminar aufgenommen, das von der Diözese Krakau im Untergrund unterhalten wurde. Seit August 1944 fand es in den Privaträumen Erzbischof Stefan Sapiehas statt. Zwei Jahre später, Polen war mittlerweile befreit, wurde Karol Wojtyla zum Priester geweiht.

Im selben Jahr, 1946, weihten die polnischen Bischöfe, angeführt von ihrem Primas, Kardinal August Hlond, im Heiligtum von Jasna Gora das Land dem »Unbefleckten Herzen« Mariens. Der »Leuchtende Berg« (so die wörtliche Übersetzung) von Tschenstochau ist das marianische Nationalheiligtum Polens. Hier wird die Ikone der »Schwarzen Madonna« verehrt, die der Legende nach vom Evangelisten Lukas gemalt wurde.

Im Jahre 1656 wurde ihr von König Jan Kazimierz feierlich das ganze Land geweiht, sie zur »Königin Polens« erklärt. Zuvor hatte das befestigte Heiligtum einer Invasion der protestantischen Schweden widerstanden. Mit nur 170 Soldaten, 20 Adligen und 70 Mönchen wehrte der Prior von Jasna Gora in 40 Tagen den Ansturm von 3.000 schwedischen Landsknechten ab. Für den Rest des Landes hatte der »Sieg des Heeres der Maria« Signalwirkung. Plötzlich war man zum Widerstand bereit. Unter dem Schutz der Gottesmutter siegte man schließlich über die Eindringlinge. Jasna Gora wurde für das polnische Volk zum Symbol seiner religiösen und politischen Unabhängigkeit. Als endlich Frieden herrschte, im Jahre 1717, fand mit Einwilligung von Papst Clemens XI. die feierliche Krönung der Madonna statt. Besteht eine Verbindung zu den Ereignissen von Fatima exakt 200 Jahre später? War das Jahr, in dem auch die Londoner Großloge der Freimaurer gegründet wurde, rein zufällig gewählt? Oder war alles Teil eines »größeren Planes«? Die Weihe wurde 1920 wiederholt, als die bolschewistischen Russen Warschau bedrohten; die polnische Armee siegte daraufhin ausgerechnet am 15. August, dem Fest Mariä Himmelfahrt. Im selben Jahr, 1920, wurde Karol Wojtyla geboren. Als das Land 1948 doch noch kommunistisch wurde, sprach Primas Hlond auf dem Sterbebett die geradezu prophetischen Worte: »Der Sieg wird, wenn er kommt, der Sieg der Heiligen Maria sein.« Sein Nachfolger Kardinal Wyszynski, der jahrelang für seinen Glauben im Gefängnis litt, vollzog eine weitere Weihe 1966. Der polnische Papst war mit der Idee der Weihe eines Landes an die Madonna also längst vertraut, er wusste um die Wirkkraft dieses Aktes, als er mit den Bitten der Madonna von Fatima konfrontiert wurde. Die Vorsehung hätte für diese Aufgabe kein besseres Instrument auswählen können.

Als Papst Johannes Paul II. am 5. Februar 1991 den polnischen Präsidenten und früheren Gewerkschaftsführer Lech Walesa empfing, erklärte er die Weihe seines Landes an die Madonna zur »prophetischen Geste des Königs Jan Kazimierz … Sein Beispiel und seine Intuition des Glaubens hatten ihre spezifischen Ergebnisse in unserer Zeit.« Mit anderen Worten: dass der Sieg über den Kommunismus von Polen ausging, dass ein polnischer Papst und ein polnischer Gewerkschaftsführer dabei eine so besondere Rolle spielten, war für ihn kein Zufall, sondern direkte Folge dieses geistlichen Aktes. Schon die zweite seiner bislang 94 Auslandsreisen führte den Papst in seine Heimat Polen, auf den heiligen Berg von Tschenstochau. »Etwas ist geschehen, das jenseits unserer Vorstellungskraft liegt«, zitierte er bei seiner Predigt in Jasna Gora am 4. Juni 1979 seinen großen Lehrer Kardinal Wyszynski. Und da es ihm jetzt nicht mehr nur um Polen, sondern um die Welt ging, wurde sein Pontifikat zu einer einzigen großen Pilgerreise, die ihn am Vorabend des dritten Jahrtausends immer wieder zu den bedeutendsten marianischen Heiligtümern führte: Santa Maria Maggiore, Loreto und Pompeji, Lourdes, Altötting, Fatima, Beauring in Belgien, Gyor in Ungarn und schließlich, im März 2000, nach Nazareth. Immer wieder vergegenwärtigten sich ihm dabei Stätten und Ereignisse, die davon zeugten, dass Maria im Auftrag Gottes in die Geschichte eingegriffen hat. Doch die erste Station auf dieser marianischen Pilgerreise des Papstes war nicht Tschenstochau, nicht das kommunistische Polen, das zu diesem Zeitpunkt seinem größten Sohn noch die Einreise verweigerte. Die Weichen wurden anderswo gestellt, nämlich im ältesten marianischen Schrein der Neuen Welt, in Guadalupe in Mexiko. Die Geschichte seiner ersten großen Auslandsreise, die für Johannes Paul II. zur Offenbarung wurde, wurde erst im Januar 1999 enthüllt, als der Papst zum vierten Mal das lateinamerikanische Land besuchte.

Er war gerade drei Monate im Amt, als Johannes Paul II. im Januar 1979 nach Mexiko aufbrach. Schon beim Abschied auf dem römischen Flughafen Fiumicino hatte er diese Reise als »Pilgerfahrt des Glaubens« bezeichnet, auf der er die Jungfrau von Guadalupe um ihre »mütterliche Hilfe und ihren Schutz« anrufen wollte. Als er zum 20. Jahrestag dieses Besuches, im Januar 1999, nach Guadalupe zurückkehrte, enthüllte Hector Fernandez, der Sprecher der mexikanischen Bischofskonferenz, was damals wirklich geschah:

> »Der Heilige Vater hatte zu diesem Zeitpunkt eine ganz besondere Begegnung mit der Jungfrau von Guadalupe. Als er zu ihren Füßen stand, erfuhr er eine besondere Inspiration hier in Mexiko, wusste er, dass er ein Pilgerpapst sein müsse, der die Botschaft Christi in jeden Winkel der Erde trägt. Es war hier, dass er seine Mission entdeckte.«

Diese Mission führte ihn bis zum Sommer 2001 auf 94 Reisen in 127 Länder der Erde, ließ ihn 1.090.427 Kilometer zurücklegen. Überall, auch in Mexiko, bewirkte er wichtige Veränderungen. So war Mexiko seiner Verfassung nach Ende der siebziger Jahre ein antiklerikaler Staat. Priestern war das Wahlrecht entzogen, Messen unter freiem Himmel waren verboten, die Kirchen durften keine Radiosender unterhalten. Der Papstbesuch änderte dies alles. Zudem hatte er eine wichtige Signalwirkung. Nach dem Triumphzug des Pontifex durch Mittelamerika, dem Jubel der Massen, konnte auch sein Heimatland ihm nicht länger die Einreise verweigern. Dabei hatte er damals schon fast die Hoffnung auf eine Rückkehr aufgegeben. Der Papstbesuch in Polen im Juni 1979 wiederum sollte eine Lawine auslösen, die letztendlich zehn Jahre später die kommunistischen Regimes in Osteuropa zu Fall brachte. Ohne den Beistand der Madonna hätte er dieses Ziel nie erreicht, war der Papst überzeugt, und so kehrte er 1990 nach Mexiko zurück, um ihr zu danken. 1992 weihte er sogar eine »Guadalupe-Kapelle« in der Krypta des Petersdomes ein, direkt neben dem Grab des Apostels Petrus, bevor es ihn 1993 zum dritten Mal nach Mexiko zog.

»Am Ende dieses Jahrtausends, das gleichermaßen fruchtbar wie gepeinigt war, werde ich die Heilige Jungfrau bitten, in Mexiko, in Amerika und in der ganzen Welt Wege zur Brüderlichkeit und zum Frieden zu eröffnen«, hatte der Papst im Vorfeld seiner vierten Mexikoreise 1999 erklärt. Mit überwältigendem Enthusiasmus wurde er in Guadalupe begrüßt, rund 500 Bischöfe aus allen Teilen Amerikas und 8.000 Priester in weißen Soutanen konzelebrierten mit ihm die heilige Messe vor dem Gnadenbild. Doch zuvor hatte er jene Zwiesprache mit der Madonna gehalten, deretwegen er zu ihrem Schrein zurückgekehrt war. Minutenlang kniete er unbeweglich vor ihr, entfloh er, in meditatives Gebet vertieft, dem Trubel, um ganz bei ihr zu sein. Denn er wusste, dass sie, ganz wie die Madonna von Fatima vier Jahrhunderte später, einst in die Geschichte eines Kontinentes eingegriffen hatte. Ihre Erscheinung auf dem Tepayac-Hügel hatte 1531 zu Massenbekehrungen der Indios geführt. Es lohnt sich, die damaligen Ereignisse etwas genauer zu betrachten, waren sie doch das Vorspiel zu den Geschehnissen in Europa, die sich dem Papst als eine Art »göttliche Gegenrevolution« offenbarten …

Zwölf Jahre waren seit der Conquista vergangen, der blutigen Eroberung des Aztekenreiches von Mexiko durch den skrupellosen Abenteurer Hernando Cortez, dem es in kürzester Zeit gelang, eine jahrhundertealte Kultur zu vernichten. Er ließ die Tempelpyramiden der Azteken zerstören und überall im Land katholische Kirchen errichten, während der von Kaiser Karl V. 1528 ernannte Juan Zumarraga als erster Bischof der Neuen Welt schließlich die Pflicht hatte, die Christianisierung der Indianer zu überwachen. Bald wurden die Missionare, allen voran die franziskanischen Padres, zu den Fürsprechern und Beschützern der Indianer vor der Ausbeutung durch die spanische Tyrannei.

Ebenfalls 1528 wurden fünf Beamte, die »Prima Audiencia«, von Kaiser Karl V. mit der Verwaltung der eroberten Gebiete in Mexiko beauftragt. Ihr Oberster war Don Nune de Guzman, der sich bald als grausamer Tyrann und Unterdrücker erwies. Guzman versuchte, seine Gewaltherrschaft und Versklavung der Indianer mit der Begründung zu rechtfertigen, die Azteken seien »Wesen ohne Seele, verwandt mit den Ungeheuern antiker Sagen, die zu bekehren Zeitverschwendung wäre und die mit gutem Recht ausgebeutet werden könnten«. Folter, Mord und Hinrichtungen aus den nichtigsten Gründen waren an der Tagesordnung. Die Padres und der neue Bischof protestierten, wurden aber von Guzman eingeschüchtert. »Die Verfolgung, die der Präsident und seine Richter gegen die Padres und den Klerus betreiben, ist schlimmer als die von Herodes und Diokletian«, schrieb Bischof Zumarraga an den Kaiser in einem Brief, den er in einem ausgehöhlten Kruzifix nach Spanien schmuggeln ließ. Unverzüglich ließ Karl V. das Terrorregime absetzen und eine »Zweite Audienz« unter Führung eines Geistlichen, Bischof Ramirez, ernennen, die aber erst Anfang 1531 in Mexiko eintraf. Währenddessen regte sich der Unmut der Azteken gegen die neuen Herrscher. Ein Aufstand stand unmittelbar bevor. Nur ein Wunder konnte jetzt das Land vor neuem Blutvergießen schützen. In dieser so kritischen historischen Situation griff wieder einmal die Gottesmutter in die Geschichte ein.

Die Azteken Juan Diego aus dem Dorf Cuautitlan und sein Onkel Juan Bernadino aus dem Dorf Tolpetlac gehörten zu den ersten Indianern, die sich taufen ließen und sogar regelmäßig in die Kirche gingen, um religiöse Belehrungen zu empfangen. Nach dem Tod seiner Frau 1529 zog Juan Diego zu seinem Onkel nach Tolpetlac, was den Vorteil hatte, dass er nur noch 14 km von der Franziskanerkirche von Tlatilolco entfernt wohnte, statt, wie bisher, 24 km. So machte er sich auch an jenem 9. Dezember in der Morgendämmerung auf den weiten Weg zu der Kirche. Es war der Festtag der »Unbefleckten Empfängnis«, der, wie die Padres ihn gelehrt hatten, ein ganz besonderes Fest zu Ehren der Gottesmutter sei. Der Weg führte ihn über den Hügel Tepeyac, auf dem in aztekischer Zeit ein Tempel der Erdgöttin Tonantzin gestanden hatte, von dem nur noch Ruinen zeugten. Als er fast den Gipfel des Hügels erklommen hatte, vernahm er erstaunt eine Melodie in der Stille des Morgens. Er hielt inne. Bildete er sich das nur ein? Sang ein Vogel? Nein, keines von beiden: Es war wirkliche Musik, die mit bezaubernder Schönheit tief in sein Herz eindrang. Sie schien aus einer leuchtend weißen Wolke zu kommen, die über dem Gipfel des Tepeyac schwebte, umgeben von Strahlen aus blendendem Licht in allen Farben des Regenbogens. Als die Melodie verstummte, vernahm er eine zärtliche Stimme, die ihn liebevoll in der Koseform rief: »Juanito! Juan Diegoito!«. Nichts hielt ihn mehr. Wie von innen getrieben, kletterte Juan Diego auf den felsigen Gipfel des Hügels, um sich Angesicht in Angesicht mit einer Dame von atemberaubender Schönheit wiederzufinden, die ihn freundlich anlächelte. Ihre Gewänder leuchteten hell wie die Sonne, und die Strahlen, die von ihr ausgingen, durchdrangen Felsen und Sträucher. Alles in ihrem Umfeld glitzerte und schwelgte von dem Licht und den Farben, die sie ausstrahlte. Geblendet von ihrem Anblick, sank Juan Diego andächtig auf die Knie. »Höre, Juanito, mein allerliebstes kleinstes Söhnchen, wohin gehst du?«, säuselte die sanfte Stimme. »Edle Dame, ich bin auf dem Weg zur Kirche nach Tlatilolco zur heiligen Messe«, antwortete der Mexikaner. Die Dame lächelte wohlwollend:

> »Wisse, mein liebstes Söhnchen, dass ich die makellose und immerwährende Jungfrau Maria bin, die Mutter des wahren Gottes, durch den alles lebt, des Herrn aller Dinge, welcher der Herr über Himmel und Erde ist. Es ist mein inniger Wunsch, dass man mir hier ein ›teocalli‹ (aztekisch für Gotteshaus) baue, wo ich meine ganze Liebe, mein Mitleid und Erbarmen, meine Hilfe und meinen Schutz den Menschen erweisen und schenken will. Ich bin eure erbarmungsreiche Mutter, die Mutter aller Menschen, all jener, die mich lieben, die zu mir rufen, die Vertrauen zu mir haben. Hier will ich auf ihr Weinen und ihre Sorgen hören und will ihre Leiden, ihre Nöte und ihr Unglück lindern und heilen. Und damit ich meine Absichten verwirklichen kann, gehe zu dem Haus des Bischofs in der Stadt Mexiko und sage ihm, dass ich dich gesandt habe und daß es mein Wunsch ist, dass hier ein ›teocalli‹ gebaut werde. Sage ihm, was du gesehen hast ...«

Die Konversation fand in Nahuatl statt, der blumenreichen Sprache der Azteken mit ihren zahlreichen Koseworten.

Juan Diego verneigte sich voller Andacht und Ehrfurcht. Er verabschiedete sich von der Dame mit den Worten: »Meine Heilige, meine Herrin. Ich werde alles tun, worum Du mich bittest«, dann eilte er auf dem schnellsten Weg nach Mexico City. Die alte Aztekenhauptstadt Mexico-Tenochtitlan lag auf einer künstlich erweiterten Insel inmitten des Texcoco-Sees und war durch Dämme mit dem Umland verbunden. Über den Norddamm betrat Juan Diego die Stadt, um, während die meisten Mexikaner noch schliefen, das Haus von Bischof Zumarraga aufzusuchen.

Noch ganz von seiner Aufgabe erfüllt, hämmerte er an das Tor des bischöflichen Palais, als ein Diener langsam die schwere Holztüre öffnete, argwöhnisch von oben bis unten den ärmlich gekleideten Landbewohner musterte. Höflich bat Juan Diego darum, den Bischof sehen zu

Traditionelle Darstellung der Erscheinung von Fatima (Gemälde von H. Medina).

Ein Foto der Seherkinder aus dem Jahre 1917. Von links nach rechts: Lucia, Francisco, Jacinta.

Oben links: Das Geburtshaus von Francisco und Jacinta Maro. Oben rechts: Francisco und Jacinta im Kreis ihrer Familie. Unten links: Das Haus der Eltern von Lucia in Aljustrel. Unten links: Lucia im Kreis ihrer Familie.

Die Seherkinder am 13. Juli 1917 nach dem Empfang der drei Geheimnisse. Ihre Gesichter spiegeln die Schrecken wieder, die sie geschaut haben.

Am 13. Oktober 1917: Die Kinder werden zur Erscheinungsstätte gebracht, Jacinta auf den Armen eines Chauffeurs.

13. Oktober 1917: Blick auf die an der Erscheinungsstätte versammelte Menschenmenge bei strömendem Regen.

13.10.1917: Der Regen hört auf, die Erscheinung beginnt. Andächtig fallen die Menschen auf die Knie.

Zehntausende beobachten das Sonnenwunder (Bild Mitte links).

Auf der ersten Seite berichtete die portugiesische Presse am nächsten Tag vom »Tanz der Sonne« (Mitte rechts).

O SECULO

COMO O SOL BAILOU AO MEIO DIA EM FATIMA

Am 18. November 1951 veröffentlichte die Vatikanzeitung »L'Osservatore Romano« dieses angebliche Foto des Sonnenwunders von Fatima. Der Zeitung zufolge zeigt es »den schwarzen Punkt, verursacht durch die schnelle Rotation der Sonne, die so tief steht, wie sie zum fraglichen Zeitpunkt, um 12.30 Uhr, nie gestanden haben könnte«. Obwohl andere Medien die Aufnahme bezweifelten, bestätigte der »Osservatore« am 14.3.1952 nochmals ihre Authentizität. Der Jesuitenpater A. Veloso dagegen glaubt, dass das Foto ein Sonnenwunder zeigt, das sich am 13. Juni 1925, an einem Fatima-Jahrestag, ereignete.

Schwester Lucia im Dorotheenkloster von Tuy.

Die Kapelle an der Erscheinungsstätte vor ihrer Zerstörung am 6. März 1922, davor die Steineiche, über der die Madonna erschien.

Der päpstliche Legat Benetto Kardinal Aloisi Masella krönt das Gnadenbild von Fatima vor 800.000 Pilgern.

Papst Pius XII. bei der Radioansprache an die Portugiesische Nation am 31. Oktober 1942. Unmittelbar nach seiner Weltweihe kam es zur entscheidenden Wende im 2. Weltkrieg.

Links: Vom 29. August bis 1. September 1953 weinte dieses Madonnenbild in Syrakus/Sizilien menschliche Tränen. Rechts: Diese Detailaufnahme belegt das kirchlich anerkannte Wunder.

Grigorij Rasputin, der Wundermann am Zarenhof.

Papst Johannes XXIII. entschied gegen eine Veröffentlichung des Dritten Geheimnisses von Fatima.

José Alves Correia de Silva, der Bischof von Leiria, mit dem Umschlag, der das Dritte Geheimnis von Fatima enthält.

Papst Johannes Paul II. am 12. Mai 1981 vor dem Gnadenbild von Fatima.

Papst Johannes Paul II. am 13. Mai 1982 in Fatima: Bei der Verlesung der Ansprache …

… und bei der Begegnung mit Schwester Lucia.

Der Papst mit Gespräch mit Schwester Lucia.

Fatima heute: Die Basilika und die Esplanade. Links die Gnadenkapelle (Capelinha).

Die Basilika und die eingezäunte Steineiche, über der 1917 die Madonna erschien.

Der »weißgekleidete Bischof« fällt »wie tot« zu Boden. Durch das Attentat vom 13. Mai 1981 wird Johannes Paul II. zum »Fatima-Papst«.

Im Oktober 1983 besucht Johannes Paul II. seinen Attentäter Ali Agca. Dieser fragt ihn nach dem Geheimnis von Fatima.

Das Wunder von Fatima: Am 24. März 1984 weiht Johannes Paul II. der Madonna die Welt.

Im September 1993 besucht der Papst den Kreuzeshügel von Litauen, eine Gedenkstätte an die Opfer der Sowjetherrschaft. Das Bild erinnert an die Vision des »Dritten Geheimnisses« vom Kreuzweg der Christenheit, einer Kirche der Märtyrer.

Am 1. Dezember 1989 trifft Michail Gorbatschow den Papst im Vatikan.

Fatima heute: Pilger umkreisen die Gnadenkapelle auf Knien.

Das Gnadenbild bei der Prozession, die immer an den Jahrestagen der Erscheinung stattfindet.

Der ergreifendste Moment des Papstbesuches in Fatima im Mai des Jahres 2000: Johannes Paul II., zuerst minutenlang in sein Gebet vertieft, schenkt der Madonna seinen Ring, weiht ihr symbolisch sein Pontifikat.

600.000 Menschen warten auf den Papst, als das Gnadenbild in feierlicher Prozession zum Altar getragen wird.

Vor der Seligsprechung trifft Papst Johannes Paul II. noch einmal Schwester Lucia, die 93-jährige Seherin von Fatima.

Erzbischof Bertone und Karidnal Ratzinger enthüllen auf der Pressekonferenz am 26. Juni 2000 das Dritte Geheimnis von Fatima.

Das Dritte Geheimnis von Fatima – die Vision der Kinder, wie sie die Mülheimer Künstlerin Agnes Schejok zeichnete.

Staatsbesuch im Vatikan: Am 6. Oktober 2000 wird die Fatima-Madonna zum zweiten Mal nach Rom gebracht.

Die Fatima-Madonna im Petersdom am 7. Oktober 2000.

Der Papst beim Weiheakt auf dem Petersplatz am 8. Oktober 2000.

Wird sie dem Papst den Weg nach Moskau ebnen? Die Ikone der Gottesmutter von Kazan.

Mit der Botschaft von Fatima ins Dritte Jahrtausend: Johannes Paul II. am 8. Oktober 2000.

Der Autor übergibt Papst Johannes Paul II. am 6. Juni 2001 die polnische Ausgabe seines Buches »Das Fatima-Geheimnis«.

können. »Um diese Tageszeit?«, fragte der Diener mürrisch und forderte den Mexikaner auf, sich in den Hof zu setzen und zu warten. Leicht fröstelnd – es ist selbst in Mexiko im Winter frühmorgens etwas frisch – hockte er sich in eine Ecke, zog seine »Tilma«, seinen mantelartigen Umhang aus Agavenfasern, zusammen. Nach über einer Stunde forderte der Diener ihn auf, ihm zu folgen: Seine Exzellenz sei jetzt bereit, ihn zu empfangen. Da der Bischof nur Spanisch, Juan Diego jedoch einzig die Landessprache Nahuatl sprach, wurde ein Dolmetscher, der gebildete Spanier Juan Gonzales, herbeigeholt. Voller Ehrfurcht kniete sich unser Azteke vor dem Bischof nieder und erzählte ihm seine Geschichte. Verwundert hob Zumarraga die Brauen, schaute dem schmutzigen Mann mit dem bronzefarbenen Gesicht in die schmalen, dunklen Augen, um herauszufinden, ob er die Wahrheit sagt. »Ich muss darüber nachdenken, was ich von alldem zu halten habe«, verabschiedete er ihn und legte dem bestürzten Juan Diego väterlich die Hand auf die Schulter: »Du musst einmal wiederkommen, wenn ich mehr Zeit habe.« Dann winkte er ihn heraus. Juan Diego konnte gehen, höhnisch angegrinst von den Wachen in eisernen Rüstungen, die den »komischen Vogel« mit amüsierter Geringschätzung beobachtet hatten. Bedrückt und enttäuscht überquerte der Mexikaner den Damm, machte sich auf den Rückweg über den Tepeyac, wo die »schöne Frau« bereits auf ihn wartete.

»Ich sah genau, dass der Bischof denkt, dass ich das alles nur erfinde«, klagte er ihr sein Leid, »ich flehe Dich an, meine Herrin, dass Du einen von den Vornehmen, den Angesehenen schickst, damit sie es glauben. Denn ich bin nur ein Mann vom Lande.«

»Höre, mein kleinster Sohn«, erwiderte die Madonna, »es ist sehr notwendig, dass du es bist, dass du persönlich hingehst. Daher bitte ich dich und mit Strenge gebiete ich dir, dass du morgen noch einmal zum Bischof gehst.«

Am nächsten Tag tat er, wie ihm befohlen wurde. Wieder traf er den Bischof, kniete sich vor ihm wieder, weinte, flehte ihn an, den Wunsch der Jungfrau zu erfüllen. »Aber ich kann doch nicht nur auf ein Wort, eine Bitte hin eine Kirche bauen lassen«, meinte der Bischof leicht herablassend, »du musst mir schon einen Beweis dafür bringen, dass du von der Königin des Himmels persönlich gesandt wurdest.« Damit, so glaubte er, war die Sache für ihn erst einmal vom Tisch.

Auf dem Rückweg erschien dem Azteken wieder die Heilige Jungfrau. »Komm morgen hierher zurück, damit du dem Bischof das Zeichen bringen kannst, das er von dir verlangt«, forderte sie ihn auf. Doch als er zu Hause ankam, war sein Onkel schwer krank. Er ließ den Dorfheiler rufen, der ihm aber nicht mehr helfen konnte, und schließlich beschloss er, am nächsten Morgen den Priester zu holen, damit Juan Bernadino das Sakrament der Letzten Ölung erhalten könne. Noch spät in der Nacht machte er sich auf den Weg. Als er am Tepeyac-Hügel vorbeikam, beschloss er, einen Umweg zu gehen, damit ihn die »Dame« nicht sehen und wieder aufhalten konnte. Doch als er um den Hügel herumlief, kam sie ihm schon entgegen. »Was ist geschehen, mein kleinster Sohn? Wohin gehst du?«, fragte sie ihn. Sie hatte ihn erwischt, was ihm die Schamesröte ins Gesicht trieb! »Mit Kummer betrübe ich dein Antlitz, dein Herz«, stotterte er verlegen, »mein Onkel ist sehr krank, er wird bald sterben. Darum gehe ich nach Mexico, um einen von unseren Priestern zu rufen. Ich bitte dich, entschuldige mich, hab noch ein bißchen Geduld, morgen komme ich bestimmt.«

»Nichts soll dich erschrecken, nichts bedrücken«, erwiderte die Dame, »bin ich denn nicht hier, deine Mutter? Die Krankheit deines Onkels soll dich nicht betrüben, denn er wird nicht daran sterben. Sei versichert, dass es ihm schon gut geht.« In diesem Augenblick, so sollte Juan Diego später erfahren, wurde sein Onkel geheilt. Dann wies ihn die Himmelskönigin an, auf den Gipfel des Tepeyac-Hügels zu steigen, die Blumen zu pflücken, die er dort finden würde, und sie zu ihr herunterzubringen. Blumen im Winter?, fragte sich der Azteke, aber ihn wunderte schon gar nichts mehr. Und tatsächlich: Als er auf der Kuppe des Tepeyac angekommen war, staunte er, wie viele der verschiedensten, herrlichsten Blumen er dort oben fand, wo sich am Tag zuvor bloß schroffe Felsen, Feigendisteln, Dornengestrüpp und Kakteen befunden hatten. Mit vollen Händen sammelte er die Blumenpracht auf, legte sie haufenweise in seine Tilma, seinen Umhang, und brachte sie zu der wartenden Gottesmutter.

> »Mein kleinstes Söhnchen, diese verschiedenen Blumen sind der Beweis, das Zeichen, das du dem Bischof bringen sollst. In meinem Namen sollst du ihm sagen, daß er daraus meinen Wunsch erkennen und daher mein Verlangen, meinen Willen verwirklichen soll. Dir aber gebiete ich mit großer Strenge, dass du nirgends als in Gegenwart des Bischofs deine Tilma auftust und ihm zeigst, was du trägst.«

Sofort eilte Juan Diego nach Mexiko zum Palais des Bischofs. Die Wachen stellten sich taub, als er um Einlass bat. Andere Hausdiener sahen ihn draußen in der Kälte stehen und warten und kamen, um ihn zu provozieren. »Na, was hast du denn da?«, rempelten sie ihn an, und als sie erkannten, dass er Blumen in der Tilma trug, griffen sie nach ihnen. Doch immer wenn sie versuchten, sie zu berühren, war es, als seien die Blumen nur gemalt oder eingenäht in die Tilma. Erstaunt liefen sie zum Bischof und erzählten ihm, was sie erlebt hatten. Bischof Zumarraga ließ Juan Diego zu sich kommen. »Du hast den Beweis, den ich von dir verlangt habe?«, fragte er den Azteken, und Juan Diego erzählte, wieder auf den Knien, seine Geschichte, um zu ihrem Abschluss, als dramaturgischen Höhepunkt, die Tilma zu öffnen und die Blumen dem Geistlichen Herrn zu Füßen zu legen. Doch in dem Augenblick, in dem die duftenden Blüten zu Boden fielen, lösten sie sich in Luft auf – auf der Tilma aber erschien das Bild der Gottesmutter, ganz wie sie Juan Diego auf dem Tepeyac-Hügel erschienen war. Vor Erstaunen sprang der Bischof von seinem Sitz auf, um sogleich selbst auf die Knie zu fallen. Vorsichtig löste er die Tilma von der Schulter Juan Diegos, an der sie zusammengebunden war, um sie andächtig in seine Privatkapelle zu tragen. »Ja, ich werde der Himmelskönigin ihr Gotteshaus errichten«, versprach er dem Azteken und bat ihn, ihn auf den Tepeyac-Hügel zu führen. Danach, am nächsten Tag, begleitete ihn der Bischof zurück in sein Dorf, wo er seinen Onkel geheilt vorfand: Die Gottesmutter hatte ihr Versprechen gehalten, mehr noch, sie war zwischenzeitlich auch Juan Bernadino erschienen, hatte ihn vertröstet, dass sein Neffe sich verspäten würde. »Er wird mit dem Bischof kommen«, sagte sie zutreffend voraus, »wenn er bei dir eintrifft, sage ihm, unter welchem Namen ich in meinem Heiligtum verehrt werden möchte: die immerwährende Jungfrau, die Heilige Maria, die Coatlaxopeuh«. Das letzte Nahuatl-Wort, das so viel heißt wie »welche die Schlange zertritt«, war dem Übersetzer unbekannt. Er glaubte stattdessen, der Indianer hätte »Guadalupe« gemeint, den berühmten spanischen Wallfahrtsort. Aus diesem Missverständnis heraus bekam die Himmelskönigin den Namen »Unsere Liebe Frau von Guadalupe«.

Als das Bild der »Jungfrau von Guadalupe« in der Kathedrale von Mexico City ausgestellt wurde, kamen Hunderttausende, um »die Mutter des Gottes des weißen Mannes« zu sehen, bevor das Gnadenbild am 26. Dezember 1531 in einer triumphalen Prozession über den Norddamm in die provisorische Kapelle auf dem Hügel von Tepeyac getragen wurde. Alle, die das Bild sahen, verstanden seine Botschaft. Für den Christen war es die apokalyptische »Frau, mit der Sonne bekleidet«, für den Azteken bedeutete es, dass sie größer war als der gefürchtete Sonnengott Huitzilopochtli, dem sogar Menschenopfer dargebracht wurden. Einen Fuß hatte sie auf den Halbmond gesetzt entsprechend der apokalyptischen Vision, für die Azteken Zeichen für ihren Sieg über den Gott Quetzalcoatl (»gefiederte Schlange«), dessen Symbol die Mondsichel war. Die blaugrüne Farbe ihres Mantels war die Farbe, die von den aztekischen Königen getragen wurde – sie war also eine Königin. Die Quasten unter ihren Händen wurden bei den Azteken von schwangeren Frauen getragen – sie war also auch Mutter. Das Kreuz, das sie auf der Brosche am Halse trägt, war dasselbe Kreuz, das auch die Segel der Schiffe der Eroberer zierte, ganz als wolle sie sagen: Ihre Religion ist auch die meine. Die über ihren Mantel ausgebreiteten Sterne und Sternbilder kennzeichneten sie als »Königin des Himmels«. Trotzdem konnte sie nicht Gott selber sein, weil sie die Hände gefaltet und ihr Haupt vor seiner Allmacht geneigt hielt – es gab also einen, der noch größer war als sie. Auf der anderen Seite nahm sie die Stellung der verehrten Muttergöttin Tonantzin ein, indem sie an der Stätte ihres Heiligtums erschien. Tonantzin wurde auch als die »Kuauhtlikue«, als »unser Mütterchen mit dem Schlangenrock«, verehrt, und für viele war »Guadalupe« bloß die Verballhornung von »Kuauhtlikue«.

Wie dem auch immer sei, ihre Botschaft wurde jedenfalls verstanden. Während sich anfänglich nur wenige Azteken taufen ließen und die Religion der verhassten Eindringlinge annahmen, bekehrten sich in den folgenden Jahren über neun Millionen Indianer freiwillig zum christlichen Glauben – eine in der Geschichte einzigartige Massenchristianisierung setzte ein, und Guadalupe wurde zum bedeutendsten Heiligtum des amerikanischen Kontinentes. Zwischen 1540 und 1550 erschien der »Nican Mopohua« (»Hier wird berichtet«), der vollständige Bericht über die Erscheinungen, in der Aztekensprache Nahuatl verfasst von Don Antonio Valeriano, einem Neffen des Azteken-»Kaisers« (eigentlich »hue hue tlatoani«, also »oberster Sprecher«) Motecuhzoma Xokoyotzin (»Montezuma«) und bedeutenden Gelehrten. Die Kapelle wurde in den Jahren 1600 und 1622 beträchtlich erweitert, 1694 schließlich eine große Basilika gebaut, in die das Gnadenbild 1709 überführt wurde. Wegen Einsturzgefahr musste die alte Basilika in den siebziger Jahren des 20. Jahrhunderts geschlossen werden. Neben ihr wurde eine riesige, moderne Basilika mit 10.000 Sitzplätzen gebaut, in der heute jedes Jahr auf Laufbändern über 20 Millionen Pilger an der Tilma mit dem Bild der Gottesmutter vorbeigeschleust werden. Ihr stattete Papst Johannes Paul II. 1979 auf seiner Reise zur lateinamerikanischen Bischofskonferenz in Puebla einen Besuch ab, um sie zur »Mutter beider Amerika« zu erklären – Höhepunkt einer Reihe päpstlicher Anerkennungen: Insgesamt 25 Päpste haben positiv zu den Erscheinungen und Wundern von Guadalupe Stellung genommen, 1754 wurde die Basilika mit päpstlichem Breve in den Rang der Laterankirche in Rom erhoben, 1895 wurde das Bild auf Verfügung von Papst Leo XIII. feierlich zur »Königin Amerikas« gekrönt. Jedes Jahr kommen Hunderttausende aus allen Teilen des Landes, aus dem Bergland und dem Dschungel, von den Wüsten und Küsten, am 12. Dezember, zum Jahrestag des Marienwunders nach Guadalupe, das in Mexiko nur »la Villa«, »das Dorf« der Gottesmutter heißt. Zu Zehntausenden schlafen Menschen mit schmutzigen Gesichtern und geflickter Kleidung in den kalten Winternächten auf den Betonplatten des riesigen Vorplatzes der Basilika, beten andächtig und rutschen auf Knien zu ihrer Herrin, während traditionelle Aztekentänzer sie zum Klang der Trommeln als ihre Muttergöttin »Tonantzin« verehren.

Zahllose Wunder werden dem Gnadenbild zugeschrieben. Bei der Prozession zur Überführung der Tilma in die neu errichtete Kapelle 1531 schossen einige Indianer in der Begeisterung Pfeile in die Luft, von denen einer einen Zuschauer in den Nacken traf und auf der Stelle tötete. Der Tote wurde von der entsetzten Menge in die Kapelle gebracht und vor dem Heiligenbild niedergelegt, während Zigtausende um seine Rettung beteten. Minuten später öffnete er seine Augen – und war vollkommen geheilt. Als Juan Diego 1544 noch einmal dem Bischof die genaue Stelle zeigte, an der ihm die Madonna erschienen war, entsprang ebendort eine Quelle, deren Wasser fortan Tausende geheilt hat. Als Mexiko 1736 von einer Typhusepidemie heimgesucht wurde, wurde die Jungfrau von Guadalupe offiziell zur »Patronin von Mexiko« erklärt – die Seuche hörte unverzüglich auf. Als 1791 ein Arbeiter, der den goldenen und silbernen Rahmen des Bildes putzte, aus Ungeschick eine Flasche Salpetersäure über der Tilma vergoss, hinterließ die Säure nur einen kaum wahrnehmbaren Wasserfleck. In einer sehr viel dramatischeren Situation war das Gnadenbild ebenfalls geschützt. In den zwanziger Jahren des 20. Jahrhunderts fand in Mexiko unter dem Regime Plutarco Calles eine blutige Verfolgung der Kirche statt. Doch obwohl Priester und Ordensleute reihenweise hingerichtet und Kirchen geschlossen wurden, wagte das Regime nicht, die Wallfahrtskirche von Guadalupe zu schließen. Um trotzdem dem »Marienspuk« ein Ende zu setzen, wurde am 14. November 1921 eine Zeitbombe in einer großen Blumenvase unmittelbar vor dem Bild versteckt. Um 10.30 Uhr morgens explodierte die Bombe, ihr Knall erschütterte die Kirche, riss Stücke aus dem Marmor und dem Mauerwerk und zerschmetterte die herrlichen Glasfenster der Basilika. Ein schweres schmiedeeisernes Kreuz auf dem verwüsteten Altar verbog, als wäre es aus Wachs. Nur das Gnadenbild, dem der Anschlag galt, blieb unversehrt – nicht einmal das Schutzglas seines Rahmens war gesprungen.

Das größte Wunder aber ist die Tilma selbst. Gewöhnlich liegt die Lebensdauer der Agavenpflanzenfasern bei 20 Jahren, doch nach 470 Jahren weist der Umhang nicht das geringste Zeichen eines Verfalls auf. Auch die Farben des Bildes wirken frisch wie am ersten Tag. Der Ruß von Millionen Kerzen, die vor der Rahmung zu ihren Füßen brannten, hatte ihr offenbar nie etwas anhaben können. Und was die »Farben« betrifft: Eine Untersuchung einer Materialprobe aus dem Umhang durch den Heidelberger Chemie-Nobelpreisträger Richard Kuhn im Jahre 1936 ergab, dass die darauf vorhandenen Farben weder pflanzlichen noch tierischen, noch mineralischen Ursprungs sind. Bei einer mikroskopischen Untersuchung zehn Jahre später konnten keinerlei Pinselstriche festgestellt werden. Eine 1954 und 1966 von Prof. Francisco Camps Rivera jeweils mit neuesten Mikroskopen durchgeführte Wiederholung der Untersuchung kam zu demselben Ergebnis: Das Gnadenbild ist kein Gemälde! Eben das aber behauptete das »Nican Mopohua«: »Absolut kein Mensch von der Erde hatte ihr geliebtes Bild gemalt.«

Wer aber war es dann? Schon 1929 hatte der Berufsfotograf Alfonso Gonzales diverse Vergrößerungen seiner Aufnahmen des Bildes angefertigt und dabei entdeckt, dass sich in den Augen der Himmelskönigin menschliche Gesichter widerspiegelten. 1951 griff der Grafiker Carlos Salinas diese Entdeckung auf. Er untersuchte die Augen und bemerkte das Antlitz eines bärtigen Mannes auf der Pupille des rechten Auges. Salinas informierte den Erzbischof von Mexico-City, Luis Maria Martinez, der eine Untersuchungskommission einberief. Die Experten fanden heraus, dass das Gesicht auf der Pupille dem ältesten bekannten Porträt von Juan Diego entsprach. Im Juli 1956 untersuchten zwei Augenärzte, Dr. Javier Torroello Bueno und Rafael Torifa Lavoignet, die Darstellung und bemerkten in den Augen Lichtreflexe, die typisch für optische Widerspiegelungen sind:

»Die Verzerrung und die Stelle des optischen Bildes stimmen mit dem überein, was in einem normalen Auge produziert wird. Wenn das Licht des Augenspiegels auf die Pupille eines menschlichen Auges gerichtet wird, ist ein Lichtreflex zu sehen, der in dem äußeren Kreis aufscheint. Wenn man diesen Reflexen nachgeht und die Linsen des Augenspiegels entsprechend auswechselt, ist es möglich, hinten im Auge ein Bild zu erhalten. Wenn das Licht des Augenspiegels auf die Pupille des Auges der Gottesmutter auf dem Bild gerichtet wird, erscheint derselbe Lichtreflex. Infolge des Reflexes leuchtet die Pupille in einem diffusen Licht auf und erweckt den Eindruck eines Hohlreliefs. Dieser Reflex kann unmöglich auf einer flachen Oberfläche erzielt werden, zumal nicht auf einer, die opak (undurchsichtig) ist, wie es bei diesem Bild der Fall ist ... Die Augen der allerseligsten Jungfrau von Guadalupe machen den Eindruck, lebendig zu sein ... Das Ganze geschah, als ob im Moment, da das Bild auf der Tilma entstand, ein Mann, der gegenüber der allerseligsten Jungfrau stand und sich in der Hornhaut ihrer Augen widerspiegelt, selbst in dieser indirekten Weise fotografiert worden ist.«

Sein Bild jedenfalls »weist eine Verzerrung in genauer Übereinstimmung mit den Gesetzen einer solchen Widerspiegelung bei einem lebenden Menschen auf«. Mit anderen Worten: Die Tilma war im Augenblick des Wunders wie ein zur Aufnahme bereiter Farbfilm, der in genau dem Augenblick belichtet wurde, als die Gottesmutter sich für alle unsichtbar in dem Raum manifestierte – und zwar so physisch, dass sich Juan Diegos Antlitz in ihren Augen widerspiegelte!

Eine weitere Untersuchung durch den Augenarzt Dr. C. Wahlig und seine Frau, eine Optikerin, konnte zudem noch andere Gestalten in den Augen der Madonna identifizieren, an erster Stelle den Bischof und seinen Dolmetscher, aber auch einen kauernden Mann, offenbar einen Diener, der sich im Raum befand.

Kein Künstler hätte diese Situation optisch so präzise darstellen können, denn die Funktion von Augenreflexen wurde überhaupt erst in den achtziger Jahren des 19. Jahrhunderts erforscht. Eine Reihe bekannter Wissenschaftler, die Dr. Wahlig konsultierte, darunter Professoren der Columbia-Universität/USA und der Universität von Pisa/Italien, bestätigten Dr. Wahligs Ergebnisse. Dr. Wahlig:

Die Tilma von Guadalupe.

»Es war, als ob es Teil eines Planes wäre, das Bild der Gottesmutter allen Menschen unserer Zeit als ein wissenschaftlich nachgewiesenes übernatürliches Phänomen vor Augen zu führen.«

Die wissenschaftliche Beweisführung für einen übernatürlichen Ursprung des Gnadenbildes von Guadalupe erhielt ihre Bestätigung, als 1963 nach eingehender Untersuchung die Geschäftsleitung des Fotogiganten Kodak in Mexiko verkündete, dass das heilige Bild »seinem Wesen nach den Charakter einer Fotografie« habe. Im Mai 1979 ließen die amerikanischen Wissenschaftler Prof. Philipp Callahan und Prof. Jody Smith von der University of Florida Infrarotaufnahmen der Tilma anfertigen. Da Pigmente infrarotes Licht unterschiedlich weiterleiten und reflektieren, können auf solche Weise Übermalungen und Änderungen festgestellt werden. Das Ergebnis ihrer Untersuchung:

»Das Bild aus dem Jahre 1531 kann wissenschaftlich nicht erklärt werden. Seine Farbgebung und die Erhaltung seiner Frische über die Jahrhunderte sind unerklärlich … Die infraroten Nahaufnahmen zeigen keine Pinselstriche, und das Fehlen einer Leimung ist offenkundig in den vielen ungefüllten Zwischenräumen, die in dem Material zu sehen sind. Ein solches Phänomen ist ›fantastisch‹.«

Mögliche Hinzufügungen oder Übermalungen aus späterer Zeit – so verkleinerte man die Hände der Madonna, um sie mexikanischer erscheinen zu lassen – wiesen dagegen alle herkömmlichen Charakteristiken der Malerei auf. »Es mag merkwürdig aussehen, wenn ein Wissenschaftler so etwas sagt«, erklärte Prof. Callahan anschließend, »doch ich für meinen Teil muss sagen, dass das Originalbild ein Wunder ist.«

Als ganz erstaunliches Detail erwiesen sich die Sternbilder auf dem Mantel der Madonna: Sie entsprachen exakt der Konstellation am Himmel über Mexiko City am 12. Dezember 1531 zum Zeitpunkt des Sonnenaufgangs – in spiegelverkehrter Anordnung, so als würde ihr das Himmelszelt über den Schultern liegen.

Doch so groß das Wunder auch war, historisch betrachtet war Guadalupe nur ein Vorspiel. Nie in der Geschichte waren Marienerscheinungen so häufig, nie waren sie mit Botschaften von solcher Dringlichkeit und mit ernsten Mahnungen an die Menschheit verbunden, wie seit die Gottesmutter im Jahre 1846 den Seherkindern Maximin und Melanie bei La

Salette im Süden Frankreichs erschien. La Salette ist, wenn man so will, »die Mutter aller Marienoffenbarungen«, die längste und ausführlichste Botschaft der Madonna, der Ausgangspunkt einer Reihe von Erscheinungen, in denen sie immer wieder Teile und Aspekte dieser »Apokalypse nach Maria« wiederholte und betonte. La Salette war die Ouvertüre, Fatima der Höhepunkt von (bisher) 155 Jahren marianischer Offenbarung.

Wir können davon ausgehen, dass auch Elemente des »Geheimnisses von Fatima« in der »Großen Botschaft von La Salette« vorweggenommen wurden. Obwohl die Erscheinungen von La Salette von der Kirche anerkannt wurden, versuchte man auch hier, durch Rücknahme einer bereits erteilten Druckerlaubnis, die Veröffentlichung des Mariengeheimnisses zu verhindern – aus denselben Gründen wie im Falle Fatimas.

La Salette ist untrennbar mit zwei Ereignissen verbunden, die ihm vorausgingen und nachfolgten: den Erscheinungen von Paris und Lourdes. Durch Paris wurde das »marianische Zeitalter« durch die Prägung und weltweite Verbreitung einer Medaille quasi offiziell eingeleitet, durch Lourdes wurde der Marienkult popularisiert. Das Jahr der Erscheinungen von Lourdes wurde in La Salette vorausgesagt. Ebenfalls in diesen Zeitraum, 1830–1858, fällt die Verkündigung des wichtigsten Mariendogmas der neueren Kirche, des Dogmas der »Unbefleckten Empfängnis« durch Papst Pius IX., ein Dogma, das nur vier Jahre später in Lourdes bestätigt wurde, als sich die Gottesmutter mit den Worten »Ich bin die Unbefleckte Empfängnis« dem Sehermädchen Bernadette Subirous vorstellte.

Es war gewiss kein Zufall, dass sich diese Mirakel in Frankreich ereigneten, dem Land, das sich als erstes von der Religion gelöst und in der großen Revolution von 1789 die »Vernunft« zu ihrer neuen Gottheit erklärt hatte. So ließ Robespierre, der Anführer der Jakobiner, 1793 die Kirche »Unserer Lieben Frau« (Notre Dame) in Paris stürmen und alle sakralen Objekte beseitigen. Stattdessen setzte er eine stadtbekannte Pariser Prostituierte auf den Altar und ließ sie zur Verhöhnung der Kirche als »Göttin der Vernunft« verehren. Erst als der junge Offizier Napoleon Bonaparte durch den Staatsstreich vom 9.11.1799 das Direktorium der Revolutionsregierung stürzte, hörte die Christenverfolgung auf. Auf Napoleon folgte eine Renaissance der Monarchie. Infolge der Julirevolution 1830 wurde Louis Philippe zum König gewählt, der bis 1848 regieren sollte. Seine Herrschaft spaltete das Volk, und immer wieder kam es zu Aufständen und Straßenkämpfen, während die Bonapartisten unter Louis Napoleon, einem Neffen Bonapartes, politisch an Bedeutung gewannen, weshalb sie ebenso wie der König von den Republikanern heftig bekämpft wurden. In diesem Klima der politischen Zerrissenheit erschien die Gottesmutter in Frankreich, wo sie sich zum ersten Mal einen neuen Ehrentitel verdiente: den »Unserer lieben Frau von der Gegenrevolution«. Ihre Botschaft war reinste Kulturkritik, Zeitkritik, die gnadenlose Verurteilung des Materialismus.

Das »Vorspiel« in Paris begann 1830, als die Gottesmutter der Vinzentinerinnen-Novizin Catherine Laboure erschien und sie aufforderte, eine Medaille zu prägen. Am 18. Juli 1830 hatte Schwester Laboure ihre erste Erscheinung. »Schwester, Schwester, Schwester Catherine«, weckte sie eine Kinderstimme mitten in der Nacht, »die Heilige Jungfrau erwartet dich.« Sie sah die leuchtende Gestalt eines Kindes, das sie in die Kapelle führte, durch eine leichte Berührung mit dem Zeigefinger ihre schwere Holztür öffnete, sie zum Altar geleitete, anwies niederzuknien. Dann trat eine »Dame« ein, kniete nieder vor dem Tabernakel, nahm Platz auf dem Priesterstuhl.

> »Mein Kind, Gott will dir eine Aufgabe anvertrauen. Sie wird für dich die Ursache großer Leiden, aber du wirst sie bewältigen in dem Gedanken, dass du zum Ruhme Gottes arbeitest.«

Dann kündigte sie eine Revolution an:

> »Die Zeiten werden sehr böse. Großes Unglück wird über Frankreich kommen; sein Thron wird umgeworfen. Die ganze Welt wird durch Übel aller Art in Aufregung versetzt … es wird auch Opfer beim Pariser Klerus geben. Der Erzbischof wird sterben, das Kreuz wird geschändet, Blut wird in den Straßen fließen … in vierzig Jahren.«

Am Sonntag, dem 27. November 1830, betete Catherine in der Kapelle, als sie vor sich die Heilige Jungfrau »in ihrer ganzen Pracht« erblickte: Sie stand auf einer grünen Schlange, die sich um eine weiße Kugel gewunden hatte, auf der Höhe ihrer Brust hielt sie eine goldene Kugel, von einem Kreuz überragt. Catherine fühlte, dass sie diese Kugel – die Erde – Gott anbot. Dann verschwand die Kugel, und die Madonna breitete ihre Hände aus, von denen aus Lichtstrahlen auf die weiße Kugel zu ihren Füßen fielen. Ein ovaler Rahmen erschien um das Bild, darum die Schrift: »O Maria, ohne Sünde empfangen, bete für uns, die wir in dir Zuflucht nehmen.« – »Lass eine Medaille nach diesem Bild prägen«, erklärte ihr eine Stimme, »jene, die sie um den Hals tragen, werden große Gnaden empfangen.« Catherine, die 1947 von Papst Pius XII. heilig gesprochen wurde, folgte der himmlischen Order. Über eine Milliarde dieser Medaillen wurden seitdem geprägt.

16 Jahre später, am 19. September 1846, sollte Maria die Menschheit wissen lassen, weshalb sie so plötzlich wieder erschien. Es war ein heißer Sommertag in den französischen Alpen, und an den Hängen des einsamen Hochtales von La Salette weideten zwei Kinder ihre Herden. Sie waren sich zwei Tage zuvor das erste Mal begegnet: Melanie Calvat, ein fünfzehnjähriges Mädchen, Kind eines armen Brettschneiders, hütete seit ihrem achten Lebensjahr Schafe, um für ihre Familie noch etwas dazuzuverdienen. Maximin Giraud war gerade elf und hatte erst am 17. September die Stelle eines erkrankten Schäfers übernommen. Sein Vater war ein armer Wagner, der nicht genug verdiente, um seine Familie zu ernähren. Sie beide hatten keinerlei Schulbildung, sprachen nur den lokalen Dialekt, das »Patois«, konnten weder lesen noch schreiben und waren überhaupt nicht religiös. Nach stundenlangem Auftrieb hatten sie am Morgen dieses Tages ihr Ziel erreicht, einen kuppenartigen Bergrücken, eine gute Weide. Fast ehrfürchtig betrachteten sie das überwältigende Panorama der Berge in ihrer herben Strenge und unfassbaren Majestät, so weit das Auge reichte. Sie hockten sich hin, spielten ein paar Spiele, bauten Türme aus den Steinen, die hier überall herumlagen, und aßen ihr karges Mittagsmahl, Brot und etwas Schafskäse. Dann legten sie sich hin, um ein wenig in der Sonne zu dösen, schliefen ein. Als sie gegen drei Uhr erwachten, erschraken sie: Die Herde war nicht mehr da! Sofort sprangen sie auf, machten sich auf die Suche. Als Melanie sich umschaute, bemerkte sie an der Stelle, an der die beiden vorher noch geruht hatten, ein Licht, »glänzender als die Sonne«, die an diesem Tag so erbarmungslos auf die Berge herunterbrannte. Eine »mächtige Kugel, ein Ball aus Feuer« schwebte tief über der Erde, in der die Umrisse einer noch intensiver leuchtenden Gestalt auszumachen waren.

Maximin und Melanie schrien vor Schreck laut auf, als sie einen Luftstoß spürten, der von der Kugel ausging. Zuerst wollten sie davonlaufen, dann griffen sie sich Stöcke, um »das Ding da« davonzutreiben, denn die Neugierde hatte sie gepackt. Schließlich überfiel sie ein Gefühl der Freude und Ehrfurcht. Gebannt starrten sie auf die etwa fünf Meter breite Lichtkugel, in der sich ein zweiter, noch glänzenderer Kreis aus Licht befand, der in Bewegung zu sein schien. Darin befand sich eine »sehr schöne Dame« aus reinem Licht, die auf dem kleinen Steinturm saß, den die Kinder zuvor gebaut hatten. Wie eine Trauernde verbarg sie ihr Gesicht in ihren Händen, dann richtete sie sich langsam auf, während ihr Tränen über die Wangen liefen. Sie trug eine seltsame Tracht und ein Spitzenhäubchen, das von einem Kranz leuchtender, feuriger Rosen umgeben war. Um den Hals hatte sie ein Kruzifix, dessen Gekreuzigter, von Blut überströmt, zu leben und im Todeskampf zu leiden schien. Stehend wandte sie sich an die Kinder, die die übergroße Gestalt gebannt anstarrten:

> »Kommt nur, meine Kinder, und habt keine Angst! Ich bin gekommen, um euch eine große Botschaft zu verkünden!«

Und dann sprach sie zu ihnen:

> »Wenn mein Volk sich nicht unterwerfen will, bin ich gezwungen, den Arm meines Sohnes fallen zu lassen. Er ist so schwer und drückend, dass ich ihn nicht mehr zurückhalten kann.
> Wie lange leide ich schon für euch. Wenn ich will, dass mein Sohn euch nicht aufgibt, bin ich gezwungen, ihn ohne Unterlass zu bitten. Ihr aber macht euch nichts daraus. Ihr könnt beten und tun, soviel ihr wollt, niemals werdet ihr vergelten können, was ich alles für euch unternommen habe!
> Ich habe euch sechs Tage zum Arbeiten gegeben, und ich habe mir den siebenten vorbehalten, und man will ihn mir nicht gewähren: das ist, was den Arm meines Sohnes so schwer macht. Jene, die einen Wagen lenken, wissen nicht, wie sie fluchen sollen, ohne den Namen meines Sohnes in den Mund zu nehmen. Das sind die beiden Dinge, die den Arm meines Sohnes immer schwerer machten. Wenn die Ernte verdirbt, geschieht es nur um euretwegen …«

Die Frau sprach reinstes Französisch. Als die Kinder, die nur den lokalen Dialekt sprachen, einige ihrer Worte nicht verstanden, wiederholte sie ihre Ansprache in Patois, der lokalen Mundart:

> »Es wird eine große Hungersnot kommen … Die Großen aber werden durch den Hunger Buße tun. Die Nüsse werden schlecht werden, die Trauben werden verfaulen.«

In diesem Augenblick beobachtete Melanie, dass die Lichtgestalt die Lippen bewegte, ohne dass sie etwas hörte: Es war der Zeitpunkt, an dem sie Maximin ein besonderes Geheimnis mitteilte. Kurz darauf sprach sie zu Melanie, ohne dass Maximin etwas verstehen konnte – das »große Geheimnis«, ein »apokalyptisches Gemälde von dramatischer Bewegtheit und Größe«, wie Johannes M. Höcht später schrieb, das sie ausdrücklich erst 1858 veröffentlichen durfte –, ausgerechnet im Jahr der Erscheinungen von Lourdes.

Dann konnten Maximin und Melanie beide ihre Worte wieder verstehen. »Wenn sie sich bekehren, werden sich die Berge in Brot verwandeln, und die Kartoffeln werden sich auf der Erde im Überfluss finden.« Weiter fragte sie die Kinder: »Verrichtet ihr auch eure Gebete, meine Kinder?« – »Nein, gute Frau, nicht unbedingt«, antworteten beide ehrlich und ein wenig verlegen. »Aber meine Kinder, ihr müsst sie gut verrichten, jeden Abend. Wenn ihr nichts anderes könnt, sagt ein Vaterunser und ein Gegrüsset seist du, Maria, und wenn ihr Zeit habt und wenn ihr noch mehr tun könnt, so betet deren noch mehr.«

Schließlich stellte sie eine weitere Frage: »Habt ihr noch kein verfaultes Getreide gesehen, meine Kinder?« Beide verneinten. Doch die »leuchtende Frau« wusste es besser, erinnerte Maximin daran, dass sein Vater ihm vor einiger Zeit ein paar verfaulte Ähren gezeigt hatte. Jetzt kam auch ihm diese Episode wieder in Erinnerung. War die »schöne Dame« allwissend?, fragte er sich.

»Also, meine Kinder, ihr werdet es meinem ganzen Volk bekanntmachen«, schloss die Frau ihre Rede. Dann schritt sie, noch immer von einer Lichtaura umgeben, an den Kindern vorbei, überquerte einen kleinen Bach, begab sich auf die Spitze eines kleinen Hügels, schwebte etwa anderthalb Meter hoch, richtete ihr Antlitz in den Himmel – und begann langsam zu verschwinden. Ihr Haupt, ihr Körper und zuletzt ihre Schuhe lösten sich buchstäblich in Luft auf, und als Melanie, die ihr nachgelaufen war, noch eine Rose zu erhaschen versuchte, hatte auch sie nur noch Luft in den Händen. Noch minutenlang leuchtete ein Lichtschein in vier bis fünf Metern Höhe, dann war die Erscheinung beendet. »Das war gewiss eine große Heilige«, meinte Melanie naiv, während Maximin glaubte, es sei »der liebe Gott meines Vaters gewesen.«

Als die Kinder nach Hause kamen, erzählten sie in allen Details von der mysteriösen Erscheinung. Einer ihrer Dienstherren war es dann auch, der sie darüber aufklärte, dass sie eben nicht bloß »einer Heiligen«, sondern der Gottesmutter begegnet sein mußten, schließlich sprach sie doch von »Ihrem Sohn«. Über Umwege erfuhr ein Priester, Abbe Lagier, von dem Vorfall. Er besuchte die Kinder und fragte sie aus – und kam zu der Überzeugung, dass sich zwei so schlichte Hirtenkinder diese Geschichte nicht ausgedacht haben könnten. Bald kamen die ersten Pilger an den Erscheinungsort, obwohl sich der Generalvikar der bischöflichen Behörde, die La Salette kurz darauf untersuchte, zuerst negativ zu der Erscheinung äußerte. Über 300.000 Pilger waren bereits an den neuen Gnadenort geströmt, als der Bischof von Grenoble am 19. Juli 1847 eine Kommission einsetzte, die den Vorfall untersuchen sollte. Drei Monate dauerte die Prüfung, dann war man sich sicher: Die Kinder hatten sich weder getäuscht noch gelogen. Am meisten beeindruckt war man, dass Melanie und Maximin aus dem Gedächtnis wortwörtlich die Marienbotschaft in Französisch wiedergeben konnten, einer Sprache, die sie gar nicht sprachen und nur in Ansätzen verstanden. Eine Bekräftigung dieses Urteils hatten zwei gut dokumentierte Wunderheilungen gegeben. Für Bischof de Bruillard stand damit fest, dass in seiner Diözese die Gottesmutter erschienen war, und er ließ sich auch nicht davon beirren, dass andere Bischöfe ihn dafür kritisierten: Sie forderten zuvor die Enthüllung der Geheimnisse, wozu die Kinder nicht bereit waren. Sie schrieben sie erst nieder, als Papst Pius IX. persönlich sie darum bitten ließ. Am 2. Juli 1851 setzte sich Maximin, der mittlerweile Lesen und Schreiben gelernt hatte, in der bischöflichen Kanzlei hin und schrieb »mit verblüffender Schnelligkeit, als wenn er ein Buch abschrieb, das er vor Augen hatte«, das Geheimnis nieder. Einen Tag später brachte Melanie, ebenfalls mittlerweile des Lesens und Schreibens kundig, die seitenlange »große Botschaft« zu Papier, schnell »wie eine Person, die es nicht nötig hat nachzudenken, um ihre Gedanken zu sammeln oder ihre Ausdrücke zu finden«. Nur bei der Schreibweise der Worte »unfehlbar«, »besudelte Stadt« und »Antichrist« war sie sich unsicher. Der Bischof ließ die Botschaften sofort durch zwei Prälaten nach Rom bringen. Als Pius IX. das Geheimnis von Melanie las, veränderte sich sein Gesicht, seine Lippen zogen sich zusammen, und nach beendeter Lektüre stieß er wie unter der Gewalt einer starken Bewegung die Worte aus: »Das sind Geißeln, die Frankreich bedrohen, aber es ist nicht allein schuld. Deutschland, Italien, ganz Europa sind schuld und verdienen Züchtigungen. Ich habe weniger zu fürchten von der offenen Gottlosigkeit als von der Respektlosigkeit und Gleichgültigkeit der Menschen. Nicht ohne Grund wird die Kirche militant genannt, und hier ist ihr Führer«, wobei er sich mit der

Hand auf die Brust schlug. Später auf die Geheimnisse von La Salette angesprochen, erklärte er nur: »Nun, das sind sie: ›Wenn ihr nicht Buße tut, werdet ihr alle zugrunde gehen!‹ Das ist der Kern der Großen Botschaft von La Salette.«

Dieses päpstliche Signal gab den Ausschlag. Am 19. September 1851 gab Philibert de Bruillard, Bischof von Grenoble, in einem Hirtenbrief offiziell seine Anerkennung der Erscheinung von La Salette bekannt. Und die Kinder? Maximin besuchte die Schule, hoffte, die Oberschulreife zu erlangen, um Theologie studieren zu können, ein Plan, der an seiner mangelnden Intelligenz scheiterte. Er ging nach Rom und versuchte, als päpstlicher Zuave zumindest dem Heiligen Vater zu dienen, was ebenfalls scheiterte. Er kehrte nach Hause zurück, wo er am 1. März 1874, im Alter von 38 Jahren, verstarb. Melanie versuchte, einem Nonnenorden beizutreten, doch dazu fehlte es ihr an Disziplin und Gehorsam. Sie versuchte es in einem Kloster nach dem anderen und endete schließlich in Italien, wo sie unter der Seelenführung des Bischofs von Lecce ein zurückgezogenes Leben lebte und dabei sogar, bei einer erneuten Erscheinung, die Stigmata, die Wundmale Christi, empfing. Am 15. Dezember 1904 verstarb sie »im Rufe der Heiligkeit«.

Aufgefordert durch den Bischof von Lecce, Monsignore Zola, schrieb Melanie 1869 dann auch erneut die »Große Botschaft« nieder, die bislang noch nicht veröffentlicht worden war. Mit Druckerlaubnis des Erzbischofs von Neapel, Kardinal Riario Sforza, erschienen Auszüge 1873 erstmals in Buchform, während die vollständige Version 1879 mit kirchlicher Druckerlaubnis veröffentlicht wurde. Doch bereits 1915 zog der Vatikan diese Druckerlaubnis wieder zurück und untersagte damit die Verbreitung des »Großen Geheimnisses« bei Strafe von Suspension für Priester und Exkommunikation für Laien, eine Entscheidung, die erst 1933 wieder aufgehoben wurde. Tatsächlich beinhaltet das »Große Geheimnis« eine Reihe äußerst unbequemer Passagen, in denen auch vor Kritik an der Kirche nicht Halt gemacht wird. So meinte Papst Benedikt XV. im Jahre 1918:

> »Die Erscheinung ist außer Zweifel, aber die Worte der Heiligen Jungfrau an Melanie, besonders in der ›Großen Botschaft‹, bringen eine solche Strenge gegen den Klerus zum Ausdruck, sind sie wohl sicher? Darüber wird diskutiert. Dass sie sich über den Klerus beschwert, ist möglich. Aber die Worte wurden vielleicht durch die

> Fantasie von Melanie übertrieben, bei aller Aufrichtigkeit und allen guten Eigenschaften, die sie sonst besitzt. Kurz, was die ›Große Botschaft‹ betrifft: In der Substanz stimme ich zu, aber die einzelnen, wörtlichen Aussagen bezweifle ich. Das Heilige Offizium wird einen Skandal vermeiden.«

Der Theologe Ritter von Lama dagegen glaubt, dass eine Anzahl der 35 Punkte des »Großen Geheimnisses« schlichtweg von Melanie vertauscht wurden. Tatsächlich sind einige der von ihr vorausgesagten Ereignisse bisher nicht oder anders eingetroffen – aus welchem Grunde auch immer. Zudem glaube ich persönlich, dass sich die für die Jahre 1864/1865 gemachten Voraussagen tatsächlich auf die Jahre 1964/1965, die Zeit des Zweiten Vatikanischen Konzils und der darauf folgenden Veränderungen in der Kirche beziehen, weil ihre Aussagen für 1964/1965 mehr Sinn machen als für 1864/1865. Vielleicht hat Melanie einfach nicht glauben können, dass sich die Botschaft auf eine für sie so ferne Zukunft beziehen konnte.

Untersuchen wir also die wichtigsten Passagen des »Großen Geheimnisses von La Salette«, das im vollen Wortlaut neun Druckseiten einnimmt (dem interessierten Leser sei in erster Linie Johannes M. Höchts Werk »Die Große Botschaft von La Salette«, Stein am Rhein 1996, empfohlen):

> »Melanie, was ich dir jetzt sagen werde, wird nicht immer geheim bleiben; du wirst es im Jahre 1858 bekannt machen können.
> Die Priester, Diener meines Sohnes, sind durch ihr schlechtes Leben, ihre Ehrfurchtslosigkeiten, ihre Pietätlosigkeit bei der Feier der heiligen Geheimnisse, durch ihre Liebe zum Gelde, zu Ehren und Vergnügungen zu Kloaken der Unreinheit geworden. Ja, sie fordern die Rache heraus, und die Rache schwebt über ihren Häuptern. Wehe den Priestern und den gottgeweihten Personen, die durch ihre Treulosigkeit und ihr schlechtes Leben meinen Sohn von neuem kreuzigen! Die Sünden der gottgeweihten Personen schreien zum Himmel und rufen nach Rache, und siehe, die Rache ist vor ihren Türen; denn es gibt niemand mehr, der die Barmherzigkeit und die Verzeihung für das Volk erfleht; es gibt keine großherzigen Seelen mehr; es gibt niemand mehr, der würdig wäre, das makellose Opferlamm dem Ewigen zugunsten der Welt aufzuopfern.
> Gott wird in beispielloser Weise zuschlagen.

Wehe den Bewohnern der Erde! Gott wird Seinem ganzen Zorne völlig freien Lauf lassen, und niemand wird sich so vielen vereinten Übeln entziehen können.
Die Häupter, die Führer des Gottesvolkes, haben Gebet und Buße vernachlässigt, und der Dämon hat ihren Verstand verdunkelt; sie sind irrende Sterne geworden, die der alte Teufel mit seinem Schweife mit sich zieht, um sie zu verderben. Gott wird es der alten Schlange gestatten, Entzweiungen unter die Regierungen, in alle Gesellschaften, in alle Familien zu bringen; man wird körperliche und geistige Pein erleiden. Gott wird die Menschen sich selbst überlassen und wird Strafgerichte senden, die während mehr als 35 Jahren aufeinander folgen werden.
Die Menschheit steht am Vorabend der schrecklichsten Geißeln und der größten Ereignisse. Man muss darauf gefasst sein, mit eiserner Rute geführt zu werden und den Kelch des Zornes zu trinken.
Der Stellvertreter meines Sohnes, der Hohepriester Pius IX., verlasse Rom nach dem Jahre 1859 nicht mehr. Er sei vielmehr standhaft und großmütig und kämpfe mit den Waffen des Glaubens und der Liebe. Ich werde mit ihm sein.
Er traue dem Napoleon (III., der sich 1846 in Haft befand) nicht. Sein Herz ist doppelzüngig. Und wenn er gleichzeitig Papst und Kaiser sein will, wird sich Gott bald von ihm zurückziehen. Er ist jener Adler, der in seinem Streben, immer höher zu steigen, in das Schwert stürzen wird, mit dem er die Völker nötigen will, ihn aufsteigen zu lassen.
Italien wird für seinen Ehrgeiz, das Joch des Herrn aller Herren abzuschütteln, bestraft; auch wird es dem Kriege überliefert werden. Das Blut wird überall fließen. Die Kirchen werden geschlossen oder entheiligt werden. Die Priester, die Ordensleute werden fortgejagt; man lässt sie einen grausamen Tod sterben. Viele werden den Glauben verlassen. Die Zahl der Priester und Ordensleute, die sich von der wahren Religion trennen, wird groß sein; unter diesen Personen werden sich selbst Bischöfe befinden.«

Untersuchen wir kurz diese Prophezeiung. Louis Napoleon, der sich später Napoleon III. nannte, kam am 2. Dezember 1848 durch einen Staatsstreich an die Macht. 1856 kam auf dem Pariser Friedenskongress die »italienische Frage« zur Sprache, das Bestreben liberaler und nationaler Kräfte, einen italienischen Nationalstaat zu gründen. Dem standen die direkten Interessen des Vatikans im Wege, der große Gebiete in Mittelitalien, den »Kirchenstaat«, kontrollierte. Seit 1820 war es zu Aufständen in Italien gekommen, sogar innerhalb des Kirchenstaates, was dazu geführt hatte, daß Papst Gregor XVI. das katholische Österreich um Hilfe bat. Die Österreicher schlugen die Aufstände nieder und schützten den Kirchenstaat mit einer Garnison, woraufhin sich das Königreich Piemont an die Spitze der nationalen Bewegung stellte, sich mit Frankreich verbündete und 1859 Österreich schlug. Napoleon III. schützte zwar offiziell den Kirchenstaat, bewirkte aber den Anschluss der Toskana, Modenas, Parmas sowie später Neapels, woraufhin Viktor Emanuel II. von Piemont sich 1861 zum »König von Italien« krönen ließ. Es gelang ihm, die päpstlichen Truppen zu schlagen und die Romagna, Umbrien und die Marken zu erobern. Hunderte papsttreuer Geistlicher wurden gefangengenommen, viele getötet und ihre Kirchen geschändet. Mit Ausnahme von Venezien und dem Rest des Kirchenstaates um Rom bildete Italien einen liberalparlamentarisch regierten Staat, in dem die freimaurerischen Geheimbünde der Nationalisten den Ton angaben. 1864 verurteilte Papst Pius IX. in seiner Enzyklika »Quanta cura« die politischen und gesellschaftlichen Prinzipien des Liberalismus, was einen gesamteuropäischen »Kulturkampf« zwischen der katholischen Kirche und den Republikanern auslöste. 1866 löste die italienische Regierung offiziell alle religiösen Orden auf und beschlagnahmte ihr Eigentum. Tausende von Ordensleuten mussten fliehen. 1867 versuchte der italienische Revolutionsführer Garibaldi zum ersten Mal, in den Kirchenstaat einzudringen, wurde aber von der französischen Garnison aufgehalten. Erst als die französischen Truppen 1870 nach der Kriegserklärung an Preußen abgezogen wurden, besetzten italienische Truppen Rom. Die päpstliche Macht war gebrochen, die heilige Stadt wurde zur Hauptstadt des nun völlig geeinten Italiens, Papst Pius IX. nur noch durch das »Garantiegesetz« freie Kirchenregierung zugebilligt – er wurde zum »Gefangenen des Vatikans«. In dieser Zeit der größten Bedrohung fand 1869 das Erste Vatikanische Konzil statt, auf dem Pius IX. das Dogma der päpstlichen Unfehlbarkeit verkündete, was dazu führte, dass sich die meisten deutschen und österreichischen Bischöfe gegen ihn wendeten. Zumindest dieser Teil der Prophezeiung von La Salette ist auf das Jahr genau (1869 war mit der Niederlage Österreichs tatsächlich das entscheidende Jahr) eingetroffen. Hören wir also, was sie weiter besagte:

»Der Papst möge sich vor den Wundertätern in Acht nehmen. Denn die Zeit ist gekommen, da die erstaunlichsten Wunder auf der Erde oder in der Luft stattfinden.
Im Jahre 1864 (1964? MH) wird Luzifer mit einer großen Menge von Teufeln aus der Hölle entlassen. Sie werden den Glauben allmählich auslöschen, selbst in Menschen, die Gott geweiht sind. Sie werden sie in einer Weise blind machen, dass diese Menschen, falls sie nicht eine besondere Gnade empfangen, den Geist dieser bösen Engel annehmen werden. Viele Ordenshäuser werden den Glauben völlig verlieren und viele Seelen mit ins Verderben ziehen …
Der Stellvertreter meines Sohnes wird viel zu leiden haben, da die Kirche eine Zeit lang schweren Verfolgungen ausgesetzt sein wird. Das wird die Zeit der Finsternisse sein. Die Kirche wird eine schreckliche Krise durchmachen.
Da der heilige Glaube an Gott in Vergessenheit geraten ist, will jeder Einzelne sich selbst leiten und über seinesgleichen stehen. Man wird die bürgerlichen und kirchlichen Gewalten abschaffen. Jede Ordnung und jede Gerechtigkeit wird mit Füßen getreten werden. Man wird nur Mord, Hass, Missgunst, Lüge und Zwietracht sehen ohne Liebe zum Vaterlande und zur Familie. Der Heilige Vater wird viel leiden. Ich werde bei ihm sein bis zum Ende, um sein Opfer anzunehmen. Die Bösewichter werden mehrere Male seinem Leben nachstellen, ohne seinen Tagen schaden zu können (Bezog sich diese Prophezeiung auf Johannes Paul II.? MH) Aber weder er noch sein Nachfolger, der nicht lange regieren wird, werden den Triumph der Kirche Gottes sehen.
Die bürgerlichen Regierungen werden alle dasselbe Ziel haben, das da ist, die religiösen Grundsätze abzuschaffen oder verschwinden zu lassen, um für den Materialismus, Atheismus, Spiritismus und alle Arten von Lastern Platz zu schaffen. Im Jahre 1865 (1965?) wird man den Gräuel an heiligen Stätten sehen. In den Ordenshäusern werden die Blumen der Kirche in Fäulnis übergehen, und der Teufel wird sich als König der Herzen gebärden …
Frankreich, Italien, Spanien und England werden im Kriege sein. Das Blut wird auf den Straßen fließen. Der Franzose wird mit dem Franzosen kämpfen, der Italiener mit dem Italiener. Schließlich wird es einen allgemeinen Krieg geben, der entsetzlich sein wird …
Auf den ersten Hieb seines Schwertes, das wie ein Blitz einschlagen wird, werden die Berge und die ganze Natur vor Entsetzen zit-

tern, weil die Unordnungen der Menschen und ihre Verbrechen das Himmelsgewölbe durchdringen. Paris wird niedergebrannt und Marseille verschlungen werden. Mehrere große Städte werden niedergebrannt und durch Erdbeben verschlungen werden. Man wird glauben, alles sei verloren. Man wird nur Menschenmord sehen. Man wird nur Waffengetöse und Gotteslästerungen hören. Die Gerechten werden viel leiden … Plötzlich werden die Verfolger der Kirche Christi und alle der Sünde ergebenen Menschen zugrunde gehen, und die Erde wird wie eine Wüste werden. Dann wird Friede, die Versöhnung Gottes mit den Menschen werden. Man wird Jesus Christus dienen, ihn anbeten und verherrlichen. Die Nächstenliebe wird überall aufblühen …

Dieser Friede unter den Menschen wird aber nicht von langer Dauer sein. 25 Jahre reichlicher Ernten werden sie vergessen lassen, dass die Sünden der Menschen die Ursache aller Strafen sind, die über die Erde kommen.

Ein Vorläufer des Antichristen wird mit seinen Truppen aus vielen Völkern wider den wahren Christus, den alleinigen Retter der Welt kämpfen. Er wird viel Blut vergießen …

Bevor dieses eintritt, wird es eine Art falschen Frieden auf der ganzen Welt geben. Man denkt an nichts anderes als an Belustigungen. Die Bösen geben sich allen Arten von Sünden hin ... Die Natur lechzt nach Rache wegen der Menschen und bebt vor Entsetzen in Erwartung dessen, was über die durch Verbrechen besudelte Erde hereinbrechen wird …

Die Jahreszeiten werden sich verändern. Die Erde wird nur schlechte Früchte hervorbringen; die Sterne werden ihre regelmäßigen Bahnen verlassen. Der Mond wird nur ein schwaches rötliches Licht wiedergeben. Wasser und Feuer werden auf der Erde furchtbare Erdbeben und große Erschütterungen verursachen, welche Berge und Städte versinken lassen. Rom wird den Glauben verlieren und der Sitz des Antichristen werden.

Die Dämonen der Luft werden mit dem Antichristen große Wunderdinge auf der Erde und in den Lüften wirken, und die Menschen werden immer schlechter werden.

Gott wird für seine treuen Diener und die Menschen guten Willens sorgen. Das Evangelium wird überall gepredigt werden; alle Völker und alle Nationen werden Kenntnis von der Wahrheit haben …«

Acht Jahre nach La Salette, 1854, verkündete Papst IX. das Dogma der »Unbefleckten Empfängnis« und machte damit den Anbruch des marianischen Zeitalters offiziell. Vier Jahre später bestätigte die Heilige Jungfrau persönlich dieses Dogma – indem sie sich dem Landmädchen Bernadette Soubirous in Lourdes/Frankreich als »Unbefleckte Empfängnis« offenbarte. Bernadettes Familie war arm, so arm, dass sie in den fauligen Räumen des ehemaligen Dorfgefängnisses hausen musste. Die 14-jährige Bernadette war ein kränkelndes Mädchen, litt unter Asthma und den Nachwirkungen der Cholera, an der sie mit zehn Jahren erkrankt war.

Alles begann, als sie am 11. Februar 1858 mit ihren Geschwistern und einer Cousine Brennholz sammeln ging, ein Geräusch hörte und plötzlich, in einer Grotte am Ufer des Gaveflusses eine »goldfarbene Wolke erblickte und kurz darauf eine Dame, jung und wunderschön, wie ich sie noch nie zuvor gesehen habe«. Diese schaute Bernadette an, lächelte. Automatisch griff das Mädchen nach seinem Rosenkranz, betete, und die Dame stimmte in das Gebet ein, bevor sie verschwand. Bernadette erzählte ihrer Familie von dem Erlebnis, doch niemand wollte ihr glauben. Erst drei Tage später erlaubte ihre Mutter ihr, zusammen mit den anderen Mädchen an die Stelle zurückzukehren. Einem Mädchen hatte sie Weihwasser mitgegeben und ihr geraten, die Erscheinung, falls sie wiederkehre, damit zu besprenkeln, um herauszufinden, ob es sich um den Teufel handelte.

Die Dame reagierte darauf nur mit einem Lächeln. Am 18. Februar folgte eine prominente Dorfbewohnerin mit ihren Kindern Bernadette zu der Grotte, als erneut die Madonna erschien. »Mach mir nur die Freude, dich vierzehn Tage lang täglich einzufinden«, bat sie das Mädchen. Das tat sie, die Erscheinungen sprachen sich herum, immer mehr Menschen folgten ihr. »Bete für die armen Sünder. Bete für die kranke Welt«, war ihre Botschaft. Schon bei der sechsten Erscheinung schaltete sich der Polizeikommissar des Dorfes ein, der Bernadette stundenlang verhörte und versuchte, sie in Widersprüche zu verwickeln. Vater Soubirous verbot seiner Tochter schließlich, weiterhin zur Grotte zu gehen, hob das Verbot aber am nächsten Tag wieder auf. Bei den nächsten Erscheinungen bat die »Dame« das Mädchen, dass ihr eine Kapelle errichtet würde, und versprach, eine heilende Quelle erscheinen zu lassen. Zudem vertraute sie Bernadette drei Geheimnisse an. Bei der neunten Erscheinung am 25. Februar begann die Seherin, in der feuchten Erde vor der Grotte zu graben, und tatsächlich sprudelte bald frisches Wasser aus der Erde, schließlich (und bis heute) bis zu einem Liter pro Sekunde. Einen Tag später kam es zur ersten Heilung: Der Steinbrecher Bouriette wurde von einem Augenleiden befreit.

Zur fünfzehnten Erscheinung am 4. März kamen bereits 20.000 Menschen. Die sechzehnte Erscheinung fand am 25. März statt, als die »Dame« sich zum ersten Mal zu erkennen gab. Als sie Bernadette ihren Namen offenbarte, verstand sie ihn nicht. »Es ist also die allerseligste Jungfrau, die du siehst?«, fragte sie der Dorfpfarrer. »Ich glaube nicht«, erwiderte Bernadette, »es ist die Unbefleckte Empfängnis« – das Mädchen hatte das Wort noch nie zuvor gehört, wusste nicht, dass es ein Marientitel war. Nach der siebzehnten Erscheinung schlug die Opposition zu. Bernadette wurde in ein psychiatrisches Krankenhaus gebracht, das Wasser zur »Mineralquelle« erklärt, die Erscheinungsstätte mit einem Bretterzaun unzugänglich gemacht. Erst nach ihrer Entlassung, am 16. Juli, sah das Sehermädchen die Madonna ein letztes Mal. Schon am 28. Juli setzte der Bischof von Tarbes eine Untersuchungskommission ein, drei Jahre später gab er in einem Hirtenbrief bekannt, dass er die Erscheinungen von Lourdes für glaubwürdig hielt – die Grotte von Massabielle wurde zum bekanntesten Pilgerziel der Christenheit. Bernadette trat schließlich 1866 in einen Nonnenorden ein. Sie verstarb 1879, ihr Leib blieb unverwest. Sie wurde 1925 selig- und 1933 heilig gesprochen. Seitdem besuchen über fünf Millionen Pilger jedes Jahr den Ort der Erscheinungen. Bis zum heutigen Tag wurden über 5.000 Heilungen aus Lourdes gemeldet, von denen 64 von der Kirche offiziell als »Wunder« anerkannt wurden.

Dreizehn Jahre später schienen sich die Prophezeiungen von Paris und La Salette von der »großen Züchtigung« zu erfüllen. Frankreich befand sich im Krieg mit Preußen, deutsche Truppen waren im Norden des Landes einmarschiert, standen vor Paris. Der Winter 1870/1871 war einer der strengsten des Jahrhunderts. In den Dörfern des freien Frankreichs sorgten sich die Bauern nicht nur um die Zukunft ihres Landes und um das Leben ihrer Söhne, die in die Armee eingezogen wurden, die verzweifelt die deutsche Übermacht aufzuhalten versuchte, sondern in erster Linie um das nackte Überleben. Eines dieser Dörfer war Pontmain, das nahe der Frontlinie lag. Täglich drangen neue Gerüchte und Nachrichten durch, dass die Deutschen auf die Provinzhauptstadt Laval anrückten. Am eisigen Morgen des 17. Januars 1871 betete das ganze Dorf – oder jene, die noch nicht eingezogen waren – in der Dorfkirche. »Lasst uns durch unsere Gebete Buße tun und daraus neuen Mut schöpfen«, verkündete der Dorfpfarrer Abbe Guerin in seiner Predigt, »Gott wird sich unser erbarmen, und seine Gnade wird sicher zu uns durch die Jungfrau Maria kommen.«

Es war 17.00 Uhr, und die Bauernburschen Eugene Barbadette (12) und sein Bruder Joseph (10) hatten gerade die Kühe gefüttert, als Eugene am klaren Winterhimmel eine Gestalt bemerkte: Eine junge Frau mit einem weiten Mantel, auf dem die Sterne blinkten, schwebte über dem Horizont. Er rief seinen Bruder, der holte den Vater und eine Besucherin, Jeanette Detais, aus dem Dorf. Während die beiden Jungen gebannt die Gestalt der »wunderschönen Frau« bewunderten, sahen die Erwachsenen nur die Sterne am Nachthimmel. Als sich Frau Barbadette dazugesellte, konnte auch sie nichts erkennen. Eine Ordensschwester wurde befragt, die meinte, vielleicht könnten nur Kinder die Erscheinung sehen. Man holte zwei Kinder aus der Klosterschule von Pontmain, Francoise Richter (12) und Jean-Marie Lebosse (9), die, sobald sie auf dem Hof der Barbadette angekommen waren, ebenfalls die Madonna sahen. »Auf ihrem dunklen Mantel glitzern die Sterne«, riefen sie sofort aus, ohne dass jemand ihnen von diesem Detail erzählt hätte. Bald hatte sich das Mirakel herumgesprochen, hatte sich das halbe Dorf, einschließlich Abbe Guerin, auf dem Hof versammelt und starrte andächtig auf den Sternenhimmel, vor dem die Kinder die Heilige Jungfrau sahen. Alle, einschließlich der Kinder, begannen zu beten. Dann lösten sich für alle erkennbar drei Sterne, bildeten ein Dreieck, das die Erscheinung umschloss. Die Frau kam näher, die Sterne auf ihrem Mantel vervielfältigten sich, bis er in schimmerndem Gold erstrahlte. Schließlich erschien zu ihren Füßen ein Banner, auf dem die Worte »Betet, meine Kinder, Gott wird euch in Kürze erhören« zu lesen waren. Ein blutrotes Kruzifix erschien, mit dem die Frau die Menschen segnete. Einer der Sterne setzte sich in Bewegung und entzündete vier Kerzen, die im Umfeld der Gottesmutter erschienen. Dann streckte die Madonna ihre Hände in einer Segensgeste aus, ein weißer Schleier erschien zu ihren Füßen, schien sie langsam einzuhüllen, bis sie völlig verschwand. Drei Stunden lang hatte die Erscheinung gedauert.

Am nächsten Morgen erfuhr man in Pontmain, dass exakt zum Zeitpunkt der Erscheinung das deutsche Heer den Befehl erhalten hatte, den Marsch auf Laval abzubrechen. Einigen deutschen Soldaten war die Gottesmutter erschienen. »Eine Madonna bewacht das Land und verbietet uns, weiterzumarschieren«, erzählten sie verstört ihren Offizieren. Ebenfalls zum Zeitpunkt der Erscheinungen hatte man in Paris in der

Kathedrale Notre Dame eine Novene abgehalten, in deren Zentrum die Fürbitte an die Heilige Jungfrau um eine Einstellung der Kampfhandlungen stand. Elf Tage später wurde ein Waffenstillstand unterzeichnet. Offenbar hatte erneut eine Marienerscheinung in die Geschichte eingegriffen.

Fatima, das wusste der Heilige Vater, war also kein Einzelfall. Je stärker die Bedrohung wurde, desto häufiger waren die Warnungen. Im Jahr der Machtergreifung Hitlers in Deutschland, 1933, kam es zu Marienerscheinungen an drei Orten Belgiens, in Beauraing, Banneux und Onkerzele. Am 18. Dezember 1933 wurden über 20.000 Menschen Zeugen eines Sonnenwunders in Onkerzele. »Es wird eine Zeit kommen, wo von der Luft aus Brandgefahr besteht. Menschen werfen es nieder – und Gott lässt es zu als Strafe … es wird über die Städte ausgegossen … Unsagbar viele Menschen werden den Weg der Verbannung gehen müssen, die Geißel fühlen, die abscheulichsten Misshandlungen ertragen müssen … Ganze Menschenmassen verschwinden durch die Strafe. Es wird eine Abschlachtung in allen Formen«, wurden der Seherin Leonie van den Dijck ein Jahr später, 1934, die Schrecken des Zweiten Weltkriegs angekündigt. Vom September 1938 an erschien die Madonna einer 28-jährigen Bauerstochter im französischen Bretagnedorf Kerizinen, warnte vor »einem neuen Krieg«, der »Europa bedroht«. Im Mai 1940, einem Monat vor dem Einmarsch der Deutschen, präzisierte sie ihre Worte: »Die Gefahr, die euch droht, ist der feindliche Einfall in euer Land.« Zwischen 1949 und 1952 kam es zu kirchlich nie anerkannten Marienerscheinungen im fränkischen Heroldsbach. Neun Landmädchen, alle zwischen zehn und elf Jahren alt, wurden aufgefordert, zum Gebet zur Abwehr eines »großen Unheils« aufzurufen. Der Kalte Krieg hatte seinen Anfang genommen, Osteuropa war bereits von Stalin kontrolliert. Zehntausende reisten in Sonderzügen an den Erscheinungsort, an die 60.000 Menschen wurden am 30. Oktober 1949 Zeugen eines »großen Sonnenwunders« ganz wie in Fatima. An einem Jahrestag des Sonnenwunders von Fatima, dem 13. Oktober 1955, »brannte« eine Engelserscheinung ein Kreuz auf die Wiese eines Bauernhauses in Eisenberg nahe der österreichisch-ungarischen Grenze. Es war das Schicksalsjahr Österreichs. Bis 1955 war das Land noch immer von den Russen besetzt, mehrfach hatte sich Bundespräsident Raab vergeblich um den Abschluss eines Staatsvertrages bemüht. Die österreichischen Katholiken reagierten mit einer Aktion, die sie »Rosenkranzkreuzzug« nannten. Fast eine Million

Österreicher, mehr als ein Zehntel der Bevölkerung, verpflichtete sich, täglich den Rosenkranz für die Befreiung des Landes zu beten. Zusätzlich kam es zu Sühnewallfahrten mit Hunderttausenden von Teilnehmern. Als dann ausgerechnet im Marienmonat Oktober die Russen doch noch abzogen, waren die Gläubigen überzeugt, sie »mit dem Rosenkranz hinausgebetet zu haben«. War das »Rasenkreuz« von Eisenberg ein himmlisches Mahnzeichen, ein »hierher und nicht weiter«? Von der Kirche wurde es nicht als übernatürlich anerkannt, obwohl keinerlei Hinweise auf eine Manipulation entdeckt wurden. Es ist noch heute sichtbar. Als ein Jahr später die Rote Armee die Aufstände in Ungarn niederschlug und Tausende von Flüchtlingen die Grenze nach Österreich überschritten, hielt Europa den Atem an. Doch die Grenze zwischen der Freiheit und dem kommunistischen Joch wurde respektiert. Und 33 Jahre später kam es an eben dieser Grenze zwischen Österreich und Ungarn, exakt 66 Kilometer von Eisenberg entfernt, zur ersten Öffnung des Eisernen Vorhangs. Am 19. August 1989, ausgerechnet am 72. Jahrestag der vierten Erscheinung von Fatima, gelang rund 900 DDR-Bürgern anlässlich eines »paneuropäischen Picknicks« am Grenzzaun die Flucht in den Westen. Was folgte, war eine Lawine von Ereignissen, die schließlich die Mauer, die Europa teilte, unter sich begrub. Die kommunistischen Diktaturen des Ostens fielen wie Dominosteine. Doch es dauerte elf Jahre, bis die Welt erfuhr, welche Kraft diese Ereignisse im Verborgenen steuerte.

Kapitel 11

Der in Weiß gekleidete Bischof

Als der Morgen des 13. Mai 2000 dämmerte, war Fatima von Pilgern überflutet. Zehntausende hatten die kühle Nacht in Schlafsäcken auf dem Platz des Heiligtums, in ihren Autos, in Zelten und Wohnmobilen verbracht, andere waren in die Hotels der näheren und ferneren Umgebung ausgewichen. Sie alle wurden von einer wärmenden Sonne begrüßt, die am klaren, stahlblauen Himmel einen schönen Frühlingstag verhieß. Vielleicht würde er einmal als einer der symbolträchtigsten im Pontifikat von Johannes Paul II. in die Geschichte eingehen würde. Weit über 600.000 Menschen drängten sich auf der Rotunde, als pünktlich um 8.30 Uhr der Papst mit dem »Papamobil« einfuhr. Doch bevor er eine Stunde später mit der feierlichen Zeremonie der Seligsprechung begann, hatte er, in der Sakristei der Basilika von Fatima, noch eine wichtige Verabredung. Dort nämlich traf er Lucia, die mittlerweile 93-jährige Seherin, die den Karmel von Coimbra verlassen hatte, um noch einmal, vielleicht das letzte Mal in ihrem Leben, nach Fatima zu kommen und den Papst zu sprechen, mit dem sie über die Jahre hinweg immer wieder schriftlich in Kontakt gestanden hatte. Auch diesmal trug sie einen großen versiegelten Briefumschlag bei sich, den sie dem Pontifex persönlich übergab.

Das Gnadenbild war längst in einer festlichen Prozession, gefolgt von Dutzenden Bischöfen, auf die Empore vor der Basilika getragen worden, als der Papst, begleitet von Schwester Lucia, begrüßt von der begeisterten Masse, die Bühne betrat. Es folgte die feierliche Seligsprechung von Francisco und Jacinta, begleitet von Jubelgesängen, während langsam die Bilder der beiden Seligen, zu beiden Seiten des Turms der Basilika angebracht, enthüllt wurden. Als ihr Festtag wurde der 20. Februar, der Todestag Jacintas, festgelegt. Nach einer Lesung aus dem 12. Kapitel der »Offenbarung des Johannes«, das von eben jenem apokalyptischen Kampf der »Frau, mit der Sonne bekleidet« mit dem »großen roten Drachen« handelte, erklärte der Papst in seiner Homilie:

> »Diese Worte … zeigen uns, dass der Mensch, wenn er Gott beiseite schiebt, nicht glücklich werden kann, sondern in der Selbstzer-

> störung endet. Wie viele Opfer forderte das letzte Jahrhundert des zweiten Jahrtausends? Wir erinnern an die Schrecken des Ersten und Zweiten Weltkrieges und die anderen Kriege in so vielen Teilen der Welt, die Konzentrations- und Todeslager, die Gulags, die ethnischen Reinigungen und Verfolgungen, Terrorismus, Kidnappings, Drogen, die Angriffe auf das ungeborene Leben und die Familie. Die Botschaft von Fatima ist ein Aufruf zur Bekehrung, der die Menschheit alarmiert, nicht dem ›Drachen‹ zu folgen, dessen ›Schwanz den dritten Teil der Sterne des Himmels hinwegfegte und auf die Erde warf‹ (Offb. 12, 4). Das Ziel des Menschen ist der Himmel, seine wahre Heimat …«

Handelte das »Dritte Geheimnis« also doch von der Apokalypse? Schließlich verwies Johannes Paul II. aber auch auf seine ganz persönliche Rolle im Fatima-Geschehen:

> »Noch einmal möchte ich dem Herrn für seine Güte mir gegenüber danken, als er mich vor dem Tod bewahrte, als ich am 13. Mai 1981 so schwer verwundet wurde.«

Erst am Ende der zweieinhalbstündigen Messe, in deren Verlauf Schwester Lucia die Hl. Kommunion aus der Hand des Papstes empfing, wurde das große Geheimnis enthüllt. Nachdem Hunderte Priester, die ausgeströmt waren, um die Masse mit dem Sakrament zu speisen, auf ihre Plätze vor dem Altar zurückgekehrt waren, nach Minuten andächtigen Schweigens, wurde die Ansprache Kardinal Sodanos angekündigt. »Liebe Brüder und Schwestern im Herrn«, begann der »Außenminister« des Vatikans in portugiesischer Sprache, um zuerst dem Heiligen Vater die herzlichsten Glückwünsche der Anwesenden zu seinem bevorstehenden Geburtstag zu übermitteln. Dann fuhr er fort:

> »Anlässlich der Feier seines Kommens nach Fatima hat mich Seine Heiligkeit beauftragt, Ihnen etwas mitzuteilen. Ziel seines Besuches in Fatima war bekanntlich die Seligsprechung der zwei ›Hirtenkinder‹. Doch möchte er mit seiner Pilgerreise auch noch einmal der Muttergottes für den Schutz danken, die sie ihm während dieser Jahre des Pontifikats gewährt hat. Es ist ein Schutz, der auch den so genannten ›dritten Teil‹ des Geheimnisses von Fatima zu berühren scheint.«

Als er diese Worte sprach, ging ein Raunen durch die Menge. Würde der Papst jetzt das »Dritte Geheimnis« verkünden? Was hatte die Madonna wirklich enthüllt, dass es solange geheim gehalten werden musste? Welche Schrecken stünden der leidgeplagten Menschheit noch bevor? Sofort richtete ich das Teleobjektiv meiner Kamera auf den Papst und Lucia, um ihre Reaktion zu verfolgen. Ich hatte einen guten Platz abbekommen, nur 40 oder 50 Meter vom Altar entfernt, und jetzt lief auch mir ein Schauer über den Rücken. Mich erfüllte aber auch Freude und Dankbarkeit, dabei zu sein, als enthüllt wurde, wonach ich so lange gesucht hatte.

> »Dieser Text stellt eine prophetische Schau dar, die man mit jener der Heiligen Schrift vergleichen kann. Er beschreibt nicht im fotografischen Sinn die Einzelheiten der zukünftigen Ereignisse, sondern fasst auf einem gemeinsamen Hintergrund Tatsachen verdichtend zusammen, die sich zeitlich in einer nicht präzisierten Abfolge und Dauer erstrecken. Daher kann der Schlüssel zum Verständnis des Textes nur symbolisch sein.
> Die Vision von Fatima betrifft besonders den Kampf der atheistischen Systeme gegen die Kirche und die Christen und beschreibt das schreckliche Leiden der Glaubenszeugen des letzten Jahrhunderts des zweiten Jahrtausends. Es handelt sich um einen endlosen Kreuzweg, der von den Päpsten des zwanzigsten Jahrhunderts angeführt wird.«

Und plötzlich machte alles einen Sinn. Ausgerechnet eine Woche vor seinem Besuch in Fatima, am 7. Mai 2000, hatte Papst Johannes Paul II. in Rom der Märtyrer unserer Zeit gedacht. In einer bewegenden Zeremonie im römischen Kolosseum, der »Ökumenischen Gedenkfeier für die Glaubenszeugen des 20. Jahrhunderts«, ehrte er all jene Christen, die ihr Leben um ihres Glaubens willen geopfert hatten. Diese Definition umfasste ausdrücklich auch Orthodoxe und Protestanten: »Der Mut, den sie darin zeigten, dass die das Kreuz Christi auf sich nahmen, spricht mit lauterer Stimme zu uns als alle Faktoren der Spaltung«, erklärte der Papst. Auch der griechisch-orthodoxe Exarch für Europa und ein Vertreter des Lutherischen Weltbundes nahmen an der Feier teil. Im strömenden Regen wurden die Namen von 12.692 Märtyrern des 20. Jahrhunderts verlesen, an erster Stelle die Opfer des Sowjetkommunismus und des Hitlerfaschismus, aber auch jene der Verfolgungen und Bürgerkriege in Mexiko und Spanien in den 1920er und 1930er Jahren und schließlich in unserer Zeit in China, Indonesien und Afrika. Mehr Christen wurden in diesem dunklen Jahrhundert um ihres Glaubens willen hingerichtet als in den fast zweieinhalb Jahrhunderten der Christenverfolgungen im Römischen Reich von Nero bis Diokletian. Als nach drei Stunden, die Dunkelheit war längst über Rom hereingebrochen, Johannes Paul II. das Schlussgebet anstimmte, bat er Gott, nicht nur der Opfer zu gedenken, sondern, »in Deiner unendlichen Gnade auch ihrer Verfolger«.

Die Erstellung eines Verzeichnisses der »Neuen Märtyrer«, aus dem bei dieser Zeremonie zitiert wurde, war eines der wichtigsten Projekte des Papstes zum Heiligen Jahr. Schon in seinem Apostolischen Schreiben »Tertio Millennio Adveniente« aus dem Jahre 1994 forderte er dazu auf, »ihr Zeugnis nicht zu vergessen«. »Am Ende des zweiten Jahrtausends«, so stellte er fest, »ist die Kirche wieder zu einer Kirche der Märtyrer geworden.« Auch das war in Fatima vorausgesagt worden.

Nach einer Atempause fuhr Kardinal Sodano fort:

> »Nach der Interpretation der ›Hirtenkinder‹, die auch vor kurzem von Schwester Lucia bestätigt wurde, ist der ›in Weiß gekleidete Bischof‹, der für alle Gläubigen betet, der Papst. Auch er fällt, von Schüssen getroffen, wie tot zu Boden, während er alle Mühe aufwendet, um unter den Leichnamen der Gemarterten (Bischöfe, Priester, Ordensleute und zahlreicher Laien) auf das Kreuz zuzugehen. Nach dem Attentat vom 13. Mai 1981 erschien es Seiner Heiligkeit klar, dass ›eine mütterliche Hand die Flugbahn der Kugel leitete‹ und es dem ›Papst, der mit dem Tode rang‹, erlaubte, ›an der Schwelle des Todes‹ stehen zu bleiben.«

In diesem Augenblick waren ich und mit mir 600.000 Menschen wie vom Donner gerührt. Hatte tatsächlich die Madonna schon 1917 mit solcher Genauigkeit das Papstattentat vorausgesagt? Der »in Weiß gekleidete Bischof«, der, »von Schüssen getroffen … wie tot zu Boden … fällt« – eine präzisere Beschreibung der Ereignisse vom 13. Mai 1981 war nicht vorstellbar. Noch einmal zogen die Bilder des Papstattentates an meinem geistigen Auge vorbei. Erst am 13. Mai 2001, am 20. Jahrestag des Attentates, enthüllte Papstsekretär Erzbischof Stanislaus Dziwisz, wie knapp Johannes Paul II. damals dem Tod entging. Gleich dreimal schwebte er in den folgenden Wochen in Lebensgefahr. Am 27. Mai 1981 hatte er eine Lungenembolie, am 9. Juni stieg sein Fieber mehrere Tage auf über 40 Grad Celsius, am 10. Juli wurde eine Lungenentzündung diagnostiziert. Dass er das Attentat überlebte, bezeichneten selbst seine Ärzte als ein Wunder. Immer wieder, so Dziwisz, hatte der angeschossene Papst auf polnisch Hilferufe zur Muttergottes gemurmelt. Jetzt, angesichts des »Dritten Geheimnisses«, wurde deutlich, wie zentral dieses Ereignis in der Vorsehung war, wurde es zum Meilenstein im Heilsplan Gottes für das bevorstehende dritte Jahrtausend.

Als Johannes Paul II. am 27. Dezember 1983 seinen Attentäter Ali Agca in der Gefängniszelle besuchte, vergab er ihm. »Was, sie leben noch?«, soll Agca bei seinem Anblick ausgerufen haben, »Ich weiß ganz genau, dass ich exakt gezielt habe.« Dann fragte er den Papst, wann die Kirche das »Dritte Geheimnis« von Fatima veröffentlichen würde. Wusste er von seinem Inhalt? Wenn dies tatsächlich der Fall gewesen sein sollte, wird wohl für immer ungeklärt bleiben, wie er von der Prophezeiung erfuhr. Jedenfalls stand Agca im Mai 2000 erneut im Zentrum des öffentlichen Interesses, wurde sein Gefängnis in Ancona zum Mekka für Journalisten, die versuchten, sein Geheimnis zu lüften. Jetzt gestand er, dass er eigentlich gar nicht schießen wollte, schon drauf und dran war, seine Waffe in den Tiber zu werfen, als der Papst ihm den Rücken zudrehte: »Doch etwas zog mich dorthin. Ich hörte eine Stimme in meinem Kopf, die sagte: ›Du musst es tun! Du musst es tun!‹« Wie er den Reportern erklärte, ist er heute davon überzeugt, ein »Werkzeug der Vorsehung, ein unwissendes Instrument in einem mysteriösen Plan« gewesen zu sein. Die Bekanntgabe Kardinal Sodanos, so sagte er später, sei für ihn »das letzte Stück in einem Puzzle« gewesen, das er erst jetzt in seinem ganzen Ausmaß erfassen würde. »Wir spielten einfach Rollen in einem mysteriösen Schauspiel Gottes, der ewig und allmächtig ist«, erklärte er in fließendem Italienisch. Nach wie vor behauptet er, allein gehandelt zu haben. Doch die Indizien sprechen dagegen. So ergaben die Ermittlungen des italienischen Magistrats Ferdinando Imposimato, dass Agca Kontakte zum bulgarischen Geheimdienst unterhielt. Dieser soll im Auftrag Moskaus das Attentat vorbereitet haben. »Jeder, der behauptet, diese Tat sei das Verbrechen eines einzelnen Mannes gewesen, verspottet die Öffentlichkeit und die Justiz«, erklärte der italienische Richter Rosario Priore im Juni 2000 dem deutschen Nachrichtenmagazin »Focus«, »Agca war die Person, die mit der Ausführung des Attentates beauftragt wurde, doch hinter ihm steckte eine komplexe Organisation mit mehreren Ebenen.«

1986 führte die italienische Justiz ein Verfahren gegen drei Türken und drei Bulgaren, die verdächtigt wurden, an der Vorbereitung des Anschlages beteiligt gewesen zu sein. Damals erklärte Agca selbst, als Zeuge verhört, dass der Befehl, den Papst zu töten, aus der sowjetischen Botschaft in Sofia kam. Später widerrief er diese Aussage wieder. So musste das Verfahren »aus Mangel an eindeutigen Beweisen« eingestellt werden. Doch schon die Urteilsbegründung reichte aus, dass der Verdacht erhalten blieb. Agca besaß mehrere falsche Pässe, reiste ungehindert in mehrere Ostblockländer ein und verfügte, obwohl arbeitslos, über beachtliche Geldmittel – nicht gerade das Profil eines Einzeltäters. Seine Verbindung zu den rechtsextremen »Grauen Wölfen« könnte nur ein Ablenkungsmanöver, eine bewusst gelegte falsche Spur gewesen sein. Der Vatikan aber hatte kein Interesse daran, die Auftraggeber bloßzustellen, da sonst die päpstliche Ostpolitik in eine Krise geraten wäre.

Erst Anfang November 1999 hatten sich die Indizien für eine Sowjetconnection erhärtet. In Dokumenten, die der tschechische Geheimdienst schon 1990 seinen italienischen Kollegen vom CESIS übergeben hatte, ging es auch um eine Anweisung des Zentralkomitees der KPdSU an den KGB, in der von »Aktivitäten« die Rede war, die zum Ziel hatten, »die katholische Kirche und die Person des Papstes zu diskreditieren durch Desinformation und Provokation – nicht ausgeschlossen seine physische Eliminierung«.

Der polnische Papst war zur größten Bedrohung für den atheistischen Weltkommunismus geworden. Seine Wahl gab der Dissidentenbewegung in Polen die Rückendeckung der größten Glaubensgemeinschaft der Welt, erfüllte die Polen mit der Hoffnung und dem Vertrauen, in ihm einen mächtigen Fürsprecher zu haben. Der erste Papstbesuch von 1979 machte den Weg frei zur Gründung der unabhängigen Gewerkschaft »Solidarnosc« ein Jahr später, setzte eine Lawine in Gang, an deren Ende der Zusammenbruch des Kommunismus in Osteuropa in den Jahren 1989/1990 stand. Die besagten Dokumente wurden von einem parlamentarischen Untersuchungsausschuss namens »Stragi« in Rom ausgewertet. Brisant war insbesondere, dass – so die Tageszeitung »Corriere della Sera« – ein Memorandum vom 13. November 1979 u.a. die Unterschrift Michail Gorbatschows trug. Zusammen mit ihm hatten die Politbüromitglieder Suslow, Kirilenki, Tschernenkow, Ponomarew, Kapitanow, Dolgik, Zimjanin und Rusakow gefordert: »Schöpft alle Möglichkeiten der Sowjetunion aus, um die neu eingeschlagene Politik des polnischen Papstes zu verhindern – wenn es sein muss auch mit zusätzlichen Maßnahmen, die über die Desinformation und Diskreditierung hinausgehen.« Das war die Geburtsstunde der »Operation Pop« (russ. »Priester«). Ihr Ziel war es, »durch Desinformationsoperationen und Provokation die katholische Kirche und den Papst zu diskreditieren und, wenn nötig, ihn physisch zu eliminieren«. KGB- und Stasiagenten im Ordenskleid wurden in den Vatikan eingeschleust. Eine tschechische KGB-Agentin wurde auf den Neffen des vatikanischen »Außenministers« Kardinal Agostino Casaroli angesetzt. Durch sie gelang es, in die Privatgemächer des »Vaters der vatikanischen Ostpolitik« einzudringen, Mikrofone in seinem Esszimmer und in der Marienstatue seiner Privatkapelle zu installieren. Natürlich wurde diese Behauptung der Dokumente sofort vom Vatikan dementiert, auch die Involvierung Gorbatschows offiziell bestritten. Tatsächlich versicherte der große Russe sowohl bei seiner historischen Papstaudienz am 1. Dezember 1989 wie auch beim Besuch des italienischen Ministerpräsidenten Giulio Andreotti in Moskau 1991, dass weder er noch der KGB etwas mit dem Attentat zu tun gehabt hätten. Offenbar hatte der mächtige Geheimdienst auch ihm etwas vorgemacht; denn seine Mitwirkung scheint heute, nach der Freigabe der Dokumente, als ziemlich nahe liegend. Das aber würde auch die Botschaft von Fatima bestätigen.

Der Papst dagegen erfuhr vom Wortlaut der Botschaft schon kurz nach seiner zweiten Entlassung aus dem Gemelli-Krankenhaus. Am 18. Juli 1981 übergab Kardinal Franjo Seper, der damalige Präfekt der Kongregation für Glaubensfragen, den Umschlag mit dem »Dritten Geheimnis« sowie eine Übersetzung ins Italienische an Erzbischof Martinez vom vatikanischen Staatssekretariat. Der Papst las es, Zeile für Zeile. Er wusste jetzt, dass sich die Vision auf ihn bezog. Wie Schuppen fiel es ihm von den Augen, erschien ihm das großartige Bild der göttlichen Vorsehung. Es gab keinen Zufall! Alles hatte seinen Sinn! Dass er aus Polen kam, die Schrecken von Auschwitz und das Leiden der Christen im Kommunismus hautnah erlebt hatte, seine Liebe zur Gottesmutter, das Totus Tuus, seine überraschende Wahl im Oktober 1978, schließlich das Attentat – durch sein ganzes Leben schien sich ein roter Faden der göttlichen Vorsehung zu ziehen, schien ihm ein Plan zugrunde zu liegen, in dem er, als Erfüllungsgehilfe Gottes, eine Rolle zu spielen hatte. Fortan bemühte er sich, dem Wunsch der Madonna konsequent zu folgen. Als der damalige Bischof von Leiria und Fatima zu einem Kurzbesuch nach Rom kamen, überließ er ihm die Kugel, die nach dem Attentat im Jeep geblieben war. Sie sollte in die Krone des Gnadenbildes der Heiligen Jungfrau von Fatima eingearbeitet werden. Diese Geste würde auf ewig davon zeugen, dass ihre »mano materna« (mütterliche Hand) es war, die »die Flugbahn der Kugel leitete und es dem Papst, der mit dem Tode rang, erlaubte, an der Schwelle des Todes stehen zu bleiben«. Als schließlich 1989 die Mauer fiel, am 31. Dezember 1991 die Sowjet-Ära endete, wusste er, dass sie ihr Versprechen erfüllt hatte. Nicht umsonst steht heute ein Teil der Berliner Mauer als Zeichen für den Sieg Mariens über den Kommunismus auf dem Gelände des Heiligtums von Fatima. Jetzt konnte sich der Papst seinem zweiten großen Ziel zuwenden, die Christenheit in das dritte Jahrtausend zu führen, für das die Gottesmutter »eine Zeit des Friedens« verhieß.

Diese Interpretation bestätigte Kardinalstaatssekretär Sodano:

> »Die Ereignisse, die im Jahre 1989 folgten, führten sowohl in der Sowjetunion als auch in zahlreichen östlichen Ländern zum Fall des kommunistischen Regimes, das den Atheismus verfochten hatte. Auch dafür dankt der Heilige Vater der Jungfrau Maria aus ganzem Herzen … Selbst wenn die Geschehnisse, auf die sich der dritte Teil des Geheimnisses von Fatima bezieht, nunmehr der Vergangenheit anzugehören scheinen, so bleibt der am Anfang des zwanzigsten Jahrhunderts ergangene Ruf der Gottesmuter zu Umkehr und Buße auch heute aktuell … ›Die Botschaft liest gleichsam ›die Zeichen der Zeit‹ mit besonderer Eindringlichkeit … Wir danken der Muttergottes von Fatima für ihren Schutz. Ihrer mütterlichen Fürsprache vertrauen wir die Kirche des dritten Jahrtausends an.«

Im Gesicht des Papstes spiegelte sich in diesem Moment Zustimmung und Genugtuung wider, bei Schwester Lucia Erleichterung. Sie wirkte erlöst, geradezu kindlich fröhlich trotz ihrer 93 Jahre, gesund und frisch, obwohl ihr manchmal eine Schwester beim Aufstehen helfen musste, sie beim Gehen einen Stock benutzte. Es war vollbracht, ihr Auftrag erledigt, sie konnte jetzt in Frieden die letzten Jahre ihres Lebens damit verbringen, sich ganz auf ihr Leben in der anderen Welt vorzubereiten. Johannes Paul II. dagegen erwarteten eine Reihe neuer Aufgaben: die Weltweihe im Oktober, die Versöhnung der gespaltenen Christenheit, sein Lebenstraum einer Reise nach Russland. Allen Unkenrufen zum Trotz, die noch vor der Fatima-Reise über einen bevorstehenden Rücktritt des Papstes spekuliert hatten, setzt er seinen Weg unaufhaltsam fort. Als er fünf Tage später, am 18. Mai, in Rom, zusammen mit 7.000 Priestern und Bischöfen und zahllosen Pilgern aus aller Welt, seinen 80. Geburtstag feierte, schrieb die römische Zeitung »Il Messaggero«:

> »Das Unglaubliche an diesem so runden und wichtigen Geburtstag für den Papst ist, dass keine Lebensbilanz gezogen werden muss, sondern weiterhin von der Zukunft dieses Mannes geredet wird. Die Aufmerksamkeit für sein Amt und seine Gesten ist nicht geringer geworden. Mit weiteren spektakulären Initiativen des Kirchenoberhauptes wird in den kommenden Monaten gerechnet.«

Es sieht so aus, als würde er noch einmal mit aller Kraft »durchstarten«, um sein Werk, die Erfüllung der Fatima-Botschaft, zu Ende zu führen. »Ausruhen kann ich mich im Himmel. Jetzt ist die Zeit, um zu arbeiten«, erklärte er einmal einem Vertrauten.

»Die letzte Mauer fällt!«, titelte die italienische Zeitung »Corriere della Sera«. Die Ankündigung, das »Dritte Geheimnis« zu enthüllen, schlug bei der Weltpresse wie eine Bombe ein, sorgte international für Schlagzeilen. Kein Wunder, galt die Prophezeiung doch bislang als eines der größten, bestgehüteten Geheimnisse des 20. Jahrhunderts. Doch seine Veröffentlichung war sorgfältig vorbereitet worden. Johannes Paul II. hatte schon im Februar 2000 Kardinal Ratzinger in seinen Plan eingeweiht, dessen »Kongregation für die Glaubenslehre« den Auftrag erteilt, »den dritten Teil des Geheimnisses zu veröffentlichen und vorher einen entsprechenden Kommentar vorzubereiten«.

Am Mittwoch der Osterwoche, am 19. April 2000, diktierte er einen Brief an die »ehrwürdige Schwester Maria Lucia«. Darin bat er sie, seinem Gesandten, Erzbischof Tarcisio Bertone, Sekretär der Kongregation für die Glaubenslehre, alle Fragen zur Deutung des »Dritten Geheimnisses« zu beantworten. Von einer geplanten Veröffentlichung war zumindest in dem Schreiben noch nicht die Rede. Am 27. April traf Msgr. Bertone, begleitet von Msgr. Serafim de Sousa Ferreira e Silva, dem Bischof von Leiria und Fatima, im Karmeliterinnenkloster von Coimbra ein. Eine Nonne führte die beiden Männer in den schwarzen, von einem violetten Saum umnähten Soutanen und mit der violetten »sola dei«-Kappe des Bischofs auf den Köpfen in einen kühlen, kargen Raum und bat sie, dort Platz zu nehmen. Minuten später wurde Schwester Lucia, bekleidet mit der schwarzen Tracht ihres Ordens, in das Sprechzimmer geführt. Sie begrüßte die beiden Männer, die sofort aufstanden, mit einem breiten Strahlen. Was folgte, war ein Gespräch in einer offenen, geradezu herzlichen Atmosphäre. Sichtlich fühlte sich die kleine, alte Nonne von dem hohen Besuch aus Rom geehrt. Bischof de Sousa las ihr den Brief des Papstes vor, der bezeugte, dass Erzbischof Bertone »in meinem Namen kommt«, ließ sich das Schreiben geben. Fast ungläubig ging sie noch einmal über die Zeilen, den österlichen Friedensgruß, die Ankündigung, man werde sich in Fatima treffen, die Bitte, über alles »offen und ehrlich« zu sprechen, die ausführlichen Segenswünsche. Noch einmal strich sie über das farbig gedruckte, eingeprägte Papstwappen auf dem Briefkopf, dann legte sie das Papier beiseite. »Ich werde auf alle ihre Fragen antworten, so gut ich kann«, versicherte sie.

»Schwester Lucia war geistig wach und gelassen. Sie freute sich sehr, dass der Heilige Vater Fatima besuchen würde«, gab Erzbischof Bertone später zu Protokoll. Dann holte der Prälat die beiden Briefumschläge aus seiner Aktentasche. Als Lucia den Originalumschlag mit dem »Dritten Geheimnis« erblickte, berührte sie ihn fast zärtlich mit den Fingern, bestätigte: »Es ist mein Papier.« Dann las sie Zeile für Zeile, was sie 56 Jahre zuvor niedergeschrieben hatte, um anschließend zu erklären: »Es ist meine Schrift.«

Mit Hilfe des Bischofs von Leiria-Fatima, der als Übersetzer fungierte, diskutierten der Erzbischof aus Rom und die kleine Nonne dann die Worte des »Dritten Geheimnisses«. Später protokollierte er: »Schwester Lucia teilt die Interpretation, nach der der dritte Teil des ›Geheimnisses‹ in einer prophetischen Schau besteht, die man mit jener der heiligen Geschichte vergleichen kann. Sie betont ihre Überzeugung, dass sich die Vision von Fatima vor allem auf den Kampf des atheistischen Kommunismus gegen die Kirche und die Christen bezieht, und beschreibt das ungeheure Leid der Opfer des Glaubens im zwanzigsten Jahrhundert.«

»Ist die Hauptperson der Vision der Papst?«, fragte Erzbischof Bertone.

»Ja«, antwortete Schwester Lucia, »darüber waren wir damals so sehr betrübt. Jacinta wiederholte fortan immer wieder: ›Armer Heiliger Vater, ich muss viel leiden für die Sünden.‹ Aber wir wussten den Namen des Papstes nicht. Die Dame hat uns den Namen des Papstes nicht gesagt. Wir wussten nicht, ob es Benedikt XV. war oder Pius XII. oder Paul VI. oder Johannes Paul II., aber es war der Papst, der litt und auch uns leiden ließ.« Erst als sie vom Papstattentat von 1981 erfuhr, erkannte Schwester Lucia, dass sich damit ein Teil der Prophezeiung erfüllt hatte – und dass es nur dem Wirken der Madonna zu verdanken war, dass Johannes Paul II. den Anschlag überlebte.

Doch auch Schwester Lucia hatte ein Anliegen. Sie hatte ein kleines Büchlein verfasst, »Der Appell der Botschaft von Fatima«, das sie gerne veröffentlichen wollte. Ob die zuständigen kirchlichen Autoritäten ihr dazu die Genehmigung geben würden? »Wenn der Heilige Vater einverstanden ist, freue ich mich«, schloss sie voller Demut ihr Gesuch, »andernfalls gehorche ich dem, was der Heilige Vater entscheidet.« Man verabschiedete sich mit dem Austausch von Rosenkränzen. Erzbischof Bertone hatte aus Rom einen Rosenkranz mitgebracht, ein Geschenk des Heiligen Vaters. Sie wiederum übergab ihm einige Rosenkränze, die sie selbst im Kloster angefertigt hatte. Noch einmal segnete der Prälat aus Rom die Nonne, dann ging man lautlos auseinander. Jetzt war es Sache der Kirche, die Wahrheit über das »Dritte Geheimnis« zu ergründen und zu enthüllen. Doch der vom Papst für die Veröffentlichung gewünschte Termin, der 31. Mai 2000, konnte aus logistischen Gründen nicht eingehalten werden. Es musste um jeden Preis verhindert werden, dass vor der Bekanntgabe am 13. Mai etwas durchsickerte. Zudem mussten der Text und der ausführliche Kommentar in sechs Sprachen übersetzt und als Broschüre gedruckt werden. Als »realistischen Termin« avisierte man zunächst den 16. Juni. Die Gerüchteküche brodelte, die Ereignisse überschlugen sich.

Am Montag, dem 5. Juni 2000, besuchte der russische Präsident Vladimir Putin den Papst im Vatikan zu einem vertraulichen Gespräch. Als die Sonne langsam hinter der mächtigen Kuppel des Petersdomes versank, als sich die Pilger, wie an jedem Abend im Heiligen Jahr, zum Gebet vor der Heiligen Pforte versammelten, rauschte die Kolonne schwarzer Limousinen in geradezu gespenstischer Lautlosigkeit an den Kolonnaden des Michelangelo vorbei. Putin, der nicht in der russischen Staatskarosse saß, sondern auf dem Beifahrersitz eines schwarzen Mercedes, fuhr mit unbewegter Miene an den wenigen Schaulustigen vorbei. Erst Stunden später wurde bekannt, wie enttäuschend sein Besuch für den Papst gewesen sein muss. Der Präsident hatte nicht die erhoffte Einladung aus Moskau mit sich gebracht. Zuerst, so hieß es, müsste diese Frage mit dem russisch-orthodoxen Patriarchen Alexeij II. geklärt werden, der schon mehrfach die Missionsaktivitäten der katholischen Kirche in Russland und der Ukraine heftig kritisiert hatte. Doch der Papst gibt die Hoffnung auf Erfüllung seines Lebenstraumes nicht auf.

Nur zwei Tage vor dem ersten geplanten Termin der Veröffentlichung des »Dritten Geheimnisses«, am 14. Juni 2000, wurde der Papstattentäter Ali Agca vom italienischen Staatspräsidenten Carlo Azeglio Campi begnadigt. Erst einen Monat später wurde bekannt, dass die Haftentlassung im Heiligen Jahr auf ein persönliches Gnadengesuch von Johannes Paul II. zurückging. Der 43-jährige Türke wurde unverzüglich in seine Heimat abgeschoben, wo man ihn in das Hochsicherheitsgefängnis Kartal im asiatischen Teil Istanbuls einlieferte. Dort muss er wegen Mordes an dem Chefredakteur des »Milliyet« noch eine fast zehnjährige Haftstrafe verbüßen.

Der Papst betete zum Abschluss dieses Tages, der dem Anschlag des Jahrhunderts das letzte Siegel aufdrückte. Sein Attentäter verließ das Gefängnis in Italien, die christliche Vergebung hatte zu einem Ergebnis geführt und die Vision von Fatima – ein weiß gekleideter Bischof, von Schüssen getroffen – konnte wie eine alte Fotografie vergilben.

»Der Tag des Anschlags hat die Figur Johannes Pauls II. endgültig gezeichnet«, schrieb die römische Tageszeitung »La Repubblica« am 15. Juni, »er zeigte seine Zerbrechlichkeit und seine Macht, die christliche Gesinnung und die Zähigkeit zur Fortsetzung seiner Mission. Die ›Spur in den Osten‹ und die Nähe des Todes haben seinem langen Duell mit dem kommunistischen System eine besondere Größe verliehen. Am Ende ist nicht er gefallen, sondern der sowjetische Koloss und die Mauer von Berlin.« Mit der Freilassung Ali Agcas war ein Kapitel der Weltgeschichte zum Abschluss gekommen. Jetzt endlich konnte die ganze Wahrheit über das »Dritte Geheimnis« von Fatima enthüllt werden.

Kapitel 12

Das enthüllte Geheimnis

Der 16. Juni ging vorüber und nichts geschah. Erst am 19. Juni kündigte das Presseamt des Heiligen Stuhls die Pressekonferenz an, auf der »das Dokument ›Die Botschaft von Fatima‹ präsentiert« werden sollte. Am Montag, dem 26. Juni 2000, um 11.30 Uhr war es dann endlich soweit. Nach 83 Jahren, 56 Jahre nach seiner Niederschrift, 43 Jahre nach seinem Eintreffen in Rom, wurde der »dritte Teil des Geheimnisses« – so die offizielle und korrekte Bezeichnung – veröffentlicht.

Seit dem Papstattentat von 1981 hatte keine Pressekonferenz des Vatikans für so großes Aufsehen gesorgt. Schon kurz nach 9.00 Uhr früh trafen die ersten Kamerateams vor dem Eingang zum »Sala Stampa«, dem Pressesaal an der Via della Conciliazione, ein, in dessen »Aula Giovanni Paolo II« die Präsentation stattfinden sollte. »Keine Enzyklika, keine Erklärung wurde mit so großer Spannung erwartet«, schrieb die italienische Tageszeitung »Corriere della Sera« an diesem Morgen, »nur die Papst-Wahlen haben noch mehr Aufmerksamkeit auf sich gezogen. Aber das waren Fakten und keine Worte … Im Vatikan herrscht Erstaunen über so viel Aufsehen; man ahnt, man befürchtet fast eine Enttäuschung.«

Würde »der Vorhang vor der Zukunft« der Menschheit an diesem Tag aufgerissen werden? Würde die Welt atemlos ihrem unentrinnbaren Schicksal ins Auge sehen? In 40 Länder der Erde wurde die spektakulärste Pressekonferenz des Jahres live übertragen. Gebannt saßen Millionen vor den Bildschirmen. In Rom wurde die 43-seitige Broschüre der Kongregation für die Glaubenslehre »Die Botschaft von Fatima«, in sechs Sprachen übersetzt, nicht nur an die Journalisten ausgegeben, sie fand auch bei den Pilgern zum »Heiligen Jahr« reißenden Absatz. Doch wer auf Sensationen hoffte, wurde enttäuscht. Statt den Termin für den Jüngsten Tag erfuhr die Welt von einer apokalyptischen Vision, einem prophetischen Bild, kryptisch, dunkel und Furcht einflößend wie die Offenbarung des Johannes selbst:

»Der dritte Teil des Geheimnisses, das am 13. Juli 1917 in der Cova da Iria, Fatima, offenbart wurde.
Ich schreibe aus Gehorsam gegenüber Euch, meinem Gott, der es mir aufträgt durch seine Exzellenz, den hochwürdigsten Herrn Bischof von Leiria und durch Eure und meine Allerheiligste Mutter.
Nach den zwei Teilen, die ich schon dargestellt habe, haben wir links von Unserer Lieben Frau etwas oberhalb einen Engel gesehen, der ein Feuerschwert in der linken Hand hielt; es sprühte Funken, und Flammen gingen von ihm aus, als sollten sie die Welt anzünden; doch die Flammen erloschen, als sie mit dem Glanz in Berührung kamen, den Unsere Liebe Frau von ihrer rechten Hand auf ihn ausströmte: den Engel, der mit der rechten Hand auf die Erde zeigte und mit lauter Stimme rief: Buße, Buße, Buße!
Und wir sahen in einem ungeheuren Licht, das Gott ist, ›etwas, das aussieht wie Personen in einem Spiegel, wenn sie davor vorübergehen‹, einen in Weiß gekleideten Bischof, ›wir hatten die Ahnung, dass es der Heilige Vater war‹, verschiedene andere Bischöfe, Priester, Ordensmänner und Ordensfrauen einen steilen Berg hinaufsteigen, auf dessen Gipfel sich ein großes Kreuz befand aus rohen Stämmen wie aus Korkeiche mit Rinde. Bevor er dort ankam, ging der Heilige Vater durch eine große Stadt, die halb zerstört war, und halb zitternd mit wankendem Schritt, von Schmerz und Sorge gedrückt, betete er für die Seelen der Leichen, denen er auf seinem Weg begegnete. Am Berg angekommen, kniete er zu Füßen des großen Kreuzes nieder. Da wurde er von einer Gruppe von Soldaten getötet, die mit Feuerwaffen und Pfeilen auf ihn schossen. Genauso starben nach und nach die Bischöfe, Priester, Ordensleute und verschiedene weltliche Personen, Männer und Frauen unterschiedlicher Klassen und Positionen. Unter den beiden Armen des Kreuzes waren zwei Engel, ein jeder hatte ein Aspersorium aus Kristall in der Hand. Damit sammelten sie das Blut der Märtyrer auf und tränkten damit die Seelen, die sich Gott näherten.
Tuy – 3.1.1944«

Die beiden Protagonisten der Präsentation, Kardinal Ratzinger als Präfekt der Glaubenskongregation und Erzbischof Tarcisio Bertone als ihr Sekretär, bemühten sich bewusst um Sachlichkeit. »Wer den Text des so genannten ›Dritten Geheimnisses von Fatima‹ aufmerksam liest, wird nach allen vorangegangenen Spekulationen vermutlich enttäuscht oder verwundert sein. Keine großen Geheimnisse werden enthüllt«, begann Kardinal Ratzinger seine Ausführung. Stattdessen sähen wir »im Zeitraffer die Kirche der Märtyrer des nun abgelaufenen Jahrhunderts, in einer schwer deutbaren Symbolsprache zusammengefasst«.

Doch bevor er ihre Symbolik deutete, erläuterte der Präfekt der Glaubenskongregation die Natur dieser Marienbotschaft. So unterscheidet die kirchliche Lehre zwischen »öffentlichen Offenbarungen«, womit die Heilige Schrift gemeint ist, und »Privatoffenbarungen«. Da sich Gott nicht widerspricht, können diese nicht im Widerspruch zur Offenbarung Christi stehen, durchaus aber dazu verhelfen, »in einem bestimmten Zeitalter tiefer aus ihr zu leben«. (siehe Anhang B) Dabei besteht für den Christen bei Privatoffenbarung keine Glaubensverpflichtung. Trotzdem, so Kardinal Ratzinger, kann »eine solche Botschaft … eine wertvolle Hilfe sein«. Man solle sie also »nicht achtlos beiseite schieben«, sondern als »Hilfe, die angeboten wird«, verstehen. Damit folgt die Kirche dem Aufruf des heiligen Paulus, der im ersten Brief an die Thessaloniker mahnte: »Löscht den Geist nicht aus! Achtet Prophetengabe nicht gering! Prüfet alles und was gut ist, behaltet!« (5, 19–21) Der Kardinal dazu: »Zu allen Zeiten ist der Kirche das Charisma der Prophetie gegeben, die geprüft werden muss, aber auch nicht verachtet werden darf.« Doch keine Privatoffenbarung hat je für so viel Aufsehen gesorgt, ist je so strikt geheim gehalten, je von der Kirche so ausführlich kommentiert worden wie die Botschaft von Fatima.

Dabei geht es bei echter Prophetie nicht um Wahrsagerei, um eine möglichst akkurate Prognose für die Zukunft, sondern um Mahnung und Warnung. Ratzinger:

> »Der Prophet begegnet der Blindheit des Willens und des Denkens und macht Gottes Willen als Anspruch und Wegweisung für die Gegenwart deutlich. Das Moment der Vorhersage von Zukünftigem ist dabei sekundär. Wesentlich ist die Vergegenwärtigung der einen Offenbarung, die mir so auf den Leib rückt.«

Prophezeiungen sind Warnungen über die Auswirkungen von Ursachen. Ändern wir die Ursachen, bleiben die Auswirkungen aus.

Das beste Beispiel dafür finden wir in der Bibel, in der Geschichte vom Propheten Jonas. »Es erging das Wort des Herrn an Jonas … ›Auf, geh nach Niniveh, der großen Stadt, und verkünde ihr die Botschaft, die ich ihr mitteile: … Noch vierzig Tage und Niniveh wird untergehen.« (1, 1–2 und 3, 4) Niniveh war die Hauptstadt des Weltreiches Assyrien, das Rom, London oder Washington seiner Zeit. Als die Niniviten die Botschaft des Propheten hörten, gingen sie in sich. Sie erkannten, dass sie einen falschen Weg eingeschlagen hatten, und entschlossen sich, diesen zu korrigieren. Sie fasteten, taten Buße, selbst ihr König flehte Gott um Gnade an – und Niniveh wurde verschont. »Als nun Gott ihr Tun sah, dass sie sich nämlich von ihrem bösen Wandel bekehrten, da ließ er sich des Unheils gereuen, das er ihnen angedroht hatte, und führte es nicht aus.« (3, 9–10) Das aber heißt: Wenn eine Prophezeiung gehört, wenn ihr Aufruf zur Umkehr befolgt wird, müssen die vorhergesagten Ereignisse nicht eintreffen.

Die Kirche rechnet Prophetie zu den »Zeichen der Zeit«, von denen Jesus sagte: »Das Aussehen der Erde und des Himmels könnt ihr deuten: Warum könnt ihr dann die Zeichen dieser Zeit nicht deuten?« (Luk. 12, 56) Kardinal Ratzinger:

> »In den von der Kirche anerkannten Privatoffenbarungen – so auch in Fatima – geht es darum: uns die Zeichen der Zeit verstehen zu helfen und auf sie die richtige Antwort im Glauben zu finden.«

Wie wird eine Vision oder Erscheinung kreiert? Die Seele des Sehers, so erklärte Kardinal Ratzinger, wird »vom Impuls realer, wenngleich übersinnlicher Wirklichkeit berührt und für das Sehen des Nichtsinnlichen, des nicht den Sinnen Sichtbaren, geöffnet … Der Mensch wird aus dem bloß Äußeren herausgeführt, und tiefere Dimensionen der Wirklichkeit rühren ihn an, machen sich ihm sichtbar«. Für dieses »Schauen mit den inneren Sinnen« ist »eine innere Wachheit des Herzens« erforderlich, an der es gewöhnlich Erwachsenen mangelt. Bei ihnen behindert der »Druck der gewaltigen äußeren Wirklichkeiten und der die Seele erfüllenden Bilder und Gedanken« den Empfang einer Vision. So ist verständlich, dass ausgerechnet Kinder zu bevorzugten Empfängern solcher Erscheinungen würden: »Die Seele ist noch weniger verstellt, die innere Wahrnehmungsfähigkeit noch weniger versehrt.«

Doch auch bei der reinsten Seele gibt es Filter. Ganz wie wir schon bei der äußeren Schau nie das reine Objekt sehen, sondern das, was durch den Filter unserer Sinne zu uns kommt, findet auch bei der inneren Schau ein »Übersetzungsvorgang« statt. Daher ist »das Subjekt an der Bildwerdung dessen, was sich zeigt, wesentlich mitbeteiligt … Das Bild kann nur nach seinen Maßen und seinen Möglichkeiten ankommen. Deshalb sind solche Schauungen nie die reine ›Fotografie‹ des Jenseits, sondern sie tragen auch die Möglichkeiten und Grenzen des wahrnehmenden Subjektes in sich.«

Die Erscheinungen von Fatima sind durchwoben von einer Symbolik, die dem Unbewussten und dem sozialen Umfeld der drei Seherkinder entstammt. Übernatürlich ist der Impuls, der auslöste, was in eine für die Kinder verständliche Bilderwelt umgesetzt wurde. Diese ist »sozusagen zusammengesetzt aus dem von oben kommenden Anstoß und aus den dafür vorliegenden Möglichkeiten des wahrnehmenden Subjektes, das heißt der Kinder. Deshalb ist die Bildsprache dieser Schauungen symbolische Sprache« und eben keine Filmvorführung aus dem Jenseits.

Was also bleibt, ist der Kern der Erscheinung, ihre Botschaft: die Ankündigung der Schrecken des 20. Jahrhunderts, die Ausbreitung des Kommunismus, der Zweite Weltkrieg, die Verfolgung der Gläubigen in den totalitären Staaten, das Attentat auf Papst Johannes Paul II. »Keiner hätte sich das alles im Jahre 1917 vorstellen können«, war sich auch Erzbischof Bertone sicher.

Das erste »Geheimnis von Fatima« war eine Vision der Hölle – Symbol für den Zustand, das Leiden der Seelen, die sich von Gott entfernten. Das »Zweite Geheimnis« zeigte auf, dass die Menschheit 1917 am Scheideweg stand. Sie musste sich entscheiden zwischen einem Leben nach den Gesetzen Gottes oder einer Zeit der Leiden. Als »Weg zum Heil« forderte die Madonna die »Verehrung ihres Unbefleckten Herzens«. Für den deutschen oder angelsächsischen Leser mag die bloße Formulierung befremdlich erscheinen. Wohltuend klar dagegen die Erklärung Ratzingers: »Herz bedeutet in der Sprache der Bibel die Mitte der menschlichen Existenz, das Zusammenströmen von Verstand, Wille, Gemüt und Sinnen, in dem der Mensch seine Einheit und seine innere Richtung findet.« Das »Unbefleckte Herz« ist also »ein Herz, das ganz zu seiner inneren Einheit von Gott her gefunden hat«. Die Verehrung des »Unbefleckten Herzens« Mariens heißt also nichts weiter als ein »Zugehen auf diese Herzenshaltung, in der das ›fiat‹ – dein Wille geschehe – zur formenden Mitte der ganzen Existenz wird.«

Das »Dritte Geheimnis« entpuppt sich als eine Vision, die in unmittelbarer Beziehung zur prophetischen Aussage des »Zweiten Geheimnisses«

steht. Das schrieb Lucia selbst in einem Brief, den sie Papst Johannes Paul II. bei seinem ersten Besuch in Fatima am 12. Mai 1982 übergab:

> »Der dritte Teil des Geheimnisses bezieht sich auf die Worte Unserer Lieben Frau: ›Wenn nicht, dann wird es (Russland) seine Irrlehren über die Welt verbreiten, wird Kriege und Verfolgungen der Kirche heraufbeschwören, die Guten werden gemartert werden und der Heilige Vater wird viel zu leiden haben. Verschiedene Nationen werden vernichtet werden.‹«

Es handelt also, wie Lucia ausdrücklich erklärte, vom »Kampf des atheistischen Kommunismus gegen die Kirche und die Christen«, ein Kampf, der kurz nach der letzten Erscheinung im Oktober 1917 begonnen hatte. Umso verständlicher ist die Reaktion des polnischen Papstes, als er, gerade einmal zwei Monate nach dem Attentat auf dem Petersplatz, endlich den weißen Umschlag mit der gefalteten, linierten Doppelseite aus einem Schulheft öffnete, auf denen die Seherin am 3. Januar 1944 den »dritten Teil des Geheimnisses« niedergeschrieben hatte. Das schreckliche Bild, das sich ihm bei der Lektüre bot, ließ ihn begreifen, weshalb seine Vorgänger es nicht veröffentlichen wollten. Und auch er entschied sich, damit so lange zu warten, bis die Gefahr gebannt war.

Im Zentrum der Vision steht der dreifache Aufruf zur Buße. Er erinnert an den Appell des Jonas an die Bürger von Niniveh, aber auch an den Anfang des Markusevangeliums. »Tut Buße und glaubt an das Evangelium« (Mk. 1, 15) – mit diesen Worten begann Jesus sein öffentliches Wirken. »Die Zeichen der Zeit verstehen heißt: Die Dringlichkeit von Buße – Umkehr – Glaube begreifen. Das ist die richtige Antwort auf den historischen Augenblick, der von großen Gefahren umstellt ist, die in den folgenden Bildern gezeichnet werden«, erklärte Kardinal Ratzinger dazu. Die Gottesvision der Kinder hat dabei ihre neutestamentarische Parallele. So schrieb der Apostel Paulus in seinem zweiten Brief an die Korinther: »Nun aber schauen wir alle mit aufgedecktem Angesicht die Herrlichkeit des Herrn wie in einem Spiegel und werden verklärt in sein Bild von einer Herrlichkeit zur anderen vor dem Herrn …« (2. Kor. 3, 18)

> »Der Engel mit dem Flammenschwert zur Linken der Gottesmutter erinnert an ähnliche Bilder der Geheimen Offenbarung. Er stellt die Gerichtsdrohung dar, unter der die Welt steht. Dass sie in einem Flammenmeer verbrennen könnte, erscheint heute keineswegs mehr

als bloße Fantasie: Der Mensch selbst hat das Flammenschwert mit seinen Erfindungen bereitgestellt. (…)
Die Vision zeigt dann die Gegenkraft zur Macht der Zerstörung – zum einen den Glanz der Muttergottes, zum anderen, gleichsam aus ihm hervorkommend, den Ruf zur Buße.«

Das heißt, dass die Menschheit am Scheideweg steht, die Wahl hat, wie damals in Niniveh. Entweder Selbstzerstörung durch »das Flammenschwert menschlicher Erfindungen«, womit durchaus auch Atomwaffen gemeint sein können, oder Umkehr zu Gott. Kardinal Ratzinger:

»Damit wird das Moment der Freiheit des Menschen ins Spiel gebracht: Die Zukunft ist keineswegs unabänderlich determiniert, und das Bild, das die Kinder sahen, ist kein im Voraus aufgenommener Film des Künftigen, an dem nichts mehr geändert werden könnte. Die ganze Schauung ergeht überhaupt nur, um die Freiheit auf den Plan zu rufen und sie ins Positive zu wenden.«

Ein Satz, bei dem es sich lohnt, ihn zweimal zu lesen. Prophetie ist Warnung. Nur wenn die vorhergesagten Ereignisse nicht eintreffen, hat sie ihr Ziel erreicht.

Ausdrücklich widersprach der Präfekt der Glaubenskongregation auch der neuerlichen Behauptung des Papstattentäters Ali Agca, bloß ein »von der Vorsehung gelenktes Werkzeug göttlichen Planens« gewesen zu sein. Auch der Türke hatte die Freiheit der Entscheidung über sein Handeln und ist dafür allein verantwortlich. »Deswegen gehen fatalistische Deutungen des Geheimnisses völlig an der Sache vorbei«, betonte Ratzinger. Sein Sinn ist das genaue Gegenteil, nämlich der, »die Kräfte der Veränderung zum Guten hin zu mobilisieren«.

Im »unmessbaren und all unser Sehen überschreitenden Licht« Gottes erschien das symbolische Bild des Geheimnisses. »Der Ort des Geschehens wird mit drei Symbolen beschrieben: ein steiler Berg, eine halb in Trümmern liegende große Stadt und schließlich ein gewaltiges Kreuz aus unbehauenen Stücken.«

Der Kardinal:

»Berg und Stadt symbolisieren die Orte der menschlichen Geschichte: Geschichte als mühevollen Aufstieg zur Höhe, Geschichte als

> Ort menschlichen Bauens und Zusammenlebens, zugleich als Ort der Zerstörungen, in denen der Mensch sein eigenes Werk vernichtet … Auf dem Berg steht das Kreuz – Ziel und Orientierungspunkt der Geschichte. Im Kreuz ist die Zerstörung in Rettung umgewandelt; es steht als Zeichen der Not der Geschichte und als Verheißung über ihr.«

Die Vision, so Ratzinger, stellt die Geschichte des 20. Jahrhunderts als einen Kreuzweg der Christenheit dar, als Aufstieg zum Hügel von Golgatha, »als Weg in einer Zeit der Gewalt, der Zerstörungen und der Verfolgungen geschildert«. Wie die Orte der Erde und die Geschichte selbst zu einem Bild zusammengezogen sind, so auch die Schrecken des 20. Jahrhunderts »als Jahrhundert der Märtyrer, als Jahrhundert der Leiden und der Verfolgungen der Kirche, als das Jahrhundert der Weltkriege und vieler lokaler Kriege … Im ›Spiegel‹ dieser Vision sehen wir die Blutzeugen von Jahrzehnten vorüberziehen«, deren Leiden bereits das »Zweite Geheimnis« beschrieb. Im Zentrum des Geschehens stand der Papst, die Gefahr, dass auch er unter den tödlichen Kugeln fallen könnte. Auch wenn das Bild durchaus das Leiden aller Päpste des 20. Jahrhunderts zusammenfasst, trifft es doch auf keinen so unmittelbar zu wie auf Johannes Paul II. Kardinal Ratzinger: »Musste der Heilige Vater, als er sich nach dem Attentat vom 13. Mai 1981 den Text des ›Dritten Geheimnisses‹ vorlegen ließ, darin nicht sein eigenes Geschick erkennen?« Doch er starb nicht unter den Kugeln. »Dass da eine ›mano materna‹ (mütterliche Hand) die tödliche Kugel doch noch anders geleitet hat, zeigt nur noch einmal, dass es kein unabänderliches Schicksal gibt, dass Glaube und Gebet Mächte sind, die in die Geschichte eingreifen können und dass am Ende das Gebet stärker ist als die Patronen, der Glaube mächtiger als Divisionen.«

Das Bild der Blutsegnung schließlich erinnert an den ersten Brief des Apostels Petrus, der die jungen Gemeinden als »auserwählt … durch die Heiligung des Geistes zum Gehorsam und zur Besprengung mit dem Blute Jesu Christi« (1. Petr. 1, 2) beschrieb. Dabei sahen die Seherkinder in der Hand eines jeden der beiden Engel einen »regador de cristal«. Damit war wohl, wie zumindest die englischen Übersetzer des Textes erkannten, mit einiger Wahrscheinlichkeit ein »Aspersorium« gemeint, ein Weihwasserbesprenger also, der Weihwasserkessel und -wedel, mit dem der Priester segnet. Leider wurde dieses schöne Bild in der offiziellen deutschen Übersetzung des »Dritten Geheimnisses« etwas verfremdet, in dem man daraus, brav nach Wörterbuch, eine »Gießkanne« machte (was wir natürlich oben korrigierten). »Märtyrerblut ist Christensaat«, schrieb schon Tertullian im frühen 3. Jahrhundert. Am Ende entsteht aus dem Blut der Märtyrer eine neue, gestärkte Kirche.

Eine beeindruckende, dramatische Vision also, von der nur zu fragen ist, ob sie sich tatsächlich, wie Ratzinger behauptete, in großen Zügen bereits bewahrheitete oder ob sie sich doch (auch?) auf die Zukunft bezieht. Doch die Reaktionen auf ihre Publikation waren gemischt. Während die italienische Presse die Enthüllung zum Titelthema machte, blieb man in Deutschland und der angelsächsischen Welt eher zurückhaltend. Auch Zweifel und Enttäuschung wurden geäußert. Sogar die Authentizität des Textes selbst wurde in Frage gestellt. Doch auf welcher Grundlage? Natürlich waren da jene, die einen Termin für den Weltuntergang, die Wiederkunft Christi oder zumindest eine harsche Verurteilung der postkonziliaren Kirche erwartet hatten. Dass das »Dritte Geheimnis« ihre Erwartungen nicht erfüllte, war zumindest für sie ein eindeutiges Indiz gegen seine Echtheit. Doch nur eine Hand voll Personen hatten es vor dem 26. Juni 2000 tatsächlich gelesen, und so konnte alles, was zuvor über seinen Inhalt angenommen worden war, notgedrungen nur auf Spekulationen und Interpretationen der wenigen, eher kryptischen Kommentare gewisser Insider beruhen. Auch Schwester Lucias erste Reaktion unmittelbar nach Kardinal Sodanos Ankündigung der Veröffentlichung gab nicht den geringsten Anlass zu Zweifeln und Verschwörungstheorien. Sie sei jetzt nur froh, dass es veröffentlicht würde, erklärte sie einem Reporter des portugiesischen Fernsehens. Die lange Wartezeit bezeichnete sie dabei als »notwendigen Kompromiss«.

Skeptiker gaben sich mit solchen Erklärungen nicht zufrieden, forderten die Veröffentlichung der Originalhandschrift Lucias. Der Vatikan war klug genug, auch dies zu tun zusammen mit einer Reihe authentischer (und schon 1976 veröffentlichter) Heftseiten aus Schwester Lucias »Erinnerungen«, niedergeschrieben im Jahre 1941. Ich machte die Probe aufs Exempel, legte einem professionellen Graphologen, dem Düsseldorfer Diplompsychologen Fidelio Köberle, beide Schriftbeispiele zur Begutachtung vor. In seinem Gutachten vom 1. August 2000 listete er 16 deutliche Übereinstimmungen auf und erklärte: »Man kann mit an Sicherheit grenzender Wahrscheinlichkeit feststellen, dass die Schreiber identisch sind, dass also das Fatima-Geheimnis echt ist« – mit anderen

Worten: aus der Feder der Seherin stammt. Andere kritisierten die offizielle Interpretation des Textes. Kann mit Sicherheit gesagt werden, dass sich die Furcht einflößende Vision des »Dritten Geheimnisses« tatsächlich bloß auf die Vergangenheit, auf die Düsternis des 20. Jahrhunderts bezog, wie Kardinal Ratzinger so bemüht versicherte? Nur wenige Stunden nach der so unspektakulären Pressekonferenz wurden die ersten Stimmen laut, die eben dies bestritten. Der »Internationale Fatima-Kreuzzug« des kanadischen Priester-Renegaten Nicholas Gruner bezichtigte den Vatikan sogleich der »Verwässerung« der Marienbotschaft. »Die offizielle Interpretation wirft mehr Fragen auf als sie beantwortet«, wurde behauptet.

Als ich schließlich, eine Woche später, in der Lage war, Erzbischof Bertone persönlich zu interviewen, wies er alle Kritiken souverän zurück. Der veröffentlichte Kommentar, so der Sekretär der vatikanischen Glaubenslehrekongregation, könne als authentisch gelten, wofür er drei Gründe aufführte:

»1. Es geht um historisch nachweisbare Ereignisse und Daten.
2. Es handelt sich um die Interpretation des Papstes. Schwester Lucia sagte, dass sie berichte, was sie gesehen und gehört habe, die Auslegung der Vision aber stünde nicht ihr zu, sondern der kirchlichen Autorität, dem Papst.
3. Schließlich werden die Ereignisse von ihr als der einzigen noch lebenden Zeugin bestätigt.«

Trotzdem blieben noch einige Fragen offen. So verbrachte ich noch einige Zeit in Rom, sprach mit Vatikan-Insidern und Fatima-Experten, um Antworten auf sie zu finden. Werfen wir einen Blick auf die wichtigsten …

1. Der offizielle Text des »Dritten Geheimnisses« entspricht nicht der »Diplomatischen Version« aus dem Jahre 1963. Wie bereits erwähnt, hatte schon sein Urheber, »Neues Europa«-Chefredakteur Louis Emrich, eingeräumt, dass »das Dokument nicht der Originaltext der Botschaft« ist. Er hat seinen Wortlaut, basierend auf Gerüchten aus dem Vatikan, größtenteils frei erfunden, wobei er zweifellos das »Große Geheimnis von La Salette« zum Vorbild nahm. Trotzdem ist interessant, dass wir seine beiden Hauptmotive, »Feuer vom Himmel« und die Krise der Kirche, auch in dem authentischen Text finden. So

ist es durchaus möglich, dass Emrich tatsächlich Informationen aus Rom erhielt und dass die Wahrheit unter einer Lawine von Spekulationen, Gerüchten, Konfabulationen und Fehlschlüssen in seinem Elaborat begraben wurde. Erzbischof Bertone allerdings fand keinen Beweis für eine undichte Stelle im Vatikan. Auch Emrichs Behauptung, der Text der »Diplomatischen Version« sei auf dem Höhepunkt der Kubakrise an Kennedy und Chrutschow verschickt worden, erwies sich als unwahr. Trotzdem ist es durchaus möglich, dass die vatikanische Ostpolitik von der Fatima-Botschaft beeinflusst wurde. Nur einen Tag nach der Veröffentlichung des »Dritten Geheimnisses«, am 27. Juni 2000 stellte das Presseamt des Heiligen Stuhls die Memoiren des verstorbenen vatikanischen Staatssekretärs Kardinal Casaroli, des Vaters der Ostpolitik, vor. An der nicht minder Aufsehen erregenden Pressekonferenz nahmen Michail Gorbatschow, Kardinal Angelo Sodano, der italienische Außenminister Lamberto Dini und der EU-Kommissionspräsident Romano Prodi teil. In dem Buch mit dem bezeichnenden Titel »Das Martyrium der Geduld« wird Fatima mit keinem Wort erwähnt. Das verwundert nicht, wurde es doch vor der Veröffentlichung des »Dritten Geheimnisses« geschrieben. Doch es lässt keinen Zweifel daran, dass die »Ostpolitik« dem Ziel diente zu verhindern, dass sich die Prophezeiungen erfüllen.

2. Ebenso wenig entspricht der Text dem, was Papst Johannes Paul II. im November 1980 in Fulda gesagt haben soll. Das Zitat, veröffentlicht von der katholischen Zeitschrift »Stimme des Glaubens«, konnte allerdings nie verifiziert werden. Sicher ist jedenfalls, dass der Papst das authentische »Dritte Geheimnis« erst im Juli 1981 las. Sollte er also tatsächlich in Fulda über Fatima gesprochen haben, so konnte er sich nur auf die »Diplomatische Version« bezogen haben, aus der Msgr. Balducci am Tag vor der Papstwahl im »Osservatore della Domenica« zitierte.

3. Stand nicht fest, dass das »Dritte Geheimnis« mit den Worten »In Portugal wird das Dogma des Glaubens immer erhalten bleiben« beginnt, wie Schwester Lucia im vierten Band ihrer Memoiren schrieb? Nicht unbedingt. Die Worte konnten ebenso gut noch zum »Zweiten Geheimnis« gehören, sich auf die Ausbreitung des Kommunismus und die Verfolgungen der Kirche bezogen haben. Tatsächlich blieb Portugal, wie im 6. Kapitel gezeigt, von beiden verschont.

4. Hatte nicht Bischof Venancio erklärt, dass das »Dritte Geheimnis« auf ein Blatt Papier mit 25 Zeilen passte, während der vom Vatikan veröffentlichte Text 59 Zeilen lang ist? Der Bischof könnte sich getäuscht haben, hatte er das Papier doch bloß durch einen geschlossenen Umschlag, den er ins Licht hielt, gesehen. Tatsächlich schrieb Schwester Lucia das »Dritte Geheimnis« auf eine Doppelseite Schulheftpapier im Format DIN A5 mit je 16 Zeilen. Sie konnte Venancio leicht für eine zweifach gefaltete DIN-A4-Seite mit 25 Zeilen gehalten haben.

5. Warum schrieb Schwester Lucia, dass das »Dritte Geheimnis« erst nach dem Jahre 1960 veröffentlicht werden dürfe? Weshalb war ihr dies so wichtig, dass sie es sogar auf seinem äußeren Umschlag vermerkte? Das ist auch für Erzbischof Bertone heute noch ein Geheimnis. Als er Lucia in Coimbra diese Frage stellte, erklärte sie nur so viel: »Es war nicht die Dame, sondern ich habe 1960 als Datum gesetzt, weil man es – wie ich spürte – vor 1960 nicht verstehen würde.« Es wurde spekuliert, dass dieses Datum auf eine Verbindung entweder zum Zweiten Vatikanischen Konzil oder zur Atomkriegsgefahr hinweisen könnte.

6. Warum wurde es vier Jahrzehnte lang geheim gehalten? Stellen sie sich einen Augenblick lang vor, Sie wären der Papst. Auf Ihren Schultern liegt die Last der Verantwortung für die Kirche, ihre 2.000-jährige Geschichte, den Glauben von einer Milliarde Menschen. Wie hätten Sie reagiert, wenn Sie die Schreckensvision der Kinder lesen? Papst Johannes XXIII. erbleichte. Mit zitternden Händen steckte er das »Dritte Geheimnis« in seinen Umschlag zurück, ließ ihn versiegeln. Er wollte keine Angst verbreiten. Er wollte Optimismus für das bevorstehende Konzil! Papst Paul VI., der den Text am 27. März 1965 las, folgte seiner Entscheidung. Johannes Paul II. wollte warten, bis sich die Situation entspannt. Zeigte die Vision nicht den Tod eines Papstes unter Gewehrfeuer? Könnte sie sich nicht auf einen zweiten Anschlag auf sein Leben beziehen? Seine Feinde hätten die Vision nicht als Warnung verstehen können, sondern als Vorhersage ihres letztendlichen Sieges über die Kirche! Zudem war die Gefahr noch nicht gebannt. Zwar kollabierte die Sowjetunion, der Kommunismus aber war (und ist) noch lange nicht besiegt. Zuerst plante man die Veröffentlichung des »Dritte Geheimnisses« nach dem Tod von

Schwester Lucia. Doch als der Papst beschloss, zur Seligsprechung von Jacinta und Francisco nach Portugal zu reisen, entschied er, dass jetzt der geeignete Zeitpunkt gekommen war, es endlich freizugeben.

7. Wie erfuhr der Papstattentäter vom Inhalt des »Dritten Geheimnisses«? Schon bei seinem spektakulären Prozess im Jahre 1985 hatte Ali Agca erklärt: »Das Attentat auf den Papst ist mit dem ›Dritten Geheimnis‹ von Fatima verbunden«, um gleich darauf mit der Behauptung »ich bin der wieder geborene Jesus Christus und kündige im Namen Gottes das Ende der Welt an« Gelächter zu ernten. Niemand nahm damals seine Behauptung ernst; zu sehr sah alles danach aus, dass er auf »geistige Unzurechnungsfähigkeit« plädierte, bewusst den Irren mimte. Doch er ließ sich nicht aus dem Konzept bringen, fuhr fort: »Ihr alle könnt mich für einen Verrückten erklären, aber überlegt es euch gut. Der Papst ist gekommen, er hat sich sogar in meine Zelle begeben. Und ich habe ihm anvertraut, dass ich mit Gott gesprochen habe. Ich habe ihm das Ende der Welt angekündigt. Und der Papst hat mich gefragt: ›Wann?‹ Er hat mir nicht gesagt, dass ich verrückt bin. Er hat gesagt: ›Wann?‹ Der Papst hat seinen Besuch bei mir als wunderbar und hervorragend bezeichnet. Ich habe alles gesehen. Die Stunden der Welt sind gezählt. Noch in dieser Generation wird die Welt zerstört werden. Weder die Sowjets noch die Amerikaner werden sich retten können. Ich fordere den Vatikan auf, das ›Dritte Geheimnis von Fatima‹ zu enthüllen!« Heute müssen wir fragen, woher Agca 15 Jahre vor der offiziellen Veröffentlichung den Inhalt des Fatima-Geheimnisses gekannt hat. Hatte der Papst bei seinem Besuch in der Zelle Agcas mit dem Attentäter darüber gesprochen? Wohl kaum, obwohl der Türke danach fragte, wie der Sekretär des Papstes, Erzbischof Stanislaus Dziwisz, am 13. Mai 2001 enthüllte: »Seinerseits hat der Gefangene mit keinem Wort um Verzeihung gebeten; ihn interessierte lediglich das Geheimnis von Fatima – es verwirrte ihn jene Macht, die stärker war als er.« Kannte der KGB den Text des »Dritte Geheimnisses«? Oder hat einer der mysteriösen Besucher in Agcas Zelle, »angeblich sogar Mitglieder der römischen Kurie«, ihm dessen Inhalt enthüllt? Wir können nur spekulieren. Sicher ist, dass sein Wissen eher bruchstückhaft gewesen sein muss, er auch von der »Diplomatischen Version« wusste und sie ebenfalls für einen Teil der Fatima-Botschaft hielt. Als Agca nach seiner spektakulären Begnadigung in Italien am 10. Juli 2000 erstmals vor einem

türkischen Gericht stand, wo er sich für einen Mord aus dem Jahre 1979 verantworten musste, kam es zu einer weiteren seiner berüchtigten »Enthüllungen«. Er hatte eine schriftliche Erklärung dabei, die er zu einem großen Teil vorlas, bevor der Richter ihn unterbrach: »Der Vatikan ist das Haus des Teufels, voller schwerer Sünden und Verbrechen gegen Gott und die Menschheit. Der Vatikan hat das Attentat gegen den Papst organisiert. Er hat das Geheimnis von Fatima manipuliert und verändert, weil es enthüllte, dass der Vatikan dem Weg des Teufels folgt. Er hat sich vom wahren Weg der Religion abgewendet, um eine wirtschaftliche und politische Macht zu werden, während die Kardinäle sich in einem internen Kampf um die Macht verausgaben.« Das war fast eine Wiederholung der Worte aus der Emrich-Version von 1963: »Kardinäle werden gegen Kardinäle und Bischöfe gegen Bischöfe sein! Satan tritt mitten in ihre Reihen.« Nur für den Papst hatte Agca freundlichere Worte übrig: »Mein lieber Bruder Papst, tritt zurück! Tritt sofort zurück und kehre nach Polen zurück. Du bist ein guter Mensch, aber du kannst nicht dem Vatikan vorstehen, diesem Abfallhaufen der Geschichte und Hauptquartier des Teufels.«

Seine Absicht war offensichtlich. Agca wollte wieder in die Reihen seiner einstigen Freunde, der türkisch-islamistischen Fanatiker, zurückkehren. Und er wollte alle Spuren seiner einstigen Auftraggeber, deren Nachfolger in Russland längst wieder an der Macht waren, verwischen. So missbrauchte er die »Dritte Botschaft von Fatima« ein letztes Mal, schlug populistisch in die Kerbe all jener, die von der Veröffentlichung enttäuscht waren, und machte sich wieder einmal zum Instrument der Feinde der Kirche – jener, die ihn einst bezahlt hatten, um den Stellvertreter Christi auf Erden zu töten. Es nutzte ihm wenig. Im Dezember 2000 wurde Agca wegen eines Raubes aus dem Jahre 1979 zu sieben Jahren Haft verurteilt. Zudem muss er noch zehn Jahre seiner Gefängnisstrafe wegen des Mordes an dem Chefredakteur einer linksliberalen türkischen Tageszeitung verbüßen. Am 4. April 2001 bestätigte das Berufungsgericht in Ankara das Urteil. Bis zum Jahre 2017 bleibt Agca in Haft.

8. Aber bezieht sich das »Dritte Geheimnis« wirklich ausschließlich auf die Vergangenheit? Kardinal Ratzinger ist sicher: »Soweit einzelne Ereignisse dargestellt werden, gehören sie nun der Vergangenheit an.« Kardinal Sodano war ein wenig vorsichtiger, als er in Fatima erklär-

te, dass »die Geschehnisse, auf die sich der dritte Teil des Geheimnisses von Fatima bezieht, nunmehr der Vergangenheit anzugehören **scheinen**« (Hervorhebung durch den Autor), um gleich zu ergänzen: »Dennoch haben in anderen Teilen der Welt die Angriffe gegen Kirche und Christen und die damit verbundenen Leiden nicht aufgehört.« Schwester Lucia scheint der offiziellen Deutung heute zuzustimmen. Doch in ihrem vom Vatikan veröffentlichten Schreiben an den Papst vom 12. Mai 1982 hieß es noch: »Und wenn wir die vollständige Erfüllung des Endes dieser Prophezeiung noch nicht feststellen, dann sehen wir, dass wir **allmählich mit weiten Schritten darauf zusteuern**. Wenn wir nicht den Weg der Sünde, des Hasses, der Rache, der Ungerechtigkeit, der Verletzung der menschlichen Person, des unmoralischen Verhaltens und der Gewalt etc. verlassen.« Das war ein Jahr nach dem Anschlag. Auch der heute in Rom lebende slowakische Bischof Pavel Hnilica, der den Papst nach dem Attentat mit Material über Fatima versorgte, ist überzeugt: »Der Heilige Vater veröffentlichte das ›Dritte Geheimnis‹ nicht, um unsere Neugier zu befriedigen, sondern um uns vor der Gefahr einer gigantischen Christenverfolgung zu warnen, die nur durch unsere Mitwirkung verhindert werden kann. Er wollte uns aus dem Schlaf aufwecken!«

Wie Kritiker der offiziellen Interpretation des »Dritten Geheimnisses« aufzeigten, ist das Motiv eines Papstes, der über die Leichen ermordeter Priester, Bischöfe und Ordensleute flieht, ein häufiges in der christlichen Prophetie. Wir finden es auch in der mysteriösesten Weissagung, die es im deutschen Sprachraum gibt, dem »Lied der Linde von der kommenden Zeit«. Um 1850 wurde der Text auf einem vergilbten Papier im Stamm einer tausendjährigen Linde am Hohlweg zum Friedhof der Stadt Staffelstein in Bayern gefunden. Im Versmaß beschreiben 32 Vierzeiler Ereignisse seit Mitte des 19. Jahrhunderts. Einer davon lautet:

»Rom zerhaut wie Vieh die Priesterschar,
Schont nicht den Greis im Silberhaar,
Über Leichen muss der Höchste flieh'n
Und verfolgt von Ort zu Orte zieh'n.«

»Die Kirche wird wie der Engel purpurrot werden von Blut. Sie wird vom Blut gewaschen werden«, erklärte 1822 die stigmatisierte Seherin Anna Katharina Emmerich aus Dülmen in Westfalen.

Die italienische Nonne Rosa Kolumba Asdente aus Taggia bei Monte Carlo, die 1847 verstarb, hatte schreckliche Visionen von der Zukunft der Kirche:

> »Eine fürchterliche Verfolgung gegen die Kirche wird ausbrechen … ein wütender Sturm … Während jener Verfolgung wird man Priester und Mönche in Stücke hauen wie Schlachtvieh.«

Die deutsche Äbtissin Maria Steiner, 1862 verstorben, warnte:

> »Die Heilige Kirche wird verfolgt werden, und wenn die Menschen nicht in ihren Gebeten um Vergebung bitten, wird die Zeit kommen, wo sie das Schwert und den Tod sehen werden, und Rom wird ohne einen Hirten sein.«

Am 30. Mai 1862 hatte Don Giovanni Bosco (1815–1888), der große Jugendseelsorger, Gründer des Salesianerordens und einer der bedeutendsten Heiligen des 19. Jahrhunderts, einen prophetischen Traum. Er sah die Kirche als »Schiff Petri« auf einem schäumenden, windgepeitschten Meer, verfolgt von kampfbereiten Kriegsschiffen. Auf seinem Bug steht der Papst, der beschließt, das Schiff an zwei Säulen zu verankern, auf denen die Symbole der Hl. Eucharistie und der Gottesmutter erkennbar sind. Zweimal ruft er die Kapitäne seiner Beiboote zusammen, um Rat zu halten, wie man den bevorstehenden Angriff der Kriegsschiffe abwehren kann. Dann bricht der Sturm los. Mit Kanonen, Gewehren und Stichwaffen, aber auch mit Büchern, greifen die Feinde das päpstliche Schiff an. Der Nahkampf beginnt, wird immer erbitterter. »Da auf einmal fällt der Papst, schwer getroffen. Seine Umgebung eilt ihm sofort zur Hilfe und hebt ihn auf. Zum zweiten Mal wird der Papst getroffen, er fällt von neuem und stirbt. Bei den Feinden erhebt sich Sieges- und Freudengeschrei …« Doch schnell wird ein neuer Papst gewählt, dem es gelingt, die Feinde zu überwinden …

Es ist mehr als bemerkenswert, dass der hl. Don Bosco offenbar das I. und II. Vatikanische Konzil der Jahre 1869/1870 und 1962 bis 1965 sowie das Papstattentat von 1981 voraussah. Das aber heißt nicht, dass auch der zweite Teil seiner prophetischen Vision, die Ermordung eines Papstes (nicht zwangsläufig desselben, der das erste Mal getroffen wird) eintreffen muss. Doch es ist eine Gefahr, vor der sie uns warnen soll. Einanderes Mal sah Don Bosco ein Traumbild, das dem des »Dritten Geheimnisses« sehr nahe kam:

»Es war eine dunkle Nacht. Die Leute konnten nicht mehr unterscheiden, welches der einzuschlagende Weg sei, um an die Orte zurückzukehren, als am Himmel ein herrlich glänzendes Licht erschien, das die Schritte der Wanderer wie am Mittag erhellte. In jenem Augenblick kam eine Menge Männer, Frauen, Greise, Kinder, Mönche, Nonnen und Priester mit dem Papst an der Spitze aus dem Vatikan und formierte sich zu einer Prozession. Aber siehe: ein wütender Sturm. Indem jenes Licht ziemlich verdunkelt wurde, schien sich eine Schlacht zwischen dem Licht und der Finsternis zu entwickeln. Inzwischen sieht man zu einem mit Toten und Verwundeten bedeckten Platz. Die Reihen der Prozession verringerten sich sehr … Bestürzung ergreift das Herz aller und jeder wendet sich ringsum an den Papst, um ihn zu schützen …, als er den Fuß in die heilige Stadt setzte, begann er ob der Verwüstungen jene zu beklagen, die in der Stadt waren, von denen viele nicht mehr lebten.«

Eine ähnliche Vision hatte Papst Pius X. 1909 während einer feierlichen Audienz für das Generalkapitel der Franziskaner. Plötzlich klappten ihm die Augenlider zu, es schien, als fiele er für einige Minuten in tiefen Schlaf. Als er wieder zu sich kam, war sein Gesicht von Entsetzen gezeichnet. Dann stand er auf und erklärte:

»Was ich gesehen habe, ist fürchterlich! Werde ich das sein oder einer meiner Nachfolger? Ich weiß es nicht. Mit Sicherheit kann ich sagen: ›Ich habe den Papst aus dem Vatikan fliehen sehen, und dabei trat er auf die Leichen seiner Priester. Sagt es niemandem, solange ich lebe.‹«

Andere Seher, wie die italienische Nonne Elena Patriarca Leonardi, der Bregenzer Bauer Franz Kugelbeer, der »Pfarrer von Baden« oder der deutsche Bauernmystiker Alois Irlmaier hatten schreckliche Visionen von einem Massaker an Priestern und Bischöfen und einem »gequälten Papst« in Verbindung mit einer russischen Invasion und/oder einer kommunistischen Revolution in Italien. Bezogen sich auch diese Schauungen auf Ereignisse des 20. Jahrhunderts, auf den Anschlag auf Papst Johannes

Paul II.? Oder hat die Befolgung des Appells von Fatima, die Weltweihe durch den Papst im Jahre 1984, ihr Eintreffen verhindert? Wir können nur hoffen, dass dies tatsächlich der Fall war.

Sicher aber ist das nicht. Glauben wir der Päpsteprophetie, die dem hl. Malachias zugeschrieben wird, so fand die größte Verfolgung der Kirche nicht im 20. Jahrhundert statt. Sie steht ihr vielmehr noch bevor. Malachias datiert ihren Anfang in die letzten Jahre der Regentschaft des nächsten Papstes, dessen Ende möglicherweise in der Vision Don Boscos vorausgesehen wurde. Vielleicht bezieht sie sich aber auch auf seinen Nachfolger, den Malachias bedeutungsschwer »Petrus Romanus«, den römischen Petrus, nennt. Dieser Titel könnte sich sehr wohl auf Parallelen zur Christenverfolgung unter dem römischen Kaiser Nero und das Martyrium Petri beziehen, der auf dem vatikanischen Hügel gekreuzigt wurde.

Der hl. Malachias war im 12. Jahrhundert Bischof von Armagh in Irland. Er starb 1148 im Kloster von Clairvaux in Frankreich. Sein Freund, der hl. Bernhard, Abt von Clairvaux, bestätigte in seiner »Vita Maleachi« die prophetische Gabe des Iren, erwähnte aber mit keinem Wort eine Päpsteweissagung. Erstmals gedruckt jedenfalls wurde sie im Jahre 1585. Doch die kurzen Devisen, mit denen 112 Nachfolger Petri, beginnend mit Papst Cölestin II. (1143/1144) beschrieben werden, sind so zutreffend, dass, wer immer sie schrieb, wohl mit dem Charisma der Prophetie gesegnet war.

104. Religio depopulata, »Entvölkerte Religion«, war seine Devise für Papst Benedikt XV. (1914 bis 1922), dessen Amtszeit durch den Ersten Weltkrieg, die russische Revolution, den Fall der katholischen Monarchien und die Entchristlichung Europas geprägt war;

105. Fides intrepida, »Unerschütterlicher Glaube«, nannte er Pius XI. (1922 bis 1939). Die Kirche seiner Zeit musste den Verfolgungen durch die Diktatoren Hitler und Stalin, in Mexiko und im spanischen Bürgerkrieg standhalten;

106. Pastor angelicus, der »engelgleiche Hirte«, war Pius XII. (1939 bis 1958), der weltentrückte Mystiker, der das letzte marianische Dogma verkündete;

107. Pastor et nauta, »Hirte und Seefahrer«, stand für Johannes XXIII. (1958 bis 1963), der als Sohn armer Bauern in der Kindheit oft genug Schafe hütete und als Kardinal aus der Seestadt Venedig kam;

108. Flos Florum, »Blume der Blumen«, Paul VI. (1963 bis 1978), hatte drei Lilien im Wappen; die Lilie ist die Blume der Könige;

109. De medietate lunae, »Vom halben Mond«, bezog sich auf den bürgerlichen Namen von Johannes Paul I. (1978), Albino Luciani, aber auch auf sein kurzes Pontifikat, das bei Halbmond begann und einen Monat (33 Tage) später wieder endete;

110. De labore solis, »Von der Arbeit der Sonne«, meint die beiden Sonnenfinsternisse, die das Leben von Johannes Paul II. (seit 1978) markieren: Die erste am Tag seiner Geburt, dem 18. Mai 1920, und die zweite am 11. August 1999; die große europäische Sonnenfinsternis, die das Millennium, das große Jubiläum der Kirche, ankündigte. Aber auch die Sonne im Wappen seines Geburtsortes Wadowice und seine Zwangsarbeit im Zweiten Weltkrieg finden sich in diesem Motto.

Der Nachfolger des Wojtyla-Papstes wird

111. Gloria olivae, »Ruhm des Ölbaums« sein.

Und dann folgt der einzige längere Text in dieser Weissagung:

112. In persecutione extrema S.R. Ecclesiae sedebit Petrus II. Romanus, qui pascet oves in multis tribulationibus, quibus transactis civitas septicollis diruetur et judex tremendus judicabit populum suum. Finis.

»Während der letzten Verfolgung der Heiligen Römischen Kirche wird Petrus II., der Römer, regieren, der seine Schafe in vielen Trübsalen weidet; wenn diese vorbei sind, wird die Siebenhügelstadt zerstört und der furchtbare Richter sein Volk richten. Ende.«

Das »Dritte Geheimnis von Fatima ist – was auch kaum anders denkbar wäre – die Summe der ganzen katholischen Mystik«, erklärte der deutsche Mystikexperte Claus P. Clausen nach seiner Veröffentlichung. Den Optimismus der römischen Kurie hält er für verfrüht. Er erinnert an die Vision Jacintas von einer großen Hungersnot und den verzweifelt betenden Papst (siehe Seite 48 f.). Lucia verbot ihr damals, darüber zu sprechen, »weil dies zum Geheimnis gehört«. Daraus, so Clausen, »enthüllt sich … das Bild einer globalen Katastrophe, die über Hunger zum Krieg führt und in deren Verlauf ein Papst von Soldaten erschossen wird … Damit liegt die Vision in der Zukunft.« Hoffen wir, dass er Unrecht hat.

Sicher ist: Der erste Teil der Vision, der Engel mit dem Flammenschwert, dessen Funken die Welt anzuzünden drohen, kündigt ein Strafgericht an. Schwester Lucia selbst erklärte im Februar 1990 in einem Brief an die Vatikanjournalistin Aura Miguel, sie sei sicher, dass es sich bei der Botschaft von Fatima um »einen Eingriff Gottes gehandelt hat, der einen die Welt verwüstenden Krieg vermeiden wollte«. Zwei Päpste – Paul VI. in seiner Predigt von 1967, Johannes Paul II. bei seinem Besuch 1982 und im Text seiner Weltweihe von 1984 – gingen in Verbindung mit Fatima ausdrücklich auf die Gefahr eines Atomkrieges ein. Zwar versucht die Jungfrau, die Flammen zu löschen, doch offenbar bleibt der laute Ruf nach »Buße, Buße, Buße« unerhört. Das nächste Bild zeigt, dass eine Katastrophe stattgefunden hat. Man muss folgern, dass der Eingriff der Madonna zwar die vollendete Zerstörung vermieden hat, eine teilweise aber nicht. Die Menschen haben den Bußaufruf ignoriert; die Strafe wurde vollstreckt. »Wir sehen eine ungeheure Katastrophe, die die Welt in Schutt und Asche zurücklässt, Opfer aus allen gesellschaftlichen Schichten und vor allem den Heiligen Vater fordert«, deutete der Fatima-Experte Dr. Borelli Machado die Szene. Auf den ersten Blick scheint das »Dritte Geheimnis« tatsächlich vor einer Christenverfolgung während eines Atomkrieges zu warnen. Sind uns durch die Intervention Gottes, die letztendlich durch die Botschaft von Fatima bewirkte Bekehrung Russlands, diese Schrecken erspart geblieben?

Nach der Deutung von Kardinal Ratzinger haben die prophezeiten Ereignisse, wenngleich in abgeschwächter Form, in Form der Kriege und Verfolgungen des 20. Jahrhunderts längst stattgefunden. Was aber wird dann aus dem Schlussbild, der Vision einer leidenden Kirche als Wegzeichen auf der Suche der Menschen nach Gott? Offenbar will sie uns sagen, dass vom Leiden der Blutzeugen eine Kraft der Reinigung und Erneuerung kommt. Doch die Erfüllung dieser Verheißung, die der Botschaft der Jungfrau von der kommenden Friedenszeit entspricht, liegt noch in einiger Ferne.

Wir können nicht sagen, dass wir nicht gewarnt wurden. Zeichen am Himmel und auf der Erde, Wunder und Erscheinungen, Botschaften der Liebe und Verzweiflung sprechen zu uns seit anderthalb Jahrhunderten. Im Zentrum des Geschehens, einmalig in ihrer Einfachheit und Größe, Tiefe und Majestät, die Ereignisse von Fatima. Ein mütterlicher Ruf nach Gebet und Umkehr, und doch viel mehr – eine profunde Analyse unserer Zeit, gleichermaßen politisch und religiös, historisch und prophetisch. Und alles kam, wie es vorhergesagt wurde. Der Aufstieg des Kommunismus war unvorhersehbar für drei einfache Hirtenkinder, sein plötzlicher Fall innerhalb von sieben Jahren überraschte uns alle. Es ist erstaunlich, wie präzise, bis in kleinste Details, das »Zweite Geheimnis« Ereignisse des 20. Jahrhunderts voraussagte. Ein geradezu unheimlicher Zusammenhang scheint zwischen den Fatima-Ereignissen und dem Verlauf der jüngeren Geschichte zu bestehen. Die beiden wichtigsten Wendemomente dieser Zeit, die Wende im Zweiten Weltkrieg und Gorbatschows »Perestroika«, folgten unmittelbar auf den von der Erscheinung geforderten Akt der Weihe Russlands und der Welt 1942 durch Papst Pius XII. und 1984 durch Johannes Paul II. Auch in anderen Fällen fanden »himmlische Eingriffe« und »mütterliche Warnungen« in entscheidenden Phasen der Geschichte statt: Bei der Conquista Mexikos ebenso wie im Jahrhundert der bürgerlichen Revolutionen, zur Machtergreifung Hitlers wie bei der Öffnung Russlands. Doch kein Jahr hat die Geschichte des 20. Jahrhunderts so nachhaltig beeinflusst wie 1917. Ausgerechnet in diesem Jahr, in dem die Kommunisten in Russland die Macht ergriffen, erschien die Madonna in Fatima. Marienerscheinungen als Kurskorrektur: »Unsere Liebe Frau von der Gegenrevolution« warnte vor einem Irrweg, der Millionen von Menschen das Leben kostete, der für zwei Generationen die Sklaverei unter einem unmenschlichen Regime bedeutete. Dies allein beweist, dass Prophetie eine Realität ist. Eine übernatürliche Macht interessiert sich für das Schicksal der Menschheit, warnt und greift direkt in die Geschichte ein. Sie scheint einem Plan zu folgen, den der Papst »Vorsehung« nennt. Doch trotzdem gibt es kein unabwendbares Schicksal, hat der Mensch einen freien Willen, das Recht, Entscheidungen zu fällen über den Kurs seiner Zukunft. Es gibt die Möglichkeit, den Ablauf des Geschehens zu verändern – durch Veränderungen an der Ursache-Wirkung-Kette, durch Gebet und Umkehr, durch Zeremonien, die eine entsprechend starke Gegenenergie aufbauen wie die Weihe der Welt. Diese Tatsachen allein, die die Ereignisse um Fatima so eindeutig beweisen, stellen die materialistische Geschichtstheorie in Frage. Sie müssen in das Weltbild des 3. Jahrtausends einfließen. »Die Madonna, die in Fatima erschienen ist, ruft uns diese vergessenen Werte ins Gedächtnis«, resümierte Erzbischof Bertone seine Erkenntnis aus dem Fatima-Geheimnis, »Das Wirken Gottes, des Herrn der Geschichte, und die Mitverantwortung des Menschen in seiner dramatischen und fruchtbaren Freiheit sind die beiden Stützen, auf denen die Geschichte der Menschheit gebaut ist.«

Fatima ist ein Symbol, ein Zeichen und eine Hoffnung. Zu Beginn eines neuen Jahrtausends, des Dritten seit der Geburt Christi, halten wir inne und fragen: Was jetzt? Noch einmal: Es ist an uns, was die Zukunft bringt. Wir bleiben verschont, wenn wir dem Aufruf des Engels aus dem »Dritte Geheimnis« folgen, und vielleicht erfüllt sich tatsächlich das Versprechen der Madonna, dass »der Welt eine Zeit des Friedens geschenkt« wird. Aus dem Leiden der Glaubenszeugen, der ganzen Menschheit im 20. Jahrhundert, kann eine reinigende, erneuernde Kraft erstehen. Die Häufigkeit der Warnungen in unserer Zeit ist ein klares Indiz dafür, wie groß die Gefahr ist, die uns droht. Doch sie lassen uns auch wissen, dass wir nicht alleine sind.

Nicht nur einmal hat Fatima Geschichte gemacht durch jene, die die Botschaft vernahmen und ihren Teil dazu beitrugen, sie zu erfüllen. Sie ist der Schlüssel zum Verständnis dessen, wofür Johannes Paul II. steht und was er erreichte. Er veränderte die Welt, machte Geschichte wie kein anderer Papst der Neuzeit. Doch auch er ist nur ein Instrument. Eine andere Kraft, jenseits von Erde, Natur und Realität, lenkt seine Hände. Eines kam zum anderen, Ereignisse der Geschichte fügten sich wie ein Zahnrad ineinander. Wir werden beobachtet, meist aus der Ferne. Doch manchmal, nicht so selten wie wir denken, wenn die Not am größten ist, wenn dunkle Wolken am Himmel erscheinen und Gefahr dämmert, findet ein Eingriff statt. Es war kein Zufall, dass dies im Jahre 1917 geschah, in einem Jahr, das schicksalsschwerer in seinen tragischen Konsequenzen war als jedes andere in diesem dunklen Jahrhundert. Es war Teil eines Planes, einer Notstandsmaßnahme für die ganze Menschheit, die kurz davor war, den Weg in die Selbstzerstörung einzuschlagen, ein Hilfsangebot, das wir nur anzunehmen brauchen. Dieser Plan, der uns jetzt zu Beginn des dritten Jahrtausend enthüllt wurde, ist das wahre Geheimnis von Fatima.

Intermezzo

Morgendämmerung

Es war früh am Morgen, als am 6. Oktober des Jahres 2000 ein ziemlich ungewöhnlicher Passagier auf dem Flughafen von Lissabon zur Maschine nach Rom getragen wurde.

Zum zweiten Mal sollte die Madonna von Fatima in die Ewige Stadt gebracht werden, wieder auf den ausdrücklichen Wunsch von Papst Johannes Paul II. hin und wieder zu einem sehr speziellen Anlass. Noch einmal wollte das geistliche Oberhaupt von einer Milliarde Katholiken der Jungfrau die Welt weihen, diesmal nicht nur in der geistigen, sondern auch der physischen Gegenwart der Bischöfe der Weltkirche. Denn ausgerechnet an diesem Wochenende fand in Rom die »Heiligjahrfeier der Bischöfe« statt, eigentlich nur ein weiteres der nach Berufsgruppen geordneten Ereignisse, die das ganze Jahr des »Großen Jubiläums« über stattfanden. Doch diesmal drückte die Madonna dem Gebetstreffen ihr ganz besonderes Siegel auf. Durch sie sollte es zum marianischen Höhepunkt des Jubeljahres werden, zur letzte Station eines dreistufigen Weges nach der Seligsprechung der Hirtenkinder in Fatima und der spektakulären Veröffentlichung des »Dritten Geheimnisses«. Deutlicher als je zuvor wurde damit, wie sehr das Große Jubiläum 2000, der Höhepunkt des Pontifikats von Johannes Paul II., im Zeichen von Fatima stand.

Als das Flugzeug kurz nach 10.00 Uhr früh auf dem römischen Flughafen Ciampino landete, wartete schon eine ranghohe Delegation des Vatikans auf das Gnadenbild. Ihre Ankunft war von Kardinal Angelo Sodano, dem »Außenminister« des Vatikans, wie ein Staatsbesuch geplant worden. Die Statue wurde feierlich in Empfang genommen, in einer kleinen Prozession über das Rollfeld zu einer Limousine gebracht. Unter Polizeischutz ging es weiter in den Vatikan. Im Damasushof begrüßten sie der Präfekt des päpstlichen Hauses, Erzbischof James Harvey, und der Zeremonienmeister des Papstes, Erzbischof Piero Marini. Während ihre Begleiter, der Bischof von Leiria-Fatima und der Rektor des Heiligtums, ihre Quartiere bezogen, trugen »Sanpietrini« die Madonna, begleitet von einer Ehreneskorte der Schweizergarde, in die Privatkapelle des Papstes. Dort fiel Johannes Paul II. vor ihr auf die Knie.

Eine ganze Stunde verbrachte der von Alter und Krankheit gebeugte Pontifex abends noch einmal, in tiefes Gebet versunken, vor dem Gnadenbild. Dann ging auch er, sichtlich erschöpft, zu Bett. Als die Nacht vorüber war, als der Papst seinen Pflichten als Gastgeber des Heiligen Jahres nachkommen musste, wurde die Madonna dem gläubigen Volk präsentiert. Fünf Stunden lang, von 9.00 bis 14.00 Uhr, wurde sie vor dem Hochaltar des Petersdomes, unter dem sich das Grab des heiligen Petrus befindet, aufgestellt. Sofort bildeten sich lange Schlangen von Betenden, die stundenlang darauf warteten, der Statue ihre Referenz zu erweisen. Aufmerksamen Besuchern fiel auf, dass sie an einer Kette den Ring trug, den Johannes Paul II. ihr fünf Monate zuvor in Fatima anvertraut hatte. Mit ihm hatte er ihr symbolisch sein ganzes Pontifikat zu Füßen gelegt.

Am Nachmittag, kurz nach 17.00 Uhr, begannen die Feierlichkeiten zum »Fest der Rosenkranzkönigin«. In einer Prozession wurde das Gnadenbild auf den Petersplatz getragen, auf dem sich weit über 100.000 Gläubige versammelt hatten, um mit dem Papst den Rosenkranz zu beten. Es war, als sei die ganze Welt zu diesem Gebet angetreten. Oben auf der päpstlichen Tribüne standen die 1.500 Bischöfe, die eigens nach Rom gekommen waren – es war ein Drittel des Welt-Episkopats. Unten auf dem Platz warteten Heiligjahrpilger aus allen fünf Kontinenten. Die Organisatoren der Zeremonie waren sichtlich bemüht, diese Universalität zu unterstreichen. Ein Kardinal, ein Bischof, ein Laie und eine Familie aus Ozeanien, Asien, Amerika und Afrika beteten die ersten vier Geheimnisse des Rosenkranzes. Für das fünfte Geheimnis wurde gar eine Satellitenschaltung bemüht. Sie verband Rom mit Coimbra, wo Schwester Lucia persönlich mit ihren Ordensschwestern vom Karmel das fünfte Geheimnis betete. Als sei die »Fatima-Präsenz« an diesem lauen Oktoberabend in Rom noch nicht spürbar genug, folgte noch eine folkloristische Einlage. Drei portugiesische Hirtenkinder, verkleidet als Jacinta, Lucia und Francisco, brachten der Statue der Gottesmutter Blumen dar. Als dann noch das Gnadenbild im Schein von hunderttausend Fackeln, begleitet von dem anheimelnden »Ave-Maria«-Gesang, der Hymne des Wallfahrtsortes, über den Petersplatz getragen wurde, fühlte man sich tatsächlich in die Cova da Iria versetzt.

Der Papst ließ keinen Zweifel daran, wie wichtig ihm dieser Aspekt war. So betonte er in seiner Ansprache zum Abschluss des Rosenkranzgebetes, wie hilfreich ihm die Aussagen der Botschaft von Fatima »für unsere Überlegungen zur Geschichte des 20. Jahrhunderts« erschienen. Dabei, so betonte er, sei das gemeinsame Rosenkranzgebet nur der Auftakt. Das eigentliche Ereignis, das wie kaum ein anderes im Heiligen Jahr 2000 die Handschrift Johannes Pauls II. trug, kündigte er für den nächsten Tag an. Dann, so erklärte er mit fester Stimme, würde er »im Vertrauen auf ihre mütterliche Fürsorge … unseren Weiheakt an das Unbefleckte Herz Mariens in kollegialem Geiste vollziehen«. Das war, so das »Zentralkomitee für das Große Jubeljahr« offiziell, das »marianische Siegel des gesamten Heiligen Jahres«. Radio Vatikan sprach sogar vom »Zenit des Jubiläums«. Der Papst wollte die Welt, die Menschheit, das gesamte dritte Jahrtausend, der Gottesmutter von Fatima weihen.

Als der nächste Morgen dämmerte, strömten die ersten Pilger über die für den Autoverkehr gesperrte Via della Conciliazione auf den Petersplatz. Die noch am Vortag gehegte Befürchtung, es könnte regnen, erwies sich glücklicherweise als falsch. Nur hin und wieder verdeckten einzelne Wolken die sonst strahlende Morgensonne am stahlblauen römischen Himmel.

Als gegen 9.00 Uhr, eine Stunde vor dem offiziellen Beginn des Pontifikalhochamtes, jeder der 150.000 Gläubigen einen Platz gefunden hatte, begann der feierliche Einzug der 1.500 Bischöfe, die rechts und links von der Papsttribüne Platz nahmen. Seit dem Zweiten Vatikanischen Konzil hatte Rom nicht mehr so viele Bischöfe gesehen. Zusammen bildeten sie ein Meer von Mitren, ein Gesicht der Weltkirche, vertreten durch ihre Hirten, die jetzt darauf wartete, sich dem Schutzmantel der »Mutter der Kirche« anzuvertrauen, sich unter den Stern Mariens zu stellen.

Dann wurde die Madonna selbst herausgetragen, begrüßt von tosendem Applaus, um Platz zu nehmen unter dem Kreuz ihres Sohnes auf der rechten Seite des Papstaltares. Als Letzter schließlich verließ Papst Johannes Paul II. die Basilika, um, sichtlich bewegt und vom Beifall der Massen begrüßt, sich langsam dem Altar zu nähern, ihn zu küssen und auf seinem Stuhl Platz zu nehmen. Wie er später in seiner Predigt erklärte, fühlte er sich an diesem Morgen für einen Augenblick in den Abendmahlssaal beim Pfingstfest des Jahres 30 versetzt, als sich die Jünger um die Mutter Jesu versammelten, um den von ihm ausgesandten Heiligen Geist zu empfangen. Und er betete, dass sich »dieses Wunder der göttlichen Gnade« auch in unserer Zeit wiederholen würde.

Dann, kurz vor 12.00 Uhr, nach Abschluss der feierlichen Papstmesse, als der letzte der vielhundert konzelebrierenden Priester von der Kommunionausteilung zurückgekehrt war, herrschte für Minuten tiefes Schweigen. Der lang erwartete Augenblick war gekommen. Langsam erhob sich der Papst von seinem Thron, um, begleitet von seinem treuen Sekretär Erzbischof Stanislaus Dziwisz, schweren Schrittes zu dem Marienbild zu schreiten, sich vor ihm auf einer hölzernen Kniebank niederzulassen. Nach einem leisen Räuspern begann er, mit fester Stimme die von ihm selbst verfasste Weiheformel zu rezitieren, deren Text ihm von Msgr. Dziwisz gereicht wurde. Damit jeder der Bischöfe und Gläubigen sie für sich wiederholen konnte, war sie bereits im offiziellen Messbuch der Feier, in sieben Weltsprachen – Italienisch, Englisch, Französisch, Spanisch, Deutsch, Portugiesisch und Polnisch – übersetzt, veröffentlicht worden.

»1. ›Frau, siehe, dein Sohn!‹ (Joh. 19, 26)
Das Heilige Jahr geht dem Ende zu.
Du, Mutter, hast uns während dieses Jubiläums Jesus gezeigt,
die gebenedeite Frucht deines reinen Leibes,
das Wort, das Fleisch geworden ist, den Erlöser der Welt.
Sein Wort, das uns auf dich hinweist und
dich zu unserer Mutter macht, klingt wohl in unseren Ohren:
›Frau, siehe, dein Sohn!‹
Indem er dir den Apostel Johannes und mit ihm
die Söhne und Töchter der Kirche, ja alle Menschen anvertraute,
verringerte Christus seine ausschließliche Rolle
als Erlöser der Welt nicht, sondern bekräftigte sie.
Du bist der Glanz, der das Licht Christi nicht mindert,
denn du lebst in ihm und durch ihn.
Dein ganzes Sein ist Zustimmung: ›fiat.‹ Du bist die Unbefleckte,
du bist die Fülle und der Widerschein der Gnade.
Sie da, deine Söhne und Töchter, die beim Anbruch
des neuen Jahrtausends hier um dich versammelt sind.
Durch die Stimme des Nachfolgers Petri,
im Verein mit den Stimmen der Bischöfe,
die aus allen Teilen der Welt zusammengekommen sind,
sucht die Kirche heute bei dir Zuflucht.
Sie stellt sich unter deinen mütterlichen Schutz.

Sie bittet vertrauensvoll um deine Fürsprache
angesichts der Herausforderungen der Zukunft.

2. In diesem Gnadenjahr erlebten
und erleben noch viele Menschen
die überströmende Freude des Erbarmens,
das der Vater uns in Christus geschenkt hat.
In den Teilkirchen, die über die ganze Erde verstreut sind,
und mehr noch hier, im Zentrum der Christenheit,
haben Menschen aller Klassen
dieses Geschenk in Empfang genommen.
Hier glühten die Jugendlichen vor Begeisterung.
Hier beteten und flehten die Kranken.
Hierher kamen Priester und Ordensleute,
Künstler und Journalisten,
Menschen aus der Welt der Arbeit,
der Technik und Wissenschaft,
Kinder und Erwachsene.
Alle erkannten in deinem geliebten Sohn
das Wort Gottes, das in deinem Schoß Fleisch geworden ist.
Erflehe, o Mutter, durch deine Fürsprache,
dass die Früchte dieses Jahres nicht verloren gehen
und dass die Samenkörner der Gnade
sich bis zum Vollmaß der Heiligkeit entwickeln,
zu der wir alle berufen sind.

3. Wir wollen dir heute die Zukunft anvertrauen, die vor uns liegt.
Wir bitten dich, uns auf unserem Weg zu begleiten.
Wir Männer und Frauen leben in einer außergewöhnlichen Zeit,
die zugleich verheißungsvoll und schwierig ist.
Die Menschheit besitzt heute nie da gewesene Mittel zur Macht:
Sie ist imstande, diese Welt zu einem blühenden Garten zu machen
oder sie völlig zu zerstören.
Die Menschheit hat die außergewöhnliche Fähigkeit erlangt,
sogar in die Anfänge des Lebens einzugreifen,
Sie kann dies zum Wohl aller im Rahmen
des Moralgesetzes nutzen
oder dem kurzsichtigen Hochmut einer
Wissenschaft nachgeben,

die keine Grenzen anerkennt und
sogar die gebührende Achtung vor jedem
Menschenleben verweigert,
Die Menschheit steht heute
an einem Scheideweg wie nie zuvor.
Die Rettung, o heiligste Jungfrau,
ist wiederum dein Sohn Jesus allein.

4. Deshalb wollen wir dich, Mutter, wie der Apostel Johannes
bei uns aufnehmen (vgl. Joh. 19, 27),
um von dir zu lernen, deinem Sohn ähnlich zu werden.
»Frau, siehe deine Söhne und Töchter!«
Wir stehen hier vor dir
und wollen uns selbst, die Kirche und die ganze Welt
deinem mütterlichen Schutz anvertrauen.
Bitte deinen Sohn für uns,
dass er uns den Heiligen Geist in Fülle schenke,
den Geist der Wahrheit, aus dem das Leben hervorgeht.
Empfange ihn für uns und mit uns
wie in der Urgemeinde von Jerusalem,
die sich am Pfingsttag um dich geschart hat
(vgl. Apg. 1, 14).
Der Geist Gottes öffne die Herzen für die Liebe und Gerechtigkeit,
Er wecke in den Personen und Nationen gegenseitiges Verständnis
und den festen Willen zum Frieden.
Wir vertrauen dir alle Menschen an, zuerst die schutzlosesten:
die Kinder, die noch nicht zur Welt gekommen sind,
und die Kinder, die in Armut und Leid geboren werden;
die Jugendlichen, die auf der Suche nach einem Lebensziel sind;
die Menschen ohne Arbeit
und diejenigen, die Hunger und Krankheit erleiden.
Wir vertrauen dir die zerrütteten Familien an,
die Alten, denen niemand beisteht,
und alle, die verlassen und ohne Hoffnung sind.

5. Mutter, du kennst die Leiden und
Hoffnungen der Kirche und der Welt.
Steh deinen Söhnen und Töchtern in den Prüfungen bei,
die der Lebensalltag für jeden bereithält.

Gib, dass dank des gemeinsamen Bemühens aller
die Finsternis nicht über das Licht siegt.
Dir, Morgenröte der Erlösung, vertrauen wir
unseren Weg in das neue Jahrtausend an,
damit alle Menschen unter deiner Führung Christus finden,
das Licht der Welt und den einzigen Erlöser,
der herrscht mit dem Vater und dem Heiligen Geist
in Ewigkeit. Amen.«

Wieder folgten Minuten der Stille, bevor Johannes Paul II. den Gläubigen den päpstlichen Segen erteilte. Dann verließ er, gefolgt von den fünfzehnhundert Bischöfen, unter dem Applaus und den »Viva la Papa«- und »Stolat«-Rufen der Massen, den Petersplatz. Die meisten Gläubigen aber blieben, warteten geduldig, lange nachdem die Madonna von Fatima zurück in den Petersdom getragen worden war, um ihr, zumindest für einen Augenblick, noch einmal ganz persönlich zu begegnen.

Am Abend desselben Tages versammelten sich wieder Zehntausende Pilger rund um den vatikanischen Obelisken. Der Papst hatte angekündigt, dass er dieses Mal beim Abendgebet, einer festen Einrichtung während des Heiligen Jahres, persönlich anwesend sein würde. Wieder stand die Madonna von Fatima im Zentrum des Geschehens, wurde ihre Statue in einer feierlichen Lichterprozession, begleitet von »Ave«-Gesängen, durch die Menschenmenge getragen. Ihre letzte Nacht in Rom verbrachte sie vor den farbenprächtigen Glasfenstern der Privatkapelle des Papstes, der in den frühen Morgenstunden noch einmal das stille Zwiegespräch mit der Gottesmutter suchte.

Morgens verabschiedete Kardinalstaatssekretär Sodano die Madonna im vatikanischen Damasushof mit einer kleinen Zeremonie und Ansprache. Mehrere hundert portugiesische Pilger waren anwesend. Anschließend wurde die Statue unter dem Schutz einer Polizeieskorte zum Flughafen gebracht, von wo aus sie in einer Privatmaschine nach Portugal geflogen wurde. Noch am Abend des selben Tages kehrte sie wieder in ihren Schrein vor der Gnadenkapelle von Fatima zurück, pünktlich zur Ankunft der ersten Pilger, die am 13. Oktober den 83. Jahrestag des Sonnenwunders feiern wollten.

Der Papst hatte deutlich gemacht, dass die Botschaft von Fatima auch in der Zeit nach dem Heiligen Jahr, nach der Veröffentlichung des »Dritten

Geheimnisses«, nichts an ihrer Aktualität verloren hat. Sie hat uns den Weg durch das sturmumkämpfte 20. Jahrhundert gewiesen, hin zu einem Neuanfang, den wir nur unter ihrem Schutz wagen können. Noch ist die Gefahr nicht gebannt, noch drohen jene Schrecken, vor denen sie uns gewarnt hat. Doch am Ende, an der Morgendämmerung einer neuen Welt, steht ihre Verheißung. Wenn sich die Menschheit ihrem unbefleckten Herzen weiht, wenn sie mit ihr einstimmt in das »fiat« und Gott wirken lässt, dann wird ihr eine Zeit des Friedens geschenkt werden. Mit dieser Gewissheit im Herzen geht auch Johannes Paul II., der Papst aus Polen, der zum Botschafter der Madonna von Fatima wurde, in die letzte Phase seines Pontifikats. Das Vertrauen auf ihr Versprechen lässt ihn trotz aller Widrigkeiten zuversichtlich in die ungewisse Zukunft blicken. Und es gibt ihm die Kraft, alles Menschenmögliche zu tun, um auch ihren letzten Wunsch zu erfüllen.

Kapitel 13

Der Weg nach Moskau

Mit den ersten Tagen des dritten Jahrtausends endete das »Große Jubiläum« der Kirche. Bis weit nach Mitternacht standen Zehntausende in der Nacht des 5. Januars 2001 geduldig in der scheinbar endlosen Schlange auf dem Petersplatz, um noch einmal die »Heilige Pforte« der vatikanischen Basilika zu durchschreiten, das Symbol für das Gnadentor Gottes. Dann, am Morgen des 6. Januars, in einem feierlichen Hochamt vor über 100.000 Pilgern, schloss Papst Johannes Paul II. die mächtige Bronzetür. Erst am Weihnachtsfest des Jahres 2024, zum nächsten »Heiligen Jahr«, soll sie wieder geöffnet werden.

Damit hatte der 80-jährige Papst die wichtigste Etappe seines Lebensplanes erreicht. Er hatte, wie von Kardinal Wyszynski prophezeit, die Kirche in das dritte Jahrtausend geführt. Trotzdem deutete nichts darauf hin, dass die Welt dem Friedensreich Gottes auch nur einen Schritt näher gekommen war. Bereits im September 2000, mitten im »Heiligen Jahr«, war es in Israel zu neuen Unruhen zwischen Juden und Palästinensern gekommen. Die große Feier des 2000. Geburtstags Jesu Christi, die in Bethlehem zum Weihnachtsfest geplant war, musste ausfallen. Hotels, die für den erhofften Ansturm der Pilger erbaut worden waren, waren im Kugelhagel zwischen den Lagern verwüstet worden. Nur ganz wenige Touristen wagten sich überhaupt in das Krisengebiet. Die Verheißung der Engel vom »Frieden auf Erden« schien in weitere Ferne gerückt als je zuvor.

Immer schmerzlicher wurde dem greisen Papst bewusst, dass sich der letzte Teil der Prophezeiung von Fatima eben noch nicht erfüllt hatte: Der Schlüssel zum Weltfrieden lag also in der Bekehrung Russlands. Doch wie war diese zu verstehen? Seit Jahrzehnten diskutierten Fatima-Experten und Exegeten diese Frage: War eine Bekehrung des einstigen kommunistischen Riesenreiches zum Christentum gemeint? Oder ging es um die Konvertierung der Orthodoxie zum Katholizismus? Immer fester wuchs in Johannes Paul II. die Überzeugung, dass die Antwort eine ganz andere war. Die Voraussetzung zu einem Wiedererstarken des Christentums in einem Europa, das gerade dabei war, seine Wurzeln zugunsten des westlichen Materialismus und Hedonismus zu verleumden, konnte nur eine Aussöhnung der Kirchen des Westens und Ostens sein. Wer konnte diese Aufgabe besser bewältigen als der polnische Papst, der aus dem Grenzgebiet zwischen Orthodoxie und Katholizismus stammt? Hatte nicht eine uralte Prophezeiung davon gesprochen, dass eines Tages ein »slawischer Papst« die Christenheit vereinen und die Kirche erneuern würde? So wurde der Dialog mit den Ostkirchen zur erklärten Altersaufgabe des Papstes. Sein Lebenstraum, sein letztes großes Ziel ist ein Besuch in Moskau, der in einem gemeinsamen Bekenntnis zur Gottesmutter gipfeln soll. Dann, so ist er überzeugt, würde sich das Weitere mit Gottes und Mariens Hilfe ganz von selbst ergeben. Er könnte sich in der Gewissheit, die richtigen Weichen gelegt zu haben, langsam von der Weltbühne zurückziehen.

Der Papst weiß, dass ihm dazu nicht mehr viel Zeit bleibt. Die biologische Zeituhr tickt, und in den letzten Monaten wurde sie langsam lauter. Immer schneller ermüdet der von einem geradezu übermenschlichen Arbeitspensum ausgelaugte Körper des seit Mai 2001 81-Jährigen, immer schwerer fällt es ihm, seinen von Alter und Schmerz gekrümmten Körper fortzubewegen. Unübersehbar sind die Folgen des Attentats von 1981, eines Oberschenkelhalsbruches und der Parkinson-Krankheit geworden. Aus dem einst kraftvolle Gang des sportlichen Polen ist ein unsicheres Schlurfen geworden, immer häufiger wankt, ja stolpert er, muss er gestützt werden. Um ihm den über 150 Meter langen Weg zum Hochaltar des Petersdomes zu ersparen, schieben Sanpietrini den Papst schon mal auf einem Podest durch die Basilika. Den traditionellen Kreuzweg am Karfreitag ging er 2001 nicht mehr mit, sondern verfolgte ihn kniend von der vorletzten Station, dem symbolischen Kalvarienberg, aus. Johannes Paul II., dessen klarer, wacher Geist in krassem Widerspruch zur zunehmenden Fragilität seines Körpers steht, nimmt solche Kompromisse nur widerwillig an. Zu gut weiß er, dass die unbarmherzigen Kameras der Weltpresse auf ihn gerichtet sind, dass zynische Reporter nur allzu gerne aus physischer Schwäche eine Führungsschwäche werden lassen. Natürlich weiß jeder Insider, wie unsinnig sensationsheischende Spekulationen über den »baldigen Rücktritt des Papstes« sind. Doch in einer Zeit, in der auch Politiker bewusst jugendliche Dynamik zur Schau stellen, ist es von den Bildern eines alternden Papstes bis zur Polemik über eine »überalterte Institution« kein weiter Weg mehr.

Dabei ist Johannes Paul II. nach wie vor immer wieder für eine Überraschung gut. Den Karfreitagskreuzweg beendete er mit einer feurigen Stegreifpredigt; das vorbereitete Redemanuskript hatte er bewusst beiseite gelegt. Als er auf der vorletzten Station dann selbst das Kreuz entgegennahm, um es mit unsicheren Schritten zur letzten Station zu tragen, lief vielen der 20.000 versammelten Pilger ein andächtiger Schauer über den Rücken. »Ecce homo – Seht diesen Menschen!«, rief einer von ihnen spontan aus: Der Papst war selbst zum »Schmerzensmann« geworden, zum authentischen Symbol für den leidenden, gemarterten Christus. Der erste Karfreitag des dritten Jahrtausends erhielt den bewegenden Charakter eines mystischen Dramas.

Die eigentliche Überraschung aber war, als Vatikansprecher Joaquin Navarro-Valls den Reiseplan des Papstes für das Jahr 2001 bekannt gab. Nicht etwa, dass er kürzer trat, im Gegenteil. Gleich dreimal zog es ihn in den Osten, immer wieder suchte er den Dialog mit der Orthodoxie. Nach Griechenland und Syrien wollte er im Mai, in die Ukraine im Juni, nach Armenien und Kasachstan im September. Nach jeder Reise mussten selbst seine Kritiker dem polnischen Papst ihren Respekt aussprechen. Er hatte wieder einmal Geschichte geschrieben.

Der Papst weiß, dass ihm der direkte Weg nach Moskau von seinem vielleicht mächtigsten Kontrahenten, dem russisch-orthodoxen Patriarchen Alexeij II., verwehrt wird. Selbst Präsident Putin wagte es nicht bei seinem Besuch im Vatikan, Johannes Paul II. einzuladen, weil der Patriarch dies nicht wollte. Die Begründung ist immer dieselbe: Ein Treffen der Kirchenführer könne erst stattfinden, wenn interne Probleme zwischen den Konfessionen vorher aus dem Weg geräumt würden. Gemeint ist speziell die Situation in der westlichen Ukraine, wo es fünf Millionen »unierte« Christen gibt: Katholiken, die nach dem östlichen Ritus die Messe zelebrieren, aber den Papst als ihr Oberhaupt anerkennen. Ihre Kirche wurde 1946 von Stalin verboten, ihr Besitz der russisch-orthodoxen Kirche überantwortet worden. Als der Bann 1991 aufgehoben wurde, forderten sie ihr einstiges Eigentum zurück, verstärkten ihre Missionsaktivitäten – sehr zum Unwillen des Moskauer Patriarchen. Der besteht darauf, dass die Ukraine und ganz Russland traditionell orthodoxes Gebiet seien; ihre Rechristianisierung solle Rom doch bitte ihm überlassen. Erst wenn von dort ein Machtwort käme, das die Aktivitäten der Unierten unterbindet, sei ein Treffen mit Johannes Paul II. »nicht ausgeschlossen«. Das aber hieße für den Papst, seine treuesten Anhänger im Stich zu lassen.

Doch Papst Johannes Paul II. ist Stratege. Kannst Du einen Gegner nicht direkt schlagen, so lautet eine alte Kriegsregel, dann umzingle und isoliere ihn. So besuchte er 1999 als erstes orthodoxes Land Rumänien, dann Georgien, eine frühere Sowjetrepublik. Im September 2001 folgen dann das Nachbarland Armenien, das den 1.700. Jahrestag seiner Christianisierung feiert, und Kasachstan. Immer enger zieht er seine Kreise um Russland, und es scheint, als folge er dabei dem Beispiel des Heerführers Josuas aus dem Alten Testament. Der zog so lange im Kreis um die mächtigen Mauern von Jericho, bis sie schließlich fielen. Die beiden wichtigsten Stationen auf dem Weg nach Moskau aber waren Griechenland und die Ukraine. Griechenland ist das Mutterland der Orthodoxie, während am Dnjepr im Jahre 988 mit der Taufe von Fürst Vladimir die Christianisierung Russlands ihren Anfang nahm. In beiden Ländern, so hoffte der Papst, konnte er die Dispute auf seine ganz persönliche Weise lösen.

Am 4. Mai 2001 gegen 11.50 Uhr Ortszeit setzte der Sonderflug AZ 4722 der Alitalia auf dem Rollfeld des Athener Flughafens auf. Der Papst war auf seine vielleicht schwierigste Pilgerreise gegangen. Die Stimmung in Athen war eisig. Nur wenige Schaulustige säumten die Straßen in die Innenstadt, über 5000 Polizisten mussten aufgeboten werden, um für die Sicherheit des Oberhauptes der katholischen Kirche zu sorgen. Es war wie ein Besuch in Feindesland. Noch am Abend zuvor hatten Hunderte Orthodoxer mit Slogans wie »Papst, geh nach Hause« und »Wojtyla ist der Antichrist« gegen den Papstbesuch protestiert. Sogar eine Bombe war in der Athener Innenstadt explodiert. Demonstrativ war der orthodoxe Primas von Griechenland, Erzbischof Christodoulos, auch dem Empfang des Papstes am Flughafen ferngeblieben. Der Besucher aus Rom habe sich schon zu ihm zu begeben, ließ er vorab verlautbaren: »Die Wunden von einst liegen noch immer offen.«

»Die Wunden von einst« – damit war in erster Linie das Große Schisma gemeint, die Kirchenspaltung von 1054, als sich der Papst und der Patriarch von Konstantinopel gegenseitig exkommunizierten. Formal ging es dabei nur um Bagatellen – etwa die theologische Definition, ob der Heilige Geist nur von Gottvater oder von Vater und Sohn (filioque) ausgesandt wird oder die Frage, ob man bei der Eucharistie gesäuertes oder ungesäuertes Brot verwendet. Doch de facto war es damals längst zu einer unüberbrückbaren Entfremdung zwischen der griechischen und der lateinischen Welt gekommen. Schon die Krönung Karls des Großen zum römischen Kaiser durch den Papst (beim Weihnachtsfest des Jahres 800) war für den Kaiser des »Neuen Roms« Konstantinopel eine Anmaßung und Provokation gewesen. Als die Päpste, schon um sich aus der Vorherrschaft der deutschen Kaiser zu befreien, immer mehr ihren Machtanspruch auch im Osten geltend machten, stießen sie auf erbitterten Widerstand. Der Patriarch des »Neuen Roms« hielt sich für ebenbürtig und ließ sich von seinem Amtsbruder aus der alten Kaiserstadt nichts vorschreiben. Als dessen Gesandter, Kardinal Hubert von Silva Candida, die Bannbulle gegen ihn auf dem Altar der Hagia Sophia – der Kathedrale Konstantinopels – niederlegte, war dies nur der Tropfen, der das Fass zum Überlaufen brachte.

Doch die Folgen waren fatal. Im Jahre 1204 führte die Spaltung zum ersten Kreuzzug von Christen gegen Christen. Ein Heer von Franken und Venezianern, ursprünglich aufgebrochen, um Christen den Zugang zum Heiligen Land zu sichern, belagerte und stürmte die alte Kaiserstadt unter dem Vorwand, sie »aus den Händen der Häretiker zu befreien«. Geblendet vom Reichtum der Metropole, gierig auf ihr Gold und ihre berühmten Reliquien, ergoss sich eine plündernde Meute über ihre Häuser, Kirchen und Paläste. Entsetzt und angewidert erlebten die griechischen Bewohner Konstantinopels den unvergleichlichen Vandalismus der »Kreuzritter«, die sich schließlich zu ihren neuen Herren ernannten. Ganze 57 Jahre hielt das »Lateinische Kaiserreich Konstantinopel« durch. Dann war die Stadt so gründlich ausgeplündert, dass die Griechen sie leicht wieder übernehmen konnten. Doch sie war nur noch ein schwacher Abglanz ihrer selbst. Nicht einmal zwei Jahrhunderte lang konnte sich das christliche Konstantinopel noch halten, dann fiel es 1453 an die Türken, wurde in Istanbul umbenannt. Fortan waren die Christen des Ostens eine Minderheit im Islamischen Reich der Osmanen. Und mit den Jahren wuchs der Hass auf die Westkirche, die nach Ansicht der Griechen die Schuld an dem ganzen Debakel trug.

Der Papst war keine zwei Stunden in Athen, als er eben dieses Thema ansprach. Im Palast des orthodoxen Metropoliten, vor den laufenden Kameras, die den historischen Augenblick live in die Wohnungen von Millionen orthodoxen Christen übertrugen, ergriff er das Wort.

»Wir bitten den Herrn um Vergebung für all jene Sünden, die die Söhne und Töchter der katholischen Kirche in der Vergangenheit und Gegenwart durch ihre Taten und Versäumnisse gegenüber den orthodoxen Brüdern und Schwestern begangen haben«, erklärte Johannes Paul II. und kam direkt auf den Punkt: »Ich denke an die verheerende Plünderung der Kaiserstadt Konstantinopel, die lange Zeit das christliche Bollwerk des Ostens war.«

Ein spontaner Applaus des Metropoliten unterbrach die Worte des Polen. Das Eis war gebrochen. Der Papst hatte Klartext gesprochen, mit einer großen Geste die Tür zum Dialog aufgestoßen.

Vor Gott und den Griechen hatte er für die Sünden der Söhne seiner Kirche gegen ihre christlichen Mitbrüder Vergebung erfleht. Was mehr konnte er tun, wie konnte er noch deutlicher zum Ausdruck bringen, was seine Absicht war? »Die Trennung der Christenheit ist eine Sünde vor Gott und eine Schande vor der Welt. Sie behindert die Verbreitung des Evangeliums« fuhr der Papst fort, »Gemeinsam müssen wir uns für diesen Heilungsprozess einsetzen, wenn das nun entstehende Europa wirklich seiner Identität entsprechen will, die untrennbar verbunden ist mit dem christlichen Humanismus, den sich Osten und Westen miteinander teilen.« Zum Abschluss gab Christodoulos dem Mann aus Rom, den er noch nicht einmal eingeladen hatte, den Bruderkuss.

Als der Abend dämmerte, hielten beide Männer zusammen eine Andacht vor dem Areopag, jenem Hügel gegenüber der Akropolis, auf dem 1.950 Jahre zuvor der heilige Paulus zu den Athenern gesprochen hatte. Noch am Vortag hatte das Büro des Erzbischofs kategorisch ausgeschlossen, dass es »gemeinsame Gebete irgendeiner Art« geben würde. Jetzt aber gaben Johannes Paul II. und Erzbischof Christodoulos sogar eine gemeinsame Erklärung ab, in der sie sich zur europäischen Einigung, der Bewahrung der gemeinsamen christlichen Wurzeln und gegen »jegliche Form von Gewaltanwendung, Proselytismus und Fanatismus im Namen der Religion« aussprachen.

»Es war der Beginn einer neuen Ära«, erklärte Griechenlands Staatspräsident Konstantinos Stefanopoulos, »Diese Reise war noch vor zwei Monaten nur schwer denkbar. Jetzt gibt es sogar eine gemeinsame Erklärung«, jubelte Vatikansprecher Navarro-Valls. Der Papst zeige wieder einmal, dass sich »Geschichte gestalten lässt«. »Ein historischer Augenblick« und »eine spektakuläre Geste«, lautete am nächsten Tag das Urteil der griechischen Presse. »Die christliche Liebe hat gesiegt«, kommentierte die konservative Tageszeitung »Kathimerini«. »Ich bin sehr glücklich. Der Papst war sehr gut zu uns«, bestätigte der Metropolit, sein

Sprecher nannte es einen »großen Schritt«, der »Jahre des Missverständnisses heilen« könnte.

Eine Umfrage der Athener Zeitung »To Wima« vom 6. Mai ergab, dass sich jetzt 56,8% der Griechen für eine Wiedervereinigung der Kirchen aussprachen. Es schien so, als sei es dem großen alten Mann aus Rom gelungen, das Jahrtausend des Schismas zu beenden, ein neues Kapitel in der Beziehung der Kirchen aufzuschlagen.

Am nächsten Tag, der Papst war schon nach Damaskus weitergereist, bestieg Erzbischof Christodoulos die Maschine nach Moskau. Dort berichtete er Patriarch Alexeij und Präsident Putin aus erster Hand von den Ereignissen von Athen. Das Oberhaupt der russisch-orthodoxen Kirche blieb skeptisch. »Wir müssen sehen, wie sich diese Erklärung im wirklichen Leben auswirkt«, war sein einziger Kommentar. Doch er muss aufpassen, dass die Geschichte ihn nicht überrollt. »Der Papst ist kein Heiliger, aber ein Christ. Er möchte Frieden. Und er hat verstanden, dass Frieden mit Versöhnung beginnt«, schrieb die russische Tageszeitung »Iswestija« stellvertretend für immer lautere Stimmen in Russland. Eine Umfrage ergab, dass die Mehrheit der Ukrainer nichts gegen den Papstbesuch hatten, 44% ihn sogar begrüßten. »Der Papst sieht es als seine Mission, den Leib Christi wieder zu vereinigen«, kommentierte ein Insider, »wenn Patriarch Alexeij sich weiterhin weigert, ihn einzuladen, wird die Geschichte ihn als das eigentliche Hindernis an der Verwirklichung einer so großartigen Vision verurteilen.« Vergebung und brüderliche Liebe sind die Kernbotschaft des Christentums. Wenn er glaubwürdig bleiben will, darf der orthodoxe Kirchenfürst die ausgestreckte Hand des Papstes nicht länger zurückweisen.

So war auch seine Reise in die Ukraine voller Gesten der Demut und Versöhnung. »Lange habe ich auf diesen Besuch gewartet und darum gebetet, dass er stattfinden möge«, erklärte Johannes Paul II. am 23. Juni 2001 bei der Landung in Kiew. »Endlich darf ich die geliebte Erde der Ukraine küssen.« Er sei nicht gekommen, um jemanden zu bekehren, betonte er weiter, sondern um brüderlich »alle Christen zu umarmen, die während der schwersten Verfolgungen ihren Glauben bewahrt haben«. Und, an die Adresse der Orthodoxie: »Wir bitten um Vergebung für die Irrtümer, die in der fernen und nahen Vergangenheit begangen wurden.« Dann feierte er in strömendem Regen mit 30.000 Gläubigen die Messe. Es waren viel weniger, als ursprünglich erwartet wurde. Doch um Zahlen ging es dem Pilger aus Rom nicht, sondern darum, ein Zeichen zu setzen: »Kiew liegt auf halbem Weg nach Moskau«, lautet ein in diesen Tagen gerne zitiertes Bonmot. Von hier aus wurde einst ganz Russland christianisiert. Während sich Patriarch Alexeij entschieden gegen den Besuch stellte – er verbot seinem Metropolitanbischof Wolodymir sogar ein Treffen mit dem Papst –, plädierte Johannes Paul II. für die Einheit und erinnerte an die Zeiten der Verfolgung, als Christen aller Konfessionen im Untergrund zusammenarbeiteten. »Von diesem Land aus, das geheiligt ist durch das Blut der Märtyrer, das seine Erde tränkte, richte ich mein Gebet an den Herrn, dass alle Christen wieder eins werden«, beendete er seine Predigt auf dem Flugfeld Tschaika am Rande von Kiew, auf dem er die Messe nach griechischem Ritus feierte: »Mögen sich die Christen des dritten Jahrtausends vor der Welt mit einem Herzen und einer Seele präsentieren … Möge dies durch Maria geschehen, die Mutter aller Gläubigen, die Mutter der Einheit!«

Noch liegt dieses Ziel in weiter Ferne. Sogar von einer »Eiszeit mit den Orthodoxen« sprachen italienische Vatikanjournalisten nach dem unterkühlten Empfang in Kiew. Doch die Wirkung der Bilder, die um die Welt gingen, blieb nicht aus, wurde auch von der russischen Presse bemerkt. Hier die demütige Bitte um Verzeihung, dort »Intoleranz und Konfrontation … Russland zieht sich aus der zivilisierten Welt zurück«, beschrieb die »Moscow Times« den Kontrast der Botschaften, die an jenem Wochenende ausgesandt wurden. Der Papst weiß, wie schnell auch in Russland die Stimmung zu seinen Gunsten umschlagen kann. »Die Welt verändert sich rapide. Was gestern undenkbar erschien, ist heute schon in unserer Reichweite«, erklärte er in Kiew. Als Beispiel führte er an, wie plötzlich die Völker Osteuropas aus den Klauen des menschenverachtenden Kommunismus befreit wurden – ein epochaler Umbruch, der, wie er überzeugt ist, ohne das Einwirken Gottes undenkbar gewesen wäre. Könnte auf die Wiedervereinigung Europas die Wiedervereinigung der gespaltenen Christenheit folgen? Vielleicht müssen wir auf ein Wunder hoffen. Es wäre das »Zweite große Wunder von Fatima«.

Tatsächlich könnte plötzlich alles sehr schnell gehen, und wieder spielt die Gottesmutter dabei eine wichtige Rolle. Denn wenn er nach Moskau käme, so kündigte Johannes Paul II. bereits an, würde er ein ganz besonderes Geschenk an das russische Volk im Handgepäck haben. Er würde Russland seine Beschützerin zurückbringen – in Gestalt seiner heiligsten Ikone, die sich seit einigen Jahren im päpstlichen Appartement befindet. Um sie ist bereits zwischen Moskau, St. Petersburg und der Republik Tatarstan ein heftiger Streit entbrannt, in dessen Verlauf Alexeij II. in Zugzwang geraten könnte. Auch ihre Geschichte ist auf spezielle Weise mit dem Heiligtum von Fatima verbunden.

Im 13. Jahrhundert eroberten muslimische Tartaren große Teile Russlands, machten die Stadt Kazan an der Wolga zur Hauptstadt ihres Khanats (Fürstentums). Anfangs noch tolerant, kam es immer häufiger zu Schikanen der Moslems gegen die orthodoxen Christen in ihren Städten. Im Jahre 1552 brach Zar Iwan IV., dem schon seine Zeitgenossen den Beinamen »der Schreckliche« gaben, zum Kreuzzug gegen die Tartaren auf.

Am 1. Oktober, dem orthodoxen Festtag der Schutzmantelmadonna, eroberte er Kazan. Die »befreiten« Bewohner wurden im orthodoxen Glauben unterwiesen, Tausende christlicher Russen in Kazan angesiedelt, Kirchen und Klöster erbaut. Zum Gedenken an seinen Sieg ließ Iwan der Schreckliche der Gottesmutter zwei große Basiliken in Kazan und Moskau – die heutige Basiliuskathedrale auf dem Roten Platz – errichten. 1555 wählte die Synode der Russischen Bischöfe den ersten Bischof von Kazan.

Doch die Mehrheit der Bevölkerung hing nach wie vor dem Islam an, wehrte sich gegen die aufgezwungene Christianisierung. Es kam zum Aufstand. Ein Feuer brach aus, zerstörte die halbe Stadt. »Das ist die Strafe Gottes!«, erklärten die Moslems. Immer mehr Bewohner von Kazan schienen ihnen zu folgen. Die Zukunft der Stadt stand auf der Kippe.

In diesem entscheidenden Augenblick erschien die Gottesmutter im Traum der neunjährigen Matrona. Sie forderte das Mädchen auf, in den Trümmern eines niedergebrannten Stadtteils nach einer wundertätigen Ikone zu suchen. Und sie zeigte ihr die Stelle, an der sie das Gnadenbild finden würde. Am nächsten Morgen erzählte Matrona ihren Eltern von dem Traum. Sie glaubten ihr nicht. Zwei weitere Male erschien die Madonna dem Mädchen, drohte ihm eine schwere Strafe an, wenn es ihr nicht gehorche. Schließlich ging Matronas Mutter mit ihr zum Erzbischof Jeremias, der die Geschichte ebenfalls bezweifelte. Daraufhin machte sich Matronas Mutter zusammen mit ein paar Nachbarn selbst auf die Suche – ohne Erfolg. Erst als Matrona selbst unter der Feuerstelle eines verbrannten Hauses grub, wurde sie fündig. Die heilige Ikone »erschien vor ihr, umgeben von göttlichem Licht, die Farben so frisch, als sei sie nur Augenblicke zuvor gemalt worden«, heißt es in einem zeitgenössischen Bericht. Das war am 8. Juli 1579. Bis heute wird der Tag als »Fest des Erscheinens der Ikone der Gottesgebärerin in Kazan« von der orthodoxen Kirche gefeiert. Dabei wird allgemein angenommen, dass die Ikone bei der Invasion der Tartaren versteckt worden war.

Die Kunde von der wundersamen Entdeckung verbreitete sich wie ein Lauffeuer. Der Erzbischof kam, trug die Ikone eigenhändig in die nächste Kirche, die dem hl. Nikolaus, dem Schutzpatron Russlands, geweiht war. Später wurde sie in die Kathedrale von Kazan überführt. Vom ersten Tag an soll es zu Wundern gekommen sein. Zwei Blinde, Josef und Nikita, erhielten ihr Augenlicht zurück. Hunderte von Heilungen folgten.

Als Iwan der Schreckliche von den Ereignissen erfuhr, gab er sofort Befehl, an der Stelle des Fundes ein Frauenkloster zu errichten. Matrona und ihre Mutter wurden seine ersten Nonnen. Auch Vater Germogen, der Priester von St. Nikolaus, der Zeuge der Wunder geworden war, legte nach dem Tod seiner Frau (orthodoxe Priester dürfen heiraten) den Zölibatseid ab und wurde schließlich zum Erzbischof von Kazan, dann sogar zum Patriarchen von ganz Russland gewählt. Der neue Zar, Fyodor Iwanowitsch, ließ die Klosterkirche zur neuen Kathedrale von Kazan ausbauen, in der fortan die »Kazanskaya«-Ikone aufbewahrt werden sollte.

Anfang des 17. Jahrhunderts eroberte Polen große Teile Russlands, besetzte Moskau. Patriarch Germogen rief das russische Heer auf, sich unter den Schutz der Madonna von Kazan zu stellen. Dann geriet er in polnische Gefangenschaft und starb als Märtyrer der russisch-orthodoxen Kirche. Die Russen aber folgten seinem Aufruf. Soldaten holten die Ikone aus der Bischofsstadt und brachten sie zu den Truppen, die drei Tage lang vor ihr beteten und fasteten. Das Bild der Madonna wurde zu ihrer Standarte. Mit ihr eroberten sie Moskau zurück. Die Kazanskaya war zur Befreierin Russlands geworden!

So blieb sie in der Hauptstadt Moskau, wo ihr 1636 Fürst Pojarsky auf dem Roten Platz die »Kazanskayakathedrale« errichten ließ. Die mächtige Basilika wurde von den Bolschewisten zerstört. Erst Gorbatschow gab die Genehmigung, an ihrer Stelle eine kleine Kirche zu errichten, die am 6. November 1990 geweiht wurde. Es war das erste Mal überhaupt, dass in der Sowjetunion die Genehmigung zum Wiederaufbau einer Kirche erteilt wurde.

1712 ließ Zar Peter, der ihr den Sieg über die Schweden von 1709 zuschrieb, die Ikone in die neue Hauptstadt St. Petersburg bringen. Zuerst wurde sie in der Dreifaltigkeitskirche verehrt, dann in die Marienkathedrale überführt, bevor ihr zwischen 1801 und 1812 die neue Kazanskayakathedrale erbaut wurde. Der klassizistische Monumentalbau mit seiner Kuppel und seinen breiten, ausladenden Kolonnaden war dem Petersdom von Rom nachempfunden worden. Am Tag seiner Einweihung, dem 15. September, wurde die Ikone in einem großen Staatsakt in ihr neues Heiligtum getragen. Der Zar selbst hatte ihre Abdeckung (Oklad) mit weiteren kostbaren Edelsteinen schmücken lassen. Ein Jahr später schlug die russische Armee unter ihrem Banner das Invasionsheer Napoleons zurück. Am 25. Dezember 1812 wurden nach einer feierlichen Dankmesse der Gottesmutter von Kazan die Trophäen, Flaggen und Standarten der besiegten Franzosen anvertraut.

Fast ein Jahrhundert lang blieb die Kazanskayaikone in St. Petersburg. Dann, in der Nacht des 29. Juni 1904, drangen Diebe in die Kathedrale ein, stahlen ihre wichtigsten Schätze, darunter das Gnadenbild. Für Russland war der Verlust seiner Beschützerin mitten im Krieg gegen Japan eine nationale Katastrophe. Er sollte sich zugleich als böses Omen erweisen. Nur 13 Jahre später ergriffen ausgerechnet in St. Petersburg die Bolschewisten die Macht. Die Kathedrale der Gottesmutter wurde schließlich 1932 von Stalin in ein »Museum des Atheismus« umgewandelt, sollte zum Weltzentrum der militanten Gottlosigkeit werden.

Der weitere Weg der kostbaren Ikone ist ungewiss. Bis 1935 wurde sie offenbar in Polen versteckt, dann nach England an einen wohlhabenden Aristokraten verkauft. Dort, in einem Schloss, sah und erkannte eine russische Gräfin das Gnadenbild. Sie informierte den russisch-orthodoxen Exilbischof Leonty, damals in Paris, der sofort nach England reiste und die Echtheit der Kazanskaya bestätigte. 1953 verstarb der britische Lord. Um die Erbschaftssteuer zu bezahlen, wurde die Ikone an den exzentrischen britischen Millionär und Abenteurer F.A. Mitchell-Hedges verkauft. Nach dem Tod ihres Vaters brachte Mitchell-Hedges Tochter Anna die Ikone 1962 in die USA, stellte sie 1964/1965 auf der Weltausstellung in New York aus. Neben Michelangelos Pieta, die im Vatikanischen Pavillon gezeigt wurde, war die »Kazanskaya« die Hauptattraktion der Weltausstellung. Jede Nacht verbrachte sie im Safe des Vatikanpavillons. Danach wurde sie zur sicheren Verwahrung in das Haus des Konservators und Kunsthistorikers Frank Dorland nach San Francisco gebracht.

Ende der 1960er Jahre erfuhr Pater Karl Patzelt, SJ, vom Russisch-Katholischen Zentrum »Unsere Liebe Frau von Fatima« von der Ikone.

Der weitsichtige Jesuit realisierte sofort, welche Bedeutung die Kazanskaya im Kontext der Botschaft von Fatima haben könnte. Für ihn stand fest, dass die Schutzpatronin Russlands ihr würdiges Exil nur an einem einzigen Ort finden konnte: in Fatima, wo man seit 1917 für die Bekehrung ihrer Heimat betet!

Für einen angemessenen Preis – es ist von vier Millionen Dollar die Rede – war Mitchell-Hedges bereit, sich von der Kazanskaya zu trennen. So kontaktierte Pater Patzelt eine Gruppe amerikanischer Fatima-Freunde, die »Blaue Armee Unserer Lieben Frau von Fatima« mit Sitz in Washington, New Jersey. Ihr gehörten viele einflussreiche und wohlhabende Katholiken an, die schon im Heiligen Jahr 1950 in Fatima zwei Kirchen errichtet hatten – eine im westlichen, die andere im byzantinisch-orthodoxen Stil. Die Mitglieder der »Blauen Armee« sammelten – und hatten bald die geforderte Summe zusammen. Am 21. Juli 1970 hielt das Gnadenbild in Fatima Einzug, wurde in einer feierlichen Messe von Bischof Venancio und Bischof Katkoff, dem Apostolischen Visitator der russischen Katholiken, begrüßt. Und da die byzantinische Kapelle der »Blauen Armee« nicht die benötigte Sicherheit für einen Schatz dieses Wertes bot, lagerte das Marienbild die meiste Zeit in einem portugiesischen Banksafe.

Dann ereignete sich das Papstattentat am Fatima-Tag, folgte der Dank des Papstes an die »mütterliche Hand«, die sein Leben bewahrt hatte. Der Brasilianer José Correa, Mitglied der »Blauen Armee« und Leiter der Ostpriesterhilfe »Kirche in Not«, erkannte, wie eng Johannes Paul II. mit der Botschaft Mariens verbunden war. Er könnte der Papst sein, der die Bekehrung Russlands bewirkt. Er müsste dem russischen Volk seine Beschützerin zurückbringen. Ahnte der Brasilianer, dass er damit selbst zum Werkzeug der Vorsehung wurde, dass er dem polnischen Pontifex bei seinen Bemühungen um Russland die vielleicht wichtigste »Geheimwaffe« in die Hand gab?

Es war, als sei alles von einer höheren Macht gelenkt. Begeistert und einstimmig entschied sich der Vorstand der »Blauen Armee« für Correas Vorschlag. Als Johannes Paul II. am 13. Mai 1982 nach Fatima kam, besuchte er auch die Kazanskaya in der byzantinischen Kapelle. Kurz darauf empfing er den Leiter der »Blauen Armee« in Italien, den späteren italienischen Staatspräsidenten Luigi Scalfaro, in einer Privataudienz. Nach einer Besprechung über die Modalitäten stimmte Johannes Paul II. dem Plan zu, nahm schließlich persönlich die Ikone in Empfang.

Seitdem befindet sich die ihm anvertraute Kazanskaya in seinem Appartement in Rom.

Am Tag nach dem Besuch von Präsident Putin im Vatikan, am 6. Juni 2000, sprach Correa erstmals im Russischen Fernsehen über das Schicksal des russischen Gnadenbildes. Die Nachricht, dass die heiligste Ikone Russlands, die man in ihrer Heimat längst verschollen glaubte, aufgetaucht war, schlug wie eine Bombe ein. Millionen von Gläubigen, so berichtete später die Presse, hatten Tränen in den Augen. Die Versicherung, dass der Papst bereit sei, sie eigenhändig zurück nach Russland zu bringen, machte ihnen Hoffnung, schuf ein Klima freudiger Erwartung. Doch auch die ersten Zweifel wurden laut. Kopien der Kazanskaya gab es in Russland zu Millionen. Jedes Brautpaar erhielt sie als Haussegen zur Hochzeit geschenkt. Gute Duplikate wurden in jeder größeren russischen Kirche verehrt. Allein 16 dieser Kopien wurden vom Moskauer Patriarchat als »wundertätig« eingestuft. Wie konnte man sicher sein, dass der Papst die echte, die ursprüngliche Ikone Unserer Lieben Frau von Kazan besaß?

Amerikanische und britische Experten hatten sie im Auftrag von Frau Mitchell-Hedges und der »Blauen Armee« gründlich untersucht. Sie alle datierten die Ikone in das 13. Jahrhundert. Ihr Malstil ist nicht russisch, sondern traditionell griechisch-byzantinisch. Eine Röntgendurchleuchtung ergab, dass ihre ursprünglichen Farben erhalten geblieben sind. Wahrscheinlich entstand sie in Konstantinopel. Sie muss also schon vor der Tartareninvasion nach Kazan gelangt sein. Eine Kopie ist daher ausgeschlossen. Alle Kopien entstanden nach dem wundersamen Fund von 1579. Aus dem 13. Jahrhundert kann nur das Original stammen. Die Abdeckung (Oklad) der Ikone aus vergoldetem Silber stammt dagegen aus dem 17. Jahrhundert. Sie ist geschmückt mit 158 Rubinen, 32 großen Smaragden, sechs großen Saphiren, 150 Perlen und 663 Diamanten – Zeugnis der großen Verehrung, die nur dem Original von den Zaren entgegengebracht wurde.

Als Folge von Correas TV-Interview reiste Kamil Ishkakov, der Bürgermeister von Kazan, am 26. Oktober nach Rom, um von Johannes Paul II. in einer Privataudienz empfangen zu werden. Auch er durfte einen Blick auf die kostbare Ikone werfen. Und er versprach dem Papst, das zerstörte Kloster der Heiligen Jungfrau von Kazan wieder aufzubauen, sollte er sich entscheiden, das Gnadenbild seinem Ursprungsort zurückzugeben.

Damit kam er zumindest den Kollegen aus St. Petersburg und Moskau zuvor, die ebenfalls Anspruch erheben könnten, die »wahre Heimat« der Ikone zu repräsentieren. Kazan würde dadurch zum russischen Mariennationalheiligtum werden, in einer Reihe mit Fatima, Guadalupe und Tschenstochau stehen. Der Papst weiß, welche Kraft ein solcher Ort haben kann, hat er dies doch in Polen selbst erlebt. Die Madonna von Tschenstochau war das Symbol der polnischen Erneuerung, wurde von Gewerkschaftsführer Walesa und vielen anderen stolz am Revers getragen. Im Falle Kazans hätte dieser Status noch eine ganz andere Brisanz. Denn es ist auch Hauptstadt der »Republik Tatarstan«, einem Teilstaat der Russischen Föderation mit starkem muslimischen Bevölkerungsanteil. Es könnte, so hofft auf jeden Fall sein Bürgermeister, zum Symbol für die friedliche Koexistenz von Religionen und der spirituellen Anbindung an Russland werden. Doch der Vorstoß stieß auf heftigen Protest aus Moskau. Als Patriarch Alexeij am 10. November 2000 Ishkakov empfing, äußerte er seinen Unwillen über die Gespräche hinter seinem Rücken, bezeichnete sie als »Amateurdiplomatie« und »Provokation«. Ishkakov musste ihm zusichern, dass alle weiteren Verhandlungen über das Patriarchat zu laufen hätten. Die Frage ist nur, wie lange sich Alexeij II. dem Wunsch seines Volkes nach der Rückkehr der »Beschützerin Russlands« noch widersetzen kann. In diesem Sinne ist die Ikone tatsächlich die wirkungsvollste »Geheimwaffe« des Papstes. Vielleicht wirkt sie in unserer Zeit ihr größtes Wunder – und öffnet Johannes Paul II. den Weg nach Moskau.

Ihre Rückkehr könnte Signalwirkung haben. Das Jahrhundert ihrer Abwesenheit, das Russland so viel Leid unter der Herrschaft eines unmenschlichen und gottlosen Systems gebracht hat, wäre damit ebenso symbolisch überwunden wie das Jahrtausend der Kirchenspaltung. Die »Besiegerin des Atheismus«, in zahllosen Hymnen als »wahres Licht Russlands« und »Schützerin des russischen Volkes« besungen, könnte in einer einzigartigen Geste der Versöhnung von Papst und Patriarch gemeinsam zur »Königin Russlands« gekrönt werden. Dann könnte sich der letzte Teil der Botschaft von Fatima erfüllen: »Der Heilige Vater wird mir Russland weihen, das sich bekehren wird, und der Welt wird eine Zeit des Friedens geschenkt werden.« Johannes Paul II., der Fatima-Papst, hätte die Prophezeiung vom »slawischen Papst, der die Kirche erneuert«, erfüllt. Er würde zweifelsohne als der größte Papst der Neuzeit in die Geschichte eingehen.

Die Vision ist klar. Auch heute noch, ein Jahrzehnt nach dem Zusammenbruch der Sowjetunion, hat Russland eine Schlüsselrolle. Seine Bekehrung ist in vollem Gange. 1989 hatte das Moskauer Patriarchat weniger als 7.000 Gemeinden, heute sind es 19.417. Überall werden Kirchen restauriert oder wieder aufgebaut. Aus den 15 Klöstern im Jahre 1989 sind mittlerweile 545 geworden. Doch etwas fehlt. Denn trotz des Wiedererstarkens der russisch-orthodoxen Kirche erscheint der Mehrheit der Russen die Kirche immer häufiger eher als Partner der Mächtigen denn als Erneuerer und moralische Institution. Irgendetwas läuft falsch – und die Starrsinnigkeit des Patriarchen trägt nicht gerade dazu bei, ihr neue Glaubwürdigkeit zu verleihen. Viele Russen achten den Papst, der sich mutig den kommunistischen Machthabern widersetzte und schließlich den Eisernen Vorhang zu Fall brachte, mehr als Alexeij II., der mit den Sowjets zu kooperieren pflegte. Katholisch werden wollen sie trotzdem nicht; diese »Hoffnung« existiert nur in den Köpfen missionarischer Träumer. Doch es gibt noch einen dritten Weg, den Weg der Verbrüderung. Seit Jahren arbeitet der Vatikan an der Organisation eines »Kirchengipfels« mit den religiösen Führern aus Rom, Konstantinopel, Athen und Moskau. Mitunter schien er sogar in greifbarer Nähe. Doch immer wieder war es Moskau, das einen Strich durch die Rechnung machte. Der Papst träumt von der Aufweichung des Schismas, der Vereinigung der christlichen Kirchen des Westens und Ostens. Mit gemeinsamer Kraft könnte man die Gegensätze überwinden. Es wäre ein Gewinn für beide Seiten. Der Westen braucht die spirituelle Tiefe, die Mystik des Ostens, der Osten die Unterstützung und Universalität der Westkirche. Aus dieser Synthese, so hofft der Papst, könnte sich die christliche Erneuerung Europas ergeben, der Prozess der Säkularisierung und der Vormarsch des Materialismus in West und Ost gestoppt werden.

Wir können hoffen, dass die Verheißung einer Zeit des Friedens eines Tages wahr wird. Die Frage ist, ob wir uns dieses Geschenk bereits verdient haben, ob sie sich in absehbarer Zeit verwirklichen lässt. Wenn wir nicht alle daran arbeiten, besteht die Gefahr, dass sich die Ereignisse aus der Vision des »Dritten Geheimnisses« doch noch vor unseren Augen entfalten. Wir haben es noch immer in der Hand.

Epilog

Als ich dieses Buch schrieb, war die Welt noch eine andere. Erfüllt vom Optimismus eines neuen Jahrtausends vertraute man darauf, dass das Schlimmste, das Grauen des letzten Jahrhunderts, überstanden sei. Die Interpretation des Dritten Geheimnisses von Fatima durch Kardinal Ratzinger war von einem solchen Millennium-Optimismus geprägt. Vor der Jahrtausendwende hatte man alle nur denkbaren Schrecken erwartet, doch als das Jahr 2000 herandämmerte, sogar der befürchtete Computer-Crash ausblieb, atmete man auf. Von düsteren Prophezeiungen wollte niemand mehr etwas wissen. Die Nostradamus-Wälzer, die von den Verlagen pünktlich zum Jahrtausendwechsel in Massen auf den Markt geworfen wurden, verschwanden aus den Regalen der Buchhandlungen. Das Thema Apokalypse schien ein für alle mal »out« zu sein. Der Vatikan hätte keinen günstigeren Zeitpunkt wählen können, um das »Dritte Geheimnis« endlich zu enthüllen. Das schreckliche Szenario einer zerstörten Welt, eines vernichtenden Anschlages auf die Spitzen der Kirche, wurde nicht weiter beachtet. Zu unfassbar waren seine Bilder von Feuer, das vom Himmel fällt, von zerstörten Städten, von Leichen übersäht, vom Hass auf die christliche Kirche und dem Anschlag auf einen Papst, der, unsicheren Schrittes und von der Last des Alters gebeugt, für die Opfer betet. Es konnte, es durfte sich nur auf die Vergangenheit beziehen, war man sich sicher. Allzu sicher.

Dieses Buch sollte bereits im September 2001 im renommierten Humboldt-Verlag erscheinen. Sein Untertitel hätte dann gelautet: »Marienerscheinungen und die Politik des Papstes«. Jeden Bezug auf die Zukunft, so bat mich mein Verleger, galt es zu unterlassen. Niemand konnte damals ahnen, wie aktuell die Prophezeiung von Fatima plötzlich werden würde. Dann, zum 31. August, wurden der Humboldt-Verlag geschlossen, die Titel verkauft, mein Buch dem Kopp-Verlag angeboten, der sich bereits im Vorfeld der Veröffentlichung dafür interessiert hatte. Bis auf dieses Nachwort ist der Original-Text völlig unverändert übernommen worden.

Ich betone dies, um zu vermeiden, dass mir oder dem Verlag Opportunismus und Sensationalismus vorgeworfen werden. Denn plötzlich, von einem Tag auf den anderen, ist der Inhalt des »Dritten Geheimnisses« von

Fatima so aktuell geworden, dass ein solcher Vorwurf auf der Hand liegt. Selbst in der Massenpresse machte es wieder Schlagzeilen (so in »Bild« vom 11. Oktober 2001). Der Tag, mit dem sich alles änderte, war der 11. September 2001.

Der Anschlag von New York hat uns alle so tief in unserem Innersten erschüttert, weil er so unerwartet kam. Unsere scheinbare Sicherheit, unser Stolz auf die Errungenschaften unserer Zivilisation, ist in sich zusammengesunken wie ihr himmelragendes Symbol, das World Trade Center. Der Nahe Osten kommt nicht zur Ruhe, immer neue Konflikte flammen auf, immer weiter greift der Dämon des Krieges um sich. Sein erstes Opfer ist die verführerische Illusion, dass alles so bleiben würde, wie es war.

Seit dem 11. September herrscht auch in Rom Alarmstufe »rot«. Italienische Geheimdienst-Experten befürchten einen Anschlag islamistischer Terroristen auf die Kuppel des Petersdoms oder gar auf den Papst. Bei den wöchentlichen Audienzen und Papstmessen auf dem Petersplatz wurden die Sicherheitsvorkehrungen verstärkt. Zudem patrouillieren Polizisten in Priesterkleidung. Der Luftraum über dem Vatikanstaat wurde für den Luftverkehr gesperrt. Trotz eindringlicher Warnungen aus den USA ließ sich Johannes Paul II. nicht davon abhalten, am 22. September zu einer mehrtägigen Pastoralreise nach Kasachstan und Armenien aufzubrechen.

Er setzte damit seine Reihe von Reisen in ehemalige Sowjetrepubliken fort – sein Ziel, eines Tages auf dem Roten Platz in Moskau zu stehen, verliert er gerade in Zeiten der Krise und Kriegsangst nicht aus den Augen. Nur ein Umstand zeugte davon, dass er durchaus bereit war, dafür notfalls das Martyrium in Kauf zu nehmen. Kardinalstaatssekretär Angelo Sodano, der zweite Mann im Vatikan, als »Außenminister« des Heiligen Stuhls gewöhnlich gerade auf Auslandsreisen unentbehrlich, musste diesmal in Rom bleiben. Im Fall eines Attentates wäre es an ihm, die Kirche durch die Zeit der Sedisvakanz (der Papstlosigkeit) zu führen und ein neues Konklave vorzubereiten.

Möglicherweise ging diese besondere Vorsichtsmaßnahme auch auf eine direkte Warnung von Schwester Lucia zurück. »Das Geheimnis von Fatima ist zurück – Das Leben des Papstes ist in Gefahr«, titelte die italienische Tageszeitung »La Repubblica« am 10. Oktober 2001, um im weiteren zu berichten:

»›Schwester Lucia ist tief besorgt um den Papst. Sie sagt, sein Leben sei in Gefahr und sie fordert uns auf, für ihn zu beten.‹ Das ist die Kernaussage eines Gespräches, das Pater Luigi Bianchi, ein Priester aus Como, Italien, führender Fatima-Experte und persönlicher Freund der Nonne, die die Offenbarungen der Madonna empfing, vor ein paar Tagen mit Schwester Lucia von Fatima führte.
Der Priester hatte der Nonne einige Fragen zu den Ereignissen vom 11. September und dem amerikanischen Angriff auf Afghanistan gestellt. ›Wir sprachen auch über das Dritte Geheimnis von Fatima‹, erklärte Don Luigi.
›Wir erinnerten uns an den bedeutungsvollen Satz in dem Geheimnis, dass der Heilige Vater, zitternd und unsicheren Schrittes, am Fuße des großen Kreuzes getötet würde‹, enthüllte er. Und in diesem Zusammenhang brach Lucia, aus tiefer Sorge um den Wojtyla-Papst, ihr Schweigen und erklärte: ›Die Situation ist sehr ernst, ich bin in großer Sorge um den Heiligen Vater, sein Leben ist in Gefahr. Lass uns dem Papst mit unseren Gebeten begleiten, nur so können wir ihm helfen.‹«

Die Folge dieses Berichtes war, wieder einmal, eine Flut von Spekulationen. Eine italienische Zeitung, am 30. Oktober zitiert von dem deutschen nicht-offiziellen katholischen Informationsdienst »Der schwarze Brief‹, behauptete gar:

»Schwester Lucia, die letzte noch lebende Seherin von Fatima, hat vor dem Massenmord in den USA am 11. September in einer Vision ein Blutbad gesehen, das nicht nur Amerika betrifft. Außerdem sah sie einen weiteren Mordanschlag auf den Heiligen Vater. In einem Brief an zahlreiche Karmel-Konvente rief Schwester Lucia eindringlich zum Rosenkranzgebet auf.«

Etwa zeitgleich mit den Spekulationen in der italienischen Presse, nämlich vom 7. bis 13. Oktober, veranstaltete der kanadische Renegat und selbsternannte »Fatima-Priester« Pater Nicholas Gruner in einem Vorort von Rom eine Konferenz, auf der er den Vatikan heftig attackierte. Freimaurer und Satanisten, so behauptete er, hätten die Führung der Kirche unterwandert und verhindert, dass das vollständige Dritte Geheimnis veröffentlicht, die von der Madonna geforderte Weihe Russlands »gültig« durchgeführt worden sei. Von Anfragen besorgter Gläubiger überschwemmt musste der Vatikan wieder einmal für Aufklärung sorgen. So reiste Erzbischof Tarcisio Bertone, Sekretär der Kongregation für die Glaubenslehre, am 17. November 2001 erneut nach Coimbra, um im Beisein von vier Zeugen – Pater Luis Kondor, der Priorin des Karmels von Coimbra und den Bischöfen von Leiria-Fatima und Coimbra – der mittlerweile 94-jährigen Nonne einige Fragen zu stellen:

Gab es noch einen Teil des Dritten Geheimnisses, der noch nicht veröffentlicht wurde?
Schwester Lucia: »Alles wurde veröffentlicht. Es gibt keine weiteren Geheimnisse.«
Hatte sie eine neue Vision?
Schwester Lucia: »Nichts davon ist wahr. Wenn ich neue Offenbarungen hätte, würde ich niemandem außer dem Heiligen Vater etwas davon gesagt haben.«
Hat sie im Gespräch mit Don Luigi Bianchi oder einem anderen Priester, Don Jose dos Santos Valinho, die offizielle Interpretation des Dritten Geheimnisses infrage gestellt?
Schwester Lucia: »Das ist nicht wahr. Ich stimme der Interpretation aus dem Heiligen Jahr voll und ganz zu.«
War die Weltweihe von 1984 so, wie sie von der Madonna gefordert wurde, oder hat Pater Gruner recht, der von einem Versäumnis spricht?
Schwester Lucia: »Die Weltweihe, wie sie von Unserer Lieben Frau erbeten wurde, fand 1984 statt und wurde vom Himmel angenommen.«

Zu den Ereignissen vom 11. September betonte Schwester Lucia, dass nur »Gebet und Buße, zusammen mit einem großen Glauben an die Macht Gottes, die Welt retten können …«
Doch wir brauchen keine »unenthüllten Geheimnisse«, keine Spekulationen um vatikanische Verschwörungen, um zu erkennen, wie ernst die Weltlage seit den Anschlägen auf New York tatsächlich ist. »Der Horizont erscheint düster«, erklärte auch Papst Johannes Paul II. beim traditionellen Neujahrsempfang für das diplomatische Corps im Vatikan am 10. Januar 2002, »viele der Menschen, die großen Freiheitsbewegungen

und die Veränderungen der neunziger Jahre erlebt haben, sehen sich heute überraschenderweise von der Angst vor einer wieder sehr unsicher gewordenen Zukunft bedrängt … zu Beginn dieses Jahrs befindet sich die Welt in einem Zustand der Gewalt, des Elends und der Sünde.«

Die Sorge um den bedrohten Weltfrieden und die Angst vor einem neuen Terroranschlag hatten auch das Weihnachtsfest 2001 überschattet. Zum Zeitpunkt der traditionellen Mitternachtsmesse am Heiligen Abend, in deren Lesung die Friedensbotschaft der Engel bei der Geburt Christi verkündet wurde, befand sich ganz Rom in höchster Alarmbereitschaft. Wer eine der begehrten Karten für den Petersdom ergattern konnte, wurde von Sicherheitsbeamten durchgecheckt wie auf einem Flughafen, während über der Hauptstadt Flugverbot galt, über das eine ganze Flotte startbereiter Abfangjäger der Italienischen Luftwaffe wachte. Vier Wochen zuvor hatte Ex-CIA-Chef Vince Cannistraro den Papst als »potenzielles Terrorziel« bezeichnet: »Bin Laden sieht seine Heiligkeit als symbolischen Anführer eines Kreuzzuges.«

Der Papst selbst setzte während all dieser Bedrängnis wieder einmal seine ganze Hoffnung auf die Gottesmutter. Am 30. September 2001, am Vorabend des traditionellen Marienmonats Oktober, tat er genau das, wozu ihm, dem Vernehmen nach, Schwester Lucia geraten hatte: Er rief die gesamte Christenheit auf, »möglichst jeden Tag den Rosenkranz für den Frieden zu beten, damit die Welt vor der ungerechten Geißel des Terrorismus verschont bleibe … Die Jungfrau Maria, Königin des Friedens, sei Fürsprecherin der gesamten Menschheit, damit Hass und Tod nie das letzte Wort haben.«

Seine tiefe Sorge spiegelte sich wieder in den Worten seines Gebetes zum traditionellen Fest der Unbefleckten Empfängnis, dem 8. Dezember, an der Mariensäule auf dem Spanischen Platz in Rom:

> »Dunkle Wolken verdichten sich am Horizont der Welt. Die Menschheit, die voller Hoffnung den Beginn des dritten Jahrtausends begrüßt hat, fühlt sich nun bedroht von neuen, erschütternden Konflikten. Der Friede auf Erden ist in Gefahr. Daher kommen wir zu Dir, Unbefleckte Jungfrau, und bitten Dich, als verständnisvolle und starke Mutter zu erwirken, dass die Menschenherzen – befreit vom Rauch des Hasses – offen werden für gegenseitiges Verzeihen, für konstruktive Solidarität und den Frieden.«

Droht sich das Dritte Geheimnis von Fatima doch noch auf eine andere Art und Weise zu erfüllen, als man, erfüllt vom Optimismus des Heiligen Jahres, bei seiner Veröffentlichung glaubte? Tatsächlich kann niemand bestreiten, dass es nach den Ereignissen vom 11. September 2001 in einem anderen Licht erscheint.

Der Papst glaubt, dass die Gottesmutter eine Rolle als Mittlerin zwischen Islam und Christentum spielen, die Religionen letztendlich miteinander versöhnen könnte. So rief er die Christen auf, am 14. Dezember, dem letzten Tag des moslemischen Fastenmonats Ramadan, mit den Moslems gemeinsam zu fasten, »damit die Liebe über den Hass, der Friede über den Krieg, die Wahrheit über die Lüge, das Verzeihen über die Vergeltung siegen möge«. Schließlich betete er beim sonntäglichen Angelus am 9. Dezember 2001:

> »Die Jungfrau Maria … die auch die Muslime mit hingebungsvoller Bewunderung verehren, unterstütze uns und erwirke für die ganze Welt den Frieden.«

Schon im 2. Kapitel habe ich darauf hingewiesen, dass eine »versteckte« Verbindung Fatimas zum Islam besteht. Fatima war die Lieblingstochter des Propheten Mohammed, ist die am meisten verehrte Frau der islamischen Welt. Fatima, die Namensgeberin des Dorfes in der Serra de Aire, war eine zum Christentum bekehrte maurische Fürstentochter. Auffällig sind auch die Parallelen zu Kazan, dessen Gnadenbild so eng mit der Geschichte von Fatima verbunden ist. Die Madonnenikone erschien auf wunderbare Weise ausgerechnet zu einem Zeitpunkt, als die Moslems wieder verstärkt Zulauf bekamen, die Christianisierung der eroberten Stadt gefährdet war. Schließlich und endlich war 1917, das Jahr der Erscheinungen von Fatima, nicht nur das Jahr der russischen Revolution, sondern auch der Höhepunkt des »arabischen Aufstands«. Angeführt von dem britischen Nachrichtendienst-Offiziers Thomas Edward Lawrence (»Lawrence von Arabien«) kämpften die Araber gegen die Türken – Verbündete der Deutschen – und erträumten sich ihre Unabhängigkeit und neue Größe. Doch durch einen Geheimvertrag Englands mit Frankreichs war das ihnen versprochene Gebiet bereits aufgeteilt worden. Verfeindete Brüder erhielten die neugeschaffenen Staaten Irak, Syrien und Jordanien, während man in Arabien das Haus Saud dabei unterstützte, die bisherigen Herrscher aus dem Land zu vertreiben. Sie waren Wahhabiten,

Anhänger einer besonders fanatischen Strömung des Islam. »Dividere et impere«, »teile und herrsche«, war die Devise der Westmächte, ein jahrzehntelanger Konflikt der Araber mit der Folge gegenseitiger Schwächung vorprogrammiert. In der arabischen Welt war von »Muamara«, einer »Verschwörung«, die Rede. Der Hass auf den Westen wuchs im Laufe des 20. Jahrhunderts, brachte letztendlich auch einen Usama bin Laden und seine immer größer werdende Anhängerschaft hervor. Doch auch Russland spielte in dieser Geschichte eine entscheidende Rolle. Denn erst im Widerstand gegen die Sowjets in Afghanistan wurde der Terroristen-Chef zu dem, was er heute ist. Es ist kein Geheimnis, aber vielleicht eine Ironie des Schicksals, dass er dabei vom amerikanischen Geheimdienst CIA unterstützt wurde, ganz nach dem Motto »der Feind meines Feindes ist mein Freund«.

Der »Krieg gegen den Terror«, den US-Präsident George Bush auch schon unvorsichtig als »Kreuzzug« bezeichnete, droht zu einem »Weltkrieg der Religionen« zu werden. Wie die »Welt am Sonntag« am 4. November 2001 meldete, wächst die Angst vor einem solchen auch bei vielen Kardinälen im Vatikan. Seit Beginn der Angriffe auf Afghanistan kamen allein in Nigeria, Pakistan, Indonesien, den Philippinen und dem Sudan mindestens 400 Christen ums Leben. »In allen moslemischen Ländern werden wir in den kommenden Monaten viele tote Christen sehen. Da steht ein Flächenbrand hervor«, warnte Pater Prof. Gianni Baget Bozzo, der in Genua Theologie lehrte und jetzt den italienischen Ministerpräsidenten Silvio Berlusconi in Religionsfragen berät. Die Sorge wurde auch von Kardinal Karl Lehmann, dem Vorsitzenden der deutschen Bischofskonferenz, geteilt. Nach Umfragen hielten 91% der Moslems die Angriffe in Afghanistan für einen Krieg gegen den Islam und nicht gegen den Terrorismus. »Ein Großteil der islamischen Welt steht dem Christentum nun einmal feindlich gegenüber. Das ist nicht wegzudiskutieren«, erklärte Prof. Bozzo. Das Symbol der Christenheit ist der Petersdom in Rom, seine Zentralfigur der Papst. Die Sicherheitsvorkehrungen in Rom sind also mehr als eine Panikreaktion. Auch der Papstattentäter von 1981, Ali Agca, hatte einen islamistischen Hintergrund.

Doch noch gibt es Hoffnung. Die Ereignisse vom 11. September haben nicht nur uns alle tief erschüttert, sie haben auch die Menschen wieder in die Kirchen geführt. Die Anhänger der »Spaßgesellschaft«, die Jünger des grenzenlosen Hedonismus unserer Zeit, wurden unsanft aus ihrem

Rausch gerissen. Auf ihn folgte der Katzenjammer, aber auch die allmähliche Einsicht, dass alle materielle Existenz mit jedem Augenblick enden kann. Was bleibt ist die Hoffnung auf das Ewige.

Umso bedauerlicher ist der Umstand, dass bei dem neuen Konflikt die Religion missbraucht wird, um die Gewalt zu legitimeren. Es zeugt von Weisheit, dass der Papst sich weigerte, der »internationalen Allianz gegen den Terror« die Waffen zu segnen. Stattdessen erklärte er nur zwei Tage nach den Terrorakten in einer speziellen Ansprache an den neuen Botschafter der Vereinigten Staaten beim Heiligen Stuhl, R. James Nicholson:

> »Möge diese unmenschliche Tat in den Herzen aller Völker der Erde zu dem festen Entschluss führen, jede Form der Gewalt zurückzuweisen, alles zu bekämpfen, was Hass und Zwietracht in der Menschenfamilie hervorruft, und sich für den Anbruch einer Epoche einzusetzen, die von den höchsten Idealen – Solidarität, Gerechtigkeit und Frieden – gekennzeichnet ist.«

Fast wörtlich wiederholte er diesen Appell am 23. September von Kasachstan aus, einem Staat mit moslemischer Mehrheit, diesmal »an die Christen und die Anhänger anderer Religionen« gerichtet:

> »Sie mögen sich gemeinsam für den Aufbau einer Welt ohne Gewalt einsetzen, einer Welt, die das Leben liebt und in Gerechtigkeit und Solidarität wächst. Wir dürfen nicht zulassen, dass das, was geschehen ist, zu einer Vertiefung der Spaltungen führt. Religion darf niemals als Grund für Konflikte benutzt werden.«

Für den 24. Januar 2002 lud er Vertreter aller großen Weltreligionen nach Assisi, in die Stadt des heiligen Franziskus, ein, um gemeinsam für den Frieden zu beten und jede Gewalt im Namen Gottes zu verurteilen.

Ungeachtet der Worte des Papstes fielen weiterhin die Bomben und forderten Zehntausende unschuldige Opfer. Niemand schien zu begreifen, dass sich dadurch die Spirale der Gewalt nur weiter dreht. Die Leidenden von heute sind, so lehrt uns leider die Geschichte, die Aufständischen von morgen, ihre Misere ist der fruchtbarste Nährboden für den zukünftigen Terrorismus. Schon jetzt wächst in den Armenvierteln der islamischen Welt die Sympathie für Usama bin Laden. Wir können nur ahnen, welche Folgen es hat, wenn er erst einmal zum Märtyrer wird.

Der Papst hat recht! Mit Bomben schafft man keinen Frieden, sondern größeres Elend, brutalere Gewalt. Auch die große Bedrohung des 20. Jahrhunderts, der Kommunismus, ist nicht durch einen Krieg besiegt worden, sondern durch Hoffnung. Der Fall der Mauern, die Europa teilten, begann mit dem simplen Gottvertrauen einiger beherzter polnischer Werftarbeiter. Ihr Sieg war nur möglich durch die Kraft des Gebetes und den Segen der Gottesmutter. Davon ist zumindest der Papst fest überzeugt.

Ich hoffe immer noch, dass die Zeit der Angst und Unsicherheit, der täglichen Schreckensnachrichten aus dem Fernsehen und der Bilder vom Sterben unschuldiger Menschen in den Kriegsgebieten, bald ein Ende hat. Wenn wir jetzt handeln, wenn wir uns nicht länger vom Virus des Hasses anstecken lassen und statt zum Gewehr vielleicht eher zum Rosenkranz greifen, ist das jederzeit möglich. Ebenso gut aber kann der Funken, der in New York entzündet wurde, einen Steppenbrand entfachen, der die ganze Welt in Flammen legt. Noch nie lag das Schicksal der Welt so folgenschwer in unserer Hand, noch nie war die Botschaft von Fatima so aktuell. Der Papst hat das Dritte Geheimnis erst im Jahr 2000 veröffentlicht, weil es direkt an uns gerichtet ist.

Michael Hesemann

Anhang A

Interview des Autors mit Erzbischof Dr. Tarcisio Bertone SDB, Sekretär der Kongregation für die Glaubenslehre

(3. Juli 2000, Palazzo del Sant'Uffizio, Vatikanstadt)

Exzellenz, am 27. April 2000 haben Sie Schwester Lucia in Coimbra besucht. Welchen Eindruck hatten Sie von ihr? Wie hat sie auf die geplante Veröffentlichung des dritten Teils des Geheimnisses von Fatima reagiert?

Sr. Lucia wurde vom Bischof von Leiria-Fatima, Msgr. Serafim de Sousa Ferreira e Silva, über den Wunsch des Papstes informiert, dass vor seiner Reise nach Fatima ein Gespräch stattfinden sollte, um einige Fragen hinsichtlich der Deutung des dritten Teils des Geheimnisses zu klären. Es wurde ihr mitgeteilt, dass ein Beauftragter des Heiligen Vaters kommen werde, weil vorhersehbar war, dass er selbst bei seinem Besuch anlässlich der Seligsprechung der beiden Hirtenkinder im Mai kaum Zeit finden würde, mit ihr zu sprechen. Die Begegnung mit Sr. Lucia fand statt im Sprechzimmer ihres Konvents in Coimbra. Der Bischof von Leiria-Fatima begleitete mich und bestätigte, dass ich im Auftrag des Heiligen Vaters gekommen sei. Nach der Begrüßung übergab ich Sr. Lucia den an sie adressierten Brief des Papstes. Der Bischof hat ihn dann mit klarer Stimme vorgelesen. Sie war sehr zufrieden und erklärte ihre Bereitschaft, auf alle Fragen zu antworten, die wir ihr stellen wollten. Sie machte einen ernsten und frohen Eindruck und war geistig hellwach, es schien ihr sehr gut zu gehen. Wir haben das Gespräch in großer innerer Freiheit und Unbefangenheit geführt; mir fiel dabei insbesondere die Frische ihres Erinnerungsvermögens auf. Wenn sie von Vergangenem spricht und Dinge aus der Vergangenheit liest, lebt sie geradezu auf. Sr. Lucia hat ein Bedürfnis zu sprechen, sie will von dem reden, was sie gesehen und gehört hat. Wir dürfen nicht vergessen, dass sie viele Jahre lang gezwungen war, das Geheimnis bei sich zu behalten und mit niemandem darüber sprechen konnte. Wenn sie reden darf, sprudeln ihre Erinnerungen hervor wie ein Wasserfall.

Kardinal Sodano sagte in Fatima, dass sich der dritte Teil des Geheimnisses auf Ereignisse beziehe, die der Vergangenheit anzugehören scheinen. Das Martyrium der Kirche kulminiert im Attentat auf den Heiligen Vater. Sie und auch Kardinal Ratzinger stimmten mit dieser Interpretation überein. Was gibt Ihnen die Gewissheit, dass sich der dritte Teil des Geheimnisses ausschließlich auf Ereignisse der Vergangenheit und nicht auf die Gegenwart oder Zukunft bezieht?

Kardinal Sodano hat in Fatima klar gesagt, dass sich der dritte Teil des Geheimnisses auf vergangene Ereignisse beziehe. Der erste Teil war die Vision der Hölle, er ist in sich selbst umgrenzt und evident. Der zweite und dritte Teil beschreiben Verfolgungen und einen neuen Krieg, insbesondere die Verfolgung der Kirche durch Russland – die Hirtenkinder wussten sicherlich nicht einmal, was Russland bedeutete. Russland ist zu verstehen als Inbegriff der atheistischen und antichristlichen Systeme, die die Kirche grausam verfolgen. Die Prophezeiungen haben sich im Laufe des 20. Jahrhunderts tatsächlich erfüllt, und zwar mit einer Grausamkeit, die anderen Epochen unbekannt war. Eine Reihe von Ereignissen lässt sich historisch exakt belegen. Dann gibt es das Zusammentreffen von bestimmten Daten. Denken wir an den 13. Mai 1981, den Tag des Attentats auf Johannes Paul II. Die Hirtenkinder erkannten in »jenem weiß gekleideten Bischof« deutlich den Papst, der einer großen Schar von Märtyrern – Bischöfen, Priestern, Ordensleuten und zahlreichen Frauen und Männern – vorangeht. Daraus kann die Schlussfolgerung des Attentats auf Johannes Paul II. gezogen werden. Hinweise, die sich auf die Zukunft beziehen, gibt es nicht. Vielmehr treffen wir im dritten und auch im zweiten Teil auf vergangene Ereignisse. Wir erkennen den Wert des Gebets, der Buße und der Umkehr. Sie sind geschichtlich greifbare Realitäten, die dem Bösen und Sündigen Widerstand leisten, ja es aufzuhalten vermögen, den Lauf der Geschichte ändern können. Die Ereignisse sind wohl vergangen, der Appell aber und die Botschaft haben Geltung auch für die Zukunft, auch deshalb, weil die Verfolgungen gegen die Kirche mit dem Attentat von 1981 nicht beendet waren und kontinuierlich weitergehen. Das heißt allerdings nicht, dass das Geheimnis von Fatima eine besondere Voraussage für die Zukunft beinhaltet. Denken wir an das Wort Christi »Wenn sie mich verfolgt haben, werden sie auch euch verfolgen« oder an das Wort Pascals, dass die Kirche in Agonie lebe bis an das Ende der Zeiten, dass Christus in der Kirche in Agonie sei bis an das Ende der Zeiten. Gebet, Buße und Umkehr werden den künftigen Gang der Geschichte beeinflussen, wie sie objektiv die Vergangenheit beeinflusst haben.

Ist die Interpretation der Kongregation für die Glaubenslehre offiziell und authentisch, oder sind auch andere Interpretationen zulässig? Wie müssen die Gläubigen sich auf authentische Interpretationen einstellen, und was genau bedeutet der Begriff »authentisch« im kirchlichen Sprachgebrauch?

Kardinal Ratzinger betonte auf der Pressekonferenz, dass der Kommentar der Glaubenskongregation kein offizieller, gewiss aber ein authentischer Kommentar sei. Offiziell deshalb nicht, weil man den Kommentar nicht über das Opportune hinaus auszudehnen, nicht verabsolutieren möchte. Man kann aus drei Gründen von einer »authentischen« Interpretation sprechen: 1. Es geht um historisch nachweisbare Ereignisse und Daten. 2. Es handelt sich um die Interpretation des Papstes. Sr. Lucia sagte, dass sie berichte, was sie gesehen und gehört habe, die Auslegung der Vision aber stehe nicht ihr, sondern der kirchlichen Autorität, dem Papst zu. 3. Schließlich werden die Ereignisse von ihr als der einzig noch lebenden Zeugin bestätigt. Diese drei wesentlichen Motive sprechen zugunsten einer »authentischen« Interpretation. Unter Berücksichtigung dieser Erwägungen erscheinen andere Auslegungen, die davon abweichen, unbegründet und nicht annehmbar.

Wir finden Motive des dritten Teils des Geheimnisses auch in anderen Privatoffenbarungen wie z.B. in der Vision von Don Bosco im Mai 1873, in der er sagte: »Es war eine dunkle Nacht, der Weg war unbekannt … in diesem Moment kam aus dem Vatikan eine Gruppe von Männern, Frauen, Alten, Kindern, Mönchen, Nonnen und Priestern, die eine Prozession bildeten, angeführt vom Papst. Da entstand ein gewaltiger Sturm … und es brach ein Kampf los zwischen Licht und Finsternis. Der Platz füllte sich mit Toten und Verwundeten …« Oder denken wir an die Visionen von Schwester Rosa Kolumba Asdente († 1847): »Eine große Verfolgung der Kirche … ein gewaltiger Sturm gegen die Kirche … während der Verfolgungen werden Priester und Mönche dahingeschlachtet …« Und Schwester Elena Patriarca Leonardi sagte: »Tochter, sage der Kirche, dass eine schreckliche Züchtigung kommen wird, … die Kirche wird zerstört werden, Priester werden gefangen und ermordet, der Papst gequält … Russland wird durch ganz Europa marschieren, durch Italien und seine Flag-

ge auf dem Petersdom hissen … die Straßen sind bedeckt von Blut und Leichen.« Darüber hinaus gibt es noch verschiedene andere Visionen, die mit einer Revolution und einer russischen Invasion in Europa, Italien, Rom in Zusammenhang gebracht werden. Waren das nur symbolische Bilder, oder wurden wir vor diesem Schicksal bewahrt durch die Gebete und die Befolgung des Appells unserer Lieben Frau von Fatima?

An dieser Stelle kann freilich nicht ausführlich auf die genannten Personen und deren Prophetien eingegangen und schon gar nicht über deren Bedeutung und Wert gesprochen werden. Was Don Bosco betrifft, ist allerdings zu sagen, dass er verschiedene Typen von Visionen kennt. In einem »Traum« sah er eine Invasion des Ostens in Westeuropa, sah er, wie die Pferde der Kosaken an den Brunnen auf dem Petersplatz in Rom stehen und daraus tranken. In einem anderen »Traum«, dem Traum der beiden Säulen – er hat ihn selbst aufgezeichnet –, sah er den Papst und das Schiff Petri; der Papst wird getroffen und fällt wie tot zu Boden. Das Schiff wird gegen die beiden Säulen gedrängt, als es die Mitte der Säulen erreicht, wird es gerettet, und der Papst ersteht zu neuem Leben. Dieser Traum wurde in der großen Marienbasilika in Turin künstlerisch dargestellt. Darin können wir sicherlich eine Anspielung auf ein künftiges Ereignis erkennen. Es ist aber schwer zu sagen, auf wen es anzuwenden ist, denn es gibt eine Schwierigkeit mit der Datumsangabe auf den beiden Engeln, die auf den Kuppeln der genannten Basilika stehen. Auf der einen Kuppel wurde eine bestimmte Jahreszahl eingetragen, auf der anderen nicht. Manche denken möglicherweise an das Jahr 1981, was aber nicht festgestellt werden kann. Don Bosco hatte selbst keinerlei Hinweise auf präzise Daten und Personen gegeben. In Verbindung zu Fatima ist es kaum vorstellbar, dass die drei Hirtenkinder die Visionen Don Boscos gekannt hätten. Das geht aus keiner Quelle hervor, auch nicht aus der Erinnerung von Sr. Lucia. Sicherlich wurde in der Botschaft von Buße, Umkehr und Hölle gesprochen, aber das ist überall so gewesen. In Bezug auf die Frage, ob Gebete der Invasion Russlands und der Zerstörung Einhalt geboten haben, ist festzuhalten, dass in allen Prophezeiungen auf der einen Seite Züchtigungen und Katastrophen angedroht werden, auf der anderen zu Gebet, Buße und Umkehr aufgerufen wird, um das Angedrohte abzuwenden. Diese Erfahrung zieht sich wie ein roter Faden durch viele Visionen hindurch. Das bedeutet, dass wir nicht einem unveränderlichen Schicksal ausgeliefert sind, sondern unter dem Schutz Gottes stehen. Es gibt immer das Unvorhersehbare und Unergründbare. Für den, der glaubt, ist das kein Fatalismus, weil auch das für Menschen Unbegreifliche von der Allmacht Gottes umschlossen ist, die den Lauf der Geschichte verändern kann.

Im Tiefsten geht es um ein Zusammenspiel von Gottes allmächtiger und barmherziger Liebe, der Fürsprache der Gottesmutter und des freien Willens des Menschen. Offenbar wird darüber hinaus die Bedeutung und Wichtigkeit des Gebetes und der Buße.

Wie sehen Sie die Rolle von »öffentlichen Offenbarungen«, »Privatoffenbarungen« und »Prophezeiungen« in der Geschichte? Ist Fatima eine »göttliche Gegenrevolution«, ein Hilfsangebot in einem der entscheidendsten Jahre des 20. Jahrhunderts, nämlich 1917, dem Jahr der kommunistischen Machtübernahme in Russland? Ist Fatima ein Beispiel für ein göttliches Eingreifen, für das Wirken Gottes in unserer Zeit?

Zwischen der »öffentlichen Offenbarung« und den »Privatoffenbarungen« besteht ein wesentlicher Unterschied, nicht nur ein gradueller. Erstere ist das Offenbarungshandeln Gottes, das seinen Niederschlag in der Heiligen Schrift gefunden hat und für alle Zeiten bindende Geltung beansprucht.

Letztere hingegen sind Botschaften, »Prophezeiungen«, die eine wertvolle Hilfe sein können, um das Evangelium in einer bestimmten Zeit besser zu verstehen und zu leben. Sie sind eine Hilfe, die angeboten wird, aber von der man nicht Gebrauch machen muss. Fatima zeigt, dass Gott in die Geschichte eintreten und die Geschichte ändern kann.

Aber es gibt nicht nur Fatima, wenngleich es ein außergewöhnliches Zeichen für das Eingreifen Gottes ist. In allen Jahrhunderten ist und bleibt Gott Herr der Geschichte, wir dürfen diese Wahrheit nicht auf die Ereignisse in Fatima beschränken. Es hat ein weltweites Echo gefunden, auch weil sich die Medien darauf konzentriert haben. Deshalb ist es auch nicht verwunderlich, dass die Veröffentlichung des Geheimnisses zu einem globalen Ereignis geworden ist. Wir wissen ja nicht, wie es in Lourdes gewesen wäre, hätte es damals schon die gleichen Möglichkeiten der Medien gegeben. Fatima ist ein deutliches Zeichen der Gegenwart Gottes und der Gottesmutter in der Geschichte der Menschheit. Die Mutter Jesu steht den Gläubigen auch heute zur Seite, ihre mütterliche Rolle, wie einst gegenüber den Aposteln und Jüngern Christi, geht weiter durch die ganze Geschichte der Kirche hindurch.

Welche Rolle spielte und spielt Fatima für Papst Johannes Paul II. seit 1981? Ist es legitim, ihn den »Fatima-Papst« zu nennen? Sieht er in der Botschaft den Schlüssel für die weltverändernden Ereignisse während seines Pontifikates, besonders jene des Jahres 1989? Sind sie in seinen Augen die Erfüllung des Versprechens Unserer Lieben Frau?

Ich meine, dass nicht nur Johannes Paul II. »Fatima-Papst« genannt werden kann. Auch Pius XII. konnte als »Fatima-Papst« bezeichnet werden. Bereits im Jahre 1942 hatte er die Welt dem Unbefleckten Herzen Mariens geweiht. Er hatte auch deshalb eine besondere persönliche Beziehung zu Fatima, weil er am 13. Mai 1917 zum Bischof geweiht wurde. Papst Paul VI. hatte trotz heftiger Widerstände und Schwierigkeiten entschieden, im Jahre 1967 nach Fatima zu reisen; das war zu seiner Zeit eine sehr mutige Entscheidung. In gewissem Sinn verband auch ihn eine persönliche Erinnerung an Fatima.

Zweifelsohne ist es der gegenwärtige Papst, der eine sehr intensive Beziehung zu Fatima hat. Ein Teil seines Lebens und seines Pontifikats ist im Licht der Botschaft von Fatima zu sehen, darüber kann es keinen Zweifel geben. Auch die Erinnerungsfeier an die Glaubenszeugen des 20. Jahrhunderts, die am 7. Mai im Kolosseum stattfand, lag auf dieser Linie.

Wurde diese Gedenkfeier auch von der Fatima-Botschaft beeinflusst?

Das ist schwer zu sagen. Ich glaube kaum, dass die Organisatoren daran dachten. Der Papst schon, seine unmittelbaren Mitarbeiter und auch die Organisatoren der Feier aber wohl kaum.

Hat Sr. Lucia auch heute noch Visionen? Kann etwas über deren Inhalt gesagt werden?

Ich glaube nicht, aber ich kann das nicht mit absoluter Sicherheit sagen. Die Visionen oder Einsprechungen, die Sr. Lucia von Unserer Lieben Frau empfing, dauerten möglicherweise bis 1984 an. Sie sagte, dass die Gottesmutter zufrieden gewesen sei mit der Weihe an ihr Unbeflecktes Herz am 25. März 1984, weil es dem entsprach, was sie selbst gewollt hatte. Gewiss ist, dass Sr. Lucia auch nach 1917, in Spanien wie in Portugal, Visionen hatte. Das hat sie selbst in Briefen an verschiedene Päpste, auch an Johannes Paul II., mehrmals bestätigt. Welcher Art ihre Begegnungen mit der Gottesmutter waren, ob es nun Erscheinungen oder innere Einsprechungen waren, kann dahingestellt bleiben.

Am kommenden 8. Oktober 2000, anlässlich des Jubiläums für die Bischöfe, plant der Heilige Vater eine weitere Weihe der Welt und besonders Russlands an das Unbefleckte Herzen Mariens. Können wir nach diesem Ereignis, wie in Fatima vorhergesagt, eine »Zeit des Friedens« für die Welt erwarten? Wie sieht Sr. Lucia die Zukunft?

Eine Interpretation der Vision über die »Zeit des Friedens« ist schwierig. Bereits im zweiten Teil des Geheimnisses, nicht nur im dritten, ist von einer »Zeit des Friedens« die Rede, aber auch davon, dass eine Zeit des Friedens gekommen wäre, hätten wir uns bekehrt, hätten wir Buße getan, hätten wir die Welt dem Unbefleckten Herzen Mariens geweiht. Friede ist in der konkreten Wirklichkeit stets ambivalent. Wann können wir von Frieden sprechen, wo gibt es ihn nicht? Sicherlich ist Friede immer unteilbar: Frieden mit Gott, mit den Menschen, mit uns selbst, Friede in den Familien, den Gemeinschaften, auch religiösen Gemeinschaften, usw. Vergessen wir nicht, dass die Verheißung des Friedens eine Verheißung Jesu ist. »Frieden hinterlasse ich euch, meinen Frieden gebe ich euch.« Wir müssen uns fragen: Auf welche Weise bewahrheitet sich dieses Wort des Herrn, wie hat es sich im Laufe der Geschichte bewahrheitet? Es gibt verschiedene Aspekte, unter denen die Verheißung als erfüllt anzusehen ist, aber auch andere, unter denen dies nicht der Fall zu sein scheint. Letztlich bleibt es für uns ein Geheimnis. Denken wir nur an den Krieg auf dem Balkan. Trotz allem, was Johannes Paul II. unternommen hatte, trotz der Aufopferung seiner Leiden, trotz der geforderten Buße, trotz der Weihe der Welt an das Unbefleckte Herz Mariens am 25. März 1984, die in Einheit mit allen Bischöfen der Welt geschah, konnte dieser Krieg nicht verhindert werden. Gewalttätigkeiten und kriegerische Aufstände gibt es fortwährend irgendwo auf der Welt. Die Verheißung des Friedens ist eine delikate Verheißung, aber es ist ein Wort des Herrn, ein Wort der Gottesmutter, und deshalb ist es eine Wirklichkeit. Friede ist ein Geschenk und eine Aufgabe unsererseits, eine mühevolle Aufgabe.

Kardinal Ratzinger hat in seinem Kommentar geschrieben, dass jene, die aufregende apokalyptische Offenbarungen über das Ende der Welt oder den künftigen Lauf der Geschichte erwartet haben, enttäuscht sein werden. Ist die Vision des dritten Teils des Geheimnisses – die Engel, das

Blut, die Leichen – nicht doch ganz und gar apokalyptisch? Sagte nicht der Heilige Vater selbst: »Wir leben nun im 12. Kapitel der Apokalypse«?

Jede geschichtliche Epoche lebt in der Zeit der Apokalypse, weil sie immer eine Zeit der Verfolgung und des Kampfes ist. Denken wir daran, dass der Kampf zwischen Gut und Böse, zwischen Gott und dem Widersacher sehr früh beginnt, bereits auf den ersten Seiten der Genesis. Schon die erste Seite der Heiligen Schrift, die Schöpfung, lebt in der Zeit der Apokalypse, nicht nur wir, nach einigen Tausenden von Jahren. Zugleich ist die Zeit der Apokalypse aber auch die Zeit der Liebe zwischen Braut und Bräutigam, die Zeit des himmlischen Hochzeitsmahles, die Zeit des Lammes, das für uns geopfert worden ist, die Zeit der Freude und der Gemeinschaft mit den Heiligen, die Zeit des himmlischen Jerusalem. Wir leben in dieser Ambivalenz und können uns ihr nicht entziehen. Gewiss sind Engel und Blut typische Zeichen der Apokalypse. Diese und auch andere typische apokalyptische Zeichen dürfen jedoch nicht isoliert, sondern müssen in ihrer Gesamtheit gesehen und richtig eingeordnet werden.

Am 16. Oktober 1978 hatte Msgr. Corrado Balducci im »Osservatore della Domenica« einen Beitrag »Prophetie und Realität« verfasst, in dem er große Teile einer apokryphen Version des dritten Teils des Geheimnisses zitierte, die mit Verweis auf eine vatikanische Quelle von dem Journalisten Louis Emrich 1963 veröffentlicht wurde. Nach einem Bericht der deutschen katholischen Zeitschrift »Stimme des Glaubens« habe der Heilige Vater während seines Deutschlandbesuches 1980 in Fulda daraus zitiert. In diesem Text, dieser apokryphen Version, heißt es u.a., dass »der Kirche eine Zeit schwerer Prüfungen bevorsteht, dass Kardinäle sich gegen Kardinäle erheben, Bischöfe gegen Bischöfe … und Feuer und Rauch vom Himmel fallen« werden. Können Sie etwas über den Ursprung dieses Textes sagen? Ist er frei erfunden, oder erhält er wahre Elemente?

Alle diese Texte, auch die Aussagen von Msgr. Balducci, sind apokryph und haben nichts mit dem dritten Teil des Geheimnisses von Fatima zu tun. Der Text des Geheimnisses ist jener, den Sr. Lucia geschrieben hat, andere Fassungen gibt es nicht. Das ist absolut sicher. Sr. Lucia hat den Text geschrieben und ihn übergeben, seither befindet er sich hier im Geheimarchiv. Als sie diesen Text im vergangenen April wieder in ihren Händen hielt, sagte sie: »Das ist mein Text, das ist meine Handschrift, das ist der dritte Teil des Geheimnisses.« Nochmals: Alle anderen Texte sind erfunden, von wem auch immer und mit welcher Absicht auch immer, sie haben keinerlei Wahrheitsgehalt. Es trifft folglich auch nicht zu, dass der Papst in Fulda diese Quelle zitiert hat. Das hat Kardinal Ratzinger in aller Deutlichkeit während der Pressekonferenz gesagt.

Nach verschiedenen Quellen, insbesondere nach Aussagen von Bischof Venancio, der 1957 alle Dokumente für den Apostolischen Nuntius in Lissabon vorbereitet hatte, war der dritte Teil des Geheimnisses niedergeschrieben auf einem normalen, gefalteten Blatt Papier mit 25 Zeilen und einem Rand von 0,75 cm auf beiden Seiten. Warum ist diese Beschreibung, verglichen mit der nun veröffentlichten Fassung des Geheimnisses, so völlig falsch? Wo liegt die Quelle dieses Missverständnisses? Gibt es gar zwei Manuskripte?

Den dritten Teil des Geheimnisses von Fatima konnte der genannte Bischof im Jahre 1957 mit Sicherheit nicht gesehen haben. Es kam, ich wiederhole es, in einem verschlossenen und versiegelten Umschlag im Geheimarchiv des Heiligen Offiziums an. Deshalb kann es sich bei der zitierten Beschreibung nur um ein Missverständnis handeln, eine andere Möglichkeit gibt es nicht.

Warum glaubte Sr. Lucia, dass der dritte Teil des Geheimnisses erst nach 1960 verstanden werden könnte? Warum das Jahr 1960?

Genau dieselbe Frage stellte ich Sr. Lucia bei meiner Begegnung im April. Ich fragte sie, ob die Jahresangabe 1960 im Auftrag der Gottesmutter geschehen war. Sr. Lucia verneinte und sagte, es sei ihre Idee gewesen, weil sie glaubte, dass das Geheimnis vor dem Jahr 1960 nicht richtig verstanden worden wäre. Da sie noch zu Kriegszeiten schrieb, am 3. Januar 1944, schien ihr das Jahr 1960 so weit entfernt, dass sich in diesem großen Zeitraum das »Dritte Geheimnis« erfüllen würde. Das Jahr 1960 ist also nicht auf eine Vision zurückzuführen, sondern ist eine persönliche Entscheidung von Sr. Lucia, die als Frau auf ihre Weise denkt und empfindet.

Ist es legitim zu sagen, dass man so lange mit der Veröffentlichung des Geheimnisses warten wollte, um die Gegner der Kirche nicht auch noch zu ermutigen, die nicht verstehen konnten, dass eine Prophetie eine Warnung ist?

Wir müssen die Entscheidungen eines jeden Papstes respektieren. Eine Prophezeiung bekannt zu machen, die Leiden und ein tödliches Attentat auf den Papst beinhaltet, hat gewichtige Folgen. Die Päpste, die das Geheimnis gelesen hatten, haben entschieden, die Kirche mit dieser Prophetie, dieser ernsten Bedrohung nicht zu belasten. Sie haben zu Gebet und Buße aufgerufen und damit im Grunde die eigentliche Botschaft bereits an das Volk Gottes weitergegeben, ohne sie formell bekannt zu machen. Als nun die Ereignisse sich geschichtlich als wahr erwiesen hatten, insbesondere das Attentat auf Johannes Paul II., da gab es keinen Grund mehr, das Geheimnis verborgen zu halten und dessen Veröffentlichung im Zusammenhang mit der Seligsprechung der beiden Hirtenkinder anzukündigen. Letztlich spielten für die (Nicht-)Veröffentlichung des Geheimnisses von Fatima persönliche Erwägungen eine Rolle, die jeder Papst in seinem Gewissen, vor Gott, zu entscheiden und zu verantworten hat.

Ist es wahr, dass man mit der Veröffentlichung des Geheimnisses ursprünglich warten wollte bis zum Tod von Sr. Lucia?

Es gab Kreise in der Kurie, die in der Tat diese Auffassung vertraten. Sie plädierten nach bewährter römischer Tradition für ein »Dilata«, ein »Aufschieben«, d.h., sie wollten bis zum Heimgang von Sr. Lucia warten, um dann alle vorhandenen Unterlagen sorgfältig auszuwerten. Offensichtlich hat der Papst diese Auffassung nicht geteilt.

Hat das »Dritte Geheimnis von Fatima« die Außenpolitik, die Ostpolitik des Heiligen Stuhls beeinflusst?

Nach dem neuen Buch von Kardinal Casaroli »Il martirio della pazienza. La Santa Sede e i paesi comunisti (1963 bis 1989)« scheint das nicht ausdrücklich der Fall gewesen zu sein. Aber das lässt sich schwerlich nachweisen. Der Heilige Stuhl bedient sich einer Vielzahl von Mitteln und Möglichkeiten, um seinen vielfältigen Aufgaben nachzukommen. Lassen Sie mich folgendes Beispiel erzählen: Der Papst hatte 1981 eine Delegation von Gelehrten der Päpstlichen Akademie der Wissenschaften beauftragt, den Verantwortlichen der Staatengemeinschaft das Zerstörungspotenzial eines möglichen Atomkrieges vor Augen zu führen, um sie von der Sinnlosigkeit einer solchen Wahntat zu überzeugen. Zuvor aber hatte er Klöster, Konvente, Gebetsstätten und Wallfahrtsorte mobilisiert und für den Erfolg dieses wichtigen Anliegens beten lassen. Damit will ich sagen, dass der Heilige Stuhl sich sehr wohl auch der diplomatischen Möglichkeiten bedient, darüber hinaus aber keineswegs die geistlichen Mittel vernachlässigt oder gar vergisst. Auch in der »Ostpolitik« ist das Zusammenspiel von diplomatischen Bemühungen und geistlichem Tun anzutreffen.

War es ein Zufall, dass die Pressekonferenz zu dem von Ihnen genannten Buch gerade am Tag nach der Veröffentlichung der Botschaft von Fatima stattfand?

Ein reiner Zufall.

Abschließend erlaube ich mir, eine persönliche Frage zu stellen: Wie und wann wurden Sie über die geplante Veröffentlichung des dritten Teils des Geheimnisses informiert? Welche Aufgabe hatten Sie dabei, und wie haben Sie sich darauf vorbereitet?

Ich wurde von Kardinal Ratzinger informiert. Er hatte mit dem Heiligen Vater über Fatima gesprochen. In seinem Auftrag sollte ich zur Klärung einiger Fragen zu Sr. Lucia reisen. Das war im vergangenen Februar. Von diesem Zeitpunkt an habe ich mich mit der Angelegenheit »Fatima« intensiv beschäftigt. Mit der notwendigen Erlaubnis nahm ich Einblick in die entsprechenden Unterlagen, auch in den dritten Teil des Geheimnisses. Das geschah in enger Absprache mit Kardinal Ratzinger. Den Heiligen Vater und seine unmittelbarsten Mitarbeiter habe ich regelmäßig unterrichtet. Aus verschiedenen Gründen wurde dann entschieden, dass ich nach Ostern 2000 nach Fatima reise.

Exzellenz, vielen Dank für dieses Gespräch.

(Das Interview führte Michael Hesemann. Übersetzung aus dem Italienischen: Msgr. Dr. Georg Gänswein, Rom.)

Anhang B

Wie untersucht die Kirche Marienerscheinungen?

1978 verfasste die römische Kongregation für die Glaubenslehre ein Schreiben, das die Richtlinien zur Untersuchung solcher Erscheinungen festlegt. Den »Normen der Kongregation in Fragen der Prozeduren und Beurteilung angeblicher Erscheinungen und Privatoffenbarungen« nach soll der örtliche Bischof entscheiden, ob eine Untersuchung angebracht ist. Sollte dies der Fall sein, so beruft er eine Untersuchungskommission ein, meist bestehend aus Theologen – bevorzugt solchen, die auf Erscheinungen und Dämonologie spezialisiert sind –, Medizinern, Psychologen und einem Pfarrer. Die Gruppe befasst sich zunächst mit zwei entscheidenden Fragen: Besteht eine Übereinstimmung zwischen den Botschaften, die der jeweilige Seher zu empfangen behauptet, und den Lehren der Kirche? Fügen sie sich ein in die bekannte Gottesoffenbarung? Jede echte Erscheinung ist ein Werk Gottes, und »Gott widerspricht sich nicht«, ist der Gedanke, der hinter diesem Kriterium steckt. Deshalb prüft das Lehramt der Kirche die »Konformität« von Erscheinungsbotschaften mit der katholischen Glaubens- und Sittenlehre.

Die zweite, entscheidende Frage ist: Wie viel Gutes ist den Pilgern, welche die Stätte der Vision besucht haben, zuteil geworden? Kam es zu Bekehrungen oder Heilungen?

Kriterien zur Beurteilung von Erscheinungen und Privatoffenbarungen:

1. Informationsmenge: Liegen ausreichende Daten vor?
2. Orthodoxie: Stimmen die Erscheinungen mit Glaube und Moral überein?
3. Transparenz: Führen uns die Erscheinungen zu Gott, zu Christus, zum Evangelium?
4. Zeichen: Gibt es ausreichende Gründe, hier das Wirken der Hand Gottes zu sehen?
5. Expertenmeinungen: Glauben Experten der verschiedensten Disziplinen (speziell Ärzte und Psychiater), dass die Visionäre, speziell in Ekstase, gesund oder pathologisch sind?

6. Tragen diese Erscheinungen gute Früchte? Das betrifft in erster Linie auch das Leben des Sehers selbst, aber auch sein Umfeld, die Pilger, die Gläubigen.
7. Stehen die Kirchenautoritäten den Erscheinungen positiv oder negativ gegenüber?

(Quelle: Kongregation für die Glaubenslehre: »Normen der Kongregation in Fragen der Prozeduren und Beurteilung angeblicher Erscheinungen und Privatoffenbarungen«, Rom, 25. Februar 1978)

Grundsätzlich spielt die Untersuchungskommission den »advocatus diaboli«, geht davon aus, dass alles eine natürliche Erklärung hat – es sei denn, entscheidende Gründe sprechen dagegen. So wurden zwischen 1932 und 1962 nur drei Marienerscheinungen kirchenamtlich anerkannt, 30 aber abgelehnt! Eine »Anerkennung« bedeutet die Zulassung von Pilgerfahrten, Andachten und Messfeiern am Erscheinungsort, ist aber keineswegs eine Glaubensverpflichtung für den Katholiken.

Denn Marienerscheinungen sind per definitionem »Privatoffenbarungen«, und »die gehören … nicht zum Glaubensgut«, wie der »Katechismus der katholischen Kirche« erklärt, »Sie sind nicht dazu da, die endgültige Offenbarung Christi zu ›vervollkommnen‹ oder zu ›vervollständigen‹, sondern sollen helfen, in einem bestimmten Zeitalter tiefer aus ihr zu leben. Unter der Leitung des Lehramtes der Kirche weiß der Glaubenssinn der Gläubigen zu unterscheiden und wahrzunehmen, was in solchen Offenbarungen ein echter Ruf Christi oder seiner Heiligen an die Kirche ist.« Das heißt,

1. Da Gott allmächtig ist, ist es ihm auch möglich, »Maria oder auch andere Heilige visionär zu Menschen kommen und sprechen zu lassen«.
2. Die Offenbarung Gottes »in der Heilsgeschichte, deren Höhepunkt sein Sohn Jesus Christus ist, bedarf keiner Ergänzung durch Erscheinungen«. Die Offenbarung ist »eigentlich« mit dem Tod der Apostel abgeschlossen. In der Bibel, speziell im Neuen Testament, steht alles Notwendige zur Erlösung des Menschen – Marienbotschaften sind also eigentlich überflüssig. Und doch dienen sie dem Zweck, »uns in einer bestimmten Zeit vergessene Wahrheiten wieder ins Gedächtnis zu rufen«.

3. Daher ist es für den Gläubigen zumindest ratsam, den anerkannten Erscheinungen Beachtung zu schenken. Obwohl keiner zum Glauben an sie verpflichtet ist, »erweist sich solcher Glaube oft in hohem Maße als sinnvoll und heilsam«. Orte echter Erscheinungen sind immer Stätten des lebendigen Glaubens.

Damit folgt die Kirche dem Rat des heiligen Paulus, der mahnte: »Löscht den Geist nicht aus! Achtet Prophetengabe nicht gering! Prüfet alles und was gut ist, behaltet!« (1. Thess. 5, 19–21) »Wir weisen eine irrige Meinung zurück, als ob Gott die große Offenbarung mit dem Tod des letzten Apostels so abgeschlossen hätte, dass ihm in der nun folgenden geschichtlichen Periode – fast in deistischer Weise – keine Eingreifmöglichkeit mehr zur Verfügung stünde«, erklärte der Bischof von Regensburg, Rudolf Graber, im Jahre 1984, »Wir müssen mit dem Einbruch des Geistes rechnen und dürfen nicht alles von unserer menschlichen Vernunft erwarten. Dieser Einbruch des Geistes erfolgt in vielfältiger Form, nicht zuletzt durch Engel und Heilige, und hier vor allem durch die Erscheinungen der Gottesmutter, die nach den Worten des Konzils ›dem wandernden Gottesvolk als Zeichen der sicheren Hoffnung und des Trostes bis zur Ankunft des Tages des Herrn voranleuchtet‹.«

Auch Karl Rahner, einer der bedeutendsten Theologen des 20. Jahrhunderts, war überzeugt:

> »Das Prophetische und Visionäre ist aus der Geschichte des Christentums nicht wegzudenken. Wer alle solche Dinge zurückführen wollte auf natürliche und krankhafte menschliche Zustände, würde konsequent leugnen, dass ein geschichtliches Handeln des sich im Wort offenbarenden persönlichen Gottes möglich sei. Damit aber würde er den Charakter des Christentums als einer übernatürlichen geschichtlichen Offenbarungsreligion bestreiten … Privatoffenbarungen sind nicht überflüssig oder ein himmlischer Repetitionskurs der allgemeinen Offenbarung oder eine intellektuelle Hilfe zur Erkenntnis von etwas, was man grundsätzlich auch ohne diese Hilfe finden könnte … Privatoffenbarungen sind in ihrem Wesen ein Imperativ, wie in einer bestimmten geschichtlichen Situation von der Christenheit gehandelt werden soll; sie sind wesentlich keine neue Behauptung, sondern ein neuer Befehl.«

Papst Urban VIII. (1623/1644) meinte sogar zu offiziell noch nicht anerkannten Erscheinungen:

> »In solchen Fällen ist es besser, zu glauben als nicht zu glauben, denn wenn man glaubt und es erweist sich als wahr, wird man sich freuen, dass man daran geglaubt hat, denn Unsere Heilige Mutter hat darum gebeten. Wenn man glaubt und es sollte sich als falsch erweisen, erhält man dennoch alle Segnungen, als sei es wahr gewesen, weil man glaubte, es sei wahr.«

Andererseits dürfen Marienoffenbarungen gewiss nicht wörtlich genommen werden. Natürlich bedienen sie sich einer symbolischen Sprache und Bilderwelt, um auch komplexe Vorgänge und theologische Lehren für die oft einfache Seele des Sehers fassbar zu machen. So ist zu bezweifeln, dass es sich bei der Höllenvision der Kinder von Fatima tatsächlich um Livetransmissionen aus der Unterwelt handelte. Vielmehr dürfte sie auf symbolische Weise den Zustand der unerlösten Seelen in der ewigen Verdammnis zeigen. Das Gleiche gilt für die so häufige Erwähnung des »Satans« oder »Antichristen«. Ist damit tatsächlich eine diabolische Person gemeint? Oder ist es einfach nur eine Metapher für alles, was den Menschen von Gott und den göttlichen Gesetzen entfernt?

So ist selbst der umstrittene deutsche Theologe Dr. Herbert Küng davon überzeugt, dass »im Fall der Erscheinungen von Maria« jene »Tiefen und Seiten der Seele« benutzt werden, in denen das »archetypische Bildreservoir« gespeichert ist.

> »Jedenfalls pflanzt sich ihre ›objektive‹ Anwesenheit und Sichtbarkeit in solche Fähigkeiten ein und weckt sie. Gott benutzt durch Maria Subjektives, benutzt aus der Tiefe Aufsteigendes, benutzt die Schicht, aus der Visionen kommen, rationale und nicht rationale Bilder. Sie steigt aus der Tiefe der Seele auf, aus der Tiefe einer Landschaft, einer Kultur, eines Volkes, einer Sprache, einer bestimmten religiösen Kultur und Ausprägung. Die entsprechenden Schichten brechen auf und zentrieren sich um das Bild ›Maria‹. Sie können aber nicht aktiv hervorgebracht werden. Sie lassen sich nicht auf Kommando wiederholen. Sie brechen auf. Und gleichzeitig werden sie ›von oben‹ benützt.«

Es wird also gearbeitet mit Bildern aus dem individuellen oder kollektiven Unbewussten. Das aber fordert den Untersucher der Erscheinungen heraus, kritisch zu prüfen, was der wahre Kern, was die Botschaft einer Erscheinung ist.

Anhang C

Das Fatima-Geheimnis

Der vollständige Text

Erster und zweiter Teil des »Geheimnisses«, wie es Schwester Lucia am 31. August 1941 für den Bischof von Leiria-Fatima aufgezeichnet hat:

> Das Geheimnis besteht aus drei verschiedenen Teilen, von denen ich zwei jetzt offenbaren will. Der erste Teil war die Vision der Hölle.
> Unsere Liebe Frau zeigte uns ein großes Feuermeer, das in der Tiefe der Erde zu sein schien. Eingetaucht in dieses Feuer, sahen wir die Teufel und die Seelen, als seien es durchsichtige schwarze oder braune, glühende Kohlen in menschlicher Gestalt. Sie trieben im Feuer dahin, emporgeworfen von den Flammen, die aus ihnen selber zusammen mit Rauchwolken hervorbrachen. Sie fielen nach allen Richtungen wie Funken bei gewaltigen Bränden ohne Schwere und Gleichgewicht unter Schmerzensgeheul und Verzweiflungsschreien, die einen vor Entsetzen erbeben und erstarren ließen. Die Teufel waren gezeichnet durch eine schreckliche und grauenvolle Gestalt von scheußlichen, unbekannten Tieren, aber auch sie waren durchsichtig und schwarz.
> Diese Vision dauerte nur einen Augenblick. Dank sei unserer himmlischen Mutter, die uns vorher versprochen hatte, uns in den Himmel zu führen (in der ersten Erscheinung). Wäre das nicht so gewesen, dann, so glaube ich, wären wir vor Schrecken und Entsetzen gestorben.
>
> Wir erhoben den Blick zu Unserer Lieben Frau, die voll Güte und Traurigkeit sprach:
>
> **– Ihr habt die Hölle gesehen, wohin die Seelen der armen Sünder kommen. Um sie zu retten, will Gott in der Welt die Andacht zu meinem Unbefleckten Herzen begründen. Wenn man tut, was ich euch sage, werden viele Seelen gerettet werden, und es wird Friede sein. Der Krieg wird ein Ende nehmen. Wenn**

man aber nicht aufhört, Gott zu beleidigen, wird unter dem Pontifikat von Papst Pius XI. ein anderer, schlimmerer beginnen. Wenn ihr eine Nacht von einem unbekannten Licht erhellt seht, dann wisst, dass dies das große Zeichen ist, das Gott euch gibt, dass er die Welt für ihre Missetaten durch Krieg, Hungersnot, Verfolgungen der Kirche und des Heiligen Vaters bestrafen wird. Um das zu verhüten, werde ich kommen, um die Weihe Russlands an mein Unbeflecktes Herz und die Sühnekommunion an den ersten Samstagen des Monats verlangen. Wenn man auf meine Wünsche hört, wird Russland sich bekehren, und es wird Friede sein. Wenn nicht, wird es seine Irrlehren über die Welt verbreiten, wird Kriege und Kirchenverfolgungen heraufbeschwören. Die Guten werden gemartert werden, der Heilige Vater wird viel zu leiden haben, verschiedene Nationen werden vernichtet werden, am Ende aber wird mein Unbeflecktes Herz triumphieren. Der Heilige Vater wird mir Russland weihen, das sich bekehren wird, und der Welt wird eine Zeit des Friedens geschenkt werden.
(Später ergänzte Lucia:) **In Portugal wird man stets das Dogma des Glaubens bewahren etc.**

Der dritte Teil des »Geheimnisses«, wie ihn Schwester Lucia am 3. Januar 1944 niederschrieb:

Nach den zwei Teilen, die ich schon dargestellt habe, haben wir links von Unserer Lieben Frau etwas oberhalb einen Engel gesehen, der ein Feuerschwert in der linken Hand hielt; es sprühte Funken und Flammen gingen von ihm aus, als sollten sie die Welt anzünden; doch die Flammen erloschen, als sie mit dem Glanz in Berührung kamen, den Unsere Liebe Frau von ihrer rechten Hand auf ihn ausströmte: den Engel, der mit der rechten Hand auf die Erde zeigte und mit lauter Stimme rief: **Buße, Buße, Buße!**

Und wir sahen in einem ungeheuren Licht, das Gott ist, ›etwas, das aussieht wie Personen in einem Spiegel, wenn sie davor vorübergehen‹, einen in Weiß gekleideten Bischof, ›wir hatten die Ahnung, dass es der Heilige Vater war‹, verschiedene andere Bischöfe, Priester, Ordensmänner und Ordensfrauen einen steilen Berg hinaufsteigen, auf dessen Gipfel sich ein großes Kreuz befand aus rohen Stäm-

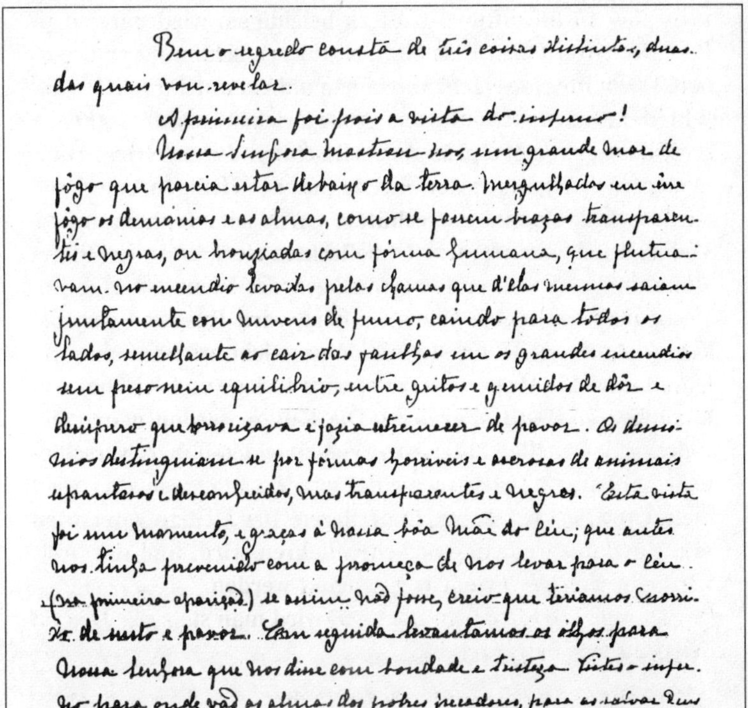

Bem o segredo consta de três coisas distintas, duas das quais vou revelar.

A primeira foi pois a vista do inferno!

Nossa Senhora mostrou-nos um grande mar de fôgo que parecia estar debaixo da terra. Mergulhados em ese fôgo os demonios e as almas, como se fossem brazas transparentes e negras, ou bronzeadas com forma humana, que flutuavam no incendio levadas pelas chamas que d'elas mesmas saiam juntamente com nuvens de fumo, caindo para todos os lados, semelhante ao cair das faulhas em os grandes incendios sem peso nem equilibrio, entre gritos e gemidos de dôr e desespero que horrorizava e fazia estremecer de pavor. Os demonios distinguiam-se por formas horriveis e ascrosas de animais espantosos e desconhecidos, mas transparentes e negros. Esta vista foi um momento, e graças à nossa bôa Mãi do Céu; que antes nos tinha prevenido com a promessa de nos levar para o Céu. (na primeira aparição) se assim não fosse, creio que teriamos morrido de susto e pavor. Em seguida levantamos os olhos para Nossa Senhora que nos disse com bondade e tristeza. Vistes o inferno para onde vão as almas dos pobres pecadores, para as salvar Deus quer estabelecer no mundo a devoção a meu Imaculado Coração. Se fizerem o que eu vos disser salvar-se-ão muitas almas e terão páz. A guerra vai acabar, mas se não deixarem de ofender a Deus, no reinado de Pio XI começará outra peor. Quando virdes uma noite, alumiada por uma luz desconhecida, sabei que, é o grande sinal que Deus vos dá de que vai a punir o mundo de seus crimes, por meio da guerra, da fome, e de perseguições à Igreja e ao Santo Padre. Para a impedir virei pedir a consagração da Russia a meu Imaculado Coração e a Communhão reparadora nos primeiros sabados. Se atenderem a meus pedidos a Russia se converterá e terão páz, se não espalhará seus erros pelo mundo, promovendo guerras e perseguições à Igreja, os bons serão martirizados, o Santo Padre terá muito que sofrer, varias nações serão aniquiladas, por fim o meu Imaculado Coração triunfará. O Santo Padre consagrar-me-á a Russia que se converterá e será concedido ao mundo algum tempo de páz.

Erster und zweiter Teil des Geheimnisses von Fatima.

e desespero que horrorizava e fazia estremecer de pavor. (deve ser ao deparar-me com esta vista que dei êsse ai, que dizem terme ouvido). Os demónios destinguiam-se por fórmas horriveis e ascrosas de animais espantosos e desconhecidos, mas transparentes como negros carvões em braza. Assustados e como que a pedir socorro levantamos a vista para Nossa Senhora que nos disse com bondade e tristeza. Vistes o inferno, para onde vão as almas dos pobres peccadores; para as salvar Deus quer estabelecer no mundo a devoção a meu Imaculado Coração, se fizerem o que eu vos disser salvar-se-ão muitas almas e terão páz: a guerra vai acabar: mas se não deixarem de ofender a Deus, no reinado de Pio XI começará outra peor. Quando virdes uma noite alumiada por uma luz desconhecida, sabei que é o grande sinal que Deus vos dá de que vai a punir o mundo de seus crimes, por meio da guerra, da fome e de presseguições á Igreja e ao Santo Padre.

Para a impedir, virei pedir a consagração da Russia a meu Imaculado Coração, e a Communhão reparadora nos primeiros sabados. Se atenderem a meus pedidos a Russia se converterá e terão páz: se não, espalhará seus erros pelo mundo, promovendo guerras e presseguições á Igreja, os bons serão martirizados, o Santo Padre terá muito que sofrer, varias nações serão aniquiladas: por fim o meu Imaculado Coração triumfará. O Santo Padre consagrar-me-á a Russia que se converterá e será concedido ao mundo algum tempo de páz. Em Portugal se conservará sempre o dógma da fé etc. Isto não o digais a ninguem. Ao Francisco sim, podeis dize-lo.

DRITTER TEIL DES »GEHEIMNISSES«
(Originaltext)

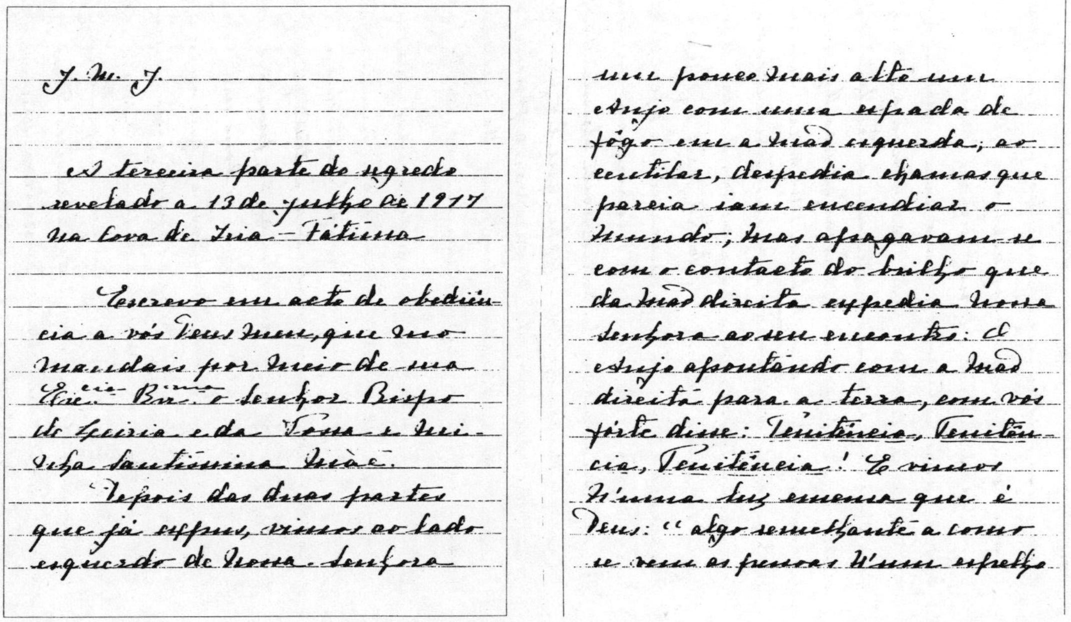

J. M. J.

A terceira parte do segredo
revelado a 13 de Julho de 1917
na Cova de Iria — Fátima.

Escrevo em acto de obediên-
cia a vós Deus meu, que mo
mandais por meio de sua
Ex.cia Rev.ma o Senhor Bispo
de Leiria e da Vossa e mi-
nha Santíssima Mãe.

Depois das duas partes
que já expus, vimos ao lado
esquerdo de Nossa Senhora
um pouco mais alto um
Anjo com uma espada de
fôgo em a mão esquerda; ao
centilar, despedia chamas que
parecia iam encendiar o
mundo; mas apagavam-se
com o contacto do brilho que
da mão direita expedia Nossa
Senhora ao seu encontro: O
Anjo apontando com a mão
direita para a terra, com voz
forte disse: Penitência, Penitên-
cia, Penitência! E vimos
n'uma luz emensa que é
Deus: "algo semelhante a como
se vêem as pessoas n'um espelho

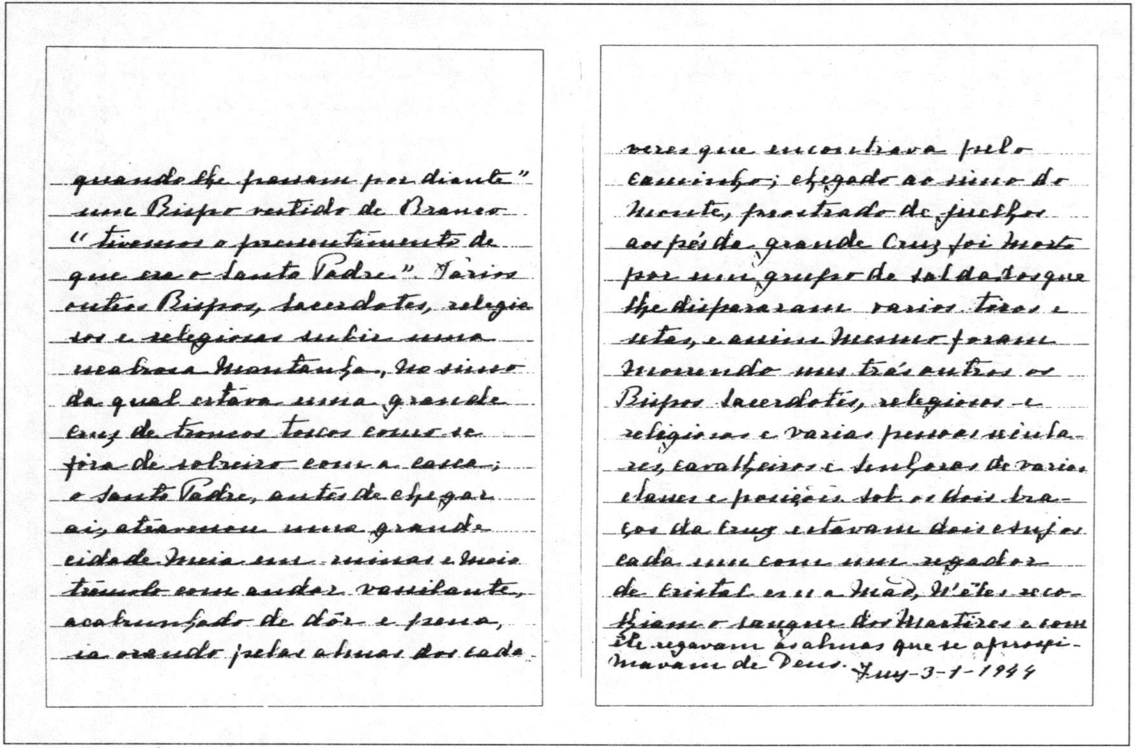

quando lhe passam por diante"
um Bispo vestido de Branco
"tivemos o pressentimento de
que era o Santo Padre". Varios
outros Bispos, Sacerdotes, religio
sos e religiosas subir uma
escabrosa montanha, no cimo
da qual estava uma grande
Cruz de troncos toscos como se
fôra de sobreiro com a casca;
o Santo Padre, antes de chegar
aí, atravessou uma grande
cidade meia em ruinas e meio
trémulo com andar vacilante,
acabrunhado de dôr e pena,
ia orando pelas almas dos cada-
veres que encontrava pelo
caminho; chegado ao cimo do
monte, prostrado de joelhos
aos pés da grande Cruz foi morto
por um grupo de soldados que
lhe dispararam varios tiros e
setas, e assim mesmo foram
morrendo uns trás outros os
Bispos Sacerdotes, religiosos e
religiosas e varias pessoas secula-
res, cavalheiros e senhoras de varias
classes e posições. Sob os dois bra-
ços da Cruz estavam dois Anjos
cada um com um regador
de cristal em a mão, nêles reco-
lhiam o sangue dos Martires e com
êle regavam as almas que se aproxi-
mavam de Deus. Tuy-3-1-1944

men wie aus Korkeiche mit Rinde. Bevor er dort ankam, ging der Heilige Vater durch eine große Stadt, die halb zerstört war und halb zitternd mit wankendem Schritt, von Schmerz und Sorge gedrückt, betete er für die Seelen der Leichen, denen er auf seinem Weg begegnete. Am Berg angekommen, kniete er zu Füßen des großen Kreuzes nieder. Da wurde er von einer Gruppe von Soldaten getötet, die mit Feuerwaffen und Pfeilen auf ihn schossen. Genauso starben nach und nach die Bischöfe, Priester, Ordensleute und verschiedene weltliche Personen, Männer und Frauen unterschiedlicher Klassen und Positionen. Unter den beiden Armen des Kreuzes waren zwei Engel, ein jeder hatte eine Gießkanne (1) aus Kristall in der Hand. Damit sammelten sie das Blut der Märtyrer auf und tränkten damit die Seelen, die sich Gott näherten.

In der Übersetzung wurde der Originaltext auch in den Ungenauigkeiten der Interpunktion und Grammatik geachtet. Die Worte der Erscheinung sind in fetter Schrift gedruckt.

---

(1) Bei obigem Text handelt es sich um die offizielle Übersetzung, wie sie am 26. Juni 2000 von der vatikanischen Kongregation für die Glaubenslehre veröffentlicht wurde. Dabei wurde das portugiesische Wort »regador« als »Gießkanne« übersetzt, was gewiss dem Wörterbuch entspricht. In anderssprachigen Übersetzungen dagegen interpretierte man es als Aspersorium, als »Besprenger«, womit der Weihwasserkessel und -wedel gemeint ist, mit dem der Priester segnet.

Anhang D

Graphologisches Gutachten

Um sicherzugehen, dass das »Dritte Geheimnis von Fatima«, das am 26. Juni 2000 vom Kardinal Ratzinger und Erzbischof Bertone der Öffentlichkeit präsentiert wurde, tatsächlich authentisch ist und aus der Feder Schwester Lucias stammt, gab der Autor dieses Buches ein unabhängiges graphologisches Gutachten in Auftrag. Dazu erhielt der bekannte Düsseldorfer Graphologe und Diplom-Psychologe Fidelio Köberle neben dem veröffentlichten Faksimile des Geheimnisses zum Vergleich Kopien der im November 1941 von Schwester Lucia handschriftlich verfassten Memoiren. Nachfolgend, im vollen Wortlaut, seine Expertenmeinung vom 1. August 2000:

FIDELIO KÖBERLE
DIPLOM-PSYCHOLOGE UND GRAPHOLOGE

[redacted] DÜSSELDORF 1.8.2000
[redacted]

Gutachten Nr. 08011

Es ist die Aufgabe gestellt zu ermitteln, ob die Handschrift des 'Fatima-Geheimnisses' echt ist, also von der Hand der Seherin Lucia stammt.

Zur Untersuchung standen zur Verfügung eine Kopie des Geheimnisses (im Folgenden mit '01 bis 04' bezeichnet) und eine Kopie aus den handschriftlichen Momoiren von Lucia von November 1941 (im Folgenden mit 'V1 bis V2' bezeichnet).

Nachstehend werden die Übereinstimmungen aufgeführt, die zwischen den beiden Schriften bestehen.

1. Der allgemeine Eindruck beider Schriften zeigt eine starre, strenge und etwas verkrampfte Schrift.

2. Aber auch viele Einzelmerkmale sind auffällig identisch, wie etwa die Schriftlage: rechtsschräg.

3. Die Schriftbreite, nämlich breit (das n ist breiter als hoch) und die starke Verbundenheit.

4. Die Bindungsform ist ein scharfer Winkel ('Sacré Coer').

5. An der Schriftbasis sind alle Buchstaben, auch die normalerweise gerundeten, winkelig geschrieben.

6. Die Buchstabenverbindung ao am Wortende zeigt eine auffällige Verzierung.

7. Unterlängenbuchstaben (J, j und g) zeigen einen auffälligen Haken.

8. Das D hat eine typische identische Form.

9. Das E in seiner komplizierten Form ist ebenfalls auffällig identisch.

10. M und N werden mit einem Anfangsschwung versehen.

- 2 -

FIDELIO KÖBERLE
DIPLOM-PSYCHOLOGE UND GRAPHOLOGE

[redacted] DÜSSELDORF 1.8.2000
[redacted]

Gutachten Nr. 08011 - Blatt 2 -

11. Das P hat einen Kopf in aufsteigender Form.

12. Das d ist in seinem Hauptteil grösser als etwa das m.

13. Der zweite Teil des h beginnt auf der Grundlinie.

14. Das o trägt am Wortende einen betonten Endstrich.

15. Das p hat einen stark nach oben reichenden ersten Abstrich, und der zweite Teil sitzt oft so weit weg, als ob es sich um einen anderen Buchstaben handelte.

16. Das t trägt einen weit nach rechts reichenden und ansteigenden Querstrich.

Schlussfolgerung

Die Liste der Übereinstimmungen liesse sich noch verlängern. Sie reicht aber vollkommen aus, um eine Entscheidung zu treffen, zumal es an Verschiedenheiten oder gar Unvereinbarkeiten fehlt.

Man kann mit an Sicherheit grenzender Wahrscheinlichkeit feststellen, das die Schreibe identisch sind, dass also das Fatima-Geheimnis echt ist.

(Köberle)

CHARAKTERGUTACHTEN · PERSONAL-BEGUTACHTUNG
NACHWEIS VON SCHRIFTFÄLSCHUNG · IDENTITÄTSNACHWEIS BEI ANONYMSCHRIFTEN
TONBANDSTIMMENFORSCHUNG

FIDELIO KÖBERLE
DIPLOM-PSYCHOLOGE UND GRAPHOLOGE

[redacted] DÜSSELDORF 1.8.2000
[redacted]

Gutachten Nr. 08011 - Blatt 3 -

Belege

1 - 4: Starr, rechtsschräg, breit, verbunden, Winkel

vacilante, 03/14 alimcad V2/19

5: Basis winkelig obedien 01/5 lados V1/7

6: ao mit Verzierung mão 02/10 Irão V1/20

7: Haken an Unterlängen
ugredo 01/2 Igreja V1/6

9: E Ee 01/5 Em V1/12

10: M und N Mon 04/8 Mem V2/14

11: P Perii 02/12 Por V1/12

12: d des 02/4 nde V2/12

13: h hante 02/15 horror V2/3

14: o como 02/15 ado V2/18

15: p pelo 04/1 empe V1/1

16: t partes 01/11 vista V2/10

8: D Deus 01/6 Deus V2/13

Literaturverzeichnis

Adler, Manfred: Zeichen der Zeit, Leutesdorf 1982

Alonso, P. Joaquin M.: The Secret of Fatima – Fact and Legend, Still River/Mass. 1979

Anges, Frere Francois de Marie des: Fatima – Prophecies of Tragedy and Triumph, Buffalo/NY 1994

Auclair, Raoul: Kerizien, Hauteville 1983

Barthas, Carl: Fatima – ein Wunder des zwanzigsten Jahrhunderts, Freiburg 1955

Baumgartlinger, Karl: Das geheimnisvolle Kreuz von Eisenberg, Ried o.J.

Bender, Hans: Zukunftsvisionen, Kriegsprophezeiungen, Sterbeerlebnisse, München 1983

Benitez, Juan J.: El misterio de la Virgen de Guadalupe, Barcelona 1982

Bernstein, Carl & Politi, Marco: Seine Heiligkeit, München 1996

Borelli, Antonio A. & Spann, John R.: Our Lady of Fatima: Prophecy of Tragedy or Hope, York/PA 1996

Calkins, Arthur B.: Totus Tuus – John Paul II's Program of Marian Consecration and Entrustment, New Bedford/Mass. 1992

Calvagni, Maria: Il Cielo Sulla Roccia, Belpasso 1988

Carrol, Warren H.: 1917 – Red Banners, White Mantles, Front Royal/VA 1981

Casaroli, Agostino Card.: Il martirio della pazienza, Torino 2000

Castelbranci, J.: Maria erscheint und spricht in Fatima, Konstanz 1949

Connell, Janice: The Visions of the Children, New York 1992

dies.: Meetings with Mary, New York 1995

Cunneen, Sally: In Search of Mary, New York 1996

Durham, Michael: Miracles of Mary, San Francisco 1995

Durrer, Werner: Siegeszug der Wundertätigen Medaille, Jestetten 1994

Ernst, Robert: Die Papstweissagungen des hl. Bischofs Malachias, Bietigheim 1988

Es, Marinus M. van: Fatima – Erscheinungen und Botschaften Unserer Lieben Frau, Jestetten 1982

Estrade, Jean B.: Bernadette, die Begnadete von Lourdes, Leutesdorf 1980

Flagel, P. Odilio, Fatima heute, Feldkirch-Altenstadt 1966

Fuhs, Andreas Johannes: Fatima und der Friede, Steyl 1983

Garzonio, Marco: E venne un uomo chiamato Giovanni, Milano 2000

Girard, Guy & Armand & Bubalo, Janko: Mary – Queen of Peace, Maison St. Pascal, 1988
Gonzaga da Fonseca: Maria spricht zur Welt, Freiburg 1973
Grochtmann, Harald: Unerklärliche Ereignisse, überprüfte Wunder und juristische Tatsachenfeststellung, Langen 1989

Hamm, Emma T.: Eingriffe – Lourdes und Fatima im Zeitgeschehen, Leutesdorf 1980
Heresch, Elisabeth: Rasputin, München 1995
Hesemann, Michael: Geheimsache Fatima, Essen/München 1997
ders.: Die Jesus-Tafel, Freiburg 1999
ders.: Die stummen Zeugen von Golgatha, München 2000
ders.: The Fatima Secret, New York 2000
ders. & Schnyder, Henri: Die kommende Weltkrise, Weilersbach 1998
ders.: »Die großen Marienerscheinungen« (Serie), in: Das Neue Zeitalter, München 1983
ders.: »Der Stigmatisierte von Fatima«, in: Magazin 2000, Nr. 101, Neuss 1994
Hierzensberger, Gottfried & Nedomansky, Otto: Erscheinungen und Botschaften der Jungfrau Maria, Augsburg 1993
Höcht, Johannes M.: Die Große Botschaft von La Salette, Stin am Rhein 1977/1996
Hoffmann, Hellmuth: Die Wahrheit über die Botschaft von Fatima, Bietigheim 1983
Hogue, John: The Last Pope, Shaftesbury/Dorset 1998
Hünermann, Wilhelm: Fatima – Una Storia Meravigliosa, Milano 2001

Jäger, M.: Eisenberg 1956–1983, München 1983
Johannes XXIII.: Geistliches Tagebuch, Freiburg 1964
Johannes Paul II.: Die Schwelle der Hoffnung überschreiten, Hamburg 1994
ders.: Redemptoris Mater, Vatikanstadt 1987
Johnston, Francis: So hat Er keinem Volk getan, Stein am Rhein 1991

Katechismus der Katholischen Kirche, München 1993
Kondor, Fr. Luis (Hrsg.): Schwester Lucia spricht über Fatima, Fatima 1996
Kwitny, Jonathan: Man of the Century, New York 1997

Laurentin, Rene: The Apparitions of the Blessed Virgin Mary Today, Dublin 1990

Machado, Antonio Borelli: Fatima-Botschaft der Tragödie oder der Hoffnung, Frankfurt 1997
Malaty, Tadros: Die Gottesmutter bei den Vätern, Regensburg 1989
Mantero, Piero: La Profezia di Fatima, Udine 1992/99
Marchi, J. de: Fatima von Anfang an, Fatima 1993

Marini, Msgr. Piero (Hrsg.): Giubileo dei Vescovi – Preghiera del Rosario, 7 Ottobre 2000, Vatikanstadt 2000

ders.: Giubileo dei Vescovi – Concelebrazione Eucaristica, 8 Ottobre 2000, Vatikanstadt 2000

Meyer, Anton: Malachias – Die Päpste-Weissagung, Lathen 1995

Odell, Catherine M.: Those Who Saw Her, Huntington/Ind. 1995

Pelikan, Jaroslav: Maria, Freiburg 1999

Philbert, Bernhard: Christliche Prophetie und Nuklearenergie, Stein am Rhein 1982

Pilla, Eugenio: I Sogni di Don Bosco, Siena 1988

Rahner, Karl: Visionen und Prophezeiungen, Freiburg 1958

Ratzinger, Card. Joseph (Hrsg.): Die Botschaft von Fatima, Vatikanstadt 2000

Redzioch, Wlodzimierz: Our Lady of Fatima, Narni o.J.

Reju, Daniel: Das dritte Geheimnis von Fatima, Bergisch-Gladbach 1984

Roques, Valeska von: Verschwörung gegen den Papst, München 2001

Saint Trinite, Michel de la: The Whole Truth about Fatima,
- Vol. 1: Science and the Facts, Buffalo/NY 1989
- Vol. 2: The Secret and the Church, Buffalo/NY 1989
- Vol. 3: The Third Secret, Buffalo/NY 1990

Salmen, Hans: Jetzt erfüllt sich das Dritte Geheimnis von Fatima, Gaming 1996

Schmerting, Georg: Geheimnis Maria, Dorfen 1996

Sigl, P. Paul Maria: Die Frau aller Völker – Miterlöserin, Mittlerin, Fürsprecherin, Amsterdam/Rom 1998

Speckbacher, Franz: Erscheinungen in Heroldsbach, Andrä-Wördern 1989

ders.: Garabandal, Donnerstag 20.30 Uhr, Wien 1979/92

Terelja, Josip & Brown, Michael: Zeugnis, Andrä-Wördern 1995

Tindal-Robertson, Timothy: Fatima, Russia & Pope John Paul II, Chulmleigh/ Devon 1992

Vallee, Jacques: The Invisible College, New York 1975

Wagner, Karl: Erscheinung der weinenden Mutter Gottes in La Salette, Altötting o.J.

Wassermann, Adi: Bernadette Subirous, Gärning 1996

Weber, Albrecht: Garabandal – Der Zeigefinger Gottes, Meersburg 1993

Weigel, George: Witness to Hope, New York 1999

Weigl, A.M. & Branz, P.F.: Volk unter prophetischem Anruf, Altötting 1986

Ziegenaus, Anton (Hrsg.): Marienerscheinungen – ihre Echtheit und Bedeutung im Leben der Kirche, Regensburg 1995

MAGAZINE

L'Osservatore Romano, Rom
L'Osservatore Domenico, Rom
Magazin 2000, Luxembourg/Neuss
30 Tage, Rom/Aachen
Inside the Vatican, Rome
Das Neue Zeitalter, München
Il Segno del Soprannaturale, Udine/Italien
Der Spiegel, Hamburg
Focus, München
Der Schwarze Brief, Lippstadt
The Fatima Crusader, Buffalo/NY

BILDQUELLENNACHWEIS

Archiv Michael Hesemann, Düsseldorf: 23, 33–36,
Archiv Giorgio Bongiovanni, Porto Sant Elpidio: 18–21, 46
Archivo Postulacao, Fatima: 1, 2–10, 12–17, 22, 26–30
L´Osservatore Romano, Rom, 11, 24, 25, 31–32, 37–45, 47–48

DAS VIDEO ZUM BUCH

»Das Fatima-Geheimnis« (Video VHS, 55 min, 24,95 EUR) zeigt die ergreifendsten Szenen der in diesem Buch geschilderten Ereignisse (Papstbesuche in Fatima, Pressekonferenz und Weltweihe in Rom) und geht der Bedeutung des »Dritten Geheimnisses« auf den Grund. Im Interview: S.E. Msgr. Bertone, S.E. Msgr. Capovilla, S.E. Msgr. Hnilica, Msgr. Balducci, Pater Kondor, José Correa u.a.

Kontakt: 2000 Film Prod., Verlag Michael Hesemann,
An der Obererft 88, D-41464 Neuss

Dank

Ich danke allen, die mich zu diesem Buch inspiriert und/oder bei meinen Recherchen unterstützt haben, insbesondere

S.H., Papst Johannes Paul II.
S.E. Joseph Cardinal Ratzinger
S.E. Erzbischof Stanislaus Dziwisz
S.E. Erzbischof Tarcisio Bertone
S.E. Erzbischof James Harvey
S.E. Erzbischof Piero Marini
S.E. Erzbischof Loris Capovilla
S.E. Msgr. Pavel Maria Hnilica, S.J.
Msgr. Corrado Balducci
Msgr. Dr. Georg Gänswein
Dr. Eva-Maria Jung-Inglessis
Pater Louis Thevalakara
Pater Prof. Dr. Melchor Escriva, S.J.
Pater Prof. Dr. Dr. Dr. Andreas Resch
Pater Louis Kondor
Pfr. Rudolf Atzert
Pfr. Johannes Kaulmann
José Correa
Marco Roncalli
Graphologe Dipl.-Psych. Fidelio Köberle

Mein ganz besonderer Dank geht an Seine Eminenz Joachim Kardinal Meisner, Erzbischof von Köln, für seine spontane Bereitschaft, seine historische Predigt in Fatima als Vorwort für dieses Buch zur Verfügung zu stellen. Ganz herzlichen Dank auch meinem Verleger Jochen Kopp für die so angenehme Zusammenarbeit bei der Verwirklichung dieses Buchprojektes.

Dank dem »Osservatore Romano«, dem »Archivo Postulacao Fatima« und Giorgio Bongiovanni für das exzellente Bildmaterial. Ein ganz persönlicher Dank geht an Natalie, die mich immer inspirierte, und meine Mutter Renate Hesemann, ihre Schwester Angelika Puls und alle meine Freunde und Kollegen, die mir ihre Sympathie und Unterstützung schenkten, darunter John und Victoria Alexander, Fatima Aliani, Daria Dani, Jörg Dendl, Sylvia Kajkowska, Alexandra und Agnes Schejok, Gert Schemmann, Jürgen Welte sowie Anne und Whitley Strieber. Mein liebevolles Gedenken gilt meinem verstorbenen Vater Henner Hesemann, der im Fatima-Jahr 1917 geboren wurde. Möge die Madonna von Fatima, der er so tief verbunden war, auch seine Fürsprecherin sein.

Michael Hesemann